DROIT DES AFFAIRES

THÉORIE GÉNÉRALE

Aspects critiques du droit national malien au droit OHADA

Sékou Faco CISSOUMA

DROIT DES AFFAIRES

THÉORIE GÉNÉRALE

Aspects critiques du droit national malien au droit OHADA

L'Harmattan
Mali

ACI2000 Bamako – Immeuble Jean-Marie CISSÉ
Bureau 10 – Tél. : +223 76 43 00 66 /+223 66 89 33 72
www.harmattanmali.com

Couverture et mise en page : Coco Joyce

ISBN : 978-2-336-57395-3
EAN : 9782336573953

OUVRAGES DU MÊME AUTEUR

- *DROIT CIVIL: LES OBLIGATIONS AU MALI,* Éditions l'Harmattan Mali, 2024 ;
- *DROIT CIVIL ET DROIT COMMERCIAL : les actes civils et les actes commerciaux, critères de distinction,* en cours d'édition à l'Harmattan Mali ;
- *INTRODUCTION GÉNÉRALE A L'ÉTUDE DU DROIT SUIVIE DU DROIT DE LA FAMILLE,* en cours d'édition à l'Harmattan Mali ;
- *DROIT PÉNAL GÉNÉRAL ET PROCÉDURE PÉNAL AU MALI,* en cours d'édition à l'Harmattan Mali ;
- *MÉTHODES PÉDAGOGIQUES ADAPTÉES ET MÉTHODOLOGIE DES ÉPREUVES EN DROIT* en cours d'édition à l'Harmattan Mali.

AVANT PROPOS

Le commerce en tant qu'activité lucrative (*sôrô-sira*= chemin du gain) est une vieille activité de nos populations qui l'ont pratiqué depuis les temps immémoriaux tant localement qu'internationalement : Échanges de sel, kola, et autres produits à dos d'ânes de chameaux etc.

Le commerce est d'exercice général chez nous, même si cela n'empêche pas de relever qu'il parait être une activité innée pour certaines ethnies au Mali tels les sarakolés pour le commerce général, les diokoromés pour les affaires etc. Il ne nécessite pas de niveau intellectuel conséquent. Donc peuvent y intervenir à égalité, analphabètes, illettrés et semi-lettrés, il suffit de vouloir entreprendre quelque chose qui rapporte bénéfice. D'ailleurs souvent les moins instruits y tiennent mieux que les instruits.

A l'exercice conscient ou inconscient mais fructueux du commerce, les autorités politiques et intellectuelles se sont évertuées à poser des règles à observer, consacrant plus la volonté de récupération des contributions et le droit des créanciers que celle d'améliorer les relations entre commerçants. Dès lors, il est devenu capital de circonscrire les hésitations à écrire sur le droit des affaires et d'entreprendre cette redoutable mais passionnante tâche (écriture) qui se révèle au file du labeur, utile et agréable.

Malgré le caractère épars des domaines du commerce ; actes de commerce, commerçants, effets de commerce, sociétés commerciales, groupements d'intérêts économiques avec des spécificités complexes comme en matière de Bourse et valeurs mobilières ou la gestion des difficultés des entreprises où il est souhaitable de prôner le désengagement du tribunal étatique au profit des organisations faitières professionnelles, l'œuvre d'écrire interpelle à plus d'un titre, en vue d'un rassemblement et d'une conception de livre susceptible de constituer un guide substantiel et éclairé à la fois pour les professionnels commerçants et les autres acteurs : étudiants, magistrats de carrière et juges consulaires.

Dans une réaction spontanée africaine, les intellectuels, universitaires de ce continent ont écrit une série d'ouvrages en droit des affaires sur des actes uniformes éponymes dont la consultation parait fastidieuse au regard des aspects transversaux dont sont très souvent l'objet les questions, les problèmes posés dans la matière des affaires.

Le mérite de ces auteurs reste intact, mais il peut être ménagé utilement à ses côtés celui d'un ouvrage unique dont l'ambition affichée est vertement de donner quelques indications utiles, au même endroit, aux intéressés du droit des affaires.

Toutefois, il sied de souligner que malgré sa grosseur relative, le présent ouvrage est loin d'avoir abordé ou développé tous les aspects du droit des affaires. Il peut et doit être complété, à bon escient, par l'ensemble des ouvrages OHADA écrits par d'éminents juristes et professeurs du continent d'une part et aussi par les autres ouvrages notamment ceux des très remarquables auteurs français d'autre part.

Enfin nous n'aurons le sentiment que cette pierre que nous apportons à l'édifice du droit des affaires, aura servi à quelque chose que lorsque nos collègues maliens et africains auront, par écrit, critiqué, ajouté (à) sa substance, car sommes-nous convaincu, c'est la seule poussée d'Archimède pour la discipline acropole qu'est le Droit.

L'auteur

Bamako, le 10 juin 2015.

PRINCIPALES ABRÉVIATIONS

APCAM : Assemblée Permanente des chambres d'Agriculture du Mali
AMGI : agence multilatérale de garantie des investissements
AUA : acte uniforme sur l'arbitrage
AUPEPC : acte uniforme OHADA portant organisation de la prévention des difficultés des entreprises et des procédures collectives d'apurement du passif
AUDCG : acte uniforme sur le droit commercial général
AUSC GIE : acte uniforme relatif aux sociétés commerciales et aux groupements d'intérêt économique
AUOHACG : acte uniforme portant organisation et harmonisation des comptabilités des entreprises
AUSCOOP : acte uniforme sur les sociétés coopératives
AUCTMR : acte uniforme relatif aux contrats de transport de marchandises par route
CEDEAO : communauté économique des Etats de l'Afrique de l'ouest
CVIM : convention de Vienne sur la vente internationale de marchandises
CIRDI : centre international pour le règlement des différends relatifs aux investissements
CCJA : cour commune de justice et d'arbitrage
COOP-CA : société coopérative avec conseil d'administration
C. Com : code de commerce (du Mali)
C. Civ : code civil (français)
CAMES : conseil africain et malgache pour l'enseignement supérieur
JO : journal officiel
LM : loi régissant la mutualité
LOSP : loi d'orientation du secteur privé

LOA : loi d'orientation agricole
LTA : lettre de transport aérien
OHADA : organisation pour harmonisation en Afrique du droit des affaires
OPOC : ordonnance portant organisation de la concurrence
OMC : organisation mondiale du commerce
PME : petite et moyenne entreprise
RGO : régime général des obligations
RCCM : registre du commerce et du crédit mobilier
RSCOOP : registre des sociétés coopératives
SCOOPS : société coopérative simplifiée
SFD : société financière décentralisée
TPE : très petite entreprise
UEMOA : union économique et monétaire l'Afrique de l'ouest
UMOA : union monétaire ouest africaine
VSC : Vienne sale convention

GÉNÉRALITÉS :

INTRODUCTION GENERALE

Le commerce, dans un sens vulgaire est le fait d'ajouter régulièrement à son activité et à son gain de quelques manières spéculatives (en faisant des affaires) qui soient, tout en demeurant économe vis-à-vis de soi au regard des dépenses personnelles et familiales[1].

Aussi part-on du petit commerce jusqu'au grand commerce ou à l'industrie avec les titres correspondants petits commerçants, détaillants, semi-grossistes jusqu'aux grands commerçants et ou industriels, grossistes, commerçants import-export.

PARAGRAPHE I : DÉFINITIONS DU DROIT DES AFFAIRES

Le droit des affaires va être l'ensemble des règles formelles et non formelles qui s'appliquent ou régissent le commerce à l'intérieur d'un Etat ou dans une communauté politico-juridique donnée (OHADA).

Le commerce se pratique par le moyen des affaires de façon multiforme, et c'est par son développement que les ressources économiques et financières d'un Etat connaissent l'essor, la prospérité. Le commerce est par hypothèse

1 Nous avons une connaissance qui évolue grandement aujourd'hui dans la friperie qui est le commerce de vieux habits, lequel a commencé ce commerce avec mille francs CFA (deux mille francs malien) que son grand frère lui a donnés en le sevrant socialement. Il a commencé par la vieille laiterie (habits d'enfants) qu'il vendait entre quinze francs et cent cinquante francs, ensuite entre 150 et 300, ainsi de suite ; corrélativement il mangeait dans les gargotes les plus élémentaires. Aujourd'hui, il circule a bord de voiture personnelle, après être passé par différentes motos, Il a construit sa maison et vend les fripéries "de classe" dans les bureaux climatisés où il est discrètement réussi… !

une activité privée même s'il n'est pas totalement interdit à l'Etat et aux collectivités d'y intervenir. D'ailleurs ils ne s'en privent pas toujours (secteur des banques, assurances etc.).

Ainsi l'Etat du Mali a adopté une loi qui fixe les grandes orientations des politiques et stratégies du développement du secteur privé dont le rayonnement couvre l'ensemble des activités économiques à but lucratif[2].

Toutefois on ne saurait définir le droit des affaires sans s'interroger sur la notion d'entreprise et aussi sur le financement des affaires.

A°) La notion d'entreprise

Elle est une notion réfractaire voire rebelle qui défie les juristes et le Droit. Elle se laisse difficilement enfermée dans une définition purement juridique, car elle déborde pour impliquer assez de considérations économiques et même souvent sociologiques malgré qu'elle soit un vocable plutôt un moyen capital en Droit, car constitutif de socle de siège de toute activité lucrative qualifiable de commerciale.

En outre à l'intérieur du droit, le mot entreprise intéresse plusieurs disciplines ou branches juridiques qui traitent de ses différentes réalités selon leurs compétences, droit commercial, droit fiscal, droit du travail etc.

Il revient donc que le droit d'expression française dégage plutôt mal la notion d'entreprise[3] que certains auteurs appréhendent comme l'activité d'un individu ou d'un groupe de personnes qui font un projet et le mettent à exécution[4].

Si cette définition a le mérite de ressortir l'aspect individuel ou collectif que l'entreprise peut ou doit nécessairement revêtir ; en revanche, elle (définition) est muette quant aux intérêts qui l'entourent. Dans l'entreprise travaillent des salariés pouvant détenir souvent une part du capital (10% généralement)

2 Loi N° 2011-088 du 30 décembre 2011 portant loi d'orientation du secteur privé.

3 Jean Paul Branlard, Introduction au Droit de l'entreprise, 2ème édition, 1997, AENGDE, 1997.

4 Il est en effet exclu qu'une banque puisse être créée par une personne ; seule, donc la banque ne peut être une entreprise individuelle.

dont les intérêts seront protégés en tout état de cause de façon plus ou moins prioritaire en temps normal comme en temps de difficultés ;

Ensuite viennent les aspects économiques comme le choix forcé de la forme collective notamment pour les banques et établissements financiers et fiscaux (fixation et recouvrement des contributions).

Partant, une entreprise peut donc être cernée comme une entité juridique revêtant la forme individuelle ou collective selon la volonté du promoteur, des promoteurs ou par décision de la loi qui montent et exécutent une affaire lucrative, qui emploie plusieurs salariés à cette fin et qui paie allégrement ses contributions au fisc[5].

B°) Le financement de l'entreprise commerciale

Les sources de financement sont habituellement connues, ce sont : la petite épargne individuelle, familiale, les prêts bancaires ordinaires, quelques initiatives heureuses du gouvernement en l'occurrence les financements de l'APEJ (Agence de promotion de l'emploi des jeunes). Grâce à ces différentes sources naissent et s'accomplissent les petites et moyennes entreprises en entendant de devenir grandes entreprises.

A côté de ces quelques bréviaires il existe, pour notre pays, des sources informelles de financement d'entreprise comme l'argent envoyé par les expatriés et celui provenant des tontines.

Les expatriés plus connus sous la désignation de "maliens de l'extérieur" au nom desquels il est souvent créé un département ministériel, contribuent à un vrai concours de trésorerie familiale d'abord, avant de permettre la création de petites à moyennes entreprises qui prospèrent le plus souvent[6].

5 Cette définition peut toujours être enrichie selon de nouvelles perceptions sur la notion d'entreprise.

6 Les maliens de l'extérieur encore appelés diaspora se distinguent par l'accomplissement d'un devoir quasi-instinctif qui consiste à envoyer de l'argent aux parents pour les besoins de survie élémentaire mais aussi surtout pour entreprendre telle ou telle affaire.

Des chiffres sont mêmes consultables selon les continents et les pays à cet effet au CICEM (centre d'information et de gestion des Migrations) un service technique du département des maliens de l'extérieur.

Les tontines quant à elles, constituent une certaine organisation mutualiste initiée historiquement dans les milieux d'ouvriers, marchands ou artistes ayant connu une grande ampleur à la fin du XVII et au XVIII siècles. En fait c'est un banquier napolitain (Italien) du nom de Lorenzo TONTI (d'où tontine) lequel en 1653, avait conçu la création de groupement d'adhérents pour une durée déterminée (généralement quinze ans) qui cotisaient pour constituer un certain capital et à l'issue du temps stipulé le produit des placements (cotisations) était réparti entre les seuls survivants. Donc l'aléa n'était pas étranger à l'opération car le décès faisait perdre tous droits et aussi c'est le produit qui faisait l'objet de partage après les quinze ans, ce qui laisse présumer le renouvellement de l'opération[7].

Les tontines, au Mali, de nos jours évoluent selon le même jeu mais sous plusieurs formes et avec des délais beaucoup plus réduits.

Une tontine appelée en langues locales ''Paris'' est une association informelle mutuellement fondée par des proches : collaborateurs d'un service public ou privé, des membres de corporations, commerçants, artisans d'un même secteur, etc. qui déterminent une mise en commun d'un certain montant en numéraire (cotisations) à temps convenu (quotidien, hebdomadaire ou mensuel) destiné à être remis totalement à l'un seul d'entre eux, à son tour selon des modalités initialement discutées. Dans le milieu des commerçants ça peut paraitre souvent substantiel, c'est le cas lorsque un groupe de petits commerçants rassemble chaque jour cinq mille francs CFA par personne et attend une semaine pour remettre tout ce ''pactole'' à un seul, ainsi de suite.

La tontine, il est vrai, caractérise des économies rudimentaires, sous développées où l'activité bancaire, dans sa pratique laisse à désirer, est source de financement des entreprises à la fois pour leur création et pour leur croissance. La tontine permet d'éviter les susceptibilités entre parents et amis et surtout la rigueur excessive des établissements de crédits et des sociétés de financement décentralisé.

L'Etat lui-même joue, du moins dans les textes (théoriquement) sa partition.

7 Yvonne LAMBERT-Faure Droit des assurances, 9ème édition 1995, Dalloz, Page 6.

C°) Les bienveillances de l'Etat

Dans la loi d'orientation du secteur privé l'Etat s'est vertement engagé à encourager et à favoriser l'installation des jeunes maliens et des femmes maliennes dans les filières prioritaires lucratives en vue d'un développement plus accru et plus rapide de notre pays (Article 77 LOSP). En effet les jeunes et les femmes sont les acteurs les plus dynamiques et les plus imbus d'initiatives, d'opportunités dans le monde des affaires.

Aussi, pour leur faciliter la tâche en l'occurrence dans le sens des commodités l'Etat du Mali s'est en outre engagé, cette fois-ci en concertation avec les autres acteurs (partenaires divers) à faciliter l'accès du secteur privé malien à l'électricité, à l'eau potable, au téléphone et à l'internet en vue de les aider à surmonter l'exigence de compétitivité des entreprises de notre pays (Art 65 LOSP).

Qu'est ce qui génère le droit des affaires ?

PARAGRAPHE II : LES SOURCES DU DROIT DES AFFAIRES

Etant la discipline qui gère les gains de professionnels, le droit des Affaires a logiquement et par conséquent plusieurs sources qu'on peut noter à la fois au niveau national, international et communautaire à travers des sources légales, des sources conventionnelles et autres.

A°) Les sources légales

Elles commencent par la constitution dont successivement l'article 14 énonce la liberté d'entreprise en la garantissant et l'article 70 déclare d'une part que la loi fixe les règles concernant le régime des droits réels et des obligations civiles et commerciales, le régime des sociétés c'est-à-dire que dans les matières commerciales citées ci-haut la loi stricto sensu donne tous les détails de règlementation à l'exclusion de tout règlement (décret ou arrêté) ;

D'autre part que la loi détermine également les principes fondamentaux des nationalisations d'entreprises, des dénationalisations et du transfert de propriété d'entreprise du secteur public au secteur privé ; la loi des finances détermine les ressources et les charges de l'Etat.

C'est-à-dire ici que l'usage du verbe ''détermine'' renvoie à la possibilité pour le gouvernement de prendre des règlements pour spécifier dans les détails certaines dispositions légales dans le cadre de son pouvoir règlementaire8.

D'abord il est fréquent que le gouvernement se fasse autorisé, habilité auprès du bureau de l'Assemblée Nationale pour prendre des ordonnances en attendant l'ouverture d'une prochaine session ;

Ensuite surtout le gouvernement ne se prive pas de l'usage du pouvoir règlementaire qui lui est reconnu par la constitution pour prendre autant de décrets et arrêtés que nécessaires pour règlementer la matière ou le secteur économique : règlementation de prix, fixation de certains cadres d'exercice d'activités etc.

Les sources légales se révèlent à travers les lois ordinaires comme le code de commerce que surplombent désormais les différents Actes uniformes du droit OHADA, à l'exception de ses dispositions qui ne leur sont pas contraires (infra 82, 142 et S.).

En outre s'ajoutent en droit des affaires malien les textes suivants :

La loi N° 2011-088 du 30 décembre 2011 portant loi d'orientation du secteur privé ;

La loi N° 08-043 du 01 décembre 2008 portant règlementation bancaire ;

L'ordonnance N° 07-025/P-RM du 18 juillet 2007 portant organisation de la concurrence. Ce texte règlemente a contrario le droit de la consommation dans notre pays ; très récemment de nouveaux textes ont été adoptés dans cette matière ;

La loi N° 2012-016 du 27 Février 2012 portant règlementation des investissements…

La liste n'est évidemment pas exhaustive.

---

8 Sékou Faco CISSOUMA : introduction générale à l'étude du droit suivie du droit de la famille au Mali, Bittar impression.

B°) Les sources conventionnelles

Il existe des conventions internationales comme celles de la Haye et de Vienne, des conventions communautaires comme celles du droit OHADA, traité du 17 octobre 1993 révisé en 1998 relatif à l'harmonisation du Droit des affaires et celles de la CEDEAO ou de l'UEMOA-UMOA assimilables aux lois nationales avec toutefois une valeur supérieure consacrant leur suprématie dans la pyramide des normes.

Juste en dessous, interviennent les conventions équivalentes des contrats ordinaires conclus dans la vie des affaires et constituant au regard des pertinentes dispositions de l'article 77 RGO (art 1134 Code civil) la loi des parties contractantes : les conventions légalement formées tiennent lieu de loi à ceux qui les ont faites et elles doivent être par conséquent exécutées de bonne foi.

Il est aligné sur le même rang de ces conventions les usages et pratiques établies et respectés dans le domaine commercial reconnus par branche, ou secteur d'activité.

C'est la force du contrat qui détermine le règlement du contentieux des affaires.

Puisque le contrat est conclu pour être exécuté d'une façon volontaire et naturelle, la matière commerciale rechigne à recourir au juge, au tribunal contrairement à la matière pénale où la déclaration de culpabilité et le prononcé d'une peine laissent présumer la tenue d'un procès, exemple la sanction d'une escroquerie dans le cadre d'un contrat[9].

L'entreprise d'affaires a normalement recours à un conseiller juridique, lequel a pour rôle d'éviter les procès et d'aider au respect naturel des engagements[10].

Toutefois si un contrat d'affaire ne reçoit pas d'exécution volontaire ou lorsque son existence même est niée ou encore sa validité ou son contenu sont contestés le recours au juge devient quasi nécessaire.

---

9 Jean Paul BRANLARD, Introduction au droit de l'entreprise, 2ème édition, 1997 op cit.

10 Idem.

Ce serait le juge administratif pour les contrats administratifs, le tribunal de commerce pour les contrats de droits commun. Encore que dans ce dernier cas il est établi et encouragé le recours à l'arbitrage par le compromis ou la clause compromissoire.

C°) Les autres sources : Doctrine Jurisprudence

Tout comme les autres disciplines du droit, le droit des affaires a les mêmes sources secondaires, comme la doctrine et la jurisprudence qui ont pour rôle essentiel de s'inspirer entre elles et d'inspirer le législateur national et communautaire.

La doctrine a aidé en droit des affaires de déterminer des critères de commercialité des actes et activités en dehors des actes de commerce énumérés dans les articles 3 et 4 de l'acte uniforme sur le droit commercial général[11]. A travers la théorie générale qu'elle développe et les articles qu'elle écrit la doctrine a le mérite de fixer toutes les notions plus ou moins complexes du droit des affaires à l'effet d'édifier les juges et les autres professionnels : la mise en demeure en matière commerciale différente de la matière civile, les notions d'insolvabilité, de déconfiture etc.

Quant à la jurisprudence, elle se présente très souvent comme une excroissance naturelle de la loi qu'elle permet de fixer ou de comprendre car a-t-elle obligation de trancher les litiges même si la loi est muette, insuffisante ou confuse.

Ainsi la jurisprudence a bien permis de comprendre les notions de cessation de paiement, d'échéance, de dettes échues, d'actif disponible etc.

Par ailleurs le droit des affaires présente des caractères qui lui sont propres.

11 Sékou Faco CISSOUMA, Droit civil, Droit commercial critère de distinction entre activités commerciales et activités civiles ; Nicole Nota Heudebert, Acte civils et actes commerciales ; Ripert et Roblot, Traité de droit commercial.

PARAGRAPHE III : LES CARACTÈRES DU DROIT DES AFFAIRES

Il est un droit spécial muni de nos jours d'une velléité expansionniste et dans le même temps il constitue un droit des contributions et de l'emploi.

A°) Le caractère spécifique du droit des affaires

Le droit des affaires n'est pas le droit commun dans le domaine du droit privé. Ce privilège revient au droit civil par rapport auquel le droit commercial a pris son autonomie en développant des règles et mécanismes qui lui sont propres. Cependant en cas de difficulté, ce droit a normalement recours au droit civil pour se remettre ; c'est le cas notamment dans le droit des obligations générales qui inspirent des contrats spéciaux commerciaux comme le contrat de vente ou le contrat de transport.

B°) Les velléités expansionnistes du droit commercial

Il est de notoriété publique de nos jours que le droit des affaires veut s'ériger en droit commun en tentant d'infuser de son emprunte commerciale toutes les nobles règles et mécanismes du droit civil. Donc on veut former, créer, instaurer désormais un droit privé uniforme en ne distinguant plus entre activités civiles et activités commerciales. Sur ce point il est aisé de relever l'ingéniosité d'une grande partie de la doctrine du droit des affaires qui manie assez maladroitement des notions spécieuses comme droit économique, droit professionnel, bail professionnel etc.

En fait l'outrecuidance a été poussée loin jusqu'à prévoir dans le nouvel Acte uniforme sur les procédures collectives, qu'il s'applique à toute personne physique exerçant une activité professionnelle indépendante civile, commerciale, artisanale, ou agricole, à toute personne morale de droit privé, ainsi qu'à toute entreprise publique ayant la forme d'une personne morale de droit privé[12].

Ensuite l'article 101 de l'acte uniforme sur le droit commercial général rend applicable le bail professionnel sur tous les locaux ou immeubles à usage commercial, industriel, artisanal ou à tout autre usage professionnel.

12 Article premier AUPEPC.

Donc le bail professionnel précédemment appelé bail commercial ne fait plus de différence entre un professionnel de statut civil, école privée, architecte, avocat, notaire et un professionnel commerçant ou industriel. Ce qui est source de plusieurs confusions juridiques notamment sur le plan de la compétence juridictionnelle et des impôts dus.

Un mince espoir d'équilibre, de correcte vision semble avoir été consacré par l'article 6 de l'acte uniforme sur le droit des sociétés commerciales et GIE qui déclare : « le caractère commercial d'une société est déterminé par sa forme ou par son objet. Sont commerciales à raison et quel que soit leur objet, les sociétés en nom collectif, les sociétés en commandite simple, les sociétés à responsabilité limitée, les sociétés anonymes et les sociétés par actions simplifiées ». Ainsi outre les sociétés civiles reconnues certaines sociétés assimilables à des sociétés commerciales pourraient ne pas être ainsi considérées en raison soit de leur forme soit de leur objet.

L'hésitation dans la volonté d'uniformisation du droit privé parait plus marquée dans les articles 2, 3 et 4 AUDCG. L'article 2 définit qui est commerçant et qui ne l'est pas ; les articles 3 et 4 énumèrent les actes de commerce, ce qui laisse présumer l'existence d'actes civils devant répondre à un régime juridique nettement différent de celui des actes commerciaux.

Toutefois il peut être remarqué que de la même façon que le droit des affaires prend son autonomie vis-à-vis du droit civil, de cette même façon il est pris d'assaut par des prétentions séparatistes voire cessionnistes. En effet ce droit aussi se disloque au gré des spécialistes universitaires et de certains besoins. Ainsi est il donné de constater déjà en droit des affaires et au détriment du droit commercial général, l'existence du droit des sociétés commerciales, du droit des entreprises en difficultés, du droit du commerce international même si certains acteurs de cette dernière disciplinaire lui renient toute appartenance au droit commercial etc.[13]

Malgré tout, le droit des affaires demeure un droit socialement et économiquement très utile.

13 Jean Marc MOUSSERON, Jacques RAYNORD et Cie, Droit du commerce international, 2ème édition, LITEC 2000.

C°) Droit des affaires, droit des contributions et de l'emploi

Dans toute économie nationale jugée fiable, sérieuse, la part des contributions (impôts) est ou doit être plus cruciale que celles des autres secteurs comme la douane ou les affaires économiques ou encore les domaines. Or, qui plus que les entreprises particulièrement commerciales peut payer plus de contributions au fisc à l'effet de renflouer les caisses de l'Etat c'est-à-dire le trésor public ? En fait les ressources fiscales proviennent à plus de 80% des impôts dus par les commerçants et les sociétés commerciales d'où un premier grand rôle utilitaire des affaires dans notre pays. Le second grand rôle ou la seconde grande importance du monde des affaires est certainement les emplois offerts aux citoyens. Dans un certain ordre de grandeur chaque entreprise (petite ou moyenne) utilise entre trois et trente salariés et les plus grandes (industries, grands commerces, les banques, assurances) peuvent aller jusqu'à des centaines d'employés.

Or, on sait qu'au Mali, l'emploi est sérieusement préservé par le code du travail[14] dont l'article L. 40 énonce : « … tout employeur qui désire licencier un travailleur engagé de plus de trois mois est tenu d'informer l'inspection du travail compétent avec indications des motifs. En cas de contestation des motifs du licenciement le travailleur peut se pourvoir devant le tribunal du travail. Ce recours est suspensif de la décision de l'employeur ». Cet article rédigé dans des termes clairs et précis se veut d'utilisation stricte sous peine pour l'employeur de devoir des dommages-intérêts au salarié éconduit pour licenciement abusif. Cet article ne peut être contourné que lorsque l'employé a commis une faute lourde ou certaines fautes particulièrement graves.

Donc le secteur commercial est largement pourvoyeur d'emplois garantis et ce n'est pas pour rien que la plus grande majorité des conventions collectives relèvent de là[15].

---

14 Loi N°92-020 du 23 septembre 1992 portant code du travail au Mali.

15 Liste de sept conventions sur environ une douzaine :
- Convention collective du commerce du 16-11-1956 ;
- Convention collective des industries et de la mécanique générale du 08-10-1957 ;
- Convention collective des auxiliaires de transport du 16-12-1957 ;
- Convention collective des entreprises pétrolières du Mali du 30-12-1974 ;
- Conventions collectives des banques établissements financières et Assurances de 1981 révisé en 1992 ;
- Convention collective des sociétés et entreprises minières géologiques et Hydrogéologiques en République du Mali du 19-02-1985 ;
- Conventions collectives des travailleurs du transit et commissionnaires agrées en douane du 05-08-1988 in. Mama DJENEPO, guide Pratique du droit du travail au Mali, octobre 1997, Presses de l'imprimerie

Existe-t-il une branche du droit commercial qui incarne sa partie internationale dénommée droit du commerce international ou ce droit est-il une discipline à part ?

PARAGRAPHE IV : LE DROIT DU COMMERCE INTERNATIONAL

Rien qu'en évoquant le terme « commerce transsaharien » qui remonte loin dans la nuit des temps, l'on comprend rapidement que le commerce, dans tous ses aspects n'est pas une activité étrangère, ou reçue des populations maliennes.

Au contraire le commerce revient comme une activité jumelle de tout temps pratiqué avec l'Agriculture par les nôtres. Ce constat confirme le fait que nous avons soutenu, à juste titre précédemment que le commerce en tant que activité résultant du droit d'entreprendre, est le fait de professionnels illettrés ou peu lettrés.

Les conventions sont le fait d'Etats déjà organisés sous la forme moderne et qui décident de concevoir et de gérer les rapports publics et privés entre eux et entre leurs citoyens respectifs.

Ainsi deux grandes sont connues en matière commerciale et la modernité s'est octroyé certains droits de faire : le commerce électronique.

A°) La convention de Haye

Le commerce international vise l'étude, la consolidation des flux commerciaux entre pays, il s'intéresse également à l'étude des sociétés mères et leurs filiales et succursales. Mais pour ce dernier aspect le droit communautaire OHADA est venu le relativiser fortement en règlementant les sociétés et leurs différents aspects.

En adoptant une convention le 15 juin 1955 comme loi applicable aux ventes à caractère international d'objets mobiliers corporels, le commerce international, ce fut du coup le fondement du droit commun des conflits de lois en matière de contrats de vente internationale[16].

ARCPS.

16 J.M. MOUSSERON, R. FABRE, Jacques RAMPARD, J. L. Pièrre. Droit du commerce international "Droit international de l'entreprise", 2ème édition LITEC, 2000.

Aussi certain que cela paraisse apparemment, que le droit du commerce international est partie intégrante du droit commercial national, révélant son aspect extérieur, les auteurs réfutent cette quasi-évidence en le maintenant comme discipline indépendante.

Par ailleurs grâce à cette convention la chambre internationale de commerce a conçu et diffusé en 1936 les incoterms qui ont eu un grand succès.
Cela a conduit à un souci de standardisation, de sécurité et à l'adoption d'une autre convention de la Haye la même année (1936) ayant pour objet les termes commerciaux d'application universelle devant être visés et insérés dans les contrats internationaux : ce sont ceux là qu'on appelle les incoterms[17].
Un incoterm vise les principales expressions utilisées dans un contrat de caractère étranger ; exemples mode de transport, acteur du transport, mode de livraison (directe ou indirecte) à l'acheteur etc.

B°) La convention de Vienne

Elle est précisément la convention de Vienne sur la vente Internationale de Marchandises (CVIM) ou Vienna Sale Convention (VSC) et elle marque plus que les précédentes l'harmonisation des règles de droit privé en matière de droit de commerce international[18].

La CVIM est une convention qui a été ratifiée sous l'égide des Nations unies, ce qui lui a valu un grand succès. C'est elle qui a fondé le « nouvel ordre économique international » en faisant valoir les termes "égalité" et "avantages mutuels" dans le sens d'une communauté internationale juste, équitable entre ressortissants de tous les Etats. Cette convention a été ratifiée par plusieurs pays sur tous les continents[19].

Du point de vue domaine, la CVIM, s'applique selon son article premier :

> « Aux contrats de vente de marchandises entre des parties ayant leur établissement dans des Etats différents :
> Lorsque ces Etats sont des Etats contractants ;
> Lorsque les règles du droit international privé mènent à l'application de la loi d'un Etat moderne »

17 J. MOUSSERON et Cie, Droit du commerce international op cit.
18 Vincent HEUZÉ, La vente internationale de marchandise (droit uniforme) 1992.
19 J. MOUSSERON et Cie, Droit du commerce international op cit.

Donc dans un contrat de vente, la CVIM s'applique lorsque l'acheteur et le vendeur évoluent sur des territoires d'Etats différents ayant des législations modernes et démocratiques.

Du point de vue contenu, la convention se préoccupe plus des conditions de formation du contrat de vente internationale en définissant les droits et obligations des parties. Donc les dispositions de l'article 28 du Régime général des obligations sont considérées seulement en parties. Quant aux conditions de validité du contrat de vente internationale la convention s'ouvre sur les droits nationaux des Etats. Donc ce sont toujours l'article 28 et suivant du RGO dans les aspects-vices et autres anomalies dénoncés relativement au consentement, à la capacité, à l'objet et à la cause (article 4-a CVIM). Pas plus que la CVIM ne s'intéresse aux questions de responsabilité du vendeur comme les dommages corporels causés à quiconque par les marchandises (Art 5 CVIM). Donc pour ces aspects il faut nécessairement se reporter sur les dispositions des articles 125 et suivants du Régime général des obligations et sur celles prévues à l'Acte uniforme sur le transport des marchandises par route.

Les dispositions de la CVIM accordent la priorité aux usages commerciaux lorsque ses dispositions contredisent ceux là. Ainsi l'article 9 CVIM déclare que les parties sont liées non seulement par les usages auxquels elles ont consentis-cela a valeur de stipulation contractuelle-mais aussi par les « habitudes établies entre elles ». La CVIM vise par là les parties en relations d'affaires habituellement. Bref pour les usages dans le domaine commercial international les parties sont « réputées s'être tacitement referees »[20].

Enfin arrive la règle de la modernité numérique.

C°) Le commerce électronique

La modernité des moyens numériques impose de nouvelles pratiques d'agir, d'accomplir, épargnant des déplacements physiques, les acteurs (vendeurs, acheteurs) du commerce d'une localité à une autre ou d'un pays à un autre. Ainsi le commerce électronique est défini comme un mode de vente de produits ou de prestation de services qui s'organise et se règle au moyen d'une relation électronique, donc par une relation d'ordinateur à ordinateur[21].

---

20 J. MOUSSERON et Cie, Droit du commerce international op cit.

21 Idem.

Les acheteurs éventuels et les vendeurs éventuels peuvent effectuer des achats, des ventes, des prestations de services voire des paiements, sans s'être vus, sans se rencontrer physiquement. Cela est devenu très fréquent de nos jours dans le monde des affaires, en réduisant ou en abolissant les distances et les frontières.

Cependant ce commerce électronique présente quelques difficultés objectives pouvant influer sur son efficacité effective comme :

D'abord l'appréciation de la capacité des parties entre elles. En effet, il est difficile de savoir que tel ou tel est majeur alors qu'on ne l'a pas vu physiquement.
Ensuite l'expression du consentement se révèle trop simple sans documents c'est-à-dire les papiers commerciaux : bon de commande, bon de livraison etc. ; ce qui rend difficile le problème de preuve d'une façon générale : caractéristiques de l'opération envisagée ou contenu de la transaction et surtout la question de signature en cas de paiement.

Pour appréhender le droit des affaires dans son ensemble assorti d'observations critiques pertinentes il est nécessaire de concevoir deux livres dans le présent ouvrage. Le premier livre (Livre I) expose les Préliminaires à l'étude du droit des affaires, lesquels, en deux branches, font état d'une part de l'environnement socioculturel du Droit des Affaires au Mali et en Afrique et d'autre part des aspects critiques du droit communautaire OHADA ;

Le second livre (Livre II) se saisit de l'étude du droit des affaires classique qui s'intéresse dans une première partie à l'existence même de l'activité de commerce avec, en orbite, l'exercice individuel de l'activité et dans une seconde partie s'intéressera à l'exercice collectif de l'activité de commerce ou autres à travers différents groupements d'affaires.

LIVRE I :

PRÉLIMINAIRES À L'ÉTUDE DU DROIT DES AFFAIRES

PREMIÈRE PARTIE :

L'ENVIRONNEMENT SOCIO-CULTUREL DU DROIT DES AFFAIRES AU MALI ET EN AFRIQUE

L'artisan tailleur travaille à satisfaire le goût de ses clients en cousant les habits de même mode à tous. Ou est-ce qu'il a du mérite ? Dans son talent d'adaptabilité des habits cousus aux différents physiques (tailles, grosseurs etc.) des clients. Pour réussir sa mission on dit généralement que le tailleur "prend des mesures" lesquelles, naturellement ne peuvent être les mêmes pour tous, même si le tissu choisi et le mode peuvent l'être.

Cette image semble convenir au droit des affaires dans l'espace OHADA qui a très vite dépassé l'étape de la coopération pour instituer un droit uniforme applicable prioritairement dans plusieurs pays aux réalités particulières.

Quelle que puisse être la volonté du législateur OHADA d'établir une égalité d'applicabilité de son traité et de ses actes uniformes, la théorie prévaudra plus que la réalité qui avance à son rythme, qui couve jalousement ses caractères. Or, il est évident les réalités sont différentes d'un pays à un autre de l'OHADA même si on doit louer les bonnes intentions du traité OHADA. Loin d'être toutes négatives, ces réalités mériteraient simplement qu'on les considère.

Aussi avant de s'interroger sur l'effectivité de l'intégration Africaine (chapitre II) il sera fait état de certaines réalités du commerce, des affaires au Mali (Chapitre I). L'honnêteté impose de faire un aperçu sur la situation difficile provisoire du Mali (Chapitre III).

CHAPITRE I : LES RÉALITÉS DU COMMERCE AU MALI

La lutte d'indépendance de notre pays a été une apothéose pour les tenants de l'option socialiste[1] lesquels ont institué un régime socialiste dur, excluant toute idée d'économie libérale et reconnaissant très peu d'entreprises privées.

Ce régime va être emporté par un coup d'état en 1968[2] dont les initiateurs, après quelques balbutiements, vont opter pour une forme économique sui generis appelée « économie nationale indépendante et planifiée ». ce choix économique a plutôt brillé par son incompréhension, son incohérence[3] au regard des préoccupations des citoyens maliens, pour sombrer plus tard dans une léthargie totale faisant le lit aux institutions de Brettonwoods, à savoir le Fonds Monétaire International et la Banque mondiale dont il ne pouvait d'ailleurs respecter l'ensemble des conditionnalités…

A partir du 15 février 1992, le Mali aura une vraie constitution, elle-même démocratique et instituant une vraie démocratie malgré quelques insuffisances. C'était consécutivement à la révolution du mois de Mars 1991.

L'article 14 de cette constitution porte que la liberté d'entreprise est garantie dans le cadre des lois et règlements en vigueur. Donc désormais tous les maliens et les étrangers régulièrement établis au Mali peuvent entreprendre des activités lucratives dans le but de pouvoir s'enrichir. Dès lors, notre pays a objectivement intéressé le concert des nations à divers degrés dont les classements périodiques sont encourageants.

En 2014, le Mali a progressé jusqu'au 146 rang dans le rapport Doing business sur 189 pays classés. Plus révélateur, il s'est classé premier dans la zone UEMOA, 5ème sur les 15 Etats de la CEDEAO et à la 19ème place sur les 47 pays de l'Afrique subsaharienne[4]. Il est noté que parmi les facteurs favorables, la diminution du capital social des sociétés à responsabilité limitée est révélatrice.

1 C'était la tendance US-RDA qui l'emportait sur celle libérale.

2 C'était précisément le 19 novembre 1960 ou le comité militaire de libération nationale (CMLN) prenait le pouvoir.

3 Aucun théoricien n'a éclairé sérieusement la lanterne du peuple malien sur le sens d'une économie nationale indépendante et planifiée.

4 Source : Rapport Doing busness 2014-2015 publié par le groupe de la banque mondiale le 29 octobre 2014 in journal d'informations générales indépendant N°3615 du lundi 03 novembre 2014 page 6.

Cependant il sied de relever que tout cet optimisme est limité et contenu par les problèmes d'insécurité, de guerre asymétrique, de velléité sécessionniste dans certaines régions du Nord du Mali.

Pour faire état de certaines réalités l'on analysera les éléments du commerce intérieur et extérieur du Mali (Paragraphes I et II) son historique monétaire (Paragraphe III) et la réalité de l'informel dans l'économie (Paragraphe IV).

PARAGRAPHE I : LE COMMERCE INTÉRIEUR

Le Mali compte neuf (9) entités administratives dont les huit (8) régions administratives et économiques (Kayes, Koulikoro, Sikasso, Ségou, Mopti, Tombouctou, Gao et Kidal) et le District de Bamako la capitale. Entre ces différentes régions s'installent des échanges réguliers dont le point central semble être Bamako. Ainsi des produits Agricoles quittent le sud, un peu le centre vers Bamako et au Nord, le bétail converge sur Bamako en quittant à la fois les régions du Nord du Mali et celles du centre et du sud. L'agriculture occuperait aujourd'hui plus de 65% de la population active.

Cependant le Mali n'a toujours pas atteint l'autosuffisance alimentaire et il continue d'importer encore de la céréale.

S'agissant des activités lucratives autres qu'Agricoles, les commerces et petites industries foisonnent à travers l'existence des sociétés à responsabilité limitée dont l'issue est incertaine pour beaucoup.

Les banques existent, les autres établissements financiers et les sociétés financières décentralisées comme la microfinance existent également ; mais malgré tout l'économie est insuffisamment structurée et financée. Les réalités socio-économiques comme l'existence des tontines dans les milieux féminins et professionnels, l'assistance des parents, amis et voisins en cas de difficultés même dans les entreprises demeurent palpables. La gestion du crédit n'est pas bien maitrisée.

Dans la sous-région il est convenu que le niveau des salaires des fonctionnaires et travailleurs est plus bas au Mali que dans les pays voisins notamment au Sénégal, au Burkina Faso et en Côte d'ivoire[5].

5 Source organisation Néerlandaise de développement SNV Mali. Plan d'action 1993-1995/1997.

En plus des produits traditionnels que l'on exporte comme le bétail et certains céréales, il doit être prôné une diversification des exportations en explorant les produits traditionnels potentiellement porteurs comme les fruits et légumes, la viande bovine, le poisson en ne négligeant plus désormais les produits de niche (valeur économique), comme le Karité, la gomme arabique etc.[6].

PARAGRAPHE II : LE COMMERCE EXTÉRIEUR

Le Mali est un pays continental donc enclavé faisant frontière avec sept (7) pays[7]. D'une façon à la fois formelle et informelle il se passe beaucoup d'échanges commerciaux avec ces différents pays frontaliers et les plus essentiels s'effectuent avec les pays bénéficiant de ports maritimes comme le Sénégal, la Côte d'ivoire, la Guinée et la Mauritanie.

En outre, les exportations de l'économie malienne vers l'extérieur ne sont guère bien variées. En effet pour 90% elles ne portent que sur deux produits l'or et le coton. En retour, la dépendance du Mali de l'extérieur est très prononcée et l'assistance extérieure demeure une source de financement capitale (23% du PIB en 1989). Les investissements du gouvernement malien étaient financés quasiment à 100% au moment de l'avènement de la démocratie dans notre pays (1990-1991).

L'aide extérieure équivalait même aux ressources propres de l'Etat malien.

Ainsi en 1990 pour songer à un équilibre il fallait, en plus des recettes budgétaires s'élevant à 107 milliards, une contribution des bailleurs de fonds à hauteur de 103 milliards[8].

Rien n'indique aujourd'hui encore que la sollicitude des partenaires extérieurs soit en baisse, au contraire on constate une croissance graduelle de cette aide et tous les secteurs de développement sont irrigués par des concours étrangers (Développement rural, éducation, santé etc.).

---

6 Olivier Cadot, document Mali stratégie de développement du commerce version révisée Avril 2009.

7 L'Algérie, le Niger, la Mauritanie, le Sénégal, la Guinée (Conakry), le Burkina Faso et la Côte d'ivoire.

8 Document Néerlandais SNV op cit.

La taille et le poids des économies sont déterminés par leurs balances commerciales qui sont des indicateurs de puissance ou de pauvreté économique. Une balance commerciale sera excédentaire ou déficitaire selon que la valeur des exportations est supérieure à celle des importations ou que les importations sont plus élevées que les exportations.

Pour le Mali, une analyse du commerce extérieure a montré une balance commerciale déficitaire de près de 89 milliards[9] de Francs CFA en 2007 lequel chiffre ne connait aucune baisse encore.

Pourtant une exploitation judicieuse de l'or et d'autres minéraux peut être salutaire pour l'économie du Mali. En effet selon un Ministre malien[10], l'or contribue à près de 25% du budget national malien. Il (or) génère plus de 200 milliards de francs CFA annuellement d'une part et ravitaille les recettes fiscales à environ 30 %. Ainsi l'Etat enregistre un apport substantiel dans ses dépenses de fonctionnement voire celles d'investissement.

Outre l'or, le sol et le sous-sol maliens sont très riches en minéraux et en matières fossiles. Notre pays est reconnu 3ème producteur d'or en Afrique et l'un des plus riches du continent[11].

Pour revenir à la continentalité du Mali, fait qu'il partage avec d'autres pays à la fois de l'UMOA, de l'UEMOA, de la CEDEAO, de l'OHADA comme entre autres le Niger, le Burkina Faso, l'on est conduit à relever que l'uniformisation du droit des Affaires en Afrique est un chapeau porté par une tête à plusieurs reliefs.

Qui plus est, les autres pays ne partagent pas toujours les mêmes réalités économiques que le Mali. Il y a différences, nuances, ne serait-ce que sur les statistiques et surtout la difficile osmose à établir entre les avoirs des pays enclavés et les pays dits de transit où certains réalisent leurs recettes sur le dos des autres.

9 Source : Direction Nationale du commerce et de la concurrence.

10 Déclarations de Monsieur le Ministre Boubou CISSE, chargé des Mines in Journal du Mali, l'hebdo N° 04 du 07 au 13 mai 2015 www.journal du Mali. Page 10

11 Idem.

C'est dans ces différentes réalités que les différents traités et accords économiques ont été signés dont le traité du 17 octobre 1993 relatif à l'harmonisation du droit des affaires en Afrique tel que révisé à Québec le 17 octobre 2008.

En dehors de ces réalités, le Mali a connu un parcours monétaire particulier.

PARAGRAPHE III : UN HISTORIQUE MONÉTAIRE AU PARCOURS FÂCHEUX

L'option socialiste du Mali à son indépendance, l'impertinence des choix économiques qui a suivi ainsi que l'incompétence du pouvoir militaire et autres aspects ont conduit le Mali à connaitre plusieurs dévaluations de sa monnaie aux conséquences durablement néfastes et incalculables.

Selon le dictionnaire français : une dévaluation est un abaissement de la valeur légale d'une monnaie par rapport aux monnaies étrangères ou à l'étalon de référence. Or, la création et la mise en place d'une monnaie viable supposent soit une contrepartie en valeur or, soit la garantie d'une puissance étatique telle que la France. Pour parler un langage technique de juriste des suretés la création d'une monnaie ressemble à un prêt bancaire où le créancier (banque prêteur) demande au débiteur (client emprunteur) de déposer une garantie réelle ou de produire une caution.

Le choix du socialisme éloigna le Mali de la France pour le rapprocher résolument de l'ex Union des Républiques socialistes soviétiques (URSS) dont l'économie évoluait en autarcie. En effet, l'essentiel de ses échanges se faisait avec les pays dits satellites c'est-à-dire qui lui étaient idéologiquement très proches. C'est dans ces conditions que le Mali lui-même prendra l'initiative d'une réforme monétaire en juillet 1962 en créant le franc malien égal en parité au francs CFA et en Etat souverain.

Devant les difficultés éprouvées par l'économie de la République du Mali dont la monnaie se dégradait de plus en plus, l'intervention et la garantie de la République française étaient devenues plus que jamais nécessaires pour une survie économique du Mali. Aussi, passe-t-elle (France) à une analyse pointilleuse du franc malien, ''adopta une attitude ferme et proposa des remèdes magiques pour la santé de la nouvelle monnaie tout en ignorant les préoccupations idéologiques du jeune Mali''[12]. La France avait tenu à faire payer aux

12 Modibo DIAGOURAGA : Modibo KEITA, un destin 1992 in Amadou A N'DIAYE, l'urne

pouvoirs publics maliens leur incompétence. A l'issue des travaux, les accords intervenus relativement à la monnaie ont abouti mais en instituant une dévaluation de 50%, soit de moitié valeur.

Le Mali acculé, n'avait d'autre possibilité de choix ; conséquences les richesses nationales sont réduites de moitié et surtout le pouvoir d'achat des citoyens va se voir également divisé en deux[13]. Le chapelet des difficultés va s'installer et en 1984, derechef une nouvelle dévaluation s'imposa et sera subie par notre monnaie, à concurrence de 50% encore, obligeant cette fois à abandonner toute monnaie nationale au profit d'une intégration à l'UMOA avec l'usage désormais du francs CFA[14].

L'économie du Mali va continuer à se dégrader même si désormais d'autres pays partagent certaines difficultés avec lui dans le cadre de la monnaie unique qu'est le francs CFA. Les déboires économico-financiers vont inéluctablement sévir, plongeant les usagers du CFA dans un marasme économique qui atteignit son point culminant le 12 février 1994 sous la troisième République du Mali et imposa une autre dévaluation à effets collectifs de 50% du francs CFA.

Aujourd'hui encore des rumeurs sporadiques à intervalles réguliers annoncent d'autres dévaluations, heureusement toujours démenties par les autorités françaises.

Le Mali aura plus souffert des méfaits des dévaluations que les autres pays avec lesquels il partage les idéaux de différentes communautés juridiques dont l'OHADA. Est-on arrivé à égalité dans le traité OHADA ? si oui ce traité peut-il établir une parité, une uniformité entre économies aux réalités diverses ? ce traité ne veut-il pas des hégémonies au détriment des économiquement faibles ? si non, le Mali, endosserait-il une pleine responsabilité dans ce qui lui arrive ?

et le glaive, Réflexions sur les concepts socio-politiques et judiciaires du Mali (de 1960 à la troisième République)
Edition JAMANA 1997.

13 Idem

14 On dit le CFA et ça signifie Commụnauté Financière Africaine.
Le franc CFA est l'unité monétaire de nombreux pays africains.

Certes certaines fautes sont imputables aux pouvoirs publics maliens mais l'on peut s'interroger légitimement sur le rôle de l'ancienne puissance colonisatrice, laquelle a cru devoir sanctionner d'abord les errements de choix politique de la première République, sanctionner ensuite les légèretés de la seconde République ; Enfin l'analyse ne comprendrait pas les appuis supposés ou révélés des pouvoirs publics français au Mouvement National de Libération de l'Azawad (MNLA) qui continue, par ses agissements, à compromettre tout développement économique et financier (pillage de banques au Nord). Pour souligner l'âge de ce constat il sera reproduit textuellement les concrets mots du doyen Amadou Aly N'DIAYE dans son ouvrage intitulé ''l'Urne et le Glaive…''[15].

Le Docteur Amadou Aly N'DIAYE affirme : « sous la colonisation française le dernier soulèvement touarègue date de 1959…
En fait, ''continue-t-il'', lorsqu'a jailli en 1956 le pétrole à Hassi-Messoud (Algérie française), il s'agissait pour la France coloniale, préoccupée de s'assurer des énormes réserves de pétrole que pouvait renfermer le Sahara, de chercher à détacher les espaces sahariens d'Algérie du Soudan (Mali) de la Mauritanie, du Niger et du Tchad pour en faire un territoire autonome rattaché à la métropole. Le projet fut par deux fois rejeté largement par les chefs traditionnels qui refusèrent d'envisager toute séparation d'avec le reste de la République soudanaise ».

La mauvaise santé de la monnaie n'est pas le seul handicap de l'économie de notre pays voire d'autres pays africains.

PARAGRAPHE IV : L'INFORMEL, UNE DOMINANTE DANS LES ÉCONOMIES AFRICAINES

Les affaires naissent se développent, gèrent leurs contentieux dans un cadre général de confiance entre acteurs ; que ces acteurs soient les partenaires privés entre eux ou qu'ils soient privés opposés à l'Etat ou à des collectivités.

Le vrai problème au Mali et dans beaucoup de pays africains, c'est que les acteurs des affaires n'ont pas toujours confiance en leurs pouvoirs publics car ces pouvoirs sont très souvent représentés par des agents publics en majorité véreux, peu soucieux de l'intérêt de l'Etat[16] qui vient du labeur des citoyens honnêtes.

15 A.A. N'DIAYE, Rébellion Touarègue in l'Urne et le Glaive op. cit. le projet de loi dont il s'agit fut adopté en 1956 et publié le 11 janvier 1957 au journal officiel de la République française page 229.

16 S'intéresser aux déclarations de transparency International qui est une association internatio-

Ainsi lorsqu'il s'agit de recouvrer des contributions (impôts) d'évaluer des droits de douane ou d'autres taxes les appétits aux mauvais alois sont aiguisés sans qu'on ne sache exactement où sont allés les fonds recueillis ou perçus. La concussion, l'ignorance, l'incompétence, l'abus d'autorité, la solidarité de collaboration ou de corps mal placée prennent nettement le dessus sur le légal. Or, chacun sait que le légal économique est souple, prévoit la transaction qui exclut a priori la prison, prévoit les voies de recours qu'on a toujours indiquées comme le font les juges du fonds dans les juridictions d'instance.

Dès lors que disparait la confiance, il s'installe hélas le ''qui mieux mieux'' la débrouillardise..., l'évitement des normes, toutes choses conduisant à une mise en quarantaine des textes donc du formel au profit de l'informel.

On croit à tort que cela est légitime car on se dit : la procédure administrative est truffée d'embuches, les relations entre administrations économiques, financières et acteurs privées sont subjectives au gré des relations parentales, amicales et autres affinités.

Bref on en conclut qu'il vaut mieux évoluer à l'ombre que d'évoluer ostensiblement surtout que l'Etat ou les collectivités ne subventionnent pas ou subventionnent rarement et protègent peu contre ses ou leurs agents véreux.

Ainsi l'informel présente des réalités en Afrique (A) et au Mali (B).

A°) L'informel en Afrique

La taille serait un élément caractéristique important de l'informel. Ainsi en Afrique l'on note que le secteur informel désigne des micro-unités de production, de transformation, de distribution et de prestation des entreprises individuelles ayant un faible niveau d'organisation quand bien même elles auraient peu de liens avec l'administration[17].

Malgré la minceur de lien entre administration et secteur informel, il est reconnu à l'actif de celui-ci le fait d'employer plusieurs travailleurs qu'ils soient

nale étudiant les questions de corruption.

17 Dr Ibrahim CAMARA rapporte cette définition dans sa thèse de doctorat unique en Droit privé USJPB-UCAD juin 2014 intitulé, Entreprise et développement, étude sur le financement des entreprises au Mali.

des jeunes diplômés ou des retraités. En effet, le substrat informel explique que les services dispendieux (pour les promoteurs informels) sinon les services sociaux (inspections du service, sécurité sociale) ignorent tout ce qui s'y passe. Donc dans l'informel c'est l'emploi à outrance mais à conditions unilatérales adhésives fixées par les promoteurs.

Les entreprises informelles marchent selon la volonté exclusive de leurs promoteurs lesquels contrôlent toutes les fonctions principales : gestion des ressources humaines, tenue de la comptabilité et des finances comme la distinction est rarement franche entre leurs patrimoines propres et celui des dites entreprises[18].

Les entreprises informelles entretiennent des liens épisodiques avec les services des contributions et les mairies et peuvent concurrencer voire décourager les entreprises et entrepreneurs formels.

Pour preuve cette décision du Tribunal Régional de Niamey[19] qui déclare qu'il y a lieu de constater la cessation des paiements et de prononcer la liquidation d'une société commerciale dont les trois (3) derniers bilans des exercices ont enregistré des soldes négatifs, qui, en raison de la concurrence féroce du secteur informel, a des difficultés de trésorerie lui engendrant ainsi une situation financière, irrémédiablement compromise…

En proie à des difficultés palpables, les économies des pays africains notamment ceux de l'Afrique de l'ouest ont subi une crise dont l'importance les a conduits à se soumettre au diktat du Fonds Monétaire International et de la Banque mondiale. C'est la sollicitude de cette perfusion qui va obliger les pays de l'Afrique de l'ouest à accepter toutes sortes de programmes proposés par les institutions de Breeton Woods. Dans le même temps, elle (perfusion) sera source de développement et d'expansion du secteur informel qui prit une ampleur telle qu'il constitue un véritable contrepoids au secteur formel[20].

Alors, le FMI et la Banque mondiale vont se voir obligés de tenir compte de l'informel en insérant ses activités dans les stratégies de développement du

18 Idem.

19 Tribunal Régional hors classe de Niamey, jugement N°88 du 23 Avril 2004ohadata J-06-168.

20 Nancy Bejamin et Amadou Aly M'BAYE et cie : les entreprises informelles de l'Afrique de l'ouest « fouille, productivité et institution » in thèse du Dr I. CAMARA op cit.

continent africain par l'organisation des paysans en coopératives ou de certaines personnes auteurs de certaines activités économiques.

Une revue canadienne[21] recèle de précieuses statistiques, même si par hypothèse elles constituent des estimations, sur le poids des activités informelles. Ainsi les estimations de cette revue indiquent que plus de 80% ou même 90% de l'emploi total serait informel. Les statistiques officielles des pays de l'Afrique de l'ouest révèlent que 60% du produit intérieur brut des dits pays est produit par les activités informelles.

De même relève la revue, les secteurs d'activité, les plus importants ayant les plus forts taux de croissance sont en général dominés par l'informel dans les secteurs du commerce de gros et de détail, du transport, de la restauration, de la reproduction du disque compact et des cassettes (musique et art) de la menuiserie, de la construction, de l'immobilier etc.

En outre, retient la source, le secteur informel représenterait environ la moitié sinon plus du produit intérieur brut dans tous les pays de l'UEMOA. A titre illustratif, pour trois pays le Mali, le Burkina Faso et Sénégal depuis l'année 2000 la contribution de l'informel à l'économie a été en moyenne et respectivement de 74%, 60% et 54%.

Quel que soit l'âge de cette étude, elle demeure révélatrice en matière d'économie dans les pays de l'UEMOA et indicative en droit OHADA ou on note une prédominance de l'informel, du non sûr, de l'incertitude.

L'informel garde sa verdeur dans l'économie malienne comme ailleurs.

B°) l'informel au Mali

En rappelant les propos préliminaires sur l'informel (supra 75) le lecteur se doute bien que règne un secteur informel dans l'économie malienne. D'ailleurs un texte sur le secteur privé[22] en fait l'aveu en définissant le secteur informel dans son article premier comme le « domaine d'évolution des entreprises

21 Source : canadian journal of Africa studies/Revue canadienne des études Africaines vol 18N°3-1984. P-573-581 in thèse du Dr I. CAMARA op cit.

22 Loi N°2011-088 du 30 décembre 2011 portant loi d'orientation du secteur privé JO N°36 du 02 septembre 2012 P 1402 et s.

du secteur privé qui opèrent en dehors du respect strict des obligations légales, notamment celles relatives à l'immatriculation au registre du commerce et du crédit mobilier, à la fiscalité, à la sécurité sociale ». Dans cette logique le secteur informel concerne des entreprises individuelles souvent collectives de fait qui ne possèdent pas de numéro d'identification fiscale, qui ne tiennent pas de comptabilité formelle au sens de la législation communautaire, qui n'immatriculent pas les salariés à l'Institut National de Prévoyance Sociale, qui évoluent à l'encontre donc des normes.

Dans le cadre malien l'informel est considéré comme un tampon inévitable entre l'économie traditionnelle et l'économie moderne avec une part considérable qui oscille entre aujourd'hui 40% selon la direction nationale de la statistique et de l'informatique dans son rapport de 2012 et 74% en 1984 de la Revue canadienne. Autant dire que l'informel est aussi symptomatique d'économies sous développées ou d'économies en difficultés. Le secteur informel emporte également le domaine des sociétés créées de fait.

Pour aller utilement vers le formel qui est la meilleure garantie pour toute économie moderne viable, l'Etat du Mali a prévu dans l'article 75 de la loi portant loi d'orientation du secteur privé d'initier des mesures spécifiques destinées à favoriser la migration rapide du secteur informel vers le secteur moderne. Pour réussir cela l'Etat compte sur la fervente collaboration des organisations professionnelles comme la chambre de commerce et d'industrie la jeune chambre économique, la chambre d'agriculture etc.

En réalité c'est avec une économie assez rudimentaire que le Mali intègre les différentes communautés économiques et juridiques et puisque c'est un fait qu'il partage si bien, on peut s'interroger sur la substance de l'intégration.

CHAPITRE II : DE L'EFFECTIVITÉ DE L'INTÉGRATION AFRICAINE

Le Mali est une République souveraine (article 25 constitution) et cette souveraineté appartient au peuple malien tout entier qui l'exerce soit par ses représentants soit par voie de référendum (article 26 constitution).

La même loi fondamentale prévoit plus loin dans son article 117, contenu du titre XV relatif à l'unité Africaine, que la République du Mali pourrait conclure avec tout autre Etat africain des accords d'association ou de communauté comportant abandon partiel où total de souveraineté en vue de réaliser l'unité Africaine. C'est dans cette perspective qu'interviennent l'ensemble des accords et traités de coopération et d'intégration auxquels notre pays est partie prenante.

Un accord de coopération est une collaboration hétérogène impliquant la mise en œuvre d'un objectif politique par deux ou plusieurs Etats dans des domaines déterminés sans toutefois remettre en cause leur indépendance (souveraineté).

La notion d'intégration qui signifie une collaboration plus ou moins homogène bi ou multilatérale (entre deux ou plusieurs Etats) est comprise comme une expression ambivalente[23].

Tantôt l'intégration désigne un processus qui tend à rendre complémentaires les économies de certains pays par la suppression progressive des discriminations liées à l'existence de frontières nationales, tantôt elle (intégration) porte sur le stade final atteint par le processus.

Le traité OHADA par l'application d'un droit des affaires uniformes, sous réserves de quelques résidus nationaux, est un traité qui ignore volontiers les frontières des Etats-Parties.

Ainsi allons-nous parler des conventions de communauté (Paragraphe I) d'une économie nationale malienne protégée malgré la volonté de coopération et d'intégration (Paragraphe II), de l'Agriculture comme socle de l'économie malienne (paragraphe III) et enfin rappeler les privilèges réservés aux gros investisseurs (paragraphe IV).

23 Demba SY, cours de Droit de l'intégration Africaine, 2ème Année Sciences Juridiques université Cheick Anta DIOP et Université catholique UUba Bamako, Déc2009.

PARAGRAPHE I : DES CONVENTIONS AUX EFFETS LIMITÉS

Plusieurs règles résultant d'accords de coopération et d'intégration divers concourent à la réalisation d'un droit communautaire idéal.

Que ce soit le traité UMOA, le traité de l'UEMOA, celui de la CEDEAO ou encore et surtout le traité de OHADA, leur objectif principal est de réussir une certaine osmose, une certaine homogénéité d'action dans certains domaines d'activité précis. Maintenant est ce que c'est par inadéquation des règles adoptées ou par chauvinisme ou tout au moins par nationalisme des dirigeants que les traités bilatéraux et multilatéraux ont des effets limités ? Rien qu'à voir leur nombre, leur moment de création, leurs objectifs, on s'aperçoit que l'on fait du neuf avec de l'ancien, l'on déduit que c'est tel chef d'Etat ou président de la République qui était hostile à tel ou tel aspect de tel ou tel traité etc. (égoïsme personnel peut être…). Le vrai problème de droit posé aujourd'hui est qu'aucun des traités d'organismes spécifiés ci haut n'abroge l'autre ou les autres. Donc le jeune droit des affaires africain se retrouve avec un fardeau, une pesanteur sur la tête des citoyens et des acteurs universitaires (étudiants, professionnels et professeurs). Ainsi plusieurs juridictions existent dans certains espaces juridiques africains mais les conditions de leur saisine sont ignorées pour ne pas dire qu'elles sont elles-mêmes ignorées.

Toutefois le traité OHADA qui est de nos jours le plus important en Afrique en matière de collaboration juridique se veut un traité hégémoniste établissant une primauté absolue sur les législations nationales des Etats-Parties.

Ainsi son article 10 précise souverainement que « les actes uniformes sont directement applicables et obligatoires nonobstant toute disposition contraire de droit national antérieure ou postérieure ».

L'on en déduit par voie de conséquence que : d'une part les règles (actes uniformes, règlements et autres décisions) doivent être appliquées automatiquement dès leur entrée en vigueur ; cela est la conséquence directe de l'article 116 de la constitution « les traités ou accords régulièrement ratifiés ou approuvés ont dès leur publication, une autorité supérieure à celle des lois, sous réserve pour chaque traité ou accord de son application par l'autre partie ».

D'autre part les règles nationales c'est-à-dire toutes les dispositions du droit positif d'un pays incompatibles avec les règles communautaires sont inapplicables à la fois par le juge national, les pouvoirs publics nationaux ainsi que les personnes juridiques (publiques, privées, physiques ou morales).

LUCARNE CRITIQUE

Au Mali et dans beaucoup d'autres pays Africains, somme toute le droit inter Africain de l'OHADA repose sur une économie malade où injections et perfusions des pays amis et des institutions de Bretton Woods (FMI et Banque mondiale) se succèdent sans vergognes à cause souvent des mauvaises gestions publiques et privées.

Qui plus est, les affaires sont connexes entre opérateurs et hommes politiques au pouvoir. En effet, chaque fois qu'une entreprise émerge quelque part, l'opinion publique, à tort ou à raison établit des liens (malsains ou illogiques) avec telle ou telle personnalité politico-administrative ou désigne un poste financier occupé (Direction financière et du matériel service comptable) par le conjoint ou le frère. On attend même parler d'OER au Mali[24].

En conclusion de cette sommaire critique, tout esprit avisé réalise que le Mali n'évolue pas in solo, mais plutôt il y a une vraie fausse mère (colonisation) qui a donné naissance par une grossesse gémellaire, à plusieurs enfants s'appelant au singulier Afrique et au pluriel pays en voie de développement, lesquels sont indéfiniment assistés par les partenaires techniques et financiers et les institutions de Bretton Woods.

Donc l'homogénéité, l'uniformité de tout droit demeure une gageure, un défi à relever sur le long terme.

Malgré la collaboration multiforme l'économie nationale demeure protégée.

---

24 OER : opérateurs économiques du régime. Cette expression issue des milieux ironiques traduit la triste réalité que chaque régime politique, crée, façonne ses nouveaux parvenus c'est-à-dire ses nouveaux riches.

PARAGRAPHE II : UNE ÉCONOMIE TOUJOURS PROTÉGÉE

A l'instar des pays des différentes communautés économico-juridiques (UMOA, UEMOA, CEDEAO, OHADA etc.) les services économiques notamment douaniers du Mali semblent très actifs même si curieusement l'on peut se poser la question sur le rôle des douanes entre pays qui partagent ou qui se reconnaissent dans les mêmes entités économiques.

Du reste serait-on arrivé à uniformiser les règles, le droit autour de questions importantes comme celles relatives aux contributions (impôts) et autres taxes assimilées.

En procédant à la protection de son économie le Mali édicte des moyens fermes (A) avec des manières spécifiques de sanction (B) dont l'ensemble peut être critiqué dans le cadre d'un esprit communautaire(C).

A°) Les moyens de la protection de l'économie Malienne

En plus des différentes lois et ordonnances protectrices en termes généraux[25], c'est par un arrêté[26] que le législateur malien a choisi d'instituer de façon spéciale une brigade d'abord des Recherches et de répression des délits économiques auprès du Ministère des finances. Ce texte pris très tôt (1964 soit 4 ans après l'indépendance) charge la brigade sus-indiquée, sur toute l'étendue du territoire national, en tout lieu et à tout moment, de vérifier la régularité des conditions d'importations, d'exportation et de détention des marchandises et produits dont la commercialisation se trouve soumise à une règlementation officielle de quelque portée que ce soit.

La brigade est habilitée dans les mêmes conditions à faire observer strictement l'ensemble des dispositions légales portant protection de la monnaie nationale (article 2 Arrêté).

25 Loi sur la corruption loi N° 82-40 AN-RM du 26 mars 1982 in Recueil 2000 Tome I.
Loi N° 2014-2015 du 27 mai 2014 portant prévention et répression de l'enrichissement illicite

26 Arrêté N°251 du 19 mars 1964 instituant au niveau du Ministère des finances une brigade des Recherches et de répression des délits économiques cf Recueil des codes et textes usuels de la République du Mali 1959-1992 avec le concours de la coopération française. Cet arrêté a inspiré fortement l'ordonnance N° 07-025 du 18 juillet 2007 portant organisation de la concurrence.

L'arrêté insuffle à la même brigade de recherche et de répression des délits économiques l'habilitation à constater toutes infractions à la règlementation douanière, à celle des impôts et taxe assimilées... (Article 3Arrêté). Lorsque les agents de la brigade de recherches auront constaté par procès-verbaux ou flagrant délit des infractions économiques, ils s'adresseront aux tribunaux de l'ordre judiciaire pour toute répression (article 5 al1 arrêté). Ainsi l'article 6 invite les chefs de bureaux principaux des douanes et les inspecteurs régionaux des contributions diverses chargés des poursuites de déposer auprès des juridictions dont relèvent leurs bureaux les objets de fraude saisis et la personne des délinquants dont l'arrestation doit être immédiate dans le cas de flagrant délit.

La sanction de l'infraction économique a initié une modalité spécifique.

B°) Les modalités de la répression et les sanctions

Dans la politique pénale moderne de notre pays il est rarement prévu des crimes et des sanctions criminelles en matière économique.

En outre, dans le même domaine, la tolérance, la mansuétude du législateur sont perceptibles dès lors que les faits reprochés aux délinquants ne sont pas trop graves. Ainsi, à chaque fois que les infractions constatées par les agents compétents ne présentent pas un caractère de gravité exceptionnelle, le Ministre des finances peut, sur proposition motivée des directeurs nationaux ou généraux ou de la brigade en autoriser une terminaison administrative, écartant par ce fait tout recours aux tribunaux répressifs. La loi même parle de transaction (article 5 al2 arrêté instituant la brigade de recherche).

En vertu donc du principe de transaction retenu, le délinquant échappe à l'éventualité d'emprisonnement mais écopera d'une sanction patrimoniale appelée amende. Ce sont les agents poursuivants qui seront chargés de transiger avec les délinquants mais en observant les quantums financiers édictés par l'Arrêté interministériel N°695[27] qui déclare dans son article 1er que les transactions administratives prononcées à la suite d'infraction à la réglementation économiques sont fixées comme suit :

27 Arrêté interministériel N°695 du 19 septembre 1970 portant homologation des taux de transaction en matière de délits économique cf p 436 Recueil codes et textes usuels 1959-1992. Des dispositions de cet arrêté ont été reprises dans celles de l'ordonnance N° 07-025 ci-dessus cité.

Pour les cas de fraude :

Saisie et transaction allant de 5 à 20% de la valeur de la saisie ;

Constituent les fraudes également la déclaration inexacte de stock, la constitution de stock non déclarée. La transaction sera égale à la valeur au prix de revient ;

Pour la dissimilation de marchandises :

La transaction donnera droit à l'Etat de percevoir entre 20 000 et 200 000F ; pour défaut général de comptabilité, sanction de 1 à 5 % du chiffre d'affaire avec perception de 100 000 F au minimum ;

Pour la non tenue à jour des livres comptables et l'achat ou la vente sans facture la transaction est de 1 à 10 % du montant de la facture si toutefois un cas de fraude n'a pas été décelée ;

Pour la hausse illicite de prix, ce sera d'abord la récupération du bénéfice illicite et une transaction de 1 à 10% du prix d'achat de l'article et surtout il y aura une détention de l'article ou du produit jusqu'à paiement intégral du montant de la transaction ;

Pour le défaut d'affichage de prix les sanctions consistent dans un premier temps à un avertissement écrit et si cela se réitère il y aura transaction en fonction des catégories professionnelles des commerçants.

De 5000 à 25000F pour les commerçants de 6ème et 7ème catégorie ;

De 25000F à 75000F pour les autres commerçants ;

De 75000F à 150 000F pour les sociétés commerciales.

Pour ceux qui exercent le commerce sans avoir pris la patente, la transaction portera de 1 à 5% de la valeur du chiffre d'affaires et obligation de se mettre en règle vis-à-vis du fisc ;

Pour le trafic de licence, la transaction consistera au paiement d'un taux forfaitaire 100 000 F majoré de 20% du montant de la licence.

Pour les infractions en matière de transport de taxi comme le refus de prendre un client, la surcharge et hausse illicite des tarifs la transaction est de 5000F.

C°) Les critiques

L'esprit du droit OHADA et non moins des autres organismes communautaires est de promouvoir les échanges commerciaux, de multiplier les initiatives lucratives à travers les entreprises par un libre établissement, une libre circulation, des personnes et des capitaux sur les territoires cibles.

Ainsi considérée l'organisation pour l'harmonisation en Afrique du Droit des Affaires doit se donner les moyens d'une parfaite uniformisation afin de pouvoir réaliser son objectif. Certes, il s'est pourvu et continue de se pourvoir en actes uniformes, mais il est des domaines essentiels qui tardent à avoir leurs actes uniformes en l'occurrence celui des contributions (impôts). En effet le quantum fiscal et sa procédure de recouvrement demeurent des facteurs d'analyses inouïs décisionnels chez les investisseurs. Ce sera difficile que le ressortissant d'un pays aille investir dans un autre pays où il aura à payer plus d'impôts où encore où il sera soumis à des tracasseries fantaisistes de recouvrement comme la légèreté consistant à fermer pour non-paiement d'une entreprise employant des dizaines, voire des centaines de travailleurs (dont des chefs de famille) alors que le recouvrement peut être fait autrement. Il suffit de réfléchir…

En outre, rien qu'en réfléchissant au facteur contribution le législateur OHADA fera attention au risque de confusion entre des notions fondamentales comme droit économique, droit professionnel, droit commercial et fort probablement encore une fois on abandonnerait les velléités de confusion du droit privé.

Quel est la base de l'économie malienne ?

PARAGRAPHE III : L'AGRICULTURE, SOCLE DE L'ÉCONOMIE MALIENNE

Si la plupart des pays limitrophes du Mali sont gratifiés de ports par la nature et l'émiettement du continent effectué par le colonisateur, le Mali vit une réalité spécifique, la continentalité qu'il partage avec le Burkina Faso, le Niger en Afrique de l'ouest. Ainsi le Mali a une économie essentiellement fondée sur l'Agriculture alors que grâce à leurs ports les autres pays ont d'énormes sources de revenus variées et ce en plus de l'Agriculture qui occupe une certaine place dans leurs économies comme un bonus.

Notre pays a quand même un secteur Agricole varié (A) qu'il essaye d'encourager financièrement (B).

A°) Le secteur Agricole du Mali

C'est par une loi, dite d'orientation[28] que le Mali a conçu et défini sa politique Agricole. L'Article 2 de cette loi déclare qu'elle couvre « l'ensemble des activités économiques du secteur agricole et péri-agricole notamment l'agriculture, l'élevage, la pêche et la pisciculture, l'aquaculture, l'apiculture, la chasse, la foresterie, la cueillette, la transformation, le transport, le commerce, la distribution et d'autres services Agricoles, ainsi que leurs fonctions sociales et environnementales… ».

L'expression d'activité économique et non de droit économique peut être aisément relevée dans cet article 2 de la loi d'orientation. Le principe du caractère civil a priori de l'Agriculture n'est pas mis ou ne peut encore être mis en cause. L'Agriculture se révèle être aussi une activité lucrative certes, mais son apport économique et financier sert à entretenir le professionnel (cultivateur, paysan, éleveur etc.) ainsi que sa famille même si par moment il procède à une certaine distribution (rayon limité) par un commerce primaire au moyen d'un transport comme acte civil[29].

La loi d'orientation Agricole offre au juriste au moins deux avantages, celui de la définition de la profession Agricole et celui de la détermination des exploitations Agricoles.

Par rapport à la profession Agricole[30] l'article 7 al 3 énonce qu'elle est l'ensemble des acteurs qui, à titre principal, exercent les activités de production Agricole. Ce sont les exploitants Agricoles, les membres actifs de leurs familles ainsi que leurs organisations professionnelles et les institutions qu'ils administrent.

Donc l'Agriculteur est une personne établie dans un des secteurs énumérés par l'article 2 et exerçant à titre principal, éventuellement avec l'aide de certains membres de sa famille ou même avec l'appui d'un personnel salarié. L'expression à titre principal rappelle que ce ne soit pas une activité secondaire pour la personne, ce qui laisse entrevoir que pour prétendre être professionnel Agricole, il faut être soi-même au centre de son activité.

28 Loi N° 06-045 du 05 septembre 2006 portant loi d'orientation Agricole.

29 Voy. Dr Sékou Faco CISSOUMA : droit civil et droit commercial : actes civils et actes commerciaux….

30 Lorsque le mot Agricole est écrit avec "A" majuscule, il concerne toutes les activités citées à l'article 2 LOA.

Par rapport aux exploitations Agricoles, l'article 13 LOA retient deux catégories :

D'une part l'exploitation familiale et d'autre part l'entreprise agricole.

Si la première correspond tout à fait à la définition livrée par l'article 7 al3 la seconde c'est-à-dire l'entreprise Agricole est définie par l'article 20 LOA comme une exploitation Agricole gérée à titre individuel ou en société et employant exclusivement une main d'œuvre salariée conformément à la législation sociale en vigueur.

A bien comprendre la définition de l'entreprise Agricole, elle peut être créée par une personne ou un groupement et opportunément elle peut être gérée par une autre personne juridique suite à différentes opérations juridiques, vente, bail, prêt etc.

Par ailleurs les Agriculteurs peuvent initier et fonder plusieurs types de groupements pour la défense de leurs intérêts. C'est l'article 27 LOA qui leur en reconnait la possibilité notamment à travers les coopératives, les associations diverses les unions, les fédérations, les confédérations, les syndicats et même les fondations…

La loi parle pour désigner ces groupements[31] d'organisations professionnelles Agricoles qui peuvent être créées par des personnes physiques comme morales pourvu qu'elles aient une vocation Agricole et qu'elles aient pour objectif l'union pour la défense de leurs intérêts auprès des pouvoirs publics et des tiers, la fourniture de biens et de services à leurs membres et ou la réalisation d'activités économiques au profit de leur membres.

L'élément économique majeur bénéficie-t-il d'assistance financière ?

B°) Le financement de l'Agriculture au Mali

Pour appuyer son secteur prioritaire, normalement le plus porteur, les pouvoirs publics ont prévu de soutenir financièrement les acteurs du secteur primaire.

31 L'APCAM est le groupement le plus représentatif dans ce domaine présentement.

Ainsi il a été prévu dans l'article 119 LOA que l'Etat mettra en place un Fonds National de Développement Agricole (FNDA) destiné au financement de l'appui aux activités Agricoles et péri-Agricole, dans le respect des principes et objectifs définis au titre I chapitre III de la loi Agricole.

Ce fonds (FNDA) a notamment pour objectifs spécifiques le financement :

Des activités de recherche, de conseil et de formation Agricoles ;
De l'appui au renforcement des capacités des acteurs de la profession Agricole et des interprofessions, et des opérations péri-Agricoles ;
De la promotion des filières Agricoles ;
De l'appui à l'installation des jeunes exploitants Agricoles ;
Des activités de préservation de l'environnement ;
De l'intensification et de la diversification des produits Agricoles ;
De la promotion de la commercialisation de la transformation des exploitations de produits agricoles.

Il est alimenté par les fonds de l'Etat, des collectivités territoriales et des organisations professionnelles Agricoles, des subventions, des dons et legs[32]. »

L'article 119 rappelle in fine « que les modalités de gestion du fonds et les conditions d'éligibilité sont fixées par décret pris en conseil des Ministres.

Plusieurs secteurs d'activités doivent concourir à l'équilibre voire à l'essor de l'économie ou des économies des pays d'une organisation ou d'une communauté donnée.

En premier lieu les intellectuels relèvent que l'Agriculture avec les différents éléments qui le composent, constitue le secteur primaire.

En second lieu, on retient le secteur secondaire comprenant l'industrie, l'énergie et les mines ;

En troisième lieu arrive le secteur tertiaire composé des banques, des assurances, des services, du commerce, des transports etc. ;

32 Aux dernières nouvelles (Novembre 2014) le compte qui loge ce fond contenait une somme de deux(2) milliards mais que le décret d'application de la LOA devant fixer les conditions d'octroi n'était pas encore pris.

Enfin en quatrième lieu on parle plus récemment de secteur quaternaire comprenant l'enseignement, la santé, la communication, les techniques de l'information et de la communication, les ressources humaines en général, l'environnement, les sciences et techniques, la culture, le tourisme[33].

De ces différents domaines d'activités, le premier (l'Agriculture) dont l'existence parait liée à l'existence tout court de la terre et de l'eau, constitue aussi le secteur primaire auquel on se contente faute de mieux. Il ne requiert pas de techniques ou d'ingéniosités particulières. C'est dans ces conditions que le Mali est membre d'organismes comme la CEDEAO (qui a quand même défini une politique agricole commune) et surtout de l'OHADA. AVEC 80% environ de déterminant dans l'économie et 65% de personnes actives occupées par l'Agriculture, notre pays n'est pas des plus compétitifs de façon notoire dans les économies régionales, sous régionales et donc en Droit OHADA.

Dans le cadre de ce financement acquis les agriculteurs doivent pouvoir initier des activités environnementales protectrices comme la culture des plantes xérophiles[34] pour arrêter l'érosion et la désertification d'une part, et des activités économico alimentaires comme la fabrication et la distribution des yaourts[35] pour pallier la carence alimentaire et la faim dans une certaine mesure d'autre part.

Toutefois la politique nationale encourage l'essor de toutes les activités dans notre pays et c'est pourquoi les autorités ont pris de bonnes initiatives pour encourager l'investissement sur le territoire national.

PARAGRAPHE IV : L'INVESTISSEMENT AU MALI, UNE OPPORTUNITÉ DE PRIVILÈGES

Les pouvoirs publics maliens sont bien conscients de la sévérité de l'austérité de l'environnement des affaires malgré l'existence de politiques communes auxquelles ils adhèrent. Aussi, en marge des législations partagées le législateur malien adopte souvent des textes à portée inouïe pour le développement des affaires dans notre pays. C'est certainement le cas avec l'adoption du code des investissements[36].

33 Demba SY op cit.

34 Xérophiles (plantes). Espèces adaptées à la sécheresse.

35 Yaourt lait animal transformé au premier degré et riche en vitamines.

36 Loi N° 2012-016 du 27 février 2012 portant code des investissements au Mali, Journal officiel N° 13 du 30 mars 2012 de la République du Mali, secrétariat général du gouvernement.

En propos préliminaires ce code circonscrit, en les définissant, certaines terminologies sur le sens desquels il convient de ne pas se méprendre.

Ainsi le mot entreprise signifie ''toute unité de production, de transformation ou de distribution de biens ou de services à but lucratif quelle qu'en soit la forme juridique, qu'il s'agisse d'une personne physique ou d'une personne morale".

L'investissement, ce sont les capitaux employés par toute personne physique ou morale pour l'acquisition d'immobilisations corporelles, financières et incorporelles dans le cadre de la création ou de l'extension ou de la réhabilitation d'entreprises.

Un investisseur est toute personne physique ou morale, de nationalité malienne ou étrangère, réalisant dans les conditions définies dans le code des investissements, des opérations d'investissement sur le territoire de la République du Mali (Article 2 du code des investissements).

Le code des investissements est une loi attrayante dont il convient de connaitre les objectifs (A), les critères d'appui aux entreprises (B) et les modes de règlements des différends prévus (C).

A°) Les objectifs de la loi portant code des investissements au Mali

Ils sont énumérés dans l'article premier et sont assez révélateurs.

Ainsi selon cet article, le code des investissements vise à promouvoir les investissements au Mali par :

La mobilisation de l'épargne nationale et l'attraction des capitaux étrangers ;
La création des emplois, la formation des cadres et d'une main d'œuvre qualifiée ;
La valorisation des matières premières locales ;
La promotion des exportations ;
La création, l'extension, la diversification, la modernisation des infrastructures industrielles et agro-sylvo-pastorales de prestations de service et de l'artisanat ;
L'incitation à investir dans les industries exportatrices et dans les secteurs économiques valorisant les matières premières et autres produits locaux ;
La création et le développement des entreprises ;

Le transfert des technologies adaptées ;
L'attraction des investissements dans toutes les régions du pays ;
La promotion d'un tissu économique performant et complémentaire ;
L'utilisation des technologies locales et la recherche de développement ;
La restructuration, la compétitivité, l'intégration et la croissance des entreprises ;
La reprise pour la réhabilitation d'entreprise par de nouveaux investisseurs ;

Comme on peut le relever aisément, aucun des secteurs économiques (les quatre) n'est oublié.

Puisqu'il n'est pas fait de discrimination entre investisseurs maliens et investisseurs étrangers, l'article 6 CI prévoit que ces derniers reçoivent le même traitement que les nationaux et ils peuvent librement détenir à leur souhait et volonté, jusqu'à 100% des parts sociales ou actions des sociétés (commerciales) dont ils envisagent la création. En un mot les investisseurs étrangers sont libres d'associer des nationaux à leurs projets, à leurs activités ou non.

Au surplus tout investisseur, national ou étranger garde indéfiniment son droit de propriété sur son ou ses entreprises. En effet l'article 7 al2 CI garantit l'investisseur contre toute mesure de nationalisation et d'expropriation ou de réquisition de son entreprise sauf pour cause d'utilité publique sous réserve d'indemnisation juste et préalable.

B°) Les entreprises ciblées selon un critère financier

Les entreprises visées par le code des investissements comprend deux grandes catégories dont celles évoluant en zones économiques ordinaires et celles évoluant en zones économiques spéciales.

1°) Les entreprises évoluant en zones ordinaires

Elles sont classées suivant quatre (4) régimes :

Le régime A qui concerne les entreprises dont l'investissement est égal ou supérieur à douze millions cinq cent mille francs CFA (12 500 000 F CFA) et inférieur ou égal à 250 millions hors taxes et hors besoin en fond de roulement ;

Le régime B, lui, concerne les entreprises dont l'investissement est supérieur à 250 millions et inférieur à un milliard de francs CFA, hors taxes et hors besoin de fonds de roulement ;

Le régime C porte sur les entreprises dont l'investissement est égal ou supérieur à milliard de francs CFA hors taxes et hors besoin en fonds de roulement ;

Le régime D, concerne les entreprises dont l'investissement est strictement supérieur à douze millions cinq cent mille francs CFA (12 500 000 F CFA) hors taxes et hors besoin en fonds de roulement. La production de ces entreprises destinée à l'exploitation est égale ou supérieur à 80%.

Ce dernier régime encourage l'exploitation de la production.

Sur le plan fiscal toutes les entreprises bénéficient de régimes privilégiés similaires. Pour illustrer il sera rappelé les privilèges fiscaux du régime A.

Ainsi les entreprises du régime A seront au régime réel (non synthétique) d'imposition pour bénéficier automatiquement des avantages suivants :

En cas de création d'activité nouvelle il est prévu :

Une exonération pendant la durée de la réalisation (phase d'investissement) du programme agréé fixé à 3 ans des droits et taxes à l'importation sur les matériels, machines, outillages et leurs pièces de rechange qui ne sont ni produits, ni fabriqués au Mali et qui sont destinés de manière spécifique à la réhabilitation du programme agréé à 10% pour les pièces de rechange.

Une exonération pendant les mêmes 3 ans de la retenue impôt sur le bénéfice industriel et commercial et de la retenue TVA sur toutes prestations d'assistance technique et de consultance.

Une réduction du taux de l'impôt sur les bénéfices industriels et commerciaux et l'impôt sur les sociétés (IBIC-IS) à 25 % sept (7) ans non renouvelables.

Une exonération de l'impôt minimum forfaitaire pour tout exercice déficitaire pendant les cinq (5) premières années d'implantation.

En cas d'extension d'activité ou de restructuration et de mise à niveau, il y a un accord d'avantages identiques que dans le cas de création.

Pour les autres régimes les privilèges sont identiques en la forme.

2°) Les entreprises évoluant en zones économiques spéciales

Sont considérées comme zones économiques spéciales au Mali, les localités maliennes défavorisées sur le plan géographique, climatique et économique et difficiles d'accès, que l'Etat décide de promouvoir spécialement dans un cadre de solidarité nationale.

Ces entreprises en zones spéciales ont des avantages circonstanciés définis par décret pris en conseil des Ministres.

Pour toutes les catégories d'entreprises ciblées le législateur a veillé à ce qu'elles :

— emploient prioritairement les maliens à égalité de compétence et organisent la formation et la promotion des nationaux au sein de l'entreprise ;

— mettent en place une gestion saine et transparente conformément aux règles morales des entreprises citoyennes.

C°) Le règlement des différends

L'article 29 CI prévoit pour le règlement des différends susceptibles de naitre entre acteurs les règlements à l'amiable (infra778) le recours devant les juridictions maliennes, le recours à l'arbitrage, autorise également à se référer aux dispositions de la convention du 18 mars 1985 créant le centre international pour le Règlement des différends relatifs aux investissements entre Etats et Ressortissants d'autres Etats (CIRDI). Il est établi sous l'égide de la Banque Mondiale et ratifié par la République du Mali le 3 janvier 1978, plus les Actes Uniformes-OHADA.

Enfin on peut recourir à la convention portant création de l'Agence Multilatérale de garantie des investissements (AMGI).

CHAPITRE III : DE LA SITUATION PROVISOIREMENT DIFFICILE DU MALI

Bis- Les milieux des affaires sont surpris par une crise endogène quelque peu édulcorée cette fois-ci[37]. S'il faut se garder d'être trop disert, il n'est pas encore non plus indiqué de demeurer aphone.

En effet, depuis sa naissance ou sa création la République du Mali a connu des crises liées à des rébellions connues sous l'appellation diverse de révolte ou de rébellion touarègue au Nord. Mais à la différence cette fois, il s'est greffé (à la rébellion) une invasion jihadite aveugle, obscurantiste qui, somme toute, constituer un véritable épouvantail, pour l'investissement, pour les affaires et le commerce en général dans notre pays. On parle de guerre hybride[38].

En matière de commerce intérieur, il n'existe pas pour le moment, de liberté de commerce entre les dix (10) régions administratives et économiques du Mali car certaines d'entre elles renferment des nids de bandits armés.

En matière de commerce international, les partenaires se méfient car craignant l'activité néfaste des terroristes jihadistes dans le septentrion malien ou même au centre[39].

Cependant l'espoir est grandement permis car notre pays, bénéficiant de la solidarité internationale avec en tête la France, est à la croisée, au carrefour des secours qui convergent de toutes parts. Donc comme l'Algérie par le passé et l'Egypte récemment, le Mali va se relever, va se retrouver, va triompher de ses adversaires et de ses ennemis.

Le Mali Eternel va triompher bientôt de tous ces éphémères et méchants travers.

Après avoir évoqué l'environnement du Droit des Affaires au Mali, l'on est en droit de s'interroger si le droit OHADA est ou doit être considéré comme évoluant à l'abri de toute imperfection donc exempt de toute critique ?

---

37 Rébellion touareg doublée de l'irruption d'un Jihadisme aveugle.

38 La guerre hybride est une notion récente qui traduit l'idée à la fois d'une guerre classique (par les moyens et voies classiques) et d'une guerre asymétrique (système de guerria contre armée classique).

39 Ces terroristes enlèvent les ressortissants étrangers pour exiger des montants pécuniaires faramineux contre leur libération.

DEUXIÈME PARTIE :

ASPECTS CRITIQUES DU DROIT OHADA

Longtemps nourrie comme idée, la critique du droit OHADA nous a paru davantage opportune lorsqu'un jour nous avons reçu la visite d'un étudiant es lettres, venu nous poser des questions spécifiques dans son domaine certes, mais de portée générale en matière scientifique universitaire.

Cet étudiant nous posait la question de savoir s'il pouvait être aidé à trouver au moins dix (10) ouvrages et ou articles qui critiquent le (s) pouvoir (s) africains de l'indépendance à nos jours.

Après notre entretien, nous lui fîmes remarquer qu'il venait avec son professeur de raffermir une idée à notre niveau qui est celle de procéder à une étude critique du droit OHADA après plus d'une décennie d'application.

La compréhension à l'esprit de l'article 62 du traité OHADA qui porte que le dit traité à une durée illimitée et qu'il ne peut en tout état de cause, être dénoncé avant dix années à partir de sa date d'entrée en vigueur, prévoit à contrario de telles critiques. En effet dans une matière évolutive comme le droit si l'on écrit un traité à durée illimitée cela veut dire qu'il devra être révisé de temps à autres pour tenir compte de certaines réalités et observations d'une part et si l'on interdit sa dénonciation avant dix (10) ans de participation, l'on admet implicitement que dix années après son entrée en vigueur, il peut recevoir des critiques de toutes parts d'autre part.

Aussi, pour accomplir cet exercice il sera analysé en premier lieu les textes mêmes de l'OHADA dans leurs aspects paraissant critiquables (Chapitre I) en second lieu, on tentera de savoir si le droit OHADA est un droit de fond ou de forme (Chapitre II) et en troisième lieu, on conseillera de conjurer une confusion en Droit OHADA par l'évitement de la notion de droit économique (Chapitre III).

CHAPITRE I : DES TEXTES DE L'ORGANISATION POUR L'HARMONISATION EN AFRIQUE DU DROIT DES AFFAIRES

En considérant que la perfection relève d'un autre ressort que le cadre humain l'on admettrait allégrement des critiques se rapportant au traité OHADA d'abord et à certains actes uniformes ensuite.

PARAGRAPHE I : LE TRAITÉ FONDATEUR DU DROIT OHADA

Le traité fut adopté le 17 octobre 1993 en vue de l'harmonisation du droit des Affaires en Afrique et révisé quinze (15) ans après à Québec le 17 octobre 2008 avec des objectifs qu'il partage avec certains de ses actes uniformes le tout pouvant recevoir quelques critiques positives.

A°) Les ambitions du traité

Le traité OHADA affiche de nobles ambitions et ce, dès son préambule qui énumère les unes après les autres les préoccupations suivantes des chefs d'état, exprimées au mode participe[1] (présent ou passé) :

1. Déterminés à accomplir de nouveaux progrès sur la voie de l'unité africaine et à établir un courant de confiance en faveur des économies de leurs pays en vue de créer un nouveau pôle de développement en Afrique ;
2. Réaffirmant leur engagement en faveur de l'institution d'une communauté économique africaine ; …
3. Convaincus que l'appartenance à la zone franc, facteur de stabilité économique et monétaire, constitue un atout majeur pour la réalisation progressive de leur intégration économique et que cette intégration doit également être poursuivie dans un cadre africain plus large ;

1 C'est nous même qui avons mis des numéros devant les différents points du préambule du traité. Originellement il (traité) a été adopté par seize (16) hautes parties contractantes comprenant les présidents des Républiques du Benin, du Burkina Faso, du Cameroun, de la Centrafrique, des Comores, du Congo, de la Côte d'Ivoire, du Gabon, de la Guinée-Bissau, de la Guinée-Conakry, de la Guinée équatoriale, du Mali, du Niger, du Sénégal, du Tchad et du Togo.

4. Persuadés que la réalisation de ces objectifs suppose la mise en place dans leurs Etats d'un Droit des Affaires harmonisé, simple, moderne et adapté, afin de faciliter l'activité des entreprises ;
5. Conscients qu'il est essentiel que ce droit soit appliqué avec diligence, dans les conditions propres à garantir la sécurité juridique des activités économiques afin de favoriser l'essor de celles-ci et d'encourager l'investissement ;
6. Désireux de promouvoir l'arbitrage comme instrument de règlement des différends contractuels ;
7. Décidés à accomplir en commun de nouveaux efforts en vue d'améliorer la formation des magistrats et des auxiliaires de justice ;
8. Conviennent de ce qui suit :...

En termes d'observations, on en relève de trois ordres :

D'abord relativement aux sept points soulignés il convient d'expliciter certaines expressions comme « un courant de confiance en faveur des économies de leurs pays » du point 1, sur l'application du Droit OHADA, il est dit au point 5 que « ce droit soit appliqué avec diligence ». La diligence dans quoi et où ? Dans les administrations et services ? Dans les juridictions ?...

Le point 2 qui demande de réaffirmer l'engagement en faveur de l'institution d'une communauté économique africaine doit continuer en ajoutant l'idée de réduction de la fracture sociale, psychologique entre Etats-Parties et leurs ressortissants.

En effet à bien analyser, l'idée d'une communauté économique parait bien difficile et délicate à réaliser tant les réalités économico-culturelles entre les différents Etats sont diverses.

Le Mali dont certaines réalités sont exposées plus haut n'a souvent rien avoir avec certains pays comme la Cote d'ivoire à coté ou la Guinée équatoriale située plus loin. Ce n'est souvent pas à tout moment que les citoyens maliens ou autres peuvent être les bienvenus dans ces pays pour y travailler et créer des entreprises. Dans le même temps pour des ressortissants de ces pays, il n'est pas dit qu'ils auront toujours une bonne opinion lorsqu'ils entreprennent de créer des entreprises au Mali....

En outre, il est aisé de constater que le Mali n'abrite aucune banque de portée régionale ou sous régionale et ne gère ou ne dirige aucune institution financière de la même envergure...Ainsi peut-on conclure, le droit communautaire se veut un singleton mais avec plusieurs facettes ou aux multiples réalités.

Ensuite comme seconde grande observation, le droit OHADA n'affiche aucune ambition, aucun intérêt particulier pour la formation des formateurs comme il le fait pour les magistrats et auxiliaires de justice au point 6 de son préambule. On se pose la question dès lors sur l'épanouissement de ce droit dans un cadre structuré relativement aux enseignants et professeurs, bref des Docteurs en Droit. Ainsi on ne tarde pas à noter que le droit OHADA est un droit insuffisamment solidaire car certains pays ne sont pas mis dans les conditions de préparer les diplômes de troisième cycle y compris les thèses. Par exemple le Mali n'a pas jusqu'ici de troisième cycle officiel (étatique) en Droit[2].

Enfin la troisième observation porte sur l'oubli d'une structure de suivie évaluation voire des sanctions de la non observation du traité des actes uniformes bref des aspects positifs du droit OHADA qui seraient ignorés par un Etat-partie. Une telle structure pourrait se dénommer ''Commissariat d'éthique et de sécurité du droit OHADA'' composé d'enseignants juristes et acteurs professionnels économiques...

Ce ne sont pas les seuls aspects sur lesquels le traité est critiquable.

B°) Les autres aspects du traité

Selon l'article 5 du traité les actes pris pour l'adoption des règles communes qu'il prévoit en son article premier prennent l'appellation d' « actes uniformes ». Ces actes dits uniformes peuvent aller jusqu'à prévoir des dispositions d'incrimination pénale sans achever le travail par la détermination, disons la fixation des sanctions pénales idoines encourues. Ces sanctions sont laissées à l'initiative des Etats parties. Cet état de fait, il est vrai, peut ménager mieux les relations diplomatiques entre Etats-Parties, mais peut constituer quelques écueils de procédure pénale entre ressortissants d'Etats-parties désireux d'investir ou de s'établir dans tel ou tel Etat.

2 Il ne s'agit pas des écoles créées par arrêté qui viennent en Aval tenter de former des docteurs alors qu'ils ont subi la formation de DEA ailleurs. Pour les moments l'USJPB n'offre pas de formation de Master.

En effet, un fait peut constituer une infraction ici et non pas la bas, ou constituer une infraction bénigne ici et grave la bas. Une sanction, par sa gravité relative, peut constituer un épouvantail, avoir un effet plus dissuasif ici qu'ailleurs. Donc il est tout indiquer que l'OHADA élabore un droit international pénal des affaires si réellement son objectif est la réalisation d'une uniformité.
Les juristes professionnels s'interrogent encore sur la naissance des Actes uniformes, le fonctionnement de la CCJA et sur la suprématie de la langue française.

1°) La naissance des actes uniformes

Les instances de l'OHADA sont la conférence des chefs d'Etats et de gouvernements, le conseil des Ministres, la cour commune de justice et d'arbitrage et le secrétariat permanent.

De toutes ces instances c'est le secrétariat permanent qui prépare les Actes Uniformes en relation avec les gouvernements des Etats parties. Après la CCJA y émet un avis avant de les envoyer au conseil des Ministres qui en délibère et les adopte (article 6 traité).

Quant aux projets d'actes uniformes, ils sont communiqués aux différents gouvernements des Etats-parties, lesquels ont 90 jours pour faire parvenir leurs observations écrites au secrétariat permanent.

Ensuite le secrétariat y joint un rapport et transmet le tout à la CCJA pour avis dans 60 jours. Une fois ce délai écoulé, un projet définitif est mis au point et est proposé à l'inscription à l'ordre du jour du tout prochain conseil des Ministres par les soins du secrétariat permanent.

En réalité, il faut se poser la vraie question de savoir d'où viennent les projets d'Actes uniformes ?

On entendra parler de commissions Nationales qui seraient des organismes au niveau de chaque Etat Partie qui conçoivent, analysent ou formulent l'avant-projet d'Actes Uniformes, par les critiques et observations. Comment travaillent ces commissions ?

Sont-elles ouvertes aux acteurs professionnels (commerçants, industriels, juristes etc.) ?

En général ces commissions sont constituées majoritairement de fonctionnaires ou des professionnels loin des préoccupations quotidiennes des acteurs. A titre illustratif lisez bien ces quelques mots d'une longue lettre adressée au Premier Ministre malien par les coopérateurs « …l'adoption de l'Acte uniforme (sur les sociétés coopératives) il y a deux ans, n'a pas été suffisamment précédée de consultations et concertations avec les acteurs du secteur coopératif et les structures agricoles et paysannes faitières. De ce fait les spécificités et les enjeux du secteur coopératif agricole n'ont pas été réellement abordés dans la conception de l'Acte uniforme qui traite de l'ensemble des coopératives, tous secteurs et finalités confondus… »[3].

Le paradoxe est qu'une affaire de non fonctionnaires (voir article 9 de l'acte Uniforme sur le Droit commercial général) se trouve exclusivement gérée par des fonctionnaires. Donc comme le dit un dicton en Bambara (langue du Mali).

"On rase la tête en l'absence du titulaire", très curieux. De nos jours, il est de notoriété publique qu'en legistique on n'élabore plus les normes de façon impérieuse, on y associe toujours les acteurs sur qui le texte porte c'est-à-dire ceux qui vont l'animer ou le subir. Le droit OHADA, s'il veut réussir, devra faire attention aux rapports savamment concoctés à la trop grande bureaucratie…

Les critiques du traité sont nombreuses.

2°) La cour commune de justice et d'Arbitrage et autres privilèges

L'article 31 du traité précise que : La cour commune de justice et d'arbitrage est composée de neuf juges choisis parmi les magistrats, les avocats, les professeurs de droit ayant au moins 15 ans d'expérience.

Pour sa compétence, la cour commune de justice et d'arbitrage peut être saisie par voie de recours en cassation contre les arrêts et jugements rendus en dernier ressort par les juridictions nationales du premier et deuxième degré des Etats-Parties.

3 Lettre de la coordination nationale des organisations paysannes du Mali envoyée au Premier Ministre du Mali le 16 Mai 2013 sous les références N° 00177/131 PCNOP ayant pour objet "Moratoire sur mise en vigueur de l'Acte uniforme sur les sociétés coopératives de l'OHADA. Nous promettons que cette lettre sera insérée in extenso en Annexe.

Il faut souligner qu'en cas de cassation d'une décision rendue par une juridiction nationale la CCJA évoque l'affaire et statue sur le fond (article 14 du traité).

Ainsi le juge de cassation connaitra des faits qui ressortissent habituellement à la compétence des juges du fonds. Une telle possibilité légale a l'avantage d'accélérer la solution des litiges en évitant un retour sine die de la même affaire pour un second pourvoi au niveau national[4].

Le pouvoir d'évocation reconnu à la CCJA évoque du coup la composition des tribunaux de commerce qui adopte un échevinage c'est-à-dire la participation de magistrats professionnels et des juges consulaires[5].

Dans la législation malienne[6] ces juges consulaires sont élus pour trois (3) ans et ils prêtent serment avant d'entrer en fonction. Ils ont au cours des délibérations voix délibérative. Les juges consulaires sont choisis au Mali selon les branches d'activités : banque, assurances, transport, commerce, industrie, services (article 5 décret précité). Cet échevinage fait défaut à la composition de la CCJA lorsqu'elle évoque une affaire ; or, il a été respecté par les juridictions nationales de fond dans la même affaire précédemment. Donc il y a un hiatus à corriger car une affaire de professionnels ne saurait être mieux gérée par des fonctionnaires et membres d'autres corporations que ses professionnels mêmes.

Par ailleurs, l'article 41 du traité prévoit un établissement de formation, de perfectionnement et de recherche en droit des affaires dénommée : Ecole Régionale supérieure de la magistrature (ERSUMA). D'abord on se préoccupe avant tout de magistrats au détriment des enseignants alors qu'on devient magistrat après avoir reçu une formation universitaire, ensuite on veut faire de la recherche une affaire de fonctionnaires. Or, tous les chercheurs et auteurs de l'espace OHADA ne sont pas fonctionnaires à fortiori magistrats[7]. En effet la science (juridique) n'a pas et ne connait pas de statut.

4 Dr Sékou Faco CISSOUMA : thèse de Doctorat d'Etat, option Droit privé, UCAD, Avril 2008 : « le statut de l'enseignement Privé au Mali ».

5 Idem.

6 Décret N°94-091/P-RM du 24 février 1994 déterminant les modalités d'élection et d'éligibilité des membres des tribunaux de commerce in Recueil 2000 des codes et textes usuels en République du Mali Tome 1.

7 Il est vrai que le commentateur du traité révisé tente de faire comprendre que les fonctions de recherche ne se limitent plus aux magistrats et à l'ERSUMA.

Les autres chercheurs vivent, se manifestent et on ne peut pas les enterrer vivants.... Ils ont droit à l'égard dans la mesure où ils participent à l'essor de la science juridique générale et celle des affaires.

Pour tout dire sur les critiques du traité, les articles 46, 47, 48 et 49 du traité couvrent d'immunité de juridiction, les personnels, les biens, les avoirs de l'OHADA mais tout en réservant à l'OHADA le droit d'ester en justice.

Il se pose un élémentaire problème de balance qui symbolise la justice. On ne me juge jamais, mais je fais juger quand je veux. Ça ressemble à une condition potestative, cause d'invalidité de contrat en droit des obligations...

Comment comprendre l'institution d'une langue OHADA ?

3°) La suprématie de la langue française

Aux termes de l'article 42 du traité OHADA tel que révisé à Québec le 17 octobre 2008 les langues de travail de l'OHADA sont le français, l'Anglais, l'Espagnol et le Portugais.

Avant traduction dans les autres langues, continue l'article 42, les documents déjà publiés en français produisent tous les effets. En cas de divergence entre les différentes traductions, la version française fait foi, donc l'emporte sur les trois autres langues.

On veut donner une vraie hégémonie à la langue française sans s'interroger sur sa portée actuelle en France et dans le reste du monde.

En nous référant à des commentaires issus de la dernière francophonie (Sommet Afrique-France) tenue à Dakar en Décembre 2014 on converge avec les commentateurs que la France n'a pas ou n'a plus les moyens de sa politique linguistique dans le sens de la propagation et du renforcement (des liens) des déploiements des intellectuels. Il y a un manque d'émulation ou plutôt un défaut d'appui à l'émulation. La conséquence majeure de cela est que l'économie dans l'espace francophone sera difficilement dopée car non appuyée par des intellectuels[8].

8 Idées relevées dans un débat entre intellectuels sur RFI pendant le sommet de la francophonie à Dakar.

Qui plus est, la francophonie ne prospère dans la réflexion que par des initiatives malheureuses d'exclusion. Exemple dans l'Appel à candidature pour préparation aux concours d'agrégation CAMES en sciences juridiques, politiques, économiques et de gestion, l'Agence universitaire de la francophonie (AUF) déclarait en 2013 « les bénéficiaires du projet (formation éponyme) doivent être enseignants chercheurs (docteurs, assistants et maitres-assistants CAMES ou chargés de cours, en poste dans un établissement membre de l'AUF relevant du bureau Afrique centrale et des grands lacs, du bureau Afrique de l'ouest (BAO) ou bureau Océan indien (BOI) et dans un pays membre du CAMES[9].

Au lieu de rassembler pour mieux raisonner et mieux rayonner la Francophonie, divise, disperse tout en ignorant les conséquences à long terme.

Approchez certaines universités de l'espace de la francophonie, vous vous apercevrez que certains assistants titulaires d'un Master se croient supérieurs à des docteurs puisque l'université a amené ces docteurs à assurer leurs travaux dirigés. Il semble que les docteurs non fonctionnaires du statut de l'enseignement supérieur ont acquis leurs diplômes au supermarché et les autres ont obtenu les leurs à l'université. Peut-on se développer avec une telle mentalité, si oui est-ce un développement durable ? A l'évidence non.

L'Académie française doit ajouter une nouvelle corde à son arc, consistant à mettre des représentants dans les services culturels des ambassades et représentations diplomatiques de la France afin de détecter, de repérer les intellectuels pour le bien de la langue, de la culture française dans le monde.

La France pays des valeurs…

En plus du traité, certains Actes uniformes recèlent certains points dont les critiques ne sauraient attendre une étude de fonds du droit OHADA.

PARAGRAPHE II : CERTAINS ACTES UNIFORMES

Il ne s'agit pas ici de critiques ou d'observations de détails, d'ordre pédagogique mais plutôt de critiques de portée frappante a priori (c'est-à-dire à première lecture). S'offrent à de telles critiques certains actes uniformes de forme et d'autres de fond.

9 AUF appel à candidature 2013, http : //www.uac.bs/acceuil, index : php114-accueil/71 appel à candidature pour préparat…22101/2013.

A°) Les actes uniformes de forme

C'est l'acte uniforme portant organisation des procédures simplifiées de recouvrement des créances et des voies d'exécution qui est essentiellement concerné, non pas pour ce qu'il écrit mais pour ce qu'il a oublié d'écrire dans son article 336.

La persistance d'une situation particulière au Mali semble poser un problème d'effectivité de l'AUVE. Cette situation c'est la vigueur de la contrainte par corps en Droit processuel malien.

D'abord cette contrainte par corps est prévue par un simple décret alors qu'aux regards des dispositions souveraines de la constitution (article 70) la fixation de la peine est réservée exclusivement à la loi (votée à l'Assemblée Nationale).

Ensuite l'article 725 du décret portant code de procédure civile, commerciale et sociale intervenant en matière civile énonce que la contrainte par corps a pour but d'obliger le débiteur négligeant ou de mauvaise foi, à s'acquitter d'une dette non contestée et reconnue par un jugement ou par titres authentiques, ou sous seing privé. Le même texte précise que la contrainte par corps est un moyen de coercition et non d'exécution de la dette.

En clair, au moyen de la contrainte par corps le débiteur malheureux est envoyé en prison laquelle prison n'a aucune incidence diminutive de ce qu'il doit payer. Juste l'article 230 CPCCS lui permet d'obtenir un élargissement dès qu'il désintéresse son créancier poursuivant. Cet état de fait a été largement dénoncé par la doctrine malienne[10].

Enfin la contrainte par corps met en difficultés le droit OHADA qui ne peut apparemment pas arrêter l'exécution d'une disposition qui viole l'article 10 du traité et de l'AUVE lequel ne prévoit pas de mesures physiques dans l'exécution des obligations. Tout au plus l'AUVE dans son article 101 prévoit la saisie des biens du débiteur auquel l'huissier ou l'agent de saisie doit rappeler la faculté qui lui est offerte de pouvoir procéder à la vente amiable des biens saisis. Mais pas de contrainte par corps.

10 Sékou Faco CISSOUMA, Droit civil : les obligations au Mali. Bittar impression Sogoniko Bamako 2011.

Imaginez des étrangers qui traitent avec des maliens et qui se retrouvent en prison parce qu'ils n'ont pas pu désintéresser leurs créanciers maliens qu'ils soient de l'espace OHADA ou pas, ils ne comprendraient pas de telles mesures qui relèvent de l'histoire du droit pénal dans leurs pays. En notant que l'AUVE est critiqué par ce qu'il a oublié d'écrire, on pense à l'article 336 AUVE qui porte que "Le présent acte uniforme abroge toutes les dispositions relatives aux matières qu'il concerne dans les Etats-Parties". En négligeant d'ajouter " ainsi que celles (dispositions) qui entravent sa lettre ou son esprit (objet) notamment les contraintes physiques et personnelles en matière d'exécution d'obligation"

B°) Les actes uniformes de fond

Il est retenu ici seulement deux actes uniformes, le premier pour règne majestueux dans les affaires le Droit commercial général et l'autre pour les difficultés liées à son adoption et à sa mise en œuvre au Mali, l'Acte uniforme sur les sociétés coopératives.

1°) L'Acte Uniforme sur le Droit commercial Général

Les observations à ce niveau se veulent substantielles et portent sur la définition du commerçant.

Quand on considère l'article 2 de l'Acte Uniforme portant sur le Droit commercial Général qui porte que : « Est commerçant celui qui fait de l'accomplissement d'actes de commerce par nature sa profession » l'on s'aperçoit qu'il fallait ajouter à cette définition un élément relatif à l'identification. Ainsi aurait-on écrit « Est commerçant celui qui fait de l'accomplissement d'actes de commerce par nature sa profession et qui est clairement identifié par son inscription au Registre du commerce et du crédit mobilier qui lui affecte un numéro d'exercice ». Pourquoi ? Par ce que simplement l'Acte uniforme prévoit et règlemente un nouvel acteur qu'est l'entreprenant qui peut, selon l'article 30 AUDCG exercer une activité professionnelle civile, commerciale, artisanale ou agricole et qui est surtout dispensé d'immatriculation au RCCM. Sinon comment faire la distinction désormais entre un commerçant ordinaire répondant à la définition de l'article 2 et un entreprenant commerçant ?

Par ailleurs et c'est très important, il apparait à la suite d'une lecture exégète de l'Acte Uniforme portant sur le droit commercial général et celui portant sur les sociétés commerciales » qu'une confusion s'est installée sur la définition du commerçant désormais.

Notons avant tout les articles charpentes.

- Article 2 AUDCG : « est commerçant celui qui fait de l'accomplissement d'actes de commerce par nature sa profession ».
- Article 35 AUDCG : « le Registre du commerce et du crédit mobilier a pour objet :

1. De recevoir les demandes d'immatriculation, notamment :

—Des personnes physiques ayant la qualité de commerçant au sens du présent Acte Uniforme ;
—Des sociétés commerciales ;
—Des sociétés civiles par leur forme et commerciales par leur objet ; ………. ».

- Article 3 : l'acte de commerce par nature est celui par lequel une personne s'entremet dans la circulation des biens qu'elle produit ou achète ou par lequel elle fournit des prestations de service avec l'intention d'en tirer un profit pécuniaire… ».
- Article 4 : « ont notamment le caractère d'actes de commerce par leur forme, la lettre de change, le billet à ordre et le warrant ».
- Article 6 AUSC GIE (Acte Uniforme relatif au Droit des sociétés commerciales et groupement d'intérêt économique)
- « Le caractère commercial d'une société est déterminé par sa forme ou par son objet. Sont commerciales à raison de leur forme et quelque soit leur objet, les sociétés en nom collectif, les sociétés en commandité simple, les sociétés à responsabilité limitée, les sociétés anonymes et les sociétés par actions simplifiées ».

La lecture combinée de ces cinq (5) articles fait frémir devant la définition du commerçant contenue dans l'article 2 AUDCG qui concerne en principe tout commerçant. Celui accomplissant des actes de commerce par nature, celui accomplissant les actes de commerce par la forme comme le maniement des effets de commerce en Droit cambiaire ou toute personne morale exerçant sous une forme commerciale donnée spécifiée à l'alinea 2 de l'article 6 AUSC GIE.

S'ajoutent à ces personnes, les personnes morales (sociétés civiles) créées par des professionnels civils et ayant choisi d'imprimer une des formes de sociétés indiquées à l'article 6 al 2 AUSC GIE. On parle de '' sociétés civiles par leur forme et commerciales par leur objet''.

C'est ainsi que l'acte uniforme sur le Droit commercial général qui fixe les règles de droit commun du droit des affaires énonce dans son article 35 relativement au Registre du commerce et du crédit mobilier déclare, qu'il reçoit toutes les catégories de commerçants spécifiées ci haut.

Dès lors réduire la définition du commerçant en Droit des affaires à celui qui fait des actes de commerce par nature sa profession est erroné et c'est gravissime. Pour éviter tout risque il aurait fallu ignorer l'expression « par nature » dans la définition livrée par l'article 2 (infra 224).

2°) L'acte uniforme relatif au Droit des sociétés coopératives

En prenant l'initiative d'instaurer un acte uniforme en matière de coopératives, ce fut là une lourde responsabilité à assurer par le Droit OHADA. En effet, les coopératives sont connues pour leur spontanéité, leurs caractéristiques des milieux fortement illettrés encore en Afrique etc.

Donc l'acte uniforme sur les sociétés coopératives ne devrait pas être pris de sitôt. En amont, il aurait fallu instituer des secrétariats de liaison entre Droit OHADA et Droits nationaux des Etats-parties pour mieux évaluer le travail à faire avant tout, en termes de terminologies appropriées, d'étude des spécificités des coopérateurs de chaque Etat-partie ; et en aval il faudrait prévoir des mesures communément dites d'accompagnement sur un temps suffisamment impartie pour mettre au même niveau d'informations toutes les populations. Les populations concernées par l'Acte uniforme portant sur les sociétés coopératives, n'en nient pas la nécessité mais ne pensent pas à une réglementation aussi méticuleuse et aussi prompte à mettre en vigueur (voir la lettre du CNOP en annexe et infra 169). Justement dans leur lettre adressée à Monsieur le Premier Ministre les coopérateurs « considèrent qu'au-delà du délai, des dispositions spécifiques doivent être imaginées pour accompagner le mouvement coopératif, agricole.

Par ailleurs, tenant compte des faiblesses institutionnelles et humaines des groupements et coopératives, un ensemble des mesures d'accompagnement doit être envisagé pour atteindre les objectifs nobles, poursuivis par notre pays et par l'OHADA : appui juridique aux coopératives, appui-conseil en gestion, formation etc. ». Nous reviendrons sur plusieurs de ces aspects bien loin.

3°) Observations sur les actes uniformes et présentations des ouvrages OHADA

Il apparait à la lecture des Actes uniformes qu'ils ne sont pas pris du moins présentés de façon uniforme comme s'ils n'étaient pas édictés par les mêmes instances ou les mêmes autorités…

Quand on s'intéresse au sommaire du traité relatif à l'harmonisation du droit des affaires lui-même, il se divise entre neuf (9, IX) titres précédés logiquement d'un préambule comme une véritable constitution, qu'il incarne d'ailleurs.

A ce niveau pas de commentaires.

Quand on se saisit de l'acte uniforme relatif au droit de l'arbitrage, son sommaire aligne plutôt des chapitres, ici on ne parle pas de titres.
L'acte uniforme sur le droit commercial général est élaboré selon des livres (9, IX) assortis de titres pour chaque livre, le tout précédé d'un chapitre préliminaire par rapport auquel on se poserait la question pourquoi pas un livre préliminaire ou un titre préliminaire ?

Quant à l'acte uniforme relatif au droit des sociétés commerciales et du groupement d'intérêt économique, lui est pris suivant trois parties comprenant des livres, le tout précédé encore d'un chapitre préliminaire et non d'une partie préliminaire.
A son tour l'acte uniforme relatif au droit des sociétés coopératives s'incarne en quatre (4) parties assorties immédiatement de titres en négligeant à la différence de l'acte précédent les livres. Là également il y a un chapitre préliminaire au lieu de partie préliminaire.

Le mot chapitre semble un fétichisme rempart.

En voyant l'acte uniforme portant organisation et harmonisation des comptabilités des entreprises, son sommaire indique trois titres assortis de chapitres. Ici pas de parties, pas de livres, pas de titres.

L'analyse du sommaire de l'acte uniforme portant organisation des suretés montre qu'il est conçu suivant cinq (5) titres assortis de chapitres et sections.

Pour l'acte uniforme portant organisation des procédures simplifiées de recouvrement et des voies d'exécution, il est apparemment diligenté suivant deux livres assortis de titres sans qu'on ne puisse distinguer à la page 977 de l'ouvrage OHADA : Traité et actes uniformes commentés et annotés 2012 le livre I, il ne ressort que deux titres suivis du livre II sur les voies d'exécution. Il y a certainement une erreur matérielle.

Le fameux acte uniforme portant organisation des procédures collectives et d'apurement du passif s'échelonne sur sept (7, VII) titres précédés logiquement d'un titre préliminaire soit en tout huit (8) titres.

Enfin l'acte uniforme relatif aux contrats de transport de marchandises par route comporte un sommaire de sept (7, VII) chapitres directement et uniquement alignés.

En conclusion l'on relève que les actes uniformes sont écrits selon un plan libre et non uniforme, toutes choses qui entrainent un questionnement sur la méthodologie.

Le même problème méthodologique est posé avec acuité cette fois ci au niveau même des ouvrages écrits par les techniciens du droit des affaires.

Sur huit (8) livres consultés, il ressort que seuls trois sont écrits selon la méthode orthodoxe en Droit c'est-à-dire après l'introduction, l'analyse en deux parties suivant un plan en deux parties effectives. Ces trois ouvrages sont :

1. OHADA : Recouvrement des créances ;
2. OHADA : Droit des entreprises en difficulté et ;
3. OHADA : sociétés commerciales et groupement d'intérêt économique.

Hormis ces livres, les cinq autres sont écrits selon des plans libres plus ou moins prolixes. Ainsi :

1. OHADA : les suretés est écrit et développé suivant cinq titres ;
2. OHADA : droit de l'arbitrage est écrit suivant quatre titres ;
3. le traité lui-même expliqué et développé suivant trois titres avec chapitres et sections ;

4. OHADA CIMA. Droit des Assurances écrit en trois parties, ce qui est exceptionnellement admis en méthodologie juridique et ;
5. OHADA : Droit commercial général écrit en cinq (5) parties.

D'abord il faut commencer par relever que cette liberté en matière de plans dans les ouvrages est largement partagée par la doctrine française même s'il est constant que beaucoup d'auteurs de renom comme Yves GUYON, Françoise Dekeuwer Defossez et Edith Blary Clément continuent d'observer la sacro-sainte règle du plan bipartite.

Ensuite la réalité pédagogique est confrontée à une difficulté explicative, lorsque l'on doit enseigner aux étudiants en DEUG (1ère et 2ème années) voire dans les classes supérieures un traitement de toutes les épreuves de droit en deux parties et exceptionnellement en trois et encore d'avoir à répondre à des questions relatives à cet aspect, posées par des étudiants relativement aux ouvrages écrits par la crème de la doctrine africaine.

En Droit, quelle que soit l'épreuve : exposée, devoirs, mémoires, thèses, c'est le plan en deux parties et exceptionnellement trois parties qui est exigée et jamais au delà. Certes il peut y avoir deux ou plusieurs livres dans un même ouvrage mais toujours chaque livre doit avoir deux parties. Cela revient comme l'observation, le respect d'un principe, d'une règle classique orthodoxe en Droit quelle que fut ce la spécialité d'où la tentation de parler d'un principe intangible (intouchable) en méthodologie juridique.

Par ailleurs les citoyens subissant le droit OHADA se posent une question relativement à sa nature.

CHAPITRE II : LE DROIT OHADA, UN DROIT DE FOND OU DE FORME ?

C'est une question de pure procédure conduisant à une réponse logique reconnaissant que le droit OHADA est à la fois un droit de fond et un droit de forme comme l'indique l'article 2 du traité OHADA portant que : « pour l'application du présent traité, entrent dans le domaine du droit des affaires l'ensemble des règles relatives au droit des sociétés et au statut juridique des commerçants, au recouvrement des créances, aux surêtés et aux voies d'exécution, au régime de redressement des entreprises et de la liquidation judiciaire, au droit de l'arbitrage, au droit du travail, au droit comptable, au droit de la vente et des transports et toutes autres matières que le conseil des Ministres déciderait, à l'unanimité d'y inclure conformément à l'objet du présent traité. Par exemple, de cet article on peut noter que le recouvrement des créances les suretés, les voies d'exécution, le redressement des entreprises et la liquidation constituent entre autres des questions de fond et surtout de forme.

La question heuristique sur la nature du droit OHADA avant toute analyse sur la forme (Paragraphe II) accroche sur l'idée d'une distinction entre droit civil et droit commercial.

PARAGRAPHE I : LE DROIT OHADA : DE LA DISTINCTION ENTRE DROIT CIVIL ET DROIT COMMERCIAL

Comme le montre la rédaction de l'article 2 du traité OHADA, le droit OHADA opère un mélange de genre entre règles de droit civil et règles du droit commercial.

Alors qu'il est plus que jamais nécessaire de maintenir la distinction entre ces deux domaines (A) car cela présente plusieurs intérêts importants (B).

A°) Nécessité de distinction des activités civiles et commerciales

Les actes de commerce par nature sont déterminés par l'article 3 AUDCG avec un prolongement doctrinal sur des critères, les actes de commerce par la forme se retrouvent d'une part au niveau des effets de commerce et d'autre part au niveau des sociétés commerciales.

En dehors de ces actes et activités tout le reste est civil même si souvent quelques nuances de degré et de franchises peuvent être établies.

En matière d'actes et activités civiles le premier élément est l'Agriculture et le second la profession libérale.

S'agissant de l'Agriculture, toutes ses activités (supra 95 : article 2LOA) convergent sur la maitrise et l'exploitation d'un cycle biologique de caractère végétal ou animal laissant peu d'initiatives aux professionnels[11].

L'agriculteur n'est ni un commerçant, ni un industriel car la tradition considère la vente des produits de la ferme, du cru ainsi que leur transformation primaire pour en faciliter la vente comme activités civiles. Ainsi la commercialisation d'une production agricole qui n'est pas précédée d'un achat, les animaux nourris avec les produits de l'exploitation agricole, les conserves de fruits, les légumes, demeure civile. Maintenant si l'agriculteur acquiert les aliments à l'extérieur et d'une façon significative, à ce moment l'activité se transforme en activité commerciale.

De même les activités de tourisme rural comme le camping dans l'exploitation agricole le gite rural, le manège d'équins (ânes et chevaux) sont civiles mais si elles deviennent trop lucratives, démontrant le caractère véreux du comportement, ça devient commercial[12].

S'agissant de la profession libérale elle reçoit une définition légale en droit positif malien. Ainsi selon la loi portant sur l'orientation du secteur privé : « la profession libérale désigne toute profession exercée sur la base de qualifications appropriées, à titre personnel, sous sa propre responsabilité et de façon professionnellement indépendante, en offrant des services intellectuels et conceptuels dans l'intérêt du client et du public »[13].

11 Dr Sékou F. CISSOUMA, thèse de Doctorat d'Etat en Droit Privé intitulé « Le statut de l'enseignement privé au Mali : UCAD 2008 ; Jean-Paul, Branlard, Introduction au Droit de l'entreprise, 2ème édition GAENGDF, Paris 1997.

12 Idem.

13 Article 30 de la loi N° 2011-088 du 30 décembre 2011 portant loi d'orientation du secteur privé op cit.

Le professionnel libéral évolue selon une double relation d'indépendance et de confiance[14]. Il peut évoluer seul dans le cadre d'un cabinet avec des employés ayant à leur tour des contrats de travail. La différence est que le contrat de collaboration reconnait l'indépendance de chaque collaborateur qui perçoit des honoraires au lieu de salaire et qui peut avoir toujours une clientèle propre à lui. Celui qui évolue sous contrat reçoit salaire contre lequel il exécute des ordres reçus.

L'activité civile peut s'exercer également dans le cadre d'une société professionnelle[15].

B°) Intérêts de la distinction entre Droit civil et droit commercial

Il faut remarquer qu'il échappe à beaucoup d'auteurs de relever au niveau de ces intérêts le critère fisc, contributions c'est-à-dire les impôts. En réalité les personnes ayant la qualité de commerçant et celles demeurant civiles ne partagent que très peu d'impôts, peut être la TVA et l'Impôt sur le traitement et service (ITS) l'ancien IGR (Impôt Général sur le Revenu) sinon ce sont les commerçants qui payent en principe la majeure partie des autres impôts dont la patente, l'impôt sur le bénéfice industriel et commercial (IBIC) etc.[16].

En matière de faillite également il s'établit une distinction importante :

Dans le domaine civil lorsqu'un débiteur n'est plus à même de régler ses dettes on dit qu'il est en « déconfiture » et si c'est un commerçant on dira plutôt qu'il est « en état de cessation de paiement »[17].

Ces deux états n'ont pas le même régime juridique quant aux intérêts des créanciers.

---

14 Dr Sékou Faco CISSOUMA : droit civil et droit commercial actes civils et actes commerciaux, 1ère édition Toguna, Edition Bamako 2013.

15 Jean Paul Branlard, Introduction au Droit de l'entreprise op cit.

16 Cf pour tous les détails dans ce domaine Sékou Faco CISSOUMA : Droit civil et Droit commercial actes civils et actes commerciaux op cit.

17 Michel de Juglart et Benjamin Ippolito, 4ème édition, assurée par Emmanuel du Pontavice et Jacques Dupichot : Traité de Droit commercial :

Théorie générale du droit des affaires. Actes de commerce, commerçants, entreprises, Droit comptable, fonds de commerce, commerce propriété industrielle, Baux commerciaux, Editions Montchrestien Paris 1988.

En effet, en matière civile le débiteur, en déconfiture, subit une situation difficile car il est dans un état inorganisé ou chaque créancier le poursuit à son bon vouloir. Ainsi le premier ou les premiers des créanciers qui prennent l'initiative des poursuites ont des chances d'être payés avant sur les biens du malheureux débiteur. C'est la raison pour laquelle on parle de « pas de porte » ou de « prix de la course ». Alors qu'en matière commerciale l'état de cessation de paiement enclenche un mécanisme juridique précis aux effets relativement bienveillants. Il crée et met en place une procédure dite collective qui est organisée autour du débiteur et de ses biens. Il se crée une masse des créanciers car aucun d'entre eux ne peut plus poursuivre seul. Ils auront un mandataire diversement appelé syndic en droit OHADA et en France avant 1986 et ou administrateur ou liquidateur. Ce professionnel aura pour rôle de conduire, en cogérant avec le débiteur le redressement ou la liquidation de manière à ce que chaque créancier chirographaire perçoive quelque chose ou l'ensemble de son dû à l'issue des opérations.

Dans le processus de recouvrement des créances, il existe également une différence de taille selon que c'est une dette civile ou de nature commerciale.

En effet, en droit civil, la solidarité ne se présume pas, dit l'article 14 du régime général des obligations (RGO) « la solidarité ne se présume pas, il faut qu'elle soit expressément stipulée, à moins qu'elle ne résulte d'une disposition légale » ;

Alors qu'en matière commerciale cette solidarité est toujours présumée exister, que les parties l'écrivent ou ne le stipulent pas. Cette présomption résulte d'un usage qui serait antérieur au code civil et qui est devenu une règle jurisprudentielle[18] de principe.

Enfin, en cas d'inexécution d'un contrat dont l'objet porte sur le paiement d'un montant, d'argent, les intérêts dits moratoires (de retard) seront dus, mais selon diverses modalités selon qu'on est en droit civil ou en droit commercial.

En matière civile l'article 138 RGO reconnait ce droit au créancier à compter du jour où le débiteur aurait été mis en demeure sauf si cette mise en demeure n'était pas exigée. Et l'article 197 RGO insiste en déclarant qu'avant toute exécution forcée le débiteur doit être mis en demeure de s'exécuter sauf convention contraire ou dispositions spéciales… ».

18 E. Dupotavice et J. Dupichot, Traité du droit commercial op cit.

En matière commerciale des droits de recouvrement larges sont reconnus au créancier au détriment de son débiteur avec le calcul plus ou moins immédiat des intérêts au taux légal à compter de l'envoi de la mise en demeure au débiteur (acheteur) par simple lettre recommandée avec avis de réception ou tout autre moyen équivalent (article 291 AUDCG).

La différence entre les deux formes de mise en demeure, c'est que dans le premier cas (droit civil) elle sera faite par le truchement d'un huissier de justice alors que dans le second cas elle peut être faite par simple lettre recommandée.

Il est déjà opportun d'évoquer tout en l'écartant comme inopérant le débat autour de l'unité du droit privé. Ceux-là qui pensent que commerçants et non commerçants ont tous recours au crédit dans la vie (le règne de l'argent) et qu'il est désormais inutile de chercher à établir une distinction quelconque entre personnes juridiques paraissent pécher par excès de bonne foi ou par naïveté. En fait il faut tenir séparer le droit civil du droit commercial car s'agissant du crédit, très souvent les particuliers ont juste besoin de crédit de consommation alors que les commerçants, prennent des crédits de prestige, de bien vivre, de bien concurrencer etc.

La matière civile est trop fondamentale, trop identitaire, trop ancrée dans la tradition pour être gérée par des règles extensibles, techniques de la vie commerciale. Exemple : l'identité, la gestion de la terre et des immeubles est nationale alors que le commerce n'est jamais national seulement. D'ailleurs, le droit commercial est un droit professionnel qui s'applique à ceux qui font les affaires. Dès lors, il serait dangereux d'étendre aux particuliers (non commerçants), selon les doyens Dupontavice et Dupichot, toutes les règles applicables aux commerçants. Par conséquent la dualité des deux domaines, civil et commercial doit être nécessairement conservée[19] car toute autre idée enfermerait une initiative kamikaze[20].

19 Sur ce point le lecteur trouvera de bons développement dans :
- Sékou Faco CISSOUMA : Droit civil et Droit commercial op cit.
- E. Dupontavice, J. Dupichot, Traité de droit commercial op cit.

20 Kamikaze : avion chaponnais, bourré d'explosifs entrainant la mort de son propre pilote en plus de ses cibles.

PARAGRAPHE II : DROIT OHADA, UN DROIT DE FORME

Il a déjà été indiqué à travers le rappel de l'article 2 du traité OHADA que le droit OHADA est un droit de fond et de forme à la fois. Cependant serait-il nécessaire de revenir ou d'insister sur un autre aspect de la forme relative cette fois ci à l'entrée en vigueur des Actes Uniformes adoptés, qui n'est pas loin de poser les mêmes difficultés que l'article 2 du code civil sur l'entrée en vigueur de la nouvelle loi et ce, malgré des termes impérieux édictés.

Donc il sera analysé successivement l'entrée en vigueur formelle des Actes Uniformes et le respect acquis du principe de non rétroactivité en Droit OHADA.

A°) L'entrée en vigueur formelle des Actes Uniformes de l'OHADA

Selon l'article 9 du traité, les Actes uniformes entrent en vigueur 90 jours après leur adoption sauf modalités particulières d'entrée en vigueur prévues par l'acte lui-même. Le même texte précise que les actes uniformes sont opposables trente jours francs après leur publication au journal officiel de l'OHADA tout en insistant qu'ils (actes uniformes) sont également publiés au journal officiel des Etats-Parties ou par tout autre moyen approprié.

Au sujet de la publication des actes uniformes, on a pu lire dans l'ouvrage portant commentaire du traité OHADA, œuvre appréciable des doyens Joseph Issa SAYEGH et Jacqueline LOHORES-Oble[21] qu'il n'était pas nécessaire qu'un acte uniforme soit publié au journal officiel d'un Etat partie pour pouvoir produire effet. A titre d'observation, il peut être allégué tout à fait le contraire c'est-à-dire que sans publication accessoire (et non complémentaire) dans les journaux officiels des Etats-Parties l'acte uniforme ne devrait pas pouvoir produire d'effet, donc il ne devrait pas être opposable aux citoyens et cela au moins pour deux raisons majeures (juridique et sociologique). La première (juridique) est qu'à notre avis, l'article 9 du traité, bien que complet dans sa formulation initiale, après l'énoncé du délai de 90 jours, ajoute sauf modalités particulières d'entrée en vigueur prévues par l'acte lui-même. Or, c'est le même texte qui ajoute qu'ils (actes uniformes) sont également publiés au journal officiel des Etats parties. C'est bien là une modalité particulière d'entrée en vigueur prévue par le traité lui-même surtout l'usage de l'adverbe ''également'' sans verbe d'état ''peuvent'' permet le raffermissent de ce raisonnement.

21 Edition Bruylant Bruxelle 2002 Page 227

A la faveur d'une révision du traité OHADA, intervenue en 2008 (traité révisé adopté le 17 octobre 2008 à Québec) il a été ajouté au texte ancien de l'article 9 (du traité) la phrase suivante : « cette formalité n'a aucune incidence sur l'entrée en vigueur des actes uniformes ».

Au regard de la démonstration qui précède, cette phrase, quelque peu inadaptée parait être une rallonge inopportune, parfaitement intitule, car, si la formalité de publication au journal officiel national n'avait aucune incidence, il aurait fallu purement et simplement l'ignorer.

Jugez-en à travers la réaction des coopérateurs du Mali dans leur lettre N°00177/13 du 16 mai 2013 (reproduite en annexe). Le 15 mai 2013 est en principe la date à laquelle l'ensemble des groupements et coopératives devraient avoir procédé à la mise en conformité de leurs statuts, de leurs modes d'organisation et de fonctionnement avec l'acte uniforme sur les sociétés coopératives de l'OHADA… ''Alors que la période de transition expire, l'acte OHADA n'a toujours pas été publié dans le journal officiel de la République du Mali. C'est aussi le cas dans la plupart des Etats membres de l'OHADA… ''. Il s'impose ici un commentaire univoque la publication au journal officiel de l'OHADA est insuffisante à faire reconnaitre l'autorité des actes uniformes dans les Etats parties. Il faut nécessairement accomplir celle prévue dans les journaux officiels dans tous les Etats.

La seconde raison qui est d'ordre sociologique est que les populations auxquelles doivent être opposés ces actes uniformes, dans leur majorité écrasante n'ont pas la culture de la curiosité intellectuelle, surtout que le journal officiel de l'OHADA n'est basé que sur le territoire d'un Etat-membre.

Question : comment s'y prendre pour s'informer, comment s'informer par le net (moyen moderne) alors que même instruit on ne maitrise pas forcement l'outil informatique et surtout qu'on est illettré à plus de 70%.

B°) Le respect acquis du principe de non rétroactivité en Droit OHADA

Il faut d'abord rappeler le contenu de l'article10 du traité qui dispose : « les actes uniformes sont directement [mais pas immédiatement][22] applicables et obligatoires dans les Etats-parties nonobstant toute disposition contraire du droit interne, antérieurement ou postérieurement ».

22 C'est nous même qui ajoutons cette négation

A la lecture de l'article 10 du traité il faut relever et résister à la tentation d'y ajouter l'adverbe ''immédiatement'' comme cela a pu se glisser dans le commentaire des mêmes doyens à la page 133. Ce vocable d'immédiateté pourrait faire croire que le traité ou les Actes Uniformes n'ont pas à être soumis à des formalités d'entrée en vigueur qui font la force du droit.

Les mues du droit commercial pour engloutir le droit civil choisissent plusieurs formes.

PARAGRAPHE III : LA NOTION DE DROIT ÉCONOMIQUE, UNE CONFUSION À ÉVITER OU À CORRIGER EN DROIT OHADA

D'un droit commercial classique prospérant, il a été conçu et infusé l'idée de droit professionnel, de droit de l'entreprise pour connaitre une éphémère stabilité autour du droit économique. Ainsi avait-il été arrêté que l'idée d'activité économique est synonyme d'activité de production, de transformation ou de circulation de richesses, qu'elle soit commerciale, industrielle, artisanale, agricole ou libérale[23].

La confusion matérielle qui tente de s'établir en droit privé en liaison avec l'expression droit économique, a même, des origines textuelles. Ainsi l'article 2 de la loi sur le secteur privé au Mali[24] déclare : « la loi d'orientation du secteur privé couvre l'ensemble des activités économiques à but lucratif ». Le même article précise qu'est « Agent économique » toute personne physique ou morale pratiquant une activité économique lucrative ». Poursuivant, le texte définit successivement le commerçant (article 15) l'artisan (article 19) l'industriel (article 25) et la profession libérale (article 30 déjà rappelée).

Il semble que finalement pour se retrouver le juriste doit emprunter un chemin philosophique qui lui donne une démarche assez originale (A) avant de se conformer à certaines mises en garde fondamentales (B).

23 Sékou Faco CISSOUMA, Droit civil et commercial. Actes civils et actes commerciaux op cit page 88.
24 Michel Vasseur Droit des Affaires I DEUG 2ème année.
Fascicule I les cadres juridiques de l'activité économique régie par le droit commercial
Les cours de droit 158 rue Saint-Jacques 1982-1983.

A°) Une parodie philosophique : la maitrise des notions expressions

Le droit commercial, grâce à des excroissances tolérées dans un but fiscal par l'Etat, s'est mu en droit des affaires en tentant d'impliquer l'Etat et aussi d'autres activités aux actes de commerce habituels comme l'activité des coopératives, l'agriculture, les professions libérales etc. Il continue cette aventure en voulant associer davantage d'autres réalités comme la gestion de l'entreprise, les salariés, leurs rapports avec les chefs d'entreprise et aussi s'intéresse aux rapports entre entreprises et consommateurs pour prendre l'appellation de droit économique[25].

Nous avons déjà démontré que l'idée de recours au crédit ne saurait légitimer l'institution conceptuelle d'un droit économique ni encore moins l'idée de l'adjectif lucratif (activité lucrative) car ici tout est une question de degré, de mesure. Il est conseillé au lecteur de se procurer notre ouvrage intitulé *Droit civil et Droit commercial : actes civils et actes commerciaux*, Essai sur la distinction des actes civils et actes commerciaux : critères et conséquences. 1ère Edition, Toguna Edition Bamako 2013 de la page 87 à 109.

Quand des problèmes de concepts de mécanisme se posent en Droit on se poserait la question pourquoi ne pas revenir à la science mère qui est la philosophie, en l'occurrence l'inspiration d'un grand philosophe du moyen âge Réné DESCARTES à travers son expression célèbre "je doute donc je suis" le doute ergo sum :

Puisqu'il faut douter de tout en matière de droit des affaires, de droit économique, l'on se retrouverait dans un vide doctrinal et textuel ; et pour reconstituer ou reconstruire quelque chose de consistant l'on devrait commencer par s'interroger sur le sens des vocables à définir comme commerce, affaires, économie etc. avant de les coupler avec le mot droit qui les précède.

Le commerce est conçu comme une circulation intéressée, spéculative très lucrative des biens et plus globalement des richesses à l'intérieur d'un pays comme entre ressortissants de différents pays. L'adjectif "intéressé" se rapporte aux initiateurs à ceux qui s'entremettent dans les opérations de spéculation. Le commerce consistera ainsi à produire et ou à transformer des biens

25 Michel VASSEUR, Droit des affaires I DEUG, 2ème année.
Fascicule I les cadres juridiques de l'activité économique régie par le droit commercial, Les cours de droit 158, rue Saint-Jacques 1982-1983.

pour les revendre chère avec le dessein de réaliser le maximum de bénéfice et aussi à acheter pour revendre avec le même objectif ; peu importe maintenant que cet esprit de spéculation rapporte un bénéfice effectivement ou aboutisse à une perte. Les personnes qui s'adonneront aux opérations ainsi décrites seront appelées et identifiées commerçantes.

Les affaires constituent un niveau supérieur du commerce avec une nuance en deux branches.

La première branche prend en compte la définition du commerce plus certaines activités qui peuvent être commerciales ou civiles comme les sociétés coopératives et les groupements d'intérêt économique ;

La seconde branche tente d'incorporer dans le commerce, pour constituer les affaires, l'activité des professions libérales, de l'agriculture, de l'artisan etc.

Quand à l'Economie, elle parait avoir une définition simple mais dont la mise en œuvre est visiblement compliquée, voire laborieuse. En effet, l'économie est tout ce qui rapporte aux personnes juridiques (physiques, morales, privées ou publiques).

Chaque fois qu'un acte juridique quelconque (contrat, convention, quasi-contrat) peut rapporter un avantage en bien, garantie, numéraire etc. il y a économie ;

De même chaque fois qu'une situation juridique qu'elle soit légale (réparation d'un dommage au moyen de dommages-intérêts) ou d'expectatative (bénéfice d'une succession ouverte, legs etc.). Il y a économie.

Qui plus est, chaque fois qu'une personne morale (Etat, collectivités territoriales) perçoit des contributions, des dons, ou bénéficie d'une succession sans successibles ordinaires il y a économie.

Donc l'économie est tout ce qui crée, des revenus, ajoute aux avoirs d'une personne.

Par ailleurs, l'économie est la forme d'organisation des gains, des citoyens et autres personnes dans un Etat.

Ainsi on peut parler d'économie libérale ou socialiste.

Dans une économie libérale (plus ou moins capitaliste) qui est le contraire de l'économie socialiste, il y a lieu de comprendre et de convenir que les voies de gain sont nombreuses en raison de la grande part faite à l'initiative privée et de la possibilité pour l'Etat lui-même et les collectivités de mener "Affaires". L'initiative privée comme étatique s'incarne dans les entreprises commerciales ou industrielles individuelles ou collectives sous diverses formes. En somme, le mot économie parait un vocable heuristique tellement élastique qu'il parait prudent et nécessaire d'être circonspect sur une expression comme "Droit économique".

Avant de passer aux expressions droit commercial, droit des Affaires, Droit économique il sied de rappeler les erreurs d'omission du code civil français qui a négligé de définir la propriété elle-même et la possession également, ce qui a conduit à de vraies difficultés de maitrise des dites notions et des droits s'y rapportant[26]. En effet les articles 544 et 228 du code civil définissent plutôt le droit de propriété et le droit de possession et sont muets sur la définition de la propriété et celle de la possession.

A présent comment peut-on arriver à concevoir et à appliquer un droit relatif à ces différentes activités ?

Il faudrait, sans nul doute, passer par l'Etat et les collectivités territoriales qui initient et fondent plusieurs droits à leur profit au regard de ces activités avant d'élaborer, dans le cadre de leurs missions ordinaires un régime juridique applicable aux acteurs entre eux avec des modes de gestion du contentieux, susceptible de naître entre eux ou entre eux et l'Etat[27].

D'abord l'Etat s'arroge le privilège de perception des contributions directes et indirectes et autres taxes sur ces différentes activités ;

Ensuite il (Etat) se donne un pouvoir régalien de contrôle, de surveillance de ces activités par plusieurs moyens juridiques : agrément, reconnaissances diverses...

26 Cf Article de doctrine du Docteur Sékou Faco CISSOUMA a été publié dans la Revue (CAMES) en sciences juridiques et politiques N° 001/2014/1er semestre, vol 1, N° 001 (2014).

27 A l'Etat sont assimilées les collectivités territoriales.

Dans le même temps l'Etat conçoit et impulse un moyen de financement des dites activités à travers un système bancaire fiable comprenant des banques spéciales ou générales.

Enfin l'Etat met en place des juridictions spéciales (tribunaux de commerce) ou mécanismes professionnels (Arbitrage, conciliations, transaction…) pour régler les conflits qui naissent entre acteurs en vue de préserver la sérénité, l'égalité dans le milieu des Affaires.

Quand toutes ces mesures sont prises par l'Etat avec l'organisation des différents droits on peut alors concevoir et admettre les expressions Droit commercial, Droit des Affaires et de façon très discutable droit économique.

Pour une uniformité de concept et surtout de droit applicable à ces activités qui opèrent ou sont exercées par nuances et avec nuance, il parait logique de n'accepter que l'expression Droit des Affaires sinon dans une perspective plus exégétique, plus originale il sied de s'en tenir au Droit commercial qui garde, à l'analyse, toute sa verdeur.

Puisque cette verdeur du droit commercial le conduit indûment vers une pâleur du droit civil, il y a lieu d'insister sur certaines mises en garde.

B°) Mises en garde de l'institution d'un droit économique comme droit privé

Adopter un droit économique en lieu et place d'un droit privé, effaçant quasiment le droit civil, parait être une aventure s'ouvrant sur les firmaments d'une grande inconnue.

Il faut se rappeler qu'au-delà de simples appellations des spécialités de juristes, les deux droits : droit civil et droit commercial sont loin d'avoir les mêmes objectifs, les mêmes préoccupations d'où personne ne doit préconiser sérieusement ou raisonnablement l'unification du droit civil et du droit commercial, quelles que soient les tentations.

Qu'on le veuille ou non, reconnaissons avec le doyen Michel VASSEUR que le but du commerce c'est juste et seulement le profit. Or, en droit civil l'idée de spéculation est absente, rare, sinon n'a qu'un rôle secondaire.

Le droit civil est un droit formaliste et surtout conservateur de tout. En matière de biens il (droit civil) a tendance à les préserver plutôt qu'à les mettre dans une circulation spéculative risquant et risquée. C'est le droit de la richesse immobile[28].

Il a inspiré le principe de précaution qui originellement est un principe qui vise à préserver les droits de générations à venir[29] surtout en matière de richesses familiales.

Alors que le droit commercial, vise la réalisation de bénéfice à tout prix, la fin justifiant les moyens, ici on se fiche pas mal de pouvoir d'achat, de conjoncture, bref pas d'état d'âme. Pour parvenir plus ou moins rapidement à ses objectifs le droit commercial réduit largement les formalités : preuve libre, tentative de conciliation devant les juridictions.

Par ailleurs la course effrénée au crédit en droit commercial fait que le créancier, les banques et autres sont mis en position de privilégiés pour exiger et obtenir leurs paiements ou remboursements. Le Droit civil quant à lui, s'efforce plutôt de protéger le débiteur contre les ardeurs procédurales de son créancier. Exemple la solidarité entre débiteurs qui ne va pas de soi. Et surtout le fait d'avoir prévu des tribunaux de commerce oblige les pouvoirs publics et les acteurs à observer l'existence séparée du droit civil et du droit commercial.

Pour mettre un point final à ce paragraphe l'on fera recours aux propos des doyens Issa SAYEGH un décathlonien du Droit OHADA et Paul GERARD POUGOUE[30] lesquels en énonçant la naissance d'un acte uniforme portant sur la théorie générale des contrats préviennent de faire attention et de circonscrire les contrats civils et commerciaux car il y aura un risque que la CCJA en tant que juridiction supérieure des affaires connaisse des contentieux relatifs à des contrats civils comme le bail à usage d'habitation, les contrats de régimes matrimoniaux, les prêts entre amis, mandat entre parents et enfants etc.

En conclusion les doyens relèvent que le choix d'une matière à uniformiser devrait être envisagé avec prudence et après mure réflexion et débats sérieux…

28 Michel VASSEUR, Droit des Affaires op cit.

29 Sékou Faco CISSOUMA : Droit civil les obligations au Mali op cit.

30 Article de doctrine, communication : L'OHADA : défis, problèmes et tentatives de solutions. Joseph Issa SAYEGH Paul Gérard POUGOUE.

Ce à quoi il faut inviter les universitaires, particulièrement, ceux de l'OHADA et du CAMES, c'est de comprendre qu'ils sont juristes spécialistes ou spécialisés en Droit commercial ou droit des affaires mais ils ne sont pas eux-mêmes commerçants. En conséquence ils doivent œuvrer à respecter la dichotomie, les deux grands pôles, les deux hémisphères du droit privé que sont le droit civil et le droit commercial. La sérénité, la logique sont à ce prix.

En plus des différences de fond, on peut signaler quelques différences de forme.

PARAGRAPHE IV : DES DIFFÉRENCES DE FORME

Il faut faire la double distinction entre d'une part les juridictions civiles et commerciales (A) et d'autre part entre juridiction de droit commun et juridictions administratives et économiques (B).

A°) Distinction entre juridictions civiles et commerciales

Au regard de tout ce qui précède comme différences de motivations entre professionnels commerçants et personnes de statut civil l'on en déduit qu'il est utile d'avoir des tribunaux civils à part et des tribunaux de commerce qui appliquent un droit spécial. D'ailleurs l'existence de ces tribunaux de commerce concourt au respect de la différence de statut entre civils et commerçants. Ainsi la loi d'orientation du secteur privé porte dans son article 61 que « l'Etat prend les dispositions nécessaires pour renforcer les tribunaux de commerce et les rendre plus accessibles aux opérateurs économiques » malgré le caractère flou et ambiguë de l'expression opérateur économique (infra 257) le fait que l'Etat se fasse un devoir de renforcement des juridictions de commerce est un facteur d'encouragement du commerce.

B°) Distinction entre juridictions de droit commun et juridictions administratives et économiques

Il faut souligner que le contenu de l'article 70 de la constitution ne prend pas en compte tous les aspects de la vie économique de notre pays. Aussi une forte réglementation de l'économie est l'œuvre du gouvernement directement à travers les règlements (Décrets, Arrêtés) encore qu'il est possible dans les questions économiques relevant de la loi que le gouvernement se fasse habiliter afin d'édicter par voie d'ordonnance. Compte tenue de la largesse de la notion d'économie et d'un hypothétique droit économique il est aisé de constater que le contentieux en matière économique sera large et divers impliquant à la fois les juridictions de droit commun comme les tribunaux civils et commerciaux mais aussi et surtout les tribunaux administratifs intervenant en matière économico-financière lorsque ce sont des actes des autorités qui seront mis en cause ou par exemple que quand ce seront certains impôts qui seront contestés[31]. Au niveau de la haute juridiction (cour suprême) il a été procédé à une séparation organique récente conduisant à la mise en place de la section des comptes pour contrôler et vérifier toutes les questions budgétaires impliquant diverses personnes juridiques (publiques comme privées). Les critiques qui précèdent n'épuisent pas la pensée dynamique par rapport aux acteurs.

CHAPITRE III : DES ACTEURS DE RÉFLEXION ET DE RECHERCHES EN DROIT OHADA

Plutôt que d'une vraie critique il s'agit d'inviter les chercheurs de l'espace OHADA ainsi que ses instances à réfléchir et à concevoir d'autres actes uniformes comme le prévoit l'article 2 du traité (Paragraphe I) même si par ailleurs les critiques reprendront leur droit quant à certains aspects spécifiques institués dans l'enseignement supérieur dans l'espace OHADA (Paragraphe II).

PARAGRAPHE I : LES INTERROGATIONS LÉGITIMES

En tant qu'universitaire (enseignant indépendant) évoluant en marge du droit OHADA tel que conçu par l'Agence Universitaire de la Francophonie, nous nous posons la question de savoir pourquoi dans ce cadre organisé les techniciens OHADA-CAMES ne conduisent pas la dialectique en concevant en Acte Uniforme des formes de sociétés comme entre autres les sociétés civiles alors que le Droit OHADA se reconnait comme un droit des affaires et surtout a déjà procédé à la règlementation des sociétés coopératives, lesquelles selon leur objet, peuvent être civiles ou commerciales (Article 21 AUSCOOP) comme cela est de notoriété publique pour les groupements d'intérêts économiques (Article 871 AUSC-GIE).

31 Voy Sékou Faco CISSOUMA, Droit civil et Droit commercial op cit.

Ainsi on se pose la question à quand la réglementation des sociétés civiles (A) et à quand celle des sociétés et associations dans le domaine de la culture (B).

A°) A quand la réglementation des sociétés civiles en Droit OHADA

A la consultation du code civil français[32] l'on note la réglementation de la société de l'article 1845 à l'article 1870[33]. Un exposé sommaire est nécessaire pour ressortir à travers les générations (1) les spécificités (2) et autres aspects (3).

1°) Généralités sur les sociétés civiles

Selon l'article 1845 alinéa 2 auront le caractère civil toutes les sociétés auxquelles la loi n'attribue pas un autre caractère à raison de leur forme, de leur nature ou de leur objet.

C'est le droit commun de toutes les sociétés qui enveloppe même les sociétés commerciales.

La direction des sociétés civiles est assurée par une ou plusieurs personnes qui peuvent être membres ou non du contrat social (article 1846 C. Civ) ; de même, ajoute l'article 1847, une personne morale peut également en assurer la direction.

Les grandes décisions en matière d'engagement de la société civile sont prises à l'unanimité des associés sauf si les statuts en disposent autrement (art 1852 C. Civ).

En matière d'information des associés civils l'article 1855 précise qu'ils ont le droit d'obtenir une fois par année au moins la communication des livres et documents sociaux et en plus de poser par écrit toutes questions pertinentes sur la gestion sociale. Et à ces questions il sera apporté des réponses dans les mêmes conditions de forme et ce, dans un délai d'un mois franc…

2°) Les spécificités de la société civile

Aux termes de l'article 1857 C. Civ, à l'égard des tiers c'est-à-dire les créanciers de la société civile, les associés répondront indéfiniment des dettes sociales à

32 Code civil 110ème édition 2011 Editions DALLOZ Page 2209.

33 On se pose la question par ailleurs si à défaut de réglementation, ces dispositions visées ci-dessus s'appliquent en Droit OHADA pour ''raison écrite''

proportion de leur part dans le capital dès qu'il adviendra une cessation des paiements. Si l'associé fut apporteur en industrie, il serait tenu comme l'associé dont la participation dans le capital social est la plus faible.

Les rédacteurs de l'article 1857 n'ont pas oublié le principe que la solidarité n'est pas présumée en matière civile. Aussi l'auront-ils ménagé en se confinant à une responsabilité indéfinie des associés mais non solidaire.

Cependant rien n'interdit que dans les statuts les associés stipulent la solidarité entre eux auquel cas, ils seront responsables indéfiniment et solidairement face aux engagements sociaux.

En outre, comme à l'accoutumée, les créanciers ne pourront poursuivre le paiement des dettes sociales au niveau des associés qu'après avoir préalablement et vainement, poursuivi la personne morale c'est-à-dire la société.

Le capital social dans les sociétés civiles se divise en parts sociales et les titulaires sont libres de les mettre en nantissement. Dans ce cas la forme exige que ce soit fait par écrit et publié (article 1866 C. Civ.).

3°) Autres aspects

Le retrait total ou partiel d'associé est prévu et reconnu dans les sociétés civiles à condition de respecter les droits des tiers. Ce retrait se fera selon les modalités prévues dans les statuts ou pour justes motifs constatés et reconnus par une décision de justice (le tribunal civil, article 1869).

Pour les causes de dissolution liées à l'existence de la personne humaine, il est reconnu que le décès d'un associé peut mettre fin ou non à la société. Dans le cas contraire, les statuts peuvent prévoir que les héritiers, enfants ou conjoints du défunt vont le supplanter en Droits et obligations. L'associé, avant son décès, peut prévoir qu'une autre personne nommément désignée dans son testament pourra le remplacer dans la société (article 1870 C. Civ).

Il est loisible aux héritiers ainsi admis d'accepter de devenir membres de la société en lieu et place du De cujus ou de le refuser. En cas de non participation, il leur sera remboursé (payé) juste les droits de leur auteur reconnus au jour de son décès.

En plus des sociétés civiles, il y a un attrait pour de nouvelles formes de groupements.

B°) A quand les sociétés et associations appuyant la culture ?

L'idée de ces groupements dans les milieux d'universitaires rappelle les dictons populaires bien connus. " Le cordonnier mal chaussé ou le maçon mal logé".

En effet, les universitaires, en l'occurrence l'ensemble du corps enseignant à temps plein comme à temps partiel écrivent, font de la production scientifique à travers articles, ouvrages et autres. Il parait évident et c'est le moins qu'on puisse dire, qu'une fois au moins il leur a été dit "Monsieur un tel il n'y a pas d'argent pour ça en ce moment..." ou il n'y a pas de ligne budgétaire pour ceci, formule sacrée anti recherche. On relève facilement ici le caractère politique étatique et communautaire des financements de la recherche. Sachant qu'il n'y a presque rien de prévu pour l'édition. Alors pourquoi ne pas penser à instituer des groupements financiers sui generis en droit des Affaires avec la bénédiction du département de la culture et sous la coupole directe du premier Ministre chef du Gouvernement. De toutes les façons la matière de la recherche ne concerne pas un seul département par essence fut-il celui de l'enseignement supérieur et la recherche car tous les ministères profitent des fruits de la recherche des professeurs chercheurs.

Ainsi on pensera successivement aux associations à but lucratif aux sociétés commerciales à but non lucratif et à l'inévitable problème de financement des manuscrits à éditer. Mais avant il sera exposé le rôle du Ministère de la culture dans notre pays et ailleurs.

1°) Le rôle du département de la culture

Selon l'article 25 du décret fixant les attributions spécifiques des membres du gouvernement au Mali[34]. Le Ministre de la culture élabore et met en œuvre la politique nationale dans le domaine de la culture.

A ce titre, il a en charge notamment.

34 Décret N°07-387/ P-RM du 15 octobre 2007 fixant les attributions spécifiques des membres du gouvernement JO N° 01 du 01 janvier 2008 SGG Page 16.

— La promotion et le développement d'une culture ancrée dans les valeurs de la société malienne et de la civilisation universelle ;
— L'impulsion à la création nationale en matière d'œuvres artistiques et culturelles ;
— La protection, la conservation et la valorisation du patrimoine culturel et artistique national ;
— L'élaboration et la mise en œuvre de mesures devant contribuer au rayonnement de la culture malienne et favoriser les échanges avec les autres cultures du monde ;
— La promotion et la protection des droits d'auteur. C'est ce dernier point qui parait plus déterminant et qui interpelle à la fois les enseignants de haut niveau et les pouvoirs publics. En effet cette phrase résume les préoccupations du Ministère français de la culture dont le décret d'organisation, datant du 10 mai 1982, évidemment plusieurs fois modifié, retient dans son premier article que « le Ministère de la culture a pour mission de permettre à tous les français de cultiver leur capacité d'inventer et de créer, d'exprimer librement leurs talents... de préserver le patrimoine culturel national... de favoriser la création d'œuvres de l'art et de l'esprit et de leur donner la plus vaste audience de contribuer au rayonnement de la culture et de l'art français dans le libre dialogue des cultures du monde »[35].

Ce ministère de la culture français a créé une direction du livre et de la lecture par arrêté du 16 février 1987 qui est chargée de suivre l'ensemble des questions qui intéressent l'édition, la distinction la diffusion et la promotion du livre en France et à l'étranger ; ...connait les problèmes d'ordre fiscal et social relatifs à la création littéraire et à l'activité éditoriale[36].

Au regard des éléments rappelés ci-dessus l'on se rend compte de la grande différence entre les ambitions des départements de la culture en France et au Mali ou en Afrique. L'Etat français se fait le devoir de promouvoir effectivement le livre, encourage à l'écrire alors que cela n'est pas évident chez nous[37]. Si on ajoute à ces deux phrases l'on aura "dessalé" ou désaliniser la sauce de reproches. Il faut multiplier les initiatives.

35 Et in Alain Riou, Le Droit de la culture et le droit à la culture ESF Edition 17 Rue Viete 75017 Paris 1993.
36 Idem.
37 Le soussigne l'atteste et le confirme.

2°) Les groupements spécifiques à but lucratif

Dans le souci de soutenir les besoins financiers du livre en vue son édition, des initiatives peuvent être proposées à travers des formes de groupement atypiques afin d'encourager les auteurs à écrire et intéresser les éditeurs chez lesquels les manuels et tapuscrits ne traineront plus. Il s'agit des associations à but lucratif et des sociétés commerciales à but non lucratif.

En effet, une association par définition n'a pas d'objet lucratif, elle œuvre dans un but désintéressé de manière à satisfaire un idéal. Mais cette fois, il s'agit d'autoriser l'association portant sur le livre à réaliser des bénéfices et à appuyer les auteurs dans leurs recherches, éditions etc. Ce sont certainement les auteurs mêmes qui seront en première ligne.

Il en irait de même pour les sociétés commerciales à but non lucratif ou à objet culturel qui seront créées par des personnes de statut civil mais en revêtant la nature commerciale pour raison culturelle visant le même but que l'association décrite ci haut[38].

3°) Le financement des groupements culturels

Pour le financement des sociétés à objet culturel et associations à but lucratif projetées et autres initiatives allant dans le sens de l'appui aux livres littéraires, scientifiques et artistiques, la source de financement suivante peut être proposée « les revenus des comptes dormants »[39]. Dans la gestion de ces comptes la BCEAO est au centre névralgique et puisque que cette BCEAO a son équivalent en Afrique centrale la CEMAC, les pays de l'espace OHADA sont tous concernés et intéressés pour posséder des ''avoirs dormants'' détenus dans ces ''comptes dormants''.

''Un compte dormant est un compte détenu dans les livres d'un organisme financier qui n'a fait l'objet d'aucune intervention depuis au moins dix (10) ans, de la part de son titulaire ou de ses ayants-droit et dont le dit titulaire et ses ayants-droit ne se sont pas manifestés sur la même période, en dépit des tentatives menées par l'organisme financier pour entrer en contacts avec eux,

38 Alain RIOU, le Droit de la culture et le droit à la culture op cit.

39 Loi N° 2014-032 relative au traitement des comptes dormants dans les livres des organismes financiers. Disons que de tel comptes existent dans tous les pays où il y a système bancaire.

notamment sur la base de la documentation fournie par le titulaire". (Article 1er loi). Donc ce sont des comptes dont les titulaires et ayants droit sont soit absents, décédés, soit désintéressés. Ils font l'objet de publicités par des moyens appropriés en vue d'informer et de retrouver d'éventuels intéressés.

Les comptes dormants doivent être clôturés après dix ans dans les banques et les avoirs transférés à la BCEAO immédiatement. La BCEAO dans un premier temps va conserver ces avoirs pour le compte du titulaire ou ses éventuels ayants droits pendant une période vingt (20) années (article 8) ce délai correspond à la période de prescription de droit commun énoncé dans l'article 256 du régime général des obligations au Mali.

Au terme du délai de 20 ans et des publicités accomplies, l'article 14 de la loi traitant des comptes dormants autorise la BCEAO à transférer les avoirs dormants non réclamés au trésor public de l'Etat d'implantation de l'organisme dépositaire initial, dans un délai maximum de trois (3) mois. Ce transfert éteindra tous les droits d'éventuels intéressés sur les avoirs concernés qui vont être définitivement acquis au dit trésor public.

Justement c'est à partir de ou au moyen de tels gains qualifiables d'extraordinaires que le trésor public pourrait financer les recherches, les éditions et livres par diverses voies.

Peut-on rassembler mieux dans l'espace universitaire ?

PARAGRAPHE II : POUR UNE MEILLEURE SÉRÉNITÉ DE L'ESPACE UNIVERSITAIRE AFRICAIN ET PARTICULIÈREMENT MALIEN

Nous exprimons ici nos opinions dans le cadre et l'esprit de l'indépendance des professeurs d'université à l'égard de toutes les pressions d'où qu'elles viennent (pouvoir, collègues, étudiants, syndicats etc.)[40].

Ce principe, qu'il soit édicté dans des textes nationaux africains ou qu'il soit applicable pour raison écrite, il a été inspiré ou adopté par l'article 3 de la loi française du 26 janvier 1984 que même la loi Savary n'a pu combattre la

40 Jean Roche, André POUILLE-Libertés Publiques 12ème éditions 1997 Dalloz, les divers aspects des libertés universitaires.

même année. Cet article dispose que « le service de l'enseignement est laïc et indépendant de toute emprise politique, économique religieuse ou idéologique : il tend à l'objectivité du savoir, il respecte la diversité des opinions. Il doit garantir à l'enseignement et à la recherche leurs possibilités de libre développement scientifique créateur et critiques ».

Nous rappelons par ailleurs que nous sommes titulaires d'une autorisation d'enseigner au secondaire depuis 1992[41] et nous nous considérons comme professeur indépendant depuis 2008, le terme existe effectivement[42].

Si tout cet ouvrage est écrit dans cette perspective et dans cet ancrage, il revient particulièrement que l'on veuille insister sur certains aspects à parfaire ou à revoir pour un meilleur rendement de l'enseignement supérieur.

A°) Nécessité d'une entraide universitaire en Afrique

Premièrement, la qualité de malien nous fait voir la récession culturelle universitaire au Mali par rapport aux autres pays Africains alors que globalement la situation en Afrique n'est guère reluisante même si quelques pays sortent une certaine épingle du jeu.

En effet, de pays parfaitement considéré avec des cadres très à la hauteur dans les décennies 1970-1980 ; 1980-1990 le Mali s'est vu relégué à un plan inconnu depuis, alors que l'OHADA est intervenu en 1993 avec la ferme volonté d'uniformiser. Sur le plan universitaire le Mali est dans l'ornière et la dessus, nul ne nous en voudrait, si nous n'avançons aucune statistique pour étayer cette assertion.

Il est vrai qu'il y a déjà une certaine collaboration entre universitaires et universités africains, mais il s'agit de l'accroitre davantage tout en tenant compte, dans une certaine mesure, de la souveraineté des Etats.

Deuxièmement l'Agrégation dans le cadre africain semble mal partie. En s'accordant une permission de comparaison avec l'Agrégation en France, l'on note de nos jours qu'il est de notoriété publique que l'Agrégation est en état de marcescence (d'amaigrissement progressif). En effet alors qu'elle concernait

41 Autorisation d'enseigner décision N°1748/MECEN-CAP du 31 octobre 1992.

42 Le terme est utilisé pour désigner les professions culturelles civiles par Jean Paul Branlard, Introduction au droit de l'entreprise 2ème édition op cit.

plus de soixante-dix (70) spécialités, l'agrégation n'est plus en vigueur que dans trois grandes spécialités, le Droit, l'économie et la médecine, elle est tombée dans plus de 71 spécialités[43].

En Droit, elle (agrégation) est largement contestée de nos jours en France, dans son principe même parce qu'elle est insensée dans un milieu de docteurs alors qu'elle concernerait plutôt des enseignants du secondaire[44]. En principe un docteur n'a, que faire d'une agrégation fut-elle mode pédagogique de recrutement d'enseignants. C'est la triste vérité pour les parrains et les parrainages. Les budgets sont inutilement et malencontreusement utilisés pour cette cause.

B°) Une juste proscription des statuts en matière d'enseignement et de recherche au Mali

La plaie évoquée au niveau africain est encore plus béante au Mali où les assistants (titulaires de DEA) gèrent les Docteurs même pédagogiquement car les Docteurs exécutent leurs travaux dirigés quand ils n'ont pas le statut de fonctionnaires. Les Docteurs non fonctionnaires (statut de l'enseignement) n'ont pas droit aux cours comme les autres, sont associés sporadiquement aux tâches pédagogiques autres que l'enseignement, ne méritent pas d'être présentés au concours d'agrégation alors que tout le monde sait que s'ils sont agrégés ils seront utiles à l'université publique et aux écoles supérieures privées[45]. Un Docteur n'a d'autre vocation que d'enseigner et de faire de la recherche, il faut le souligner avec force.

Les privilèges pour lui se situent au second plan. Heureusement les différents syndicats de l'enseignement supérieur en sont conscients.

Pour revenir à l'agrégation, il est à craindre que si elle doit perdurer, qu'elle ne risque à long terme de plomber le système dans la mesure où, me semble-t-il

43 Article de doctrine écrit en défaveur de l'agrégation sur wikipédia.

44 Agrégation de l'enseignement supérieur, un article de wikipédia
Encyclopédie libre : portail de l'éducation http : fr.wikipédia.org/w/index.

45 Puisque certaines latitudes scientifiques comme la direction des thèses de doctorat sont considérés comme des privilèges… relevant des seuls agrégés… alors qu'il me semble que pour vraiment être à même de diriger une thèse, il faut avoir écrit au moins un ouvrage (traité) franc dans une des disciplines du Droit ou avoir au moins quinze années d'expérience dans l'enseignement.

ce système de l'agrégation pourrait ''caporaliser'' ''géronthocratiser'', paralyser la pensée universitaire car faudra-t-il éviter de contester, de contrarier pour ne pas perdre sa chance ! Celui qui contrevient à quoi que ce soit ne sera jamais plus agrégé dans sa vie. Pourtant l'essence de la réflexion scientifique universitaire, du savoir, c'est l'expression libre, soutenue voire encouragée de la diversité de pensées et d'opinions. Quoique l'on fasse, l'agrégation ne conduira jamais les professeurs à enseigner de la même façon, à écrire de la même façon. En France des professeurs ont présenté des plans de trois parties pour réussir avec brio leur agrégation contrairement à l'habitude.

Oui à l'uniformisation du droit des affaires mais non à l'uniformisation de la pensée et de la pédagogie au supérieur ; attention à la pensée unique, elle est vicieuse et prétentieuse.

LIVRE II

ÉTUDE DU DROIT DES AFFAIRES

Des aspects nationaux du Droit malien au Droit OHADA

L'évocation des vocables « commerce, affaires » laisse sous-entendre un secteur privé plus ou moins performant dans un Etat et ou dans une communauté d'Etats donnés. Ce secteur privé est reconnu comme la partie de l'économie où l'Etat n'intervient pas ou intervient peu[1] comme acteur, mais intervient quand même par édiction des normes en vue de sécuriser les relations entre acteurs (partenaires) et aussi en vue de préserver ses propres droits (stabilité, ordre public et surtout paiement des contributions).

Ainsi une loi connue sous la désignation de loi d'orientation du secteur privé au Mali, fixant les grandes orientations politiques et stratégiques de développement du secteur privé, déclare dans son article 2 que « la loi d'orientation du secteur privé couvre l'ensemble des activités économiques à but lucratif »[2].

L'idée de commerce, d'affaire doit être perçue comme tout ce qui fonde ou ajoute à une activité lucrative c'est-à-dire qui rapporte un gain, un profit ou plus conventionnellement de l'argent. Cela exclut les préoccupations de survie quotidiennes et indique, à des degrés différents de volonté de ''lucrativité'', l'organisation et le fonctionnement d'entreprises individuelles ou collectives en terme de gain simples ou de réalisation de bénéfices. On en déduit en droit des affaires une double composante comprenant :

— d'une part, les commerçants projetant d'engranger le maximum de bénéfice à la suite de l'exercice de leurs activités commerciales, que cela se traduise par une réalisation effective ou contre tout souhait, une perte ;
— d'autre part, d'autres professionnels (Agriculteurs, professionnels libéraux) ou personnes réunies pour une cause précise (Association des consommateurs pour leurs autoprotections contre toutes éventualités du commerce et des affaires : prix, qualités etc.) qui cherchent à vivre dignement, loyalement et décemment de leurs activités professionnelles ou à sauvegarder leur santé et budgets familiaux.

L'un dans l'autre, la doctrine suivie par la loi ont conduit à la conception d'un droit des Affaires englobant le droit commercial simple.

1 Loi N° 2011-088 du 30 décembre 2011 portant loi d'orientation du secteur Privé, journal officiel N°36 du septembre 2012 op cit.

2 Idem

Pour rendre compte de l'ensemble de ces questions avec leurs aspects propres, il sera proposé une étude assortie d'un plan en deux parties dans le cadre d'un livre II commençant par décrire : L'existence de l'activité de commerce (première partie) suivie de l'exposé des groupements d'Affaires (Deuxième partie).

PREMIERE PARTIE :
L'EXISTENCE DE L'ACTIVITÉ DE COMMERCE

Longtemps nourrie comme idée, la critique du droit OHADA nous a paru davantage opportune lorsqu'un jour nous avons reçu la visite d'un étudiant es lettres, venu nous poser des questions spécifiques dans son domaine certes, mais de portée générale en matière scientifique universitaire.
Cet étudiant nous posait la question de savoir s'il pouvait être aidé à trouver au moins dix (10) ouvrages et ou articles qui critiquent le (s) pouvoir (s) africains de l'indépendance à nos jours.
Après notre entretien, nous lui fîmes remarquer qu'il venait avec son professeur de raffermir une idée à notre niveau qui est celle de procéder à une étude critique du droit OHADA après plus d'une décennie d'application.

La compréhension à l'esprit de l'article 62 du traité OHADA qui porte que le dit traité à une durée illimitée et qu'il ne peut en tout état de cause, être dénoncé avant dix années à partir de sa date d'entrée en vigueur, prévoit à contrario de telles critiques. En effet dans une matière évolutive comme le droit si l'on écrit un traité à durée illimitée cela veut dire qu'il devra être révisé de temps à autres pour tenir compte de certaines réalités et observations d'une part et si l'on interdit sa dénonciation avant dix (10) ans de participation, l'on admet implicitement que dix années après son entrée en vigueur, il peut recevoir des critiques de toutes parts d'autre part.

Aussi, pour accomplir cet exercice il sera analysé en premier lieu les textes mêmes de l'OHADA dans leurs aspects paraissant critiquables (Chapitre I) en second lieu, on tentera de savoir si le droit OHADA est un droit de fond ou de forme (Chapitre II) et en troisième lieu, on conseillera de conjurer une confusion en Droit OHADA par l'évitement de la notion de droit économique (Chapitre III).

CHAPITRE I : DES TEXTES DE L'ORGANISATION POUR L'HARMONISATION EN AFRIQUE DU DROIT DES AFFAIRES

En considérant que la perfection relève d'un autre ressort que le cadre humain l'on admettrait allégrement des critiques se rapportant au traité OHADA d'abord et à certains actes uniformes ensuite.

PARAGRAPHE I : LE TRAITÉ FONDATEUR DU DROIT OHADA

Le traité fut adopté le 17 octobre 1993 en vue de l'harmonisation du droit des Affaires en Afrique et révisé quinze (15) ans après à Québec le 17 octobre 2008 avec des objectifs qu'il partage avec certains de ses actes uniformes le tout pouvant recevoir quelques critiques positives.

A°) Les ambitions du traité

Le traité OHADA affiche de nobles ambitions et ce, dès son préambule qui énumère les unes après les autres les préoccupations suivantes des chefs d'état, exprimées au mode participe[1] (présent ou passé) :

1. Déterminés à accomplir de nouveaux progrès sur la voie de l'unité africaine et à établir un courant de confiance en faveur des économies de leurs pays en vue de créer un nouveau pôle de développement en Afrique ;
2. Réaffirmant leur engagement en faveur de l'institution d'une communauté économique africaine ; …
3. Convaincus que l'appartenance à la zone franc, facteur de stabilité économique et monétaire, constitue un atout majeur pour la réalisation progressive de leur intégration économique et que cette intégration doit également être poursuivie dans un cadre africain plus large ;
4. Persuadés que la réalisation de ces objectifs suppose la mise en place dans leurs Etats d'un Droit des Affaires harmonisé, simple, moderne et adapté, afin de faciliter l'activité des entreprises ;

1 C'est nous même qui avons mis des numéros devant les différents points du préambule du traité. Originellement il (traité) a été adopté par seize (16) hautes parties contractantes comprenant les présidents des Républiques du Benin, du Burkina Faso, du Cameroun, de la Centrafrique, des Comores, du Congo, de la Côte d'Ivoire, du Gabon, de la Guinée-Bissau, de la Guinée-Conakry, de la Guinée équatoriale, du Mali, du Niger, du Sénégal, du Tchad et du Togo.

5. Conscients qu'il est essentiel que ce droit soit appliqué avec diligence, dans les conditions propres à garantir la sécurité juridique des activités économiques afin de favoriser l'essor de celles-ci et d'encourager l'investissement ;
6. Désireux de promouvoir l'arbitrage comme instrument de règlement des différends contractuels ;
7. Décidés à accomplir en commun de nouveaux efforts en vue d'améliorer la formation des magistrats et des auxiliaires de justice ;
8. Conviennent de ce qui suit :...

En termes d'observations, on en relève de trois ordres :

D'abord relativement aux sept points soulignés il convient d'expliciter certaines expressions comme « un courant de confiance en faveur des économies de leurs pays » du point 1, sur l'application du Droit OHADA, il est dit au point 5 que « ce droit soit appliqué avec diligence ». La diligence dans quoi et où ? Dans les administrations et services ? Dans les juridictions ?...

Le point 2 qui demande de réaffirmer l'engagement en faveur de l'institution d'une communauté économique africaine doit continuer en ajoutant l'idée de réduction de la fracture sociale, psychologique entre Etats-Parties et leurs ressortissants.

En effet à bien analyser, l'idée d'une communauté économique parait bien difficile et délicate à réaliser tant les réalités économico-culturelles entre les différents Etats sont diverses.

Le Mali dont certaines réalités sont exposées plus haut n'a souvent rien avoir avec certains pays comme la Cote d'ivoire à coté ou la Guinée équatoriale située plus loin. Ce n'est souvent pas à tout moment que les citoyens maliens ou autres peuvent être les bienvenus dans ces pays pour y travailler et créer des entreprises. Dans le même temps pour des ressortissants de ces pays, il n'est pas dit qu'ils auront toujours une bonne opinion lorsqu'ils entreprennent de créer des entreprises au Mali….

En outre, il est aisé de constater que le Mali n'abrite aucune banque de portée régionale ou sous régionale et ne gère ou ne dirige aucune institution financière de la même envergure…Ainsi peut-on conclure, le droit communautaire se veut un singleton mais avec plusieurs facettes ou aux multiples réalités.

Ensuite comme seconde grande observation, le droit OHADA n'affiche aucune ambition, aucun intérêt particulier pour la formation des formateurs comme il le fait pour les magistrats et auxiliaires de justice au point 6 de son préambule. On se pose la question dès lors sur l'épanouissement de ce droit dans un cadre structuré relativement aux enseignants et professeurs, bref des Docteurs en Droit. Ainsi on ne tarde pas à noter que le droit OHADA est un droit insuffisamment solidaire car certains pays ne sont pas mis dans les conditions de préparer les diplômes de troisième cycle y compris les thèses. Par exemple le Mali n'a pas jusqu'ici de troisième cycle officiel (étatique) en Droit[2].

Enfin la troisième observation porte sur l'oubli d'une structure de suivie évaluation voire des sanctions de la non observation du traité des actes uniformes bref des aspects positifs du droit OHADA qui seraient ignorés par un Etat-partie. Une telle structure pourrait se dénommer "*Commissariat d'éthique et de sécurité du droit OHADA*" composé d'enseignants juristes et acteurs professionnels économiques…

Ce ne sont pas les seuls aspects sur lesquels le traité est critiquable.

B°) Les autres aspects du traité

Selon l'article 5 du traité les actes pris pour l'adoption des règles communes qu'il prévoit en son article premier prennent l'appellation d' « actes uniformes ». Ces actes dits uniformes peuvent aller jusqu'à prévoir des dispositions d'incrimination pénale sans achever le travail par la détermination, disons la fixation des sanctions pénales idoines encourues. Ces sanctions sont laissées à l'initiative des Etats parties. Cet état de fait, il est vrai, peut ménager mieux les relations diplomatiques entre Etats-Parties, mais peut constituer quelques écueils de procédure pénale entre ressortissants d'Etats-parties désireux d'investir ou de s'établir dans tel ou tel Etat.

En effet, un fait peut constituer une infraction ici et non pas la bas, ou constituer une infraction bénigne ici et grave la bas. Une sanction, par sa gravité relative, peut constituer un épouvantail, avoir un effet plus dissuasif ici qu'ailleurs. Donc il est tout indiquer que l'OHADA élabore un droit international pénal des affaires si réellement son objectif est la réalisation d'une uniformité.

2 Il ne s'agit pas des écoles créées par arrêté qui viennent en Aval tenter de former des docteurs alors qu'ils ont subi la formation de DEA ailleurs. Pour les moments l'USJPB n'offre pas de formation de Master.

Les juristes professionnels s'interrogent encore sur la naissance des Actes uniformes, le fonctionnement de la CCJA et sur la suprématie de la langue française.

1°) La naissance des actes uniformes

Les instances de l'OHADA sont la conférence des chefs d'Etats et de gouvernements, le conseil des Ministres, la cour commune de justice et d'arbitrage et le secrétariat permanent.

De toutes ces instances c'est le secrétariat permanent qui prépare les Actes Uniformes en relation avec les gouvernements des Etats parties. Après la CCJA y émet un avis avant de les envoyer au conseil des Ministres qui en délibère et les adopte (article 6 traité).

Quant aux projets d'actes uniformes, ils sont communiqués aux différents gouvernements des Etats-parties, lesquels ont 90 jours pour faire parvenir leurs observations écrites au secrétariat permanent.

Ensuite le secrétariat y joint un rapport et transmet le tout à la CCJA pour avis dans 60 jours. Une fois ce délai écoulé, un projet définitif est mis au point et est proposé à l'inscription à l'ordre du jour du tout prochain conseil des Ministres par les soins du secrétariat permanent.

En réalité, il faut se poser la vraie question de savoir d'où viennent les projets d'Actes uniformes ?

On entendra parler de commissions Nationales qui seraient des organismes au niveau de chaque Etat Partie qui conçoivent, analysent ou formulent l'avant-projet d'Actes Uniformes, par les critiques et observations. Comment travaillent ces commissions ?

Sont-elles ouvertes aux acteurs professionnels (commerçants, industriels, juristes etc.) ?

En général ces commissions sont constituées majoritairement de fonctionnaires ou des professionnels loin des préoccupations quotidiennes des acteurs. A titre illustratif lisez bien ces quelques mots d'une longue lettre adressée au Premier Ministre malien par les coopérateurs « ...l'adoption de l'Acte uniforme (sur les sociétés coopératives) il y a deux ans, n'a pas été suffisamment précédée de consultations et concertations avec les acteurs du secteur coopératif et les structures agricoles et paysannes faitières. De ce fait les spécificités et les enjeux du secteur coopératif agricole n'ont pas été réellement abordés dans la conception de l'Acte uniforme qui traite de l'ensemble des coopératives, tous secteurs et finalités confondus… »[3].

Le paradoxe est qu'une affaire de non fonctionnaires (voir article 9 de l'acte Uniforme sur le Droit commercial général) se trouve exclusivement gérée par des fonctionnaires. Donc comme le dit un dicton en Bambara (langue du Mali).

"On rase la tête en l'absence du titulaire", très curieux. De nos jours, il est de notoriété publique qu'en legistique on n'élabore plus les normes de façon impérieuse, on y associe toujours les acteurs sur qui le texte porte c'est-à-dire ceux qui vont l'animer ou le subir. Le droit OHADA, s'il veut réussir, devra faire attention aux rapports savamment concoctés à la trop grande bureaucratie…

Les critiques du traité sont nombreuses.

2°) La cour commune de justice et d'Arbitrage et autres privilèges

L'article 31 du traité précise que : La cour commune de justice et d'arbitrage est composée de neuf juges choisis parmi les magistrats, les avocats, les professeurs de droit ayant au moins 15 ans d'expérience.

Pour sa compétence, la cour commune de justice et d'arbitrage peut être saisie par voie de recours en cassation contre les arrêts et jugements rendus en dernier ressort par les juridictions nationales du premier et deuxième degré des Etats-Parties.

Il faut souligner qu'en cas de cassation d'une décision rendue par une juridiction nationale la CCJA évoque l'affaire et statue sur le fond (article 14 du traité).

Ainsi le juge de cassation connaîtra des faits qui ressortissent habituellement à la compétence des juges du fonds. Une telle possibilité légale a l'avantage d'accélérer

3 Lettre de la coordination nationale des organisations paysannes du Mali envoyée au Premier Ministre du Mali le 16 Mai 2013 sous les références N° 00177/131 PCNOP ayant pour objet "Moratoire sur mise en vigueur de l'Acte uniforme sur les sociétés coopératives de l'OHADA. Nous promettons que cette lettre sera insérée in extenso en Annexe.

la solution des litiges en évitant un retour sine die de la même affaire pour un second pourvoi au niveau national[4].

Le pouvoir d'évocation reconnu à la CCJA évoque du coup la composition des tribunaux de commerce qui adopte un échevinage c'est-à-dire la participation de magistrats professionnels et des juges consulaires[5].

Dans la législation malienne[6] ces juges consulaires sont élus pour trois (3) ans et ils prêtent serment avant d'entrer en fonction. Ils ont au cours des délibérations voix délibérative. Les juges consulaires sont choisis au Mali selon les branches d'activités : banque, assurances, transport, commerce, industrie, services (article 5 décret précité). Cet échevinage fait défaut à la composition de la CCJA lorsqu'elle évoque une affaire ; or, il a été respecté par les juridictions nationales de fond dans la même affaire précédemment. Donc il y a un hiatus à corriger car une affaire de professionnels ne saurait être mieux gérée par des fonctionnaires et membres d'autres corporations que ses professionnels mêmes.

Par ailleurs, l'article 41 du traité prévoit un établissement de formation, de perfectionnement et de recherche en droit des affaires dénommée : Ecole Régionale supérieure de la magistrature (ERSUMA). D'abord on se préoccupe avant tout de magistrats au détriment des enseignants alors qu'on devient magistrat après avoir reçu une formation universitaire, ensuite on veut faire de la recherche une affaire de fonctionnaires. Or, tous les chercheurs et auteurs de l'espace OHADA ne sont pas fonctionnaires à fortiori magistrats[7]. En effet la science (juridique) n'a pas et ne connait pas de statut.

Les autres chercheurs vivent, se manifestent et on ne peut pas les enterrer vivants.... Ils ont droit à l'égard dans la mesure où ils participent à l'essor de la science juridique générale et celle des affaires.

---

4 Dr Sékou Faco CISSOUMA : thèse de Doctorat d'Etat, option Droit privé, UCAD, Avril 2008 : « le statut de l'enseignement Privé au Mali ».

5 Idem.

6 Décret N°94-091/P-RM du 24 février 1994 déterminant les modalités d'élection et d'éligibilité des membres des tribunaux de commerce in Recueil 2000 des codes et textes usuels en République du Mali Tome 1.

7 Il est vrai que le commentateur du traité révisé tente de faire comprendre que les fonctions de recherche ne se limitent plus aux magistrats et à l'ERSUMA.

Pour tout dire sur les critiques du traité, les articles 46, 47, 48 et 49 du traité couvrent d'immunité de juridiction, les personnels, les biens, les avoirs de l'OHADA mais tout en réservant à l'OHADA le droit d'ester en justice.

Il se pose un élémentaire problème de balance qui symbolise la justice. On ne me juge jamais, mais je fais juger quand je veux. Ça ressemble à une condition potestative, cause d'invalidité de contrat en droit des obligations…

Comment comprendre l'institution d'une langue OHADA ?

3°) La suprématie de la langue française

Aux termes de l'article 42 du traité OHADA tel que révisé à Québec le 17 octobre 2008 les langues de travail de l'OHADA sont le français, l'Anglais, l'Espagnol et le Portugais.

Avant traduction dans les autres langues, continue l'article 42, les documents déjà publiés en français produisent tous les effets. En cas de divergence entre les différentes traductions, la version française fait foi, donc l'emporte sur les trois autres langues.

On veut donner une vraie hégémonie à la langue française sans s'interroger sur sa portée actuelle en France et dans le reste du monde.

En nous référant à des commentaires issus de la dernière francophonie (Sommet Afrique-France) tenue à Dakar en Décembre 2014 on converge avec les commentateurs que la France n'a pas ou n'a plus les moyens de sa politique linguistique dans le sens de la propagation et du renforcement (des liens) des déploiements des intellectuels. Il y a un manque d'émulation ou plutôt un défaut d'appui à l'émulation. La conséquence majeure de cela est que l'économie dans l'espace francophone sera difficilement dopée car non appuyée par des intellectuels[8].

Qui plus est, la francophonie ne prospère dans la réflexion que par des initiatives malheureuses d'exclusion. Exemple dans l'Appel à candidature pour préparation aux concours d'agrégation CAMES en sciences juridiques, politiques, économiques et de gestion, l'Agence universitaire de la francophonie (AUF)

8 Idées relevées dans un débat entre intellectuels sur RFI pendant le sommet de la francophonie à Dakar.

déclarait en 2013 « les bénéficiaires du projet (formation éponyme) doivent être enseignants chercheurs (docteurs, assistants et maitres-assistants CAMES ou chargés de cours, en poste dans un établissement membre de l'AUF relevant du bureau Afrique centrale et des grands lacs, du bureau Afrique de l'ouest (BAO) ou bureau Océan indien (BOI) et dans un pays membre du CAMES[9].

Au lieu de rassembler pour mieux raisonner et mieux rayonner la Francophonie, divise, disperse tout en ignorant les conséquences à long terme.

Approchez certaines universités de l'espace de la francophonie, vous vous apercevrez que certains assistants titulaires d'un Master se croient supérieurs à des docteurs puisque l'université a amené ces docteurs à assurer leurs travaux dirigés. Il semble que les docteurs non fonctionnaires du statut de l'enseignement supérieur ont acquis leurs diplômes au supermarché et les autres ont obtenu les leurs à l'université. Peut-on se développer avec une telle mentalité, si oui est-ce un développement durable ? A l'évidence non.

L'Académie française doit ajouter une nouvelle corde à son arc, consistant à mettre des représentants dans les services culturels des ambassades et représentations diplomatiques de la France afin de détecter, de repérer les intellectuels pour le bien de la langue, de la culture française dans le monde.

La France pays des valeurs...

En plus du traité, certains Actes uniformes recèlent certains points dont les critiques ne sauraient attendre une étude de fonds du droit OHADA.

PARAGRAPHE II : CERTAINS ACTES UNIFORMES

Il ne s'agit pas ici de critiques ou d'observations de détails, d'ordre pédagogique mais plutôt de critiques de portée frappante a priori (c'est-à-dire à première lecture). S'offrent à de telles critiques certains actes uniformes de forme et d'autres de fond.

9 AUF appel à candidature 2013, http : //www.uac.bs/acceuil, index : php114-accueil/71 appel à candidature pour préparat...22101/2013.

A°) Les actes uniformes de forme

C'est l'acte uniforme portant organisation des procédures simplifiées de recouvrement des créances et des voies d'exécution qui est essentiellement concerné, non pas pour ce qu'il écrit mais pour ce qu'il a oublié d'écrire dans son article 336.

La persistance d'une situation particulière au Mali semble poser un problème d'effectivité de l'AUVE. Cette situation c'est la vigueur de la contrainte par corps en Droit processuel malien.

D'abord cette contrainte par corps est prévue par un simple décret alors qu'aux regards des dispositions souveraines de la constitution (article 70) la fixation de la peine est réservée exclusivement à la loi (votée à l'Assemblée Nationale).

Ensuite l'article 725 du décret portant code de procédure civile, commerciale et sociale intervenant en matière civile énonce que la contrainte par corps a pour but d'obliger le débiteur négligeant ou de mauvaise foi, à s'acquitter d'une dette non contestée et reconnue par un jugement ou par titres authentiques, ou sous seing privé. Le même texte précise que la contrainte par corps est un moyen de coercition et non d'exécution de la dette.

En clair, au moyen de la contrainte par corps le débiteur malheureux est envoyé en prison laquelle prison n'a aucune incidence diminutive de ce qu'il doit payer. Juste l'article 230 CPCCS lui permet d'obtenir un élargissement dès qu'il désintéresse son créancier poursuivant. Cet état de fait a été largement dénoncé par la doctrine malienne[10].

Enfin la contrainte par corps met en difficultés le droit OHADA qui ne peut apparemment pas arrêter l'exécution d'une disposition qui viole l'article 10 du traité et de l'AUVE lequel ne prévoit pas de mesures physiques dans l'exécution des obligations. Tout au plus l'AUVE dans son article 101 prévoit la saisie des biens du débiteur auquel l'huissier ou l'agent de saisie doit rappeler la faculté qui lui est offerte de pouvoir procéder à la vente amiable des biens saisis. Mais pas de contrainte par corps.

Imaginez des étrangers qui traitent avec des maliens et qui se retrouvent en prison parce qu'ils n'ont pas pu désintéresser leurs créanciers maliens qu'ils

10 Sékou Faco CISSOUMA, Droit civil : les obligations au Mali. Bittar impression Sogoniko Bamako 2011.

soient de l'espace OHADA ou pas, ils ne comprendraient pas de telles mesures qui relèvent de l'histoire du droit pénal dans leurs pays. En notant que l'AUVE est critiqué par ce qu'il a oublié d'écrire, on pense à l'article 336 AUVE qui porte que "Le présent acte uniforme abroge toutes les dispositions relatives aux matières qu'il concerne dans les Etats-Parties". En négligeant d'ajouter " ainsi que celles (dispositions) qui entravent sa lettre ou son esprit (objet) notamment les contraintes physiques et personnelles en matière d'exécution d'obligation"

B°) Les actes uniformes de fond

Il est retenu ici seulement deux actes uniformes, le premier pour règne majestueux dans les affaires le Droit commercial général et l'autre pour les difficultés liées à son adoption et à sa mise en œuvre au Mali, l'Acte uniforme sur les sociétés coopératives.

1°) L'Acte Uniforme sur le Droit commercial Général

Les observations à ce niveau se veulent substantielles et portent sur la définition du commerçant.

Quand on considère l'article 2 de l'Acte Uniforme portant sur le Droit commercial Général qui porte que : « Est commerçant celui qui fait de l'accomplissement d'actes de commerce par nature sa profession » l'on s'aperçoit qu'il fallait ajouter à cette définition un élément relatif à l'identification. Ainsi aurait-on écrit « Est commerçant celui qui fait de l'accomplissement d'actes de commerce par nature sa profession et qui est clairement identifié par son inscription au Registre du commerce et du crédit mobilier qui lui affecte un numéro d'exercice ». Pourquoi ? Par ce que simplement l'Acte uniforme prévoit et règlemente un nouvel acteur qu'est l'entreprenant qui peut, selon l'article 30 AUDCG exercer une activité professionnelle civile, commerciale, artisanale ou agricole et qui est surtout dispensé d'immatriculation au RCCM. Sinon comment faire la distinction désormais entre un commerçant ordinaire répondant à la définition de l'article 2 et un entreprenant commerçant ?

Par ailleurs et c'est très important, il apparait à la suite d'une lecture exégète de l'Acte Uniforme portant sur le droit commercial général et celui portant sur les sociétés commerciales » qu'une confusion s'est installée sur la définition du commerçant désormais.

Notons avant tout les articles charpentes.

- Article 2 AUDCG : « est commerçant celui qui fait de l'accomplissement d'actes de commerce par nature sa profession ».
- Article 35 AUDCG : « le Registre du commerce et du crédit mobilier a pour objet :

1. De recevoir les demandes d'immatriculation, notamment :

—Des personnes physiques ayant la qualité de commerçant au sens du présent Acte Uniforme ;
—Des sociétés commerciales ;
—Des sociétés civiles par leur forme et commerciales par leur objet ;
—.......... ».

- Article 3 : l'acte de commerce par nature est celui par lequel une personne s'entremet dans la circulation des biens qu'elle produit ou achète ou par lequel elle fournit des prestations de service avec l'intention d'en tirer un profit pécuniaire… ».
- Article 4 : « ont notamment le caractère d'actes de commerce par leur forme, la lettre de change, le billet à ordre et le warrant ».
- Article 6 AUSC GIE (Acte Uniforme relatif au Droit des sociétés commerciales et groupement d'intérêt économique)
  « Le caractère commercial d'une société est déterminé par sa forme ou par son objet.
  Sont commerciales à raison de leur forme et quelque soit leur objet, les sociétés en nom collectif, les sociétés en commandité simple, les sociétés à responsabilité limitée, les sociétés anonymes et les sociétés par actions simplifiées ».

La lecture combinée de ces cinq (5) articles fait frémir devant la définition du commerçant contenue dans l'article 2 AUDCG qui concerne en principe tout commerçant. Celui accomplissant des actes de commerce par nature, celui accomplissant les actes de commerce par la forme comme le maniement des effets de commerce en Droit cambiaire ou toute personne morale exerçant sous une forme commerciale donnée spécifiée à l'alinea 2 de l'article 6 AUSC GIE.

S'ajoutent à ces personnes, les personnes morales (sociétés civiles) créées par des professionnels civils et ayant choisi d'imprimer une des formes de sociétés indiquées à l'article 6 al 2 AUSC GIE. On parle de " sociétés civiles par leur forme et commerciales par leur objet".

C'est ainsi que l'acte uniforme sur le Droit commercial général qui fixe les règles de droit commun du droit des affaires énonce dans son article 35 relativement au Registre du commerce et du crédit mobilier déclare, qu'il reçoit toutes les catégories de commerçants spécifiées ci haut.

Dès lors réduire la définition du commerçant en Droit des affaires à celui qui fait des actes de commerce par nature sa profession est erroné et c'est gravissime. Pour éviter tout risque il aurait fallu ignorer l'expression « par nature » dans la définition livrée par l'article 2 (infra 224).

2°) L'acte uniforme relatif au Droit des sociétés coopératives

En prenant l'initiative d'instaurer un acte uniforme en matière de coopératives, ce fut là une lourde responsabilité à assurer par le Droit OHADA. En effet, les coopératives sont connues pour leur spontanéité, leurs caractéristiques des milieux fortement illettrés encore en Afrique etc.

Donc l'acte uniforme sur les sociétés coopératives ne devrait pas être pris de sitôt. En amont, il aurait fallu instituer des **secrétariats de liaison** entre Droit OHADA et Droits nationaux des Etats-parties pour mieux évaluer le travail à faire avant tout, en termes de terminologies appropriées, d'étude des spécificités des coopérateurs de chaque Etat-partie ; et en aval il faudrait prévoir des mesures communément dites d'accompagnement sur un temps suffisamment impartie pour mettre au même niveau d'informations toutes les populations. Les populations concernées par l'Acte uniforme portant sur les sociétés coopératives, n'en nient pas la nécessité mais ne pensent pas à une réglementation aussi méticuleuse et aussi prompte à mettre en vigueur (voir la lettre du CNOP en annexe et infra 169). Justement dans leur lettre adressée à Monsieur le Premier Ministre les coopérateurs « considèrent qu'au-delà du délai, des dispositions spécifiques doivent être imaginées pour accompagner le mouvement coopératif, agricole.

Par ailleurs, tenant compte des faiblesses institutionnelles et humaines des groupements et coopératives, un ensemble des mesures d'accompagnement doit être envisagé pour atteindre les objectifs nobles, poursuivis par notre pays et par l'OHADA : appui juridique aux coopératives, appui-conseil en gestion, formation etc. ». Nous reviendrons sur plusieurs de ces aspects bien loin.

3°) Observations sur les actes uniformes et présentations des ouvrages OHADA

Il apparait à la lecture des Actes uniformes qu'ils ne sont pas pris du moins présentés de façon uniforme comme s'ils n'étaient pas édictés par les mêmes instances ou les mêmes autorités…

Quand on s'intéresse au sommaire du traité relatif à l'harmonisation du droit des affaires lui-même, il se divise entre neuf (9, IX) titres précédés logiquement d'un préambule comme une véritable constitution, qu'il incarne d'ailleurs.

A ce niveau pas de commentaires.

Quand on se saisit de l'acte uniforme relatif au droit de l'arbitrage, son sommaire aligne plutôt des chapitres, ici on ne parle pas de titres.

L'acte uniforme sur le droit commercial général est élaboré selon des livres (9, IX) assortis de titres pour chaque livre, le tout précédé d'un chapitre préliminaire par rapport auquel on se poserait la question pourquoi pas un livre préliminaire ou un titre préliminaire ?

Quant à l'acte uniforme relatif au droit des sociétés commerciales et du groupement d'intérêt économique, lui est pris suivant trois parties comprenant des livres, le tout précédé encore d'un chapitre préliminaire et non d'une partie préliminaire.

A son tour l'acte uniforme relatif au droit des sociétés coopératives s'incarne en quatre (4) parties assorties immédiatement de titres en négligeant à la différence de l'acte précédent les livres. Là également il y a un chapitre préliminaire au lieu de partie préliminaire.

Le mot chapitre semble un fétichisme rempart.

En voyant l'acte uniforme portant organisation et harmonisation des comptabilités des entreprises, son sommaire indique trois titres assortis de chapitres. Ici pas de parties, pas de livres, pas de titres.

L'analyse du sommaire de l'acte uniforme portant organisation des suretés montre qu'il est conçu suivant cinq (5) titres assortis de chapitres et sections.

Pour l'acte uniforme portant organisation des procédures simplifiées de recouvrement et des voies d'exécution, il est apparemment diligenté suivant deux livres assortis de titres sans qu'on ne puisse distinguer à la page 977 de l'ouvrage OHADA : Traité et actes uniformes commentés et annotés 2012 le livre I, il ne ressort que deux titres suivis du livre II sur les voies d'exécution. Il y a certainement une erreur matérielle.

Le fameux acte uniforme portant organisation des procédures collectives et d'apurement du passif s'échelonne sur sept (7, VII) titres précédés logiquement d'un titre préliminaire soit en tout huit (8) titres.

Enfin l'acte uniforme relatif aux contrats de transport de marchandises par route comporte un sommaire de sept (7, VII) chapitres directement et uniquement alignés.

En conclusion l'on relève que les actes uniformes sont écrits selon un plan libre et non uniforme, toutes choses qui entrainent un questionnement sur la méthodologie.

Le même problème méthodologique est posé avec acuité cette fois ci au niveau même des ouvrages écrits par les techniciens du droit des affaires.

Sur huit (8) livres consultés, il ressort que seuls trois sont écrits selon la méthode orthodoxe en Droit c'est-à-dire après l'introduction, l'analyse en deux parties suivant un plan en deux parties effectives. Ces trois ouvrages sont :

1. OHADA : Recouvrement des créances ;
2. OHADA : Droit des entreprises en difficulté et ;
3. OHADA : sociétés commerciales et groupement d'intérêt économique.

Hormis ces livres, les cinq autres sont écrits selon des plans libres plus ou moins prolixes. Ainsi :

1. OHADA : les suretés est écrit et développé suivant cinq titres ;
2. OHADA : droit de l'arbitrage est écrit suivant quatre titres ;
3. le traité lui-même expliqué et développé suivant trois titres avec chapitres et sections ;
4. OHADA CIMA. Droit des Assurances écrit en trois parties, ce qui est exceptionnellement admis en méthodologie juridique et ;
5. OHADA : Droit commercial général écrit en cinq (5) parties.

D'abord il faut commencer par relever que cette liberté en matière de plans dans les ouvrages est largement partagée par la doctrine française même s'il est constant que beaucoup d'auteurs de renom comme Yves GUYON, Françoise Dekeuwer Defossez et Edith Blary Clément continuent d'observer la sacrosainte règle du plan bipartite.

Ensuite la réalité pédagogique est confrontée à une difficulté explicative, lorsque l'on doit enseigner aux étudiants en DEUG (1ère et 2ème années) voire dans les classes supérieures un traitement de toutes les épreuves de droit en deux parties et exceptionnellement en trois et encore d'avoir à répondre à des questions relatives à cet aspect, posées par des étudiants relativement aux ouvrages écrits par la crème de la doctrine africaine.

En Droit, quelle que soit l'épreuve : exposée, devoirs, mémoires, thèses, c'est le plan en deux parties et exceptionnellement trois parties qui est exigée et jamais au delà. Certes il peut y avoir deux ou plusieurs livres dans un même ouvrage mais toujours chaque livre doit avoir deux parties. Cela revient comme l'observation, le respect d'un principe, d'une règle classique orthodoxe en Droit quelle que fut ce la spécialité d'où la tentation de parler d'un principe intangible (intouchable) en méthodologie juridique.

Par ailleurs les citoyens subissant le droit OHADA se posent une question relativement à sa nature.

CHAPITRE II : LE DROIT OHADA, UN DROIT DE FOND OU DE FORME ?

C'est une question de pure procédure conduisant à une réponse logique reconnaissant que le droit OHADA est à la fois un droit de fond et un droit de forme comme l'indique l'article 2 du traité OHADA portant que : « pour l'application du présent traité, entrent dans le domaine du droit des affaires l'ensemble des règles relatives au droit des sociétés et au statut juridique des commerçants, au recouvrement des créances, aux surêtés et aux voies d'exécution, au régime de redressement des entreprises et de la liquidation judiciaire, au droit de l'arbitrage, au droit du travail, au droit comptable, au droit de la vente et des transports et toutes autres matières que le conseil des Ministres déciderait, à l'unanimité d'y inclure conformément à l'objet du présent traité. Par exemple, de cet article on peut noter que le recouvrement des créances les suretés, les voies d'exécution, le redressement des entreprises et la liquidation constituent entre autres des questions de fond et surtout de forme.

La question heuristique sur la nature du droit OHADA avant toute analyse sur la forme (Paragraphe II) accroche sur l'idée d'une distinction entre droit civil et droit commercial.

PARAGRAPHE I : LE DROIT OHADA : DE LA DISTINCTION ENTRE DROIT CIVIL ET DROIT COMMERCIAL

Comme le montre la rédaction de l'article 2 du traité OHADA, le droit OHADA opère un mélange de genre entre règles de droit civil et règles du droit commercial.

Alors qu'il est plus que jamais nécessaire de maintenir la distinction entre ces deux domaines (A) car cela présente plusieurs intérêts importants (B).

A°) Nécessité de distinction des activités civiles et commerciales

Les actes de commerce par nature sont déterminés par l'article 3 AUDCG avec un prolongement doctrinal sur des critères, les actes de commerce par la forme se retrouvent d'une part au niveau des effets de commerce et d'autre part au niveau des sociétés commerciales.

En dehors de ces actes et activités tout le reste est civil même si souvent quelques nuances de degré et de franchises peuvent être établies.

En matière d'actes et activités civiles le premier élément est l'Agriculture et le second la profession libérale.

S'agissant de l'Agriculture, toutes ses activités (supra 95 : article 2LOA) convergent sur la maitrise et l'exploitation d'un cycle biologique de caractère végétal ou animal laissant peu d'initiatives aux professionnels[11].

L'agriculteur n'est ni un commerçant, ni un industriel car la tradition considère la vente des produits de la ferme, du cru ainsi que leur transformation primaire pour en faciliter la vente comme activités civiles. Ainsi la commercialisation d'une production agricole qui n'est pas précédée d'un achat, les animaux nourris avec les produits de l'exploitation agricole, les conserves de fruits, les légumes, demeure civile. Maintenant si l'agriculteur acquiert les aliments à l'extérieur et d'une façon significative, à ce moment l'activité se transforme en activité commerciale.

De même les activités de tourisme rural comme le camping dans l'exploitation agricole le gite rural, le manège d'équins (ânes et chevaux) sont civiles mais si elles deviennent trop lucratives, démontrant le caractère véreux du comportement, ça devient commercial[12].

S'agissant de la profession libérale elle reçoit une définition légale en droit positif malien. Ainsi selon la loi portant sur l'orientation du secteur privé : « la profession libérale désigne toute profession exercée sur la base de qualifications appropriées, à titre personnel, sous sa propre responsabilité et de façon professionnellement indépendante, en offrant des services intellectuels et conceptuels dans l'intérêt du client et du public »[13].

---

11 Dr Sékou F. CISSOUMA, thèse de Doctorat d'Etat en Droit Privé intitulé « Le statut de l'enseignement privé au Mali : UCAD 2008 ; Jean-Paul, Branlard, Introduction au Droit de l'entreprise, 2ème édition GAENGDF, Paris 1997.

12 Idem.

13 Article 30 de la loi N° 2011-088 du 30 décembre 2011 portant loi d'orientation du secteur privé op cit.

Le professionnel libéral évolue selon une double relation d'indépendance et de confiance[14]. Il peut évoluer seul dans le cadre d'un cabinet avec des employés ayant à leur tour des contrats de travail. La différence est que le contrat de collaboration reconnait l'indépendance de chaque collaborateur qui perçoit des honoraires au lieu de salaire et qui peut avoir toujours une clientèle propre à lui. Celui qui évolue sous contrat reçoit salaire contre lequel il exécute des ordres reçus.

L'activité civile peut s'exercer également dans le cadre d'une société professionnelle[15].

B°) Intérêts de la distinction entre Droit civil et droit commercial

Il faut remarquer qu'il échappe à beaucoup d'auteurs de relever au niveau de ces intérêts le critère fisc, contributions c'est-à-dire les impôts. En réalité les personnes ayant la qualité de commerçant et celles demeurant civiles ne partagent que très peu d'impôts, peut être la TVA et l'Impôt sur le traitement et service (ITS) l'ancien IGR (Impôt Général sur le Revenu) sinon ce sont les commerçants qui payent en principe la majeure partie des autres impôts dont la patente, l'impôt sur le bénéfice industriel et commercial (IBIC) etc.[16].

En matière de faillite également il s'établit une distinction importante :

Dans le domaine civil lorsqu'un débiteur n'est plus à même de régler ses dettes on dit qu'il est en « déconfiture » et si c'est un commerçant on dira plutôt qu'il est « en état de cessation de paiement »[17].

Ces deux états n'ont pas le même régime juridique quant aux intérêts des créanciers.

---

14 Dr Sékou Faco CISSOUMA : droit civil et droit commercial actes civils et actes commerciaux, 1ère édition Toguna, Edition Bamako 2013.

15 Jean Paul Branlard, Introduction au Droit de l'entreprise op cit.

16 Cf pour tous les détails dans ce domaine Sékou Faco CISSOUMA : Droit civil et Droit commercial actes civils et actes commerciaux op cit.

17 Michel de Juglart et Benjamin Ippolito, 4ème édition, assurée par Emmanuel du Pontavice et Jacques Dupichot : Traité de Droit commercial :
Théorie générale du droit des affaires. Actes de commerce, commerçants, entreprises, Droit comptable, fonds de commerce, commerce propriété industrielle, Baux commerciaux, Editions Montchrestien Paris 1988.

En effet, en matière civile le débiteur, en déconfiture, subit une situation difficile car il est dans un état inorganisé ou chaque créancier le poursuit à son bon vouloir. Ainsi le premier ou les premiers des créanciers qui prennent l'initiative des poursuites ont des chances d'être payés avant sur les biens du malheureux débiteur. C'est la raison pour laquelle on parle de « pas de porte » ou de « prix de la course ». Alors qu'en matière commerciale l'état de cessation de paiement enclenche un mécanisme juridique précis aux effets relativement bienveillants. Il crée et met en place une procédure dite collective qui est organisée autour du débiteur et de ses biens. Il se crée une masse des créanciers car aucun d'entre eux ne peut plus poursuivre seul. Ils auront un mandataire diversement appelé syndic en droit OHADA et en France avant 1986 et ou administrateur ou liquidateur. Ce professionnel aura pour rôle de conduire, en cogérant avec le débiteur le redressement ou la liquidation de manière à ce que chaque créancier chirographaire perçoive quelque chose ou l'ensemble de son dû à l'issue des opérations.

Dans le processus de recouvrement des créances, il existe également une différence de taille selon que c'est une dette civile ou de nature commerciale.

En effet, en droit civil, la solidarité ne se présume pas, dit l'article 14 du régime général des obligations (RGO) « la solidarité ne se présume pas, il faut qu'elle soit expressément stipulée, à moins qu'elle ne résulte d'une disposition légale » ;

Alors qu'en matière commerciale cette solidarité est toujours présumée exister, que les parties l'écrivent ou ne le stipulent pas. Cette présomption résulte d'un usage qui serait antérieur au code civil et qui est devenu une règle jurisprudentielle[18] de principe.

Enfin, en cas d'inexécution d'un contrat dont l'objet porte sur le paiement d'un montant, d'argent, les intérêts dits moratoires (de retard) seront dus, mais selon diverses modalités selon qu'on est en droit civil ou en droit commercial.

En matière civile l'article 138 RGO reconnait ce droit au créancier à compter du jour où le débiteur aurait été mis en demeure sauf si cette mise en demeure n'était pas exigée. Et l'article 197 RGO insiste en déclarant qu'avant toute exécution forcée le débiteur doit être mis en demeure de s'exécuter sauf convention contraire ou dispositions spéciales... ».

18 E. Dupotavice et J. Dupichot, Traité du droit commercial op cit.

En matière commerciale des droits de recouvrement larges sont reconnus au créancier au détriment de son débiteur avec le calcul plus ou moins immédiat des intérêts au taux légal à compter de l'envoi de la mise en demeure au débiteur (acheteur) par simple lettre recommandée avec avis de réception ou tout autre moyen équivalent (article 291 AUDCG).

La différence entre les deux formes de mise en demeure, c'est que dans le premier cas (droit civil) elle sera faite par le truchement d'un huissier de justice alors que dans le second cas elle peut être faite par simple lettre recommandée.

Il est déjà opportun d'évoquer tout en l'écartant comme inopérant le débat autour de l'unité du droit privé. Ceux-là qui pensent que commerçants et non commerçants ont tous recours au crédit dans la vie (le règne de l'argent) et qu'il est désormais inutile de chercher à établir une distinction quelconque entre personnes juridiques paraissent pécher par excès de bonne foi ou par naïveté. En fait il faut tenir séparer le droit civil du droit commercial car s'agissant du crédit, très souvent les particuliers ont juste besoin de crédit de consommation alors que les commerçants, prennent des crédits de prestige, de bien vivre, de bien concurrencer etc.

La matière civile est trop fondamentale, trop identitaire, trop ancrée dans la tradition pour être gérée par des règles extensibles, techniques de la vie commerciale. Exemple : l'identité, la gestion de la terre et des immeubles est nationale alors que le commerce n'est jamais national seulement. D'ailleurs, le droit commercial est un droit professionnel qui s'applique à ceux qui font les affaires. Dès lors, il serait dangereux d'étendre aux particuliers (non commerçants), selon les doyens Dupontavice et Dupichot, toutes les règles applicables aux commerçants. Par conséquent la dualité des deux domaines, civil et commercial doit être nécessairement conservée[19] car toute autre idée enfermerait une initiative kamikaze[20].

19 Sur ce point le lecteur trouvera de bons développement dans :
- Sékou Faco CISSOUMA : Droit civil et Droit commercial op cit.
- E. Dupontavice, J. Dupichot, Traité de droit commercial op cit.

20 Kamikaze : avion chaponnais, bourré d'explosifs entrainant la mort de son propre pilote en plus de ses cibles.

PARAGRAPHE II : DROIT OHADA, UN DROIT DE FORME

Il a déjà été indiqué à travers le rappel de l'article 2 du traité OHADA que le droit OHADA est un droit de fond et de forme à la fois. Cependant serait-il nécessaire de revenir ou d'insister sur un autre aspect de la forme relative cette fois ci à l'entrée en vigueur des Actes Uniformes adoptés, qui n'est pas loin de poser les mêmes difficultés que l'article 2 du code civil sur l'entrée en vigueur de la nouvelle loi et ce, malgré des termes impérieux édictés.

Donc il sera analysé successivement l'entrée en vigueur formelle des Actes Uniformes et le respect acquis du principe de non rétroactivité en Droit OHADA.

A°) L'entrée en vigueur formelle des Actes Uniformes de l'OHADA

Selon l'article 9 du traité, les Actes uniformes entrent en vigueur 90 jours après leur adoption sauf modalités particulières d'entrée en vigueur prévues par l'acte lui-même. Le même texte précise que les actes uniformes sont opposables trente jours francs après leur publication au journal officiel de l'OHADA tout en insistant qu'ils (actes uniformes) sont également publiés au journal officiel des Etats-Parties ou par tout autre moyen approprié.

Au sujet de la publication des actes uniformes, on a pu lire dans l'ouvrage portant commentaire du traité OHADA, œuvre appréciable des doyens Joseph Issa SAYEGH et Jacqueline LOHORES-Oble[21] qu'il n'était pas nécessaire qu'un acte uniforme soit publié au journal officiel d'un Etat partie pour pouvoir produire effet. A titre d'observation, il peut être allégué tout à fait le contraire c'est-à-dire que sans publication accessoire (et non complémentaire) dans les journaux officiels des Etats-Parties l'acte uniforme ne devrait pas pouvoir produire d'effet, donc il ne devrait pas être opposable aux citoyens et cela au moins pour deux raisons majeures (juridique et sociologique). La première (juridique) est qu'à notre avis, l'article 9 du traité, bien que complet dans sa formulation initiale, après l'énoncé du délai de 90 jours, ajoute sauf modalités particulières d'entrée en vigueur prévues par l'acte lui-même. Or, c'est le même texte qui ajoute qu'ils (actes uniformes) sont également publiés au journal officiel des Etats parties. C'est bien là une modalité particulière

21 Edition Bruylant Bruxelle 2002 Page 227

d'entrée en vigueur prévue par le traité lui-même surtout l'usage de l'adverbe ''également'' sans verbe d'état ''peuvent'' permet le raffermissent de ce raisonnement.

A la faveur d'une révision du traité OHADA, intervenue en 2008 (traité révisé adopté le 17 octobre 2008 à Québec) il a été ajouté au texte ancien de l'article 9 (du traité) la phrase suivante : « cette formalité n'a aucune incidence sur l'entrée en vigueur des actes uniformes ».

Au regard de la démonstration qui précède, cette phrase, quelque peu inadaptée parait être une rallonge inopportune, parfaitement intitule, car, si la formalité de publication au journal officiel national n'avait aucune incidence, il aurait fallu purement et simplement l'ignorer.

Jugez-en à travers la réaction des coopérateurs du Mali dans leur lettre N°00177/13 du 16 mai 2013 (reproduite en annexe). Le 15 mai 2013 est en principe la date à laquelle l'ensemble des groupements et coopératives devraient avoir procédé à la mise en conformité de leurs statuts, de leurs modes d'organisation et de fonctionnement avec l'acte uniforme sur les sociétés coopératives de l'OHADA… ''Alors que la période de transition expire, l'acte OHADA n'a toujours pas été publié dans le journal officiel de la République du Mali. C'est aussi le cas dans la plupart des Etats membres de l'OHADA... ''. Il s'impose ici un commentaire univoque la publication au journal officiel de l'OHADA est insuffisante à faire reconnaitre l'autorité des actes uniformes dans les Etats parties. Il faut nécessairement accomplir celle prévue dans les journaux officiels dans tous les Etats.

La seconde raison qui est d'ordre sociologique est que les populations auxquelles doivent être opposés ces actes uniformes, dans leur majorité écrasante n'ont pas la culture de la curiosité intellectuelle, surtout que le journal officiel de l'OHADA n'est basé que sur le territoire d'un Etat-membre.

Question : comment s'y prendre pour s'informer, comment s'informer par le net (moyen moderne) alors que même instruit on ne maitrise pas forcement l'outil informatique et surtout qu'on est illettré à plus de 70%.

B°) Le respect acquis du principe de non rétroactivité en Droit OHADA

Il faut d'abord rappeler le contenu de l'article10 du traité qui dispose : « les actes uniformes sont directement [mais pas immédiatement][22] applicables et obligatoires dans les Etats-parties nonobstant toute disposition contraire du droit interne, antérieurement ou postérieurement ».

A la lecture de l'article 10 du traité il faut relever et résister à la tentation d'y ajouter l'adverbe "immédiatement" comme cela a pu se glisser dans le commentaire des mêmes doyens à la page 133. Ce vocable d'immédiateté pourrait faire croire que le traité ou les Actes Uniformes n'ont pas à être soumis à des formalités d'entrée en vigueur qui font la force du droit.

Les mues du droit commercial pour engloutir le droit civil choisissent plusieurs formes.

PARAGRAPHE III : LA NOTION DE DROIT ÉCONOMIQUE, UNE CONFUSION À ÉVITER OU À CORRIGER EN DROIT OHADA

D'un droit commercial classique prospérant, il a été conçu et infusé l'idée de droit professionnel, de droit de l'entreprise pour connaitre une éphémère stabilité autour du droit économique. Ainsi avait-il été arrêté que l'idée d'activité économique est synonyme d'activité de production, de transformation ou de circulation de richesses, qu'elle soit commerciale, industrielle, artisanale, agricole ou libérale[23].

La confusion matérielle qui tente de s'établir en droit privé en liaison avec l'expression droit économique, a même, des origines textuelles. Ainsi l'article 2 de la loi sur le secteur privé au Mali[24] déclare : « la loi d'orientation du secteur privé couvre l'ensemble des activités économiques à but lucratif ». Le même article précise qu'est « Agent économique » toute personne physique ou morale pratiquant une activité économique lucrative ». Poursuivant, le texte

22 C'est nous même qui ajoutons cette négation

23 Sékou Faco CISSOUMA, Droit civil et commercial. Actes civils et actes commerciaux op cit page 88.

24 Michel Vasseur Droit des Affaires I DEUG 2ème année.
Fascicule I les cadres juridiques de l'activité économique régie par le droit commercial.
Les cours de droit 158 rue Saint-Jacques 1982-1983.

définit successivement le commerçant (article 15) l'artisan (article 19) l'industriel (article 25) et la profession libérale (article 30 déjà rappelée).

Il semble que finalement pour se retrouver le juriste doit emprunter un chemin philosophique qui lui donne une démarche assez originale (A) avant de se conformer à certaines mises en garde fondamentales (B).

A°) Une parodie philosophique : la maitrise des notions expressions

Le droit commercial, grâce à des excroissances tolérées dans un but fiscal par l'Etat, s'est mu en droit des affaires en tentant d'impliquer l'Etat et aussi d'autres activités aux actes de commerce habituels comme l'activité des coopératives, l'agriculture, les professions libérales etc. Il continue cette aventure en voulant associer davantage d'autres réalités comme la gestion de l'entreprise, les salariés, leurs rapports avec les chefs d'entreprise et aussi s'intéresse aux rapports entre entreprises et consommateurs pour prendre l'appellation de droit économique[25].

Nous avons déjà démontré que l'idée de recours au crédit ne saurait légitimer l'institution conceptuelle d'un droit économique ni encore moins l'idée de l'adjectif lucratif (activité lucrative) car ici tout est une question de degré, de mesure. Il est conseillé au lecteur de se procurer notre ouvrage intitulé Droit civil et Droit commercial : actes civils et actes commerciaux, Essai sur la distinction des actes civils et actes commerciaux : critères et conséquences. 1ère Edition, Toguna Edition Bamako 2013 de la page 87 à 109.

Quand des problèmes de concepts de mécanisme se posent en Droit on se poserait la question pourquoi ne pas revenir à la science mère qui est la philosophie, en l'occurrence l'inspiration d'un grand philosophe du moyen âge Réné DESCARTES à travers son expression célèbre "*je doute donc je suis*" le doute *ergo sum* :

> Puisqu'il faut douter de tout en matière de droit des affaires, de droit économique, l'on se retrouverait dans un vide doctrinal et textuel ; et pour reconstituer ou reconstruire quelque chose de consistant l'on

25 Michel VASSEUR, Droit des affaires I DEUG, 2ème année.
Fascicule I les cadres juridiques de l'activité économique régie par le droit commercial, Les cours de droit 158, rue Saint-Jacques 1982-1983.

devrait commencer par s'interroger sur le sens des vocables à définir comme commerce, affaires, économie etc. avant de les coupler avec le mot droit qui les précède.

Le commerce est conçu comme une circulation intéressée, spéculative très lucrative des biens et plus globalement des richesses à l'intérieur d'un pays comme entre ressortissants de différents pays. L'adjectif ''intéressé'' se rapporte aux initiateurs à ceux qui s'entremettent dans les opérations de spéculation. Le commerce consistera ainsi à produire et ou à transformer des biens pour les revendre chère avec le dessein de réaliser le maximum de bénéfice et aussi à acheter pour revendre avec le même objectif ; peu importe maintenant que cet esprit de spéculation rapporte un bénéfice effectivement ou aboutisse à une perte. Les personnes qui s'adonneront aux opérations ainsi décrites seront appelées et identifiées commerçantes.

Les affaires constituent un niveau supérieur du commerce avec une nuance en deux branches.

La première branche prend en compte la définition du commerce plus certaines activités qui peuvent être commerciales ou civiles comme les sociétés coopératives et les groupements d'intérêt économique ;

La seconde branche tente d'incorporer dans le commerce, pour constituer les affaires, l'activité des professions libérales, de l'agriculture, de l'artisan etc.

Quand à l'Economie, elle parait avoir une définition simple mais dont la mise en œuvre est visiblement compliquée, voire laborieuse. En effet, l'économie est tout ce qui rapporte aux personnes juridiques (physiques, morales, privées ou publiques).

Chaque fois qu'un acte juridique quelconque (contrat, convention, quasi-contrat) peut rapporter un avantage en bien, garantie, numéraire etc. il y a économie ;

De même chaque fois qu'une situation juridique qu'elle soit légale (réparation d'un dommage au moyen de dommages-intérêts) ou d'expectatative (bénéfice d'une succession ouverte, legs etc.). Il y a économie.

Qui plus est, chaque fois qu'une personne morale (Etat, collectivités territoriales) perçoit des contributions, des dons, ou bénéficie d'une succession sans successibles ordinaires il y a économie.

Donc l'économie est tout ce qui crée, des revenus, ajoute aux avoirs d'une personne.

Par ailleurs, l'économie est la forme d'organisation des gains, des citoyens et autres personnes dans un Etat.
Ainsi on peut parler d'économie libérale ou socialiste.

Dans une économie libérale (plus ou moins capitaliste) qui est le contraire de l'économie socialiste, il y a lieu de comprendre et de convenir que les voies de gain sont nombreuses en raison de la grande part faite à l'initiative privée et de la possibilité pour l'Etat lui-même et les collectivités de mener ''Affaires''. L'initiative privée comme étatique s'incarne dans les entreprises commerciales ou industrielles individuelles ou collectives sous diverses formes. En somme, le mot économie parait un vocable heuristique tellement élastique qu'il parait prudent et nécessaire d'être circonspect sur une expression comme ''Droit économique''.

Avant de passer aux expressions droit commercial, droit des Affaires, Droit économique il sied de rappeler les erreurs d'omission du code civil français qui a négligé de définir la propriété elle-même et la possession également, ce qui a conduit à de vraies difficultés de maitrise des dites notions et des droits s'y rapportant[26]. En effet les articles 544 et 228 du code civil définissent plutôt le droit de propriété et le droit de possession et sont muets sur la définition de la propriété et celle de la possession.

A présent comment peut-on arriver à concevoir et à appliquer un droit relatif à ces différentes activités ?

Il faudrait, sans nul doute, passer par l'Etat et les collectivités territoriales qui initient et fondent plusieurs droits à leur profit au regard de ces activités avant d'élaborer, dans le cadre de leurs missions ordinaires un régime juridique applicable aux acteurs entre eux avec des modes de gestion du contentieux, susceptible de naître entre eux ou entre eux et l'Etat[27].

26 Cf Article de doctrine du Docteur Sékou Faco CISSOUMA a été publié dans la Revue (CAMES) en sciences juridiques et politiques N° 001/2014/1er semestre, vol 1, N° 001 (2014).

27 A l'Etat sont assimilées les collectivités territoriales.

D'abord l'Etat s'arroge le privilège de perception des contributions directes et indirectes et autres taxes sur ces différentes activités ;

Ensuite il (Etat) se donne un pouvoir régalien de contrôle, de surveillance de ces activités par plusieurs moyens juridiques : agrément, reconnaissances diverses...

Dans le même temps l'Etat conçoit et impulse un moyen de financement des dites activités à travers un système bancaire fiable comprenant des banques spéciales ou générales.

Enfin l'Etat met en place des juridictions spéciales (tribunaux de commerce) ou mécanismes professionnels (Arbitrage, conciliations, transaction…) pour régler les conflits qui naissent entre acteurs en vue de préserver la sérénité, l'égalité dans le milieu des Affaires.

Quand toutes ces mesures sont prises par l'Etat avec l'organisation des différents droits on peut alors concevoir et admettre les expressions Droit commercial, Droit des Affaires et de façon très discutable droit économique.

Pour une uniformité de concept et surtout de droit applicable à ces activités qui opèrent ou sont exercées par nuances et avec nuance, il parait logique de n'accepter que l'expression Droit des Affaires sinon dans une perspective plus exégétique, plus originale il sied de s'en tenir au Droit commercial qui garde, à l'analyse, toute sa verdeur.

Puisque cette verdeur du droit commercial le conduit indûment vers une pâleur du droit civil, il y a lieu d'insister sur certaines mises en garde.

B°) Mises en garde de l'institution d'un droit économique comme droit privé

Adopter un droit économique en lieu et place d'un droit privé, effaçant quasiment le droit civil, parait être une aventure s'ouvrant sur les firmaments d'une grande inconnue.

Il faut se rappeler qu'au-delà de simples appellations des spécialités de juristes, les deux droits : droit civil et droit commercial sont loin d'avoir les mêmes objectifs, les mêmes préoccupations d'où personne ne doit préconiser sérieusement ou raisonnablement l'unification du droit civil et du droit commercial, quelles que soient les tentations.

Qu'on le veuille ou non, reconnaissons avec le doyen Michel VASSEUR que le but du commerce c'est juste et seulement le profit. Or, en droit civil l'idée de spéculation est absente, rare, sinon n'a qu'un rôle secondaire.

Le droit civil est un droit formaliste et surtout conservateur de tout. En matière de biens il (droit civil) a tendance à les préserver plutôt qu'à les mettre dans une circulation spéculative risquant et risquée. C'est le droit de la richesse immobile[28].

Il a inspiré le principe de précaution qui originellement est un principe qui vise à préserver les droits de générations à venir[29] surtout en matière de richesses familiales.

Alors que le droit commercial, vise la réalisation de bénéfice à tout prix, la fin justifiant les moyens, ici on se fiche pas mal de pouvoir d'achat, de conjoncture, bref pas d'état d'âme. Pour parvenir plus ou moins rapidement à ses objectifs le droit commercial réduit largement les formalités : preuve libre, tentative de conciliation devant les juridictions.

Par ailleurs la course effrénée au crédit en droit commercial fait que le créancier, les banques et autres sont mis en position de privilégiés pour exiger et obtenir leurs paiements ou remboursements. Le Droit civil quant à lui, s'efforce plutôt de protéger le débiteur contre les ardeurs procédurales de son créancier. Exemple la solidarité entre débiteurs qui ne va pas de soi. Et surtout le fait d'avoir prévu des tribunaux de commerce oblige les pouvoirs publics et les acteurs à observer l'existence séparée du droit civil et du droit commercial.

Pour mettre un point final à ce paragraphe l'on fera recours aux propos des doyens Issa SAYEGH un décathlonien du Droit OHADA et Paul GERARD POUGOUE[30] lesquels en énonçant la naissance d'un acte uniforme portant sur la théorie générale des contrats préviennent de faire attention et de circonscrire les contrats civils et commerciaux car il y aura un risque que la CCJA en tant que juridiction supérieure des affaires connaisse des contentieux relatifs à des contrats civils comme le bail à usage d'habitation, les contrats de régimes matrimoniaux, les prêts entre amis, mandat entre parents et enfants etc.

---

28 Michel VASSEUR, Droit des Affaires op cit.

29 Sékou Faco CISSOUMA : Droit civil les obligations au Mali op cit.

30 Article de doctrine, communication : L'OHADA : défis, problèmes et tentatives de solutions. Joseph Issa SAYEGH Paul Gérard POUGOUE.

En conclusion les doyens relèvent que le choix d'une matière à uniformiser devrait être envisagé avec prudence et après mure réflexion et débats sérieux…

Ce à quoi il faut inviter les universitaires, particulièrement, ceux de l'OHADA et du CAMES, c'est de comprendre qu'ils sont juristes spécialistes ou spécialisés en Droit commercial ou droit des affaires mais ils ne sont pas eux-mêmes commerçants. En conséquence ils doivent œuvrer à respecter la dichotomie, les deux grands pôles, les deux hémisphères du droit privé que sont le droit civil et le droit commercial. La sérénité, la logique sont à ce prix.

En plus des différences de fond, on peut signaler quelques différences de forme.

PARAGRAPHE IV : DES DIFFÉRENCES DE FORME

Il faut faire la double distinction entre d'une part les juridictions civiles et commerciales (A) et d'autre part entre juridiction de droit commun et juridictions administratives et économiques (B).

A°) Distinction entre juridictions civiles et commerciales

Au regard de tout ce qui précède comme différences de motivations entre professionnels commerçants et personnes de statut civil l'on en déduit qu'il est utile d'avoir des tribunaux civils à part et des tribunaux de commerce qui appliquent un droit spécial. D'ailleurs l'existence de ces tribunaux de commerce concourt au respect de la différence de statut entre civils et commerçants. Ainsi la loi d'orientation du secteur privé porte dans son article 61 que « l'Etat prend les dispositions nécessaires pour renforcer les tribunaux de commerce et les rendre plus accessibles aux opérateurs économiques » malgré le caractère flou et ambiguë de l'expression opérateur économique (infra 257) le fait que l'Etat se fasse un devoir de renforcement des juridictions de commerce est un facteur d'encouragement du commerce.

B°) Distinction entre juridictions de droit commun et juridictions administratives et économiques

Il faut souligner que le contenu de l'article 70 de la constitution ne prend pas en compte tous les aspects de la vie économique de notre pays. Aussi une forte réglementation de l'économie est l'œuvre du gouvernement directement à travers les règlements (Décrets, Arrêtés) encore qu'il est possible dans les questions économiques relevant de la loi que le gouvernement se fasse habiliter afin d'édicter par voie d'ordonnance. Compte tenue de la largesse de la notion d'économie et d'un hypothétique droit économique il est aisé de constater que le contentieux en matière économique sera large et divers impliquant à la fois les juridictions de droit commun comme les tribunaux civils et commerciaux mais aussi et surtout les tribunaux administratifs intervenant en matière économico-financière lorsque ce sont des actes des autorités qui seront mis en cause ou par exemple que quand ce seront certains impôts qui seront contestés[31]. Au niveau de la haute juridiction (cour suprême) il a été procédé à une séparation organique récente conduisant à la mise en place de la section des comptes pour contrôler et vérifier toutes les questions budgétaires impliquant diverses personnes juridiques (publiques comme privées). Les critiques qui précèdent n'épuisent pas la pensée dynamique par rapport aux acteurs.

31 Voy Sékou Faco CISSOUMA, Droit civil et Droit commercial op cit.

CHAPITRE III : DES ACTEURS DE RÉFLEXION ET DE RECHERCHES EN DROIT OHADA

Plutôt que d'une vraie critique il s'agit d'inviter les chercheurs de l'espace OHADA ainsi que ses instances à réfléchir et à concevoir d'autres actes uniformes comme le prévoit l'article 2 du traité (Paragraphe I) même si par ailleurs les critiques reprendront leur droit quant à certains aspects spécifiques institués dans l'enseignement supérieur dans l'espace OHADA (Paragraphe II).

PARAGRAPHE I : LES INTERROGATIONS LÉGITIMES

En tant qu'universitaire (enseignant indépendant) évoluant en marge du droit OHADA tel que conçu par l'Agence Universitaire de la Francophonie, nous nous posons la question de savoir pourquoi dans ce cadre organisé les techniciens OHADA-CAMES ne conduisent pas la dialectique en concevant en Acte Uniforme des formes de sociétés comme entre autres les sociétés civiles alors que le Droit OHADA se reconnait comme un droit des affaires et surtout a déjà procédé à la règlementation des sociétés coopératives, lesquelles selon leur objet, peuvent être civiles ou commerciales (Article 21 AUSCOOP) comme cela est de notoriété publique pour les groupements d'intérêts économiques (Article 871 AUSC-GIE).

Ainsi on se pose la question à quand la réglementation des sociétés civiles (A) et à quand celle des sociétés et associations dans le domaine de la culture (B).

A°) A quand la réglementation des sociétés civiles en Droit OHADA

A la consultation du code civil français[32] l'on note la réglementation de la société de l'article 1845 à l'article 1870[33]. Un exposé sommaire est nécessaire pour ressortir à travers les générations (1) les spécificités (2) et autres aspects (3).

1°) Généralités sur les sociétés civiles

Selon l'article 1845 alinéa 2 auront le caractère civil toutes les sociétés auxquelles la loi n'attribue pas un autre caractère à raison de leur forme, de leur nature ou de leur objet.

32 Code civil 110ème édition 2011 Editions DALLOZ Page 2209.

33 On se pose la question par ailleurs si à défaut de réglementation, ces dispositions visées ci-dessus s'appliquent en Droit OHADA pour "raison écrite"

C'est le droit commun de toutes les sociétés qui enveloppe même les sociétés commerciales.

La direction des sociétés civiles est assurée par une ou plusieurs personnes qui peuvent être membres ou non du contrat social (article 1846 C. Civ) ; de même, ajoute l'article 1847, une personne morale peut également en assurer la direction.

Les grandes décisions en matière d'engagement de la société civile sont prises à l'unanimité des associés sauf si les statuts en disposent autrement (art 1852 C. Civ).

En matière d'information des associés civils l'article 1855 précise qu'ils ont le droit d'obtenir une fois par année au moins la communication des livres et documents sociaux et en plus de poser par écrit toutes questions pertinentes sur la gestion sociale. Et à ces questions il sera apporté des réponses dans les mêmes conditions de forme et ce, dans un délai d'un mois franc...

2°) Les spécificités de la société civile

Aux termes de l'article 1857 C. Civ, à l'égard des tiers c'est-à-dire les créanciers de la société civile, les associés répondront indéfiniment des dettes sociales à proportion de leur part dans le capital dès qu'il adviendra une cessation des paiements. Si l'associé fut apporteur en industrie, il serait tenu comme l'associé dont la participation dans le capital social est la plus faible.

Les rédacteurs de l'article 1857 n'ont pas oublié le principe que la solidarité n'est pas présumée en matière civile. Aussi l'auront-ils ménagé en se confinant à une responsabilité indéfinie des associés mais non solidaire.

Cependant rien n'interdit que dans les statuts les associés stipulent la solidarité entre eux auquel cas, ils seront responsables indéfiniment et solidairement face aux engagements sociaux.

En outre, comme à l'accoutumée, les créanciers ne pourront poursuivre le paiement des dettes sociales au niveau des associés qu'après avoir préalablement et vainement, poursuivi la personne morale c'est-à-dire la société.

Le capital social dans les sociétés civiles se divise en parts sociales et les titulaires sont libres de les mettre en nantissement. Dans ce cas la forme exige que ce soit fait par écrit et publié (article 1866 C. Civ.).

3°) Autres aspects

Le retrait total ou partiel d'associé est prévu et reconnu dans les sociétés civiles à condition de respecter les droits des tiers. Ce retrait se fera selon les modalités prévues dans les statuts ou pour justes motifs constatés et reconnus par une décision de justice (le tribunal civil, article 1869).

Pour les causes de dissolution liées à l'existence de la personne humaine, il est reconnu que le décès d'un associé peut mettre fin ou non à la société. Dans le cas contraire, les statuts peuvent prévoir que les héritiers, enfants ou conjoints du défunt vont le supplanter en Droits et obligations. L'associé, avant son décès, peut prévoir qu'une autre personne nommément désignée dans son testament pourra le remplacer dans la société (article 1870 C. Civ).

Il est loisible aux héritiers ainsi admis d'accepter de devenir membres de la société en lieu et place du De cujus ou de le refuser. En cas de non participation, il leur sera remboursé (payé) juste les droits de leur auteur reconnus au jour de son décès.

En plus des sociétés civiles, il y a un attrait pour de nouvelles formes de groupements.

B°) A quand les sociétés et associations appuyant la culture ?

L'idée de ces groupements dans les milieux d'universitaires rappelle les dictons populaires bien connus. " Le cordonnier mal chaussé ou le maçon mal logé".

En effet, les universitaires, en l'occurrence l'ensemble du corps enseignant à temps plein comme à temps partiel écrivent, font de la production scientifique à travers articles, ouvrages et autres. Il parait évident et c'est le moins qu'on puisse dire, qu'une fois au moins il leur a été dit "Monsieur un tel il n'y a pas d'argent pour ça en ce moment..." ou il n'y a pas de ligne budgétaire pour ceci, formule sacrée anti recherche. On relève facilement ici le caractère politique étatique et communautaire des financements de la recherche. Sachant qu'il n'y a presque rien de prévu pour l'édition. Alors pourquoi ne pas penser à instituer des groupements financiers sui generis en droit des Affaires avec la bénédiction du département de la culture et sous la coupole directe du premier Ministre chef du Gouvernement. De toutes les façons la matière de la recherche ne concerne pas un seul département par essence fut-il celui de l'enseignement supérieur et la recherche car tous les ministères profitent des fruits de la recherche des professeurs chercheurs.

Ainsi on pensera successivement aux associations à but lucratif aux sociétés commerciales à but non lucratif et à l'inévitable problème de financement des manuscrits à éditer. Mais avant il sera exposé le rôle du Ministère de la culture dans notre pays et ailleurs.

1°) Le rôle du département de la culture

Selon l'article 25 du décret fixant les attributions spécifiques des membres du gouvernement au Mali[34]. Le Ministre de la culture élabore et met en œuvre la politique nationale dans le domaine de la culture.

A ce titre, il a en charge notamment.

- La promotion et le développement d'une culture ancrée dans les valeurs de la société malienne et de la civilisation universelle ;
- L'impulsion à la création nationale en matière d'œuvres artistiques et culturelles ;
- La protection, la conservation et la valorisation du patrimoine culturel et artistique national ;
- L'élaboration et la mise en œuvre de mesures devant contribuer au rayonnement de la culture malienne et favoriser les échanges avec les autres cultures du monde ;
- La promotion et la protection des droits d'auteur. C'est ce dernier point qui parait plus déterminant et qui interpelle à la fois les enseignants de haut niveau et les pouvoirs publics. En effet cette phrase résume les préoccupations du Ministère français de la culture dont le décret d'organisation, datant du 10 mai 1982, évidemment plusieurs fois modifié,

34 Décret N°07-387/ P-RM du 15 octobre 2007 fixant les attributions spécifiques des membres du gouvernement JO N° 01 du 01 janvier 2008 SGG Page 16.

> retient dans son premier article que « le Ministère de la culture a pour mission de permettre à tous les français de cultiver leur capacité d'inventer et de créer, d'exprimer librement leurs talents… de préserver le patrimoine culturel national… de favoriser la création d'œuvres de l'art et de l'esprit et de leur donner la plus vaste audience de contribuer au rayonnement de la culture et de l'art français dans le libre dialogue des cultures du monde »[35].

Ce ministère de la culture français a créé une direction du livre et de la lecture par arrêté du 16 février 1987 qui est chargée de suivre l'ensemble des questions qui intéressent l'édition, la distinction la diffusion et la promotion du livre en France et à l'étranger ; …connait les problèmes d'ordre fiscal et social relatifs à la création littéraire et à l'activité éditoriale[36].

Au regard des éléments rappelés ci-dessus l'on se rend compte de la grande différence entre les ambitions des départements de la culture en France et au Mali ou en Afrique. L'Etat français se fait le devoir de promouvoir effectivement le livre, encourage à l'écrire alors que cela n'est pas évident chez nous[37]. Si on ajoute à ces deux phrases l'on aura ''dessalé'' ou désaliniser la sauce de reproches.

Il faut multiplier les initiatives.

2°) Les groupements spécifiques à but lucratif

Dans le souci de soutenir les besoins financiers du livre en vue son édition, des initiatives peuvent être proposées à travers des formes de groupement atypiques afin d'encourager les auteurs à écrire et intéresser les éditeurs chez lesquels les manuels et tapuscrits ne traineront plus. Il s'agit des associations à but lucratif et des sociétés commerciales à but non lucratif.

En effet, une association par définition n'a pas d'objet lucratif, elle œuvre dans un but désintéressé de manière à satisfaire un idéal. Mais cette fois, il s'agit d'autoriser l'association portant sur le livre à réaliser des bénéfices et à

35 Et in Alain Riou, Le Droit de la culture et le droit à la culture ESF Edition 17 Rue Viete 75017 Paris 1993.

36 Idem.

37 Le soussigne l'atteste et le confirme.

appuyer les auteurs dans leurs recherches, éditions etc. Ce sont certainement les auteurs mêmes qui seront en première ligne.

Il en irait de même pour les sociétés commerciales à but non lucratif ou à objet culturel qui seront créées par des personnes de statut civil mais en revêtant la nature commerciale pour raison culturelle visant le même but que l'association décrite ci haut[38].

3°) Le financement des groupements culturels

Pour le financement des sociétés à objet culturel et associations à but lucratif projetées et autres initiatives allant dans le sens de l'appui aux livres littéraires, scientifiques et artistiques, la source de financement suivante peut être proposée « les revenus des comptes dormants »[39]. Dans la gestion de ces comptes la BCEAO est au centre névralgique et puisque que cette BCEAO a son équivalent en Afrique centrale la CEMAC, les pays de l'espace OHADA sont tous concernés et intéressés pour posséder des "avoirs dormants" détenus dans ces "comptes dormants".

"Un compte dormant est un compte détenu dans les livres d'un organisme financier qui n'a fait l'objet d'aucune intervention depuis au moins dix (10) ans, de la part de son titulaire ou de ses ayants-droit et dont le dit titulaire et ses ayants-droit ne se sont pas manifestés sur la même période, en dépit des tentatives menées par l'organisme financier pour entrer en contacts avec eux, notamment sur la base de la documentation fournie par le titulaire". (Article 1er loi). Donc ce sont des comptes dont les titulaires et ayants droit sont soit absents, décédés, soit désintéressés. Ils font l'objet de publicités par des moyens appropriés en vue d'informer et de retrouver d'éventuels intéressés.

Les comptes dormants doivent être clôturés après dix ans dans les banques et les avoirs transférés à la BCEAO immédiatement. La BCEAO dans un premier temps va conserver ces avoirs pour le compte du titulaire ou ses éventuels ayants droits pendant une période vingt (20) années (article 8) ce délai correspond à la période de prescription de droit commun énoncé dans l'article 256 du régime général des obligations au Mali.

38 Alain RIOU, le Droit de la culture et le droit à la culture op cit.

39 Loi N° 2014-032 relative au traitement des comptes dormants dans les livres des organismes financiers. Disons que de tel comptes existent dans tous les pays où il y a système bancaire.

Au terme du délai de 20 ans et des publicités accomplies, l'article 14 de la loi traitant des comptes dormants autorise la BCEAO à transférer les avoirs dormants non réclamés au trésor public de l'Etat d'implantation de l'organisme dépositaire initial, dans un délai maximum de trois (3) mois. Ce transfert éteindra tous les droits d'éventuels intéressés sur les avoirs concernés qui vont être définitivement acquis au dit trésor public.

Justement c'est à partir de ou au moyen de tels gains qualifiables d'extraordinaires que le trésor public pourrait financer les recherches, les éditions et livres par diverses voies.

Peut-on rassembler mieux dans l'espace universitaire ?

PARAGRAPHE II : POUR UNE MEILLEURE SÉRÉNITÉ DE L'ESPACE UNIVERSITAIRE AFRICAIN ET PARTICULIÈREMENT MALIEN

Nous exprimons ici nos opinions dans le cadre et l'esprit de l'indépendance des professeurs d'université à l'égard de toutes les pressions d'où qu'elles viennent (pouvoir, collègues, étudiants, syndicats etc.)[40].

Ce principe, qu'il soit édicté dans des textes nationaux africains ou qu'il soit applicable pour raison écrite, il a été inspiré ou adopté par l'article 3 de la loi française du 26 janvier 1984 que même la loi Savary n'a pu combattre la même année. Cet article dispose que « le service de l'enseignement est laïc et indépendant de toute emprise politique, économique religieuse ou idéologique : il tend à l'objectivité du savoir, il respecte la diversité des opinions. Il doit garantir à l'enseignement et à la recherche leurs possibilités de libre développement scientifique créateur et critiques ».

Nous rappelons par ailleurs que nous sommes titulaires d'une autorisation d'enseigner au secondaire depuis 1992[41] et nous nous considérons comme professeur indépendant depuis 2008, le terme existe effectivement[42].

40 Jean Roche, André POUILLE-Libertés Publiques 12ème éditions 1997 Dalloz, les divers aspects des libertés universitaires.

41 Autorisation d'enseigner décision N°1748/MECEN-CAP du 31 octobre 1992.

42 Le terme est utilisé pour désigner les professions culturelles civiles par Jean Paul Branlard, Introduction au droit de l'entreprise 2ème édition op cit.

Si tout cet ouvrage est écrit dans cette perspective et dans cet ancrage, il revient particulièrement que l'on veuille insister sur certains aspects à parfaire ou à revoir pour un meilleur rendement de l'enseignement supérieur.

A°) Nécessité d'une entraide universitaire en Afrique

Premièrement, la qualité de malien nous fait voir la récession culturelle universitaire au Mali par rapport aux autres pays Africains alors que globalement la situation en Afrique n'est guère reluisante même si quelques pays sortent une certaine épingle du jeu.

En effet, de pays parfaitement considéré avec des cadres très à la hauteur dans les décennies 1970-1980 ; 1980-1990 le Mali s'est vu relégué à un plan inconnu depuis, alors que l'OHADA est intervenu en 1993 avec la ferme volonté d'uniformiser. Sur le plan universitaire le Mali est dans l'ornière et la dessus, nul ne nous en voudrait, si nous n'avançons aucune statistique pour étayer cette assertion.

Il est vrai qu'il y a déjà une certaine collaboration entre universitaires et universités africains, mais il s'agit de l'accroitre davantage tout en tenant compte, dans une certaine mesure, de la souveraineté des Etats.

Deuxièmement l'Agrégation dans le cadre africain semble mal partie. En s'accordant une permission de comparaison avec l'Agrégation en France, l'on note de nos jours qu'il est de notoriété publique que l'Agrégation est en état de marcescence (d'amaigrissement progressif). En effet alors qu'elle concernait plus de soixante-dix (70) spécialités, l'agrégation n'est plus en vigueur que dans trois grandes spécialités, le Droit, l'économie et la médecine, elle est tombée dans plus de 71 spécialités[43].

En Droit, elle (agrégation) est largement contestée de nos jours en France, dans son principe même parce qu'elle est insensée dans un milieu de docteurs alors qu'elle concernerait plutôt des enseignants du secondaire[44]. En principe un docteur n'a, que faire d'une agrégation fut-elle mode pédagogique de recrutement d'enseignants. C'est la triste vérité pour les parrains et les parrainages. Les budgets sont inutilement et malencontreusement utilisés pour cette cause.

43 Article de doctrine écrit en défaveur de l'agrégation sur wikipédia.

44 Agrégation de l'enseignement supérieur, un article de wikipédia Encyclopédie libre : portail de l'éducation http : fr.wikipédia.org/w/index.

B°) Une juste proscription des statuts en matière d'enseignement et de recherche au Mali

La plaie évoquée au niveau africain est encore plus béante au Mali où les assistants (titulaires de DEA) gèrent les Docteurs même pédagogiquement car les Docteurs exécutent leurs travaux dirigés quand ils n'ont pas le statut de fonctionnaires. Les Docteurs non fonctionnaires (statut de l'enseignement) n'ont pas droit aux cours comme les autres, sont associés sporadiquement aux tâches pédagogiques autres que l'enseignement, ne méritent pas d'être présentés au concours d'agrégation alors que tout le monde sait que s'ils sont agrégés ils seront utiles à l'université publique et aux écoles supérieures privées[45]. Un Docteur n'a d'autre vocation que d'enseigner et de faire de la recherche, il faut le souligner avec force.

Les privilèges pour lui se situent au second plan. Heureusement les différents syndicats de l'enseignement supérieur en sont conscients.

Pour revenir à l'agrégation, il est à craindre que si elle doit perdurer, qu'elle ne risque à long terme de plomber le système dans la mesure où, me semble-t-il ce système de l'agrégation pourrait ''caporaliser'' ''géronthocratiser'', paralyser la pensée universitaire car faudra-t-il éviter de contester, de contrarier pour ne pas perdre sa chance ! Celui qui contrevient à quoi que ce soit ne sera jamais plus agrégé dans sa vie. Pourtant l'essence de la réflexion scientifique universitaire, du savoir, c'est l'expression libre, soutenue voire encouragée de la diversité de pensées et d'opinions. Quoique l'on fasse, l'agrégation ne conduira jamais les professeurs à enseigner de la même façon, à écrire de la même façon. En France des professeurs ont présenté des plans de trois parties pour réussir avec brio leur agrégation contrairement à l'habitude.

Oui à l'uniformisation du droit des affaires mais non à l'uniformisation de la pensée et de la pédagogie au supérieur ; attention à la pensée unique, elle est vicieuse et prétentieuse.

45 Puisque certaines latitudes scientifiques comme la direction des thèses de doctorat sont considérés comme des privilèges… relevant des seuls agrégés… alors qu'il me semble que pour vraiment être à même de diriger une thèse, il faut avoir écrit au moins un ouvrage (traité) franc dans une des disciplines du Droit ou avoir au moins quinze années d'expérience dans l'enseignement.

DEUXIÈME PARTIE :

LES GROUPEMENTS D'AFFAIRES

Le commerce est une activité d'initiatives hautement lucratives avec, à la clef, la réalisation de bénéfice, condition de son existence satisfactoire.

L'initiative commerciale s'incarne dans des entreprises diverses, productions, circulation, entremise dans la distribution intéressée des biens et des services, lesquelles entreprises peuvent revêtir plusieurs formes juridiques. Ainsi on constate des entreprises commerciales individuelles, créées et tenues par une seule personne ayant la qualité de commerçant lesquelles entreprises se confondent dans le patrimoine ordinaire de l'initiateur, exclusion faite de la société unipersonnelle.

Les exposés et démonstrations faites jusqu'ici ont ressorti essentiellement les caractéristiques de ces initiatives individuelles (Première Partie Livre II).

Par ailleurs l'initiative commerciale peut s'incarner dans d'autres opportunités entrepreneuriales revêtant cette fois ci des formes collectives qui sont l'émanation conjointe et convergente de plusieurs initiatives individuelles adoptant une forme juridique précise, reconnue déjà par la loi des affaires pour réaliser des activités lucratives nourries par l'effectivité de bénéfice tout en protégeant et en préservant préalablement et entièrement les patrimoines propres des initiateurs techniquement désignés ''associés" ; c'est cela l'objet d'étude de cette seconde partie du livre II.

Il s'offre ainsi d'étudier successivement les sociétés commerciales en tant que premier acteur collectif auquel ont recours la plupart des personnes intéressées par un gain sur, important et rapide (Chapitre I) ; les sociétés coopératives de nature hybride (civiles ou commerciales par moment) facilitant, par une mutualité, une solidarité, la gestion des problèmes assez lourds pour une seule personne professionnelle ou non (Chapitre II) ; la banque, qui comme la société commerciale (c'en est une d'ailleurs) réalise des gains rapides et importants mais dont les conditions de création et de fonctionnement répondent à des règles largement spécifiques (Chapitre III) ; le groupement d'intérêt économique qui est une institution mal connue dans son essence, qui marque une volonté de collaboration opportune et profitable à ses initiateurs plutôt par la réalisation d'économie dans leurs activités (Chapitre IV) ; par rapport à tous ces acteurs collectifs énumérés, voire en y ajoutant les acteurs individuels, lorsqu'il intervient une pathologie économique ou financière de quelle que origine qu'elle soit, dès lors qu'elle peut sérieusement compromettre le fonctionnement normal de l'entreprise ou même menacer carrément sa vie économique, il s'établit, par la loi, des rapports juridiques de type spécifique entre l'entreprise désormais et ses créanciers qui ne peuvent plus agir seuls pour se faire payer. Ils (créanciers) deviennent des consorts ad hoc dont le désintéressement dépend de la relative bonne récupération ou de la réalisation chanceuse et diligente de l'actif de l'entreprise débitrice, on a pu parler indifféremment de procédures collectives (droit français) ou de droit des entreprises en difficultés et d'apurement du passif (droit Africain OHADA) (Chapitre VII). Mais avant ces points habituellement connus et étudiés en droit malien et Africains l'on s'intéressera à une autre notion qui fonde pour le moment, ce qu'il convient d'appeler le droit exotique malien voire africain : la bourse (Chapitre V) ; et enfin comme tout dernier élément nouveau, il sera opportun d'analyser assez brièvement une activité collective de solidarité connue sous le non de mutualité (Chapitre VI).

CHAPITRE I : LES SOCIÉTÉS COMMERCIALES

L'importance du sujet inspire une longue introduction sous la désignation de préliminaires.

Préliminaires

Pour évident que cela devrait paraitre, il ne serait pas superfétatoire de rappeler que la notion de société revêt un sens ordinaire et un sens technique dans le langage juridique.

Si dans le langage ordinaire le mot société traduit ''la vie ensemble de toute communauté humaine'', cette idée n'est pas tellement étrangère à la conception de la société dans le droit des affaires, particulièrement dans son aspect droit des sociétés où la société traduirait selon divers objectifs et diverses formes un besoin de regroupement dans les affaires. La vie en communauté confère naturellement plus de sécurité, plus de sureté aux différents éléments qui la composent plus que la vie en singleton.

Il en va de même pour les groupements d'affaires où ceux qui mettent quelque chose ensemble (apports) conquièrent mieux l'essor, la prospérité économique d'une façon générale. En effet, les nécessités de l'économie moderne surplombent de plus en plus les moyens financiers et économiques des personnes individuelles (commerçantes) considérées isolement[1]. C'est ce qui explique que de nos jours les groupements d'affaires sous leur forme de sociétés commerciales jouent un rôle prépondérant dans toutes les économies.

Avantages de la société commerciale

La société commerciale, selon le doyen Yves Guyon offre plus de garantie du fait qu'elle revêt la personnalité morale qu'un individu commerçant pris d'une façon isolée n'a pas. En ce sens l'activité de la société n'est pas entachée par des considérations affectives, sentimentales ou familiales. La société ignore la maladie (sauf celle provoquée), elle ignore l'effet négatif de la vieillesse comme l'individu peut le ressentir. Elle est même considérée comme un être surhu-

1 Yves Guyon, Droit des affaires, Tome 1, Droit commercial général et sociétés op cit.

main[2] dans la mesure où elle (société commerciale) règle elle-même sa vie en terme de durée et de maitrise de sa mort[3].

Position des auteurs Africains

Les auteurs africains partagent cette éminente conception des sociétés commerciales en admettant qu'elles sont les principaux acteurs de la scène des affaires. Ainsi dans des propos simples mais très pertinents, ils (auteurs africains) relèvent que l'on parle de société lorsque des personnes mettent en commun des biens et des énergies en vue de réaliser, par des opérations conduites ensemble, des bénéfices partageables ou pour profiter de l'économie qui pourrait résulter de ces opérations structurées[4].

Nature de la société

Il convient de comprendre que la société demeure une entité juridiquement distincte, une notion propre pouvant être civile (supra 195) comme commerciale même si cette dernière forme est de loin la plus importante et la plus intéressante en droit des affaires.

En outre, il faut distinguer la société de l'entreprise avec laquelle elle se confond mais qui est plus large car elle (entreprise) peut être individuelle. La société ne doit pas être confondue non plus avec l'indivision qui est un état provisoire, passager dont la dislocation dépend hypothétiquement de la première demande de partage formulée par un successible.

Nouvelle conception de la société commerciale

Grâce à la modernité et aux progrès financiers et économiques, emportant un changement de mentalité, une conception large de la société est née. La substance de cette conception tient moins à la nature contractuelle ou institutionnelle de la société qu'au nombre de personnes nécessaires à sa création, à sa naissance.

2 Idem
3 Tout cela est clairement exprimé dans les statuts.
4 OHADA, F. Anoukaha et cie, sociétés commerciales et GIE, Edition Bruylant Bruxelles 2002 AUF ;

En effet, l'expression société a longtemps été caractérisée par la pluralité de ses initiateurs fondateurs et de ses acteurs, on ne concevait pas une société qui ne soit pas le fruit d'au moins deux personnes ou plus. Cela se justifia longtemps par le respect religieux du principe de l'unicité et de la personnalité du patrimoine. Ce faisant, il n'était admis aucune possibilité de création de société commerciale par une seule personne, car celle-là aurait de fait ou de droit deux patrimoines : le sien propre et celui de l'entreprise unipersonnelle créée. C'est cela qui a inspiré pendant longtemps la position du législateur français dans le code civil dans l'article 1832[5] disposant : « la société est un contrat par lequel deux ou plusieurs personnes conviennent de mettre en commun des biens ou leur industrie, en vue de partager le bénéfice ou de profiter de l'économie qui pourra en résulter. Les associés s'engagent à contribuer aux pertes ».

Ainsi le droit français et le droit d'expression française (dont celui les pays africains) ignoraient toute autre forme de société que celle fondée par plusieurs personnes. Donc le pluriel numérique fût la règle contrairement au Droit Allemand qui admit très tôt la possibilité de création d'une société commerciale par un individu avec évidemment tous ses attributs en l'occurrence la personnalité morale.

Le droit français garda sa position intangible jusqu'en 1985 où par une loi du 11 juillet[6] le législateur français consacra la société unipersonnelle. L'article premier de cette loi, incorporé dans l'article 1832 du code civil, ajouta désormais dans son alinéa 2 que : « elle (société) peut être instituée, dans les cas prévus par l'acte de volonté d'une seule personne...).

Après avoir défini la société commerciale dans des termes similaires que l'article 1832 du code civil, le législateur OHADA a également prévu la possibilité de fondation d'une société par un associé unique dans l'article 5 de l'acte uniforme relatif au Droit des sociétés commerciales et du groupement d'intérêt économique.

Il est vrai que la société unipersonnelle offre des avantages pratiques consistant à éviter la création de sociétés fictives comme une société dans laquelle

5 Effectivement avant le code de commerce en France, c'est le code civil qui a procédé à la définition de la société commerciale.

6 Loi N° 85-697 du 11 juillet 1985 article 1er.

une seule personne détient la quasi-totalité du capital social qui dirige seule la dite société, les autres associés apparents faisant figure de prête-noms.

La société unipersonnelle légale, a un associé unique qui détient officiellement l'intégralité du capital social. Son capital reste divisé en parts sociales, ce qui facilite l'entrée dans la société de nouveaux associés. Par la création de la société unipersonnelle, la loi a voulu limiter la responsabilité de l'entrepreneur à l'apport d'un capital à une personne morale constituée à cet effet.

L'Etat dans les Affaires

Il arrive que l'Etat se réserve le financement et la gestion de certains secteurs économiques ou même si ces secteurs sont déjà fonctionnels, l'Etat peut vouloir y participer ; pour ce faire l'Etat passe par deux mécanismes :

D'une part il peut créer des sociétés d'Etat qui ont un objectif commercial ou industriel qu'on appelle des établissements publics industriels ou commerciaux (EPIC)[7].

Il y a lieu de souligner que dès lors que l'Etat se fait commerçant, ce sont les règles du droit privé qui vont s'appliquer sur l'activité au détriment des règles de droit public ;

D'autre part lorsque l'Etat vient participer dans le capital constitué par des privés, on parle de sociétés d'économie mixte (SEM) qui sont constituées en la forme sous aspect de sociétés anonymes (Banque) et c'est la réglementation des sociétés anonymes qui leur sera applicable[8]. Elles sont constituées entre l'Etat, ses collectivités ou les établissements publics et des entreprises privées nationales ou multinationales étrangères et ou des individus (secteur des banques, secteur de prédilection, sociétés minières etc.). Là aussi ce sont les règles de droit privé précisément les règles du droit commercial qui s'appliquent à l'organisation, au fonctionnement, au contentieux etc.

7 Exemples d'EPIC au Mali, SONATAM, SOTELMA-Malitel.
8 Cours de droit commercial portant sur les sociétés l'ENA, 3ème sciences juridiques 1987-1988 Mme Colette Coello.

Sources du droit des sociétés

Avec l'avènement du droit OHADA, les sociétés commerciales ont pour sources principales l'acte uniforme relatif au droit des sociétés commerciales et du groupement d'intérêt économique dont la première version date du 17 avril 1997 et la version révisée, adoptée le 30 janvier 2014 à Ouagadougou[9] adossé au traité OHADA du 17 octobre 2008. En plus il y a les dispositions du code de commerce du Mali[10] dont le contenu ne contredit pas les dispositions des actes uniformes.

En guise de présentation l'acte uniforme sur les sociétés commerciales et le groupement d'intérêt économique compte dans ses deux versions 920 articles et a fait l'objet d'un riche commentaire bien assaisonné de la part d'auteurs africains de renom comme les doyens François Anoukaha, Abdallah CISSE, N'Diaw DIOUF, Josette Nguebou Toukam, Paul-Gérard Pougoué Moussa samb etc.

Pour mieux structurer et développer toutes ces idées évoquées ci-dessus, il sera proposé le plan suivant : l'étude des généralités sur les sociétés commerciales (Section I) l'étude des particularités de chaque type de société (Section II) et enfin l'importance des sociétés commerciales dans l'économie rendant nécessaire la répression pénale des actes nocifs dans la vie des sociétés (section III).

SECTION I : GÉNÉRALITÉS SUR LES SOCIÉTÉS COMMERCIALES

Pour mieux caractériser la société commerciale en Droit, l'on devrait se reporter d'abord sur le droit des obligations contractuelles pour ainsi comprendre qu'au-delà d'un simple contrat la société revêt un sens bien plus large et peut se concevoir comme une convention. La convention est définie par le Régime Général des obligations du Mali[11] dans son article 20 comme "... tout accord de volonté ayant pour objet de créer, de modifier ou d'éteindre un droit".

En effet, en analysant d'une part le nombre de personnes exigées autrefois pour pouvoir fonder une société l'on est, stricto sensu, dans le domaine du

9 C'est au Burkina Faso l'acte uniforme publié dans le journal officiel spécial du 04 février 2014.
10 Loi N°92-002 du 27 aout 1992 portant code du commerce au Mali.
11 Le Régime général des obligations est encore appelée code des obligations au Mali cf Sékou Faco CISSOUMA, Droit civil : les obligations au Mali op cit.

contrat ; mais en voyant le nombre et les différentes formes de sociétés (et autres formes de groupements) l'on progresse allégrement dans le domaine plus large des conventions. Il en est ainsi pour la création des sociétés de personnes (société en nom collectif, société en commandite simple) ou société de capitaux (société anonyme) ou les formes mixtes (société à responsabilité limitée ou société par actions simplifiées). Ainsi le groupement d'intérêt économique participe de cette conception plus large.

D'autre part en instituant la possibilité de création d'une société par une seule personne, le législateur analyse, par exception au principe de l'unicité du patrimoine en Droit civil, une sorte de contrat avec soi-même pour se donner utilement deux patrimoines, ce qui est en réalité constitutif de convention unipersonnelle. Si l'idée de contrat prédomine encore dans le droit des sociétés avec comme caractéristiques générales le côté synallagmatique, le côté onéreux fondé sur son aspect commutatif (toutes les règles définies à l'avance, c'est qu'elle (idée) conduit inexorablement sur l'acte juridique dont est issu le contrat ou la convention.

L'acte juridique en tant que manifestation de volonté se conçoit spécifiquement dans le cas du contrat de société comme un acte collectif unilatéral c'est-à-dire un acte fondé par deux ou plusieurs personnes, lesquelles visent un même objectif comme l'indique la définition de la société de laquelle on déduit que pour former une société, certaines personnes (associés) se choisissent selon un affectio sociétatis et mettent en commun des biens et éventuellement des compétences (industries) en vue de se partager des bénéfices réalisés. Au cas où il y aurait perte, ces personnes deviennent des consorts pour les supporter ensemble. Cela est d'autant vrai qu'il est possible qu'une société unipersonnelle puisse se muer en société créée par plusieurs personnes.

Dans cette première section l'analyse portera sur deux points : d'une part l'étude de la société commerciale comme un contrat collectif unilatéral (paragraphe I), d'autre part les conditions d'accès à la personnalité morale (Paragraphe II).

PARAGRAPHE I : LA SOCIÉTÉ COMMERCIALE, UN CONTRAT COLLECTIF UNILATÉRAL

Le contrat commutatif que constitue le contrat de société laisse très peu de place aux interprétations diverses. Les intéressés, par le projet commun, doivent s'entendre sur tout par la discussion en détails des différents éléments.

La substance de l'étude du contrat de société peut se révéler à travers premièrement les parties qui conviennent (A) et deuxièmement les critères d'efficacité mêmes du contrat formé (B).

A°) Les parties au contrat

En se référant aux dispositions des articles 4 et 5 de l'acte uniforme sur les sociétés commerciales, l'on relève successivement que la société commerciale est le fruit de la création par deux ou plusieurs personnes qui conviennent d'un contrat de société (article 4 AUSCGIE) ou le fruit d'un patrimoine spécifique, ad hoc dit patrimoine d'affectation.

Une analyse conséquente permet d'établir une pluralité soit de personnes soit de patrimoines.

Il convient d'étudier d'abord le nombre d'associés (1) la qualité d'associé qui se conquiert ensuite (2) et enfin la détermination des droits et obligations auxquels les parties se soumettent ou peuvent bénéficier (3).

1°) Le numérus sociétatis

Cette formule latine désigne le nombre d'associés. Il faut noter que pendant très longtemps la société commerciale resta le fruit de la collaboration économique exclusive entre plusieurs personnes. Il n'était pas imaginable de parler d'une entité juridique fondée par une seule personne avec cet objet économique. Cependant l'essor économique général et l'influence de certaines législations (Allemande par exemple) ont milité en faveur d'une unicité de personne dans la création des sociétés commerciales.

a) La pluralité de personnes

Il est fréquent de rencontrer le mot individus ''pluralité d'individus''. Cela n'épuise pas le contenu de la volonté recherchée. En effet, le mot individu vise les personnes physiques. Or, il est possible qu'une personne morale aussi puisse être membre d'une société commerciale d'où la préférence de l'expression ''pluralité de personnes''.

Le nombre au pluriel en vue de la fondation d'une société est donné par la loi communautaire elle-même a contrario. Ainsi l'article 4 al1 AUSCGIE énonce que : « la société commerciale est créée par deux ou plusieurs personnes qui conviennent, par un contrat, d'affecter à une activité des biens en numéraire ou en nature, en industrie, dans le but de partager le bénéfice ou de profiter de l'économie qui peut en résulter. Les associés s'engagent à contribuer aux pertes dans les conditions prévues par le présent Acte uniforme… ».

A l'analyse cet article fondateur recèle un certain nombre d'indicateurs importants pour le projet social envisagé.

Il revient ainsi que la société demeure toujours un contrat et donc le consentement éclairé des personnes qui la fondent, demeure nécessaire : ces personnes doivent être au moins, au nombre de deux et devraient être égales dans l'exercice des différents droits et non dans les droits eux-mêmes. En effet, les droits sociaux dépendent, c'est-à-dire sont fonctions des apports déterminés par les actions et parts sociales. Dans le partage du bénéfice chaque associé a droit à quelque chose mais tous les associés n'ont pas droit à la même chose. Le contrat, en tant qu'acte juridique collectif unilatéral demeure la principale caractéristique de la société. Au-delà de la forme contractuelle de la société, le législateur a établi plusieurs règles de fonctionnement de celle là qui expliquent qu'il avait lieu de l'envisager sous une autre vision dite institution. En effet si la société commence par un contrat au départ (discussion et adoption des statuts), elle devra son existence utile et durable aux règles institutionnelles, édictées à cette fin. C'est d'ailleurs ce qui permet de distinguer les différentes formes de sociétés commerciales prévues et également, permet de distinguer la qualité des personnes qui pourront les créer.

Au surplus l'aspect contractuel se retrouve renforcé à la faveur de la révision de l'acte uniforme relatif au droit des sociétés commerciales et du groupement d'intérêt économique adopté en janvier 2014 à Ouagadougou. En fait, l'article 2-1 qui est un nouveau rajout à l'ancien article 2 qui lui-même a reculé par rapport à la notion d'ordre public, reconnait l'existence de conventions que peuvent conclure les associés au delà des statuts.

En substance l'article 2-1 porte que sous réserve du respect des dispositions de l'AUDSGIE auxquelles il ne peut être dérogé et des clauses statutaires les associés pourront conclure des conventions extrastatutaires en vue d'organiser à leur convenance certaines modalités qu'ils auront librement arrêtées notamment dans les domaines :

— Des relations interpersonnelles entre associés ;
— De la composition des organes sociaux, ainsi selon leur besoin le nombre des organes ou le nombre des personnes composant chaque organe peut être augmenté ;
— De la conduite des affaires de la société, la porte n'est plus fermée à des initiatives heureuses à condition qu'elles permettent de mieux gérer, de faire prospérer la société commerciale ;
— De l'accès au capital, par la détermination ultérieure de nouvelles conditions d'ouvertures opportunes au capital social, cela sera particulièrement salutaire dans la prévention des difficultés pouvant enclencher les procédures collectives ;
— De la transmission des titres, la loi recule sur les conditions de cessibilité et des conventions pourront établir d'autres conditions et modalités de dispositions des titres (actions, parts sociales) que ce soit entre vifs ou à cause de mort.

Par ailleurs la société commerciale devra tenir compte d'un intérêt commun théoriquement partageable entre associés. Cela résulte de l'article 2 AUDSCGIE qui dispose : « la société commerciale doit être créée dans l'intérêt commun des associés ».

Le concours d'un certain nombre de facteurs a pu conduire le législateur communautaire à admettre la société unipersonnelle.

b) L'unicité de personne

Les exceptions au principe d'unicité du patrimoine en Droit civil ont légitimé une réflexion chez les théoriciens du droit des affaires qui consista à admettre la possibilité de création de société unipersonnelle qui fonctionne sur la base d'un patrimoine d'affectation et qui préserve le patrimoine personnel de l'entrepreneur.

En Droit civil il est reconnu qu'une personne peut être amenée à être titulaire de deux patrimoines dans certaines circonstances.

Ce serait le cas lorsque l'auteur d'une personne décède et que pour l'héritage, cette personne se donne le temps d'inventaire ou de réflexion avant d'accepter le patrimoine du décujus[12]. Ce serait similaire pour les époux qui se trouveraient engagés dans les liens d'un contrat de communauté de biens13 où l'on ferait la distinction entre les biens communs, source de satisfaction des besoins familiaux et les biens propres des époux.

Il convient de comprendre par ailleurs qu'autant la société pluripersonnelle est un contrat collectif unilatéral, autant la société unipersonnelle est un acte unilatéral avec la nuance qu'à sa base il y a une seule volonté exprimée. Toutefois, contrairement à une certaine opinion qui considère qu'il ne peut y avoir de contrat avec soi même, il y a bien lieu de concevoir le contraire en consacrant qu'il peut effectivement y avoir contrat avec soi même[14] et que d'ailleurs la société unipersonnelle illustre bien une telle conception. Si l'on pense que l'adoption d'une telle forme de société vient couvrir les tentatives ou plutôt les fraudes à la loi (l'homme de paille) l'on devrait pousser la réflexion jusqu'au bout en admettant que pour la création d'une société à personne unique l'on passe un contrat avec soi-même, ouvert à d'autres personnes ou associés intéressés, fondé sur l'opportunité des investissements et justifié par le modernisme économique. En conséquence, la société unipersonnelle, toutes déductions faites, ne remet pas en cause objectivement la nature contractuelle de la société commerciale.

---

12 Article 817 t 826 code des personnes de la famille (CPF).

13 Articles 402 et suivants CPF

14 Voy Sékou Faco CISSOUMA, Droit civil : les obligations au Mali op cit ; Alain Benabent, Droit civil les obligations ; Bertrand Fage, les obligations…

D'ailleurs la définition légale de cette société parle "d'associé unique" et insiste sur la forme écrite comme condition de forme afin de mettre en exergue les relations inter-patrimoines sous-tendues par une volonté théorique et psychologique double. C'est cela que traduit l'article 5 AUDSCGIE en déclarant que : « la société commerciale peut être également créée, dans le cas prévus par le présent acte uniforme, par une seule personne, dénommée « associé unique », par un acte écrit.

Pour être membre d'un contrat de société il faudrait en avoir la qualité qui s'acquiert par l'accomplissement de certains actes.

2°) La conquête de la qualité d'associé

Les termes de l'article 4 AUDSCGIE laissent présumer que l'apport est déterminant dans la création d'une société. Il consiste pour les associés de « mettre quelque chose en commun ». Donc il s'agit clairement d'opérer une transmission, un transfert de quelque chose. Ainsi on parle d'apport lorsqu'un associé s'engage librement à mettre à la disposition de la (future) société un bien ou un service en vue d'une exploitation collective. Pour avoir la qualité d'associé, il faut nécessairement faire un apport. C'est la réunion de ces apports qui constitue le patrimoine initial dont l'importance sera fonction de leur consistance.

La qualité d'associé commence par l'apport effectué (a) qui fait bénéficier de droits ou d'une éventuelle obligation de participation aux pertes (b). A ces deux notions il est greffé très souvent un élément psychologique déterminant qu'est l'affectio societatis (c).

a) Les apports

Les apports interviennent suite à une promesse faite par les futurs associés lesquels seront soumis à l'obligation de les libérer ultérieurement[15]. Lorsque les apports promis ne tombent pas ou se révèlent être fictifs[16], la société ne sera qu'un acte mort-né dans la mesure où elle sera annulée.

---

15 Yves Guyon, Droit des Affaires tome 1 op cit.

16 Fictifs c'est-à-dire fantaisistes, ineffectifs.

Les apports peuvent être de différentes sortes (a-1), ils confèrent des droits aux apporteurs (a-2) et surtout c'est leur somme qui constitue le capital social (a-3).

a-1 Les différents types d'apports

Les apports constituent le fondement, le soubassement de la société sans lesquels il n'est pas possible d'imaginer, l'existence d'une vraie société. L'article 40 AUDSC GIE circonscrit les biens et services qui peuvent faire l'objet d'apports en société, dans des termes extrêmement précis. Ainsi, porte ce texte « chaque associé peut apporter à la société :

1. De l'argent, par apport en numéraire ;
2. Des droits portant sur des biens en nature : mobiliers ou immobiliers, corporels et incorporels, par apport en nature ;
3. Des connaissances techniques ou professionnelles ou des services, par apport en industrie.

In fine les dispositions de l'article 40 AUDSCGIE excluent toute autre forme d'apport par la formule ''tout autre apport est interdit''. Donc la loi admet trois types d'apports qui seront brièvement analysés.

a-1-1 Les apports en numéraire

L'acte uniforme éponyme précise dans son article 41 que les apports en numéraire c'est-à-dire en argent sont réalisés (exécutés) par le transfert à la société de la propriété des sommes d'argent que l'associé s'engage à lui apporter.

C'est la forme d'apport la plus simple et aussi la plus habituelle qui permet à la société de se prémunir conséquemment.

L'apport en argent liquide consiste en une somme d'argent versée (ou souvent promise) par l'associé à la société contre le bénéfice de droits comme les parts sociales ou les actions. La loi suggère, sauf accord contraire entre associés, que les apports en numéraire soient intégralement libérés lors de la constitution de la société commerciale. Concernant ces apports en argent, il est classiquement fait distinction entre la simple promesse de réaliser le dit apport appelé souscription et la réalisation effective de l'apport pour le versement des fonds dans le compte bancaire social appelée libération.

Les statuts de la société fixent généralement, après examen ou selon la pratique la proposition du capital social à libérer au moment de la souscription, afin qu'elle (société) puisse démarrer ses activités ; le reste pouvant être versé c'est-à-dire libéré plus tard[17].

Pour épargner la société d'éventuels préjudices liés au retard que pourraient accuser certains apports souscrits, le législateur a décidé d'accorder le bénéfice d'intérêts à la société si toutefois le non-paiement ou le retard lui a causé un préjudice certain.

a-1-2 Les apports en nature

Certains biens sont nécessaires voire parfois indispensables pour l'exploitation c'est-à-dire les besoins de la société au point que l'on en convient, car si tous les apports demeuraient numéraires, la société nouvellement créée se trouverait dans l'obligation de les acquérir. Si de tels biens meubles ou immeubles sont, disponibles au niveau d'une personne intéressée par la société comme associé, elle pourrait opportunément offrir de les apporter et la société les accepterait sous réserves d'une juste et préalable évaluation[18].

Le principe de ces apports dits apports en nature est défini dans les articles 45 et suivants AUDSCGIE. Selon les termes de l'article 45 AUDSCGIE les apports en nature se réalisent par le transfert des droits réels ou personnels correspondant aux biens apportés et par la mise à la disposition effective de la société des biens sur lesquels portent ces droits. Ce texte vise à la fois les droits quelle que fut-ce leur nature et les biens sur lesquels ils portent. Donc si ce sont des biens, ils doivent être physiquement mis à la disposition de la société et si ce sont des droits ils doivent être transférés à la société.

Pour ce qui concerne les apports l'acte uniforme est plus incisif en ne laissant pas de place à un accord dérogeant, l'article 45 in fine exige qu'ils (apports en nature) soient libérés intégralement lors de la constitution de la société.

Du point de vue modalités, l'apport en nature peut être soit en propriété, soit en jouissance (article 46 et 47 AUDSCGIE).

17 OHADA, F Anoukaha et CIE, sociétés commerciales et GIE op cit.

18 Yves Guyon, Droit des Affaires op cit.

Lorsqu'un bien est apporté en propriété, il devient la propriété effective de la société par l'intégration de son patrimoine et en plus l'apporteur devient garant envers la société dans les mêmes conditions que le vendeur envers l'acheteur dans une convention de vente. En vertu de cette obligation, l'apporteur répond de toutes les garanties d'éviction et de vices cachés ou vices rédhibitoires qu'encourt la société. Il convient de souligner qu'à la dissolution de la société ; si l'actif social liquidé a pu suffire à apurer le passif global, les biens apportés en nature peuvent être repris c'est-à-dire peuvent revenir à leurs propriétaires originels.

Par contre, lorsqu'un associé préfère garder la propriété de son (ses) bien (s) et n'accorder qu'un droit réel secondaire qui peut consister à un apport en jouissance directe ou en usufruit, il (apporteur) supportera au regard de la loi, les obligations semblables à celles d'un bailleur envers son preneur telles que définies dans un contrat normal de bail professionnel. Ainsi devra-t-il maintenir le bien apporté en état de servir conformément à son objet et surtout assurer une quiétude, une tranquillité totale dans la jouissance des biens à la société.

L'acte uniforme éponyme soumet l'apport en nature à des conditions de forme précises en l'occurrence la publicité (article 48 AUDSCGIE). Si cette publicité est ignorée l'acte d'apport restera certes théoriquement valable, mais ne sera pas opposable aux tiers qui pourraient exercer des droits de poursuites (droit de préférence, droit de suite) sur les biens concernés.

Il faut rappeler qu'au regard de l'article 49 AUDSCGIE les apports en nature devront faire l'objet d'une évaluation juste et fiable[19]. Cela est d'autant nécessaire qu'une surévaluation ou une sous-évaluation pourraient fausser l'équilibre de la société par l'inexactitude du capital porté au timbre de la société, justement par le nombre de parts sociales ou d'actions accordées aux associés ; par voie de conséquence, une injustice s'établirait dans la distribution des dividendes. C'est certainement cette préoccupation qui explique que l'article 49 AUDSC, en édictant la nécessité de l'évaluation des apports en nature, a, du coup, indiqué qu'un commissaire aux apports sera désigné à l'effet de bien contrôler la valeur des biens apportés en nature.

Le droit OHADA a maintenu l'apport en industrie.

19 Tribunal Régional hors classe de Dakar, jugement N° 139 du 8 avril 2005 ohadata J-06-173.

a-1-3 Les apports en industrie

L'acte uniforme relatif au Droit commercial sur les sociétés commerciales et les groupements d'intérêt économique révisé, parla en 2014 de connaissances techniques ou professionnelles ou des services désignant l'apport en industrie. On ne sait par quelle méprise le premier acte uniforme sur les sociétés commerciales avait pu parler de main d'œuvre dans le même contexte[20]. Selon le doyen Yves Guyon l'apport en industrie consiste en un engagement pris par un associé de consacrer tout ou partie de son activité aux affaires sociales en mettant au profit de la société son expérience, ses connaissances techniques ou professionnelles, son talent ou sa notoriété ou crédit. Pour spécifier le sens de l'industrie désormais ennoblie, il sied de comprendre que les connaissances techniques et ou professionnelles susvisées reviennent soit à exécuter un travail pour le compte de la société ou à lui rendre un service conformément à son objet. Cela constitue une prestation indépendante ne conférant aucune qualité d'employé de l'apporteur par rapport à ses coassociés où à la société.

L'article 50-1 interdit tout apport en industrie dans les différentes formes de sociétés anonymes. On peut bien s'interroger sur le bien fondé de cette interdiction...

Toutes les promesses résultant des connaissances techniques et ou professionnelles doivent effectivement être satisfaites au bénéfice de la société conformément aux modalités de libération et de durée convenues (Article 50-2 AUDSC).

La loi parle certes d'attribution de titres sociaux à l'apporteur industrie mais ne le confine plus au minima c'est-à-dire l'allocation de droits ne dépassant pas ceux du plus petit apporteur en numéraire ou en nature (article 50-3 AUDSC). En substance, en raison du fait que les titres sociaux alloués à l'apporteur en industrie n'ont pas de valeur nominale, l'article 50-4 AUDSC interdit leur cession et transmission.

Les apports confèrent des droits sociaux inhérents à la création de la société.

20 Quand on lisait l'article 40 de l'ancien Acte uniforme, on se posait légitimement la question si on était en droit social c'est-à-dire en droit du travail ou si on était effectivement en droit des affaires car l'expression "Main d'œuvre" est symptomatique et caractéristique du droit du travail. Aussi m'a-t-il été donné d'entendre des professeurs d'enseignement supérieur comparer leur journée de travail à celle d'un ouvrier comme un maitre maçon (engagé à la journée ! ! !)

a-2 Les droits sociaux liés aux apports

Il s'agit précisément des contreparties liées aux apports. Ces droits consistent en l'octroi de titres sociaux proportionnels. Les titres dits sociaux sont émis par les sociétés et prennent des appellations différentes selon la forme de la société émettrice. Ainsi lorsque c'est une société anonyme qui les émet, on parle d'action et pour les autres formes de sociétés (SNC, SCS, SARL...) on parle de part sociale (article 64 AUDSC). Considérés comme des biens meubles par la loi (article 52 AUDSC) les titres sociaux ont une valeur nominale déterminée qui doit être la même pour chaque société (article 56 AUDSC).

La valeur nominale des parts sociales est librement fixée dans les sociétés de personnes pures et simples comme la société en nom collectif dont l'article 273 AUDCG déclare que le capital est juste divisé en parts sociales de même valeur nominale et la société en commandité simple dont l'article 293 AUDCG énonce simplement que le capital est divisé en parts sociales. Dans les sociétés à responsabilité limitée la valeur nominale est d'au moins 5000F (cinq mille francs CFA) selon l'article 311 AUDSC ; dans les sociétés anonymes la valeur est plus élevée et ne peut être inférieure à 10 000F (dix mille francs CFA) selon l'article 387 AUDSC.

Les apports des différents membres seront réduits à un dénominateur commun qui prend une appellation précise.

a-3 Le capital social

A la formation de la société c'est-à-dire le moment de sa constitution, il existe un ensemble d'apports faits par les membres. C'est la somme de ces apports en numéraire et en nature, désignés sous le vocable d'apports saisissables, plus le capital dit technique caractérisé par le fonds de commerce (social) qui s'appelle apports en capital[21].

L'existence d'un capital est obligatoire et il doit être indiqué dans les statuts comme l'énonce l'article 61 AUDSC : « toute société doit avoir un capital social qui est indiqué dans ses statuts, conformément aux dispositions de cet acte uniforme ».

21 Article 62 AUDSC, OHADA, F Anoukaha et cie, sociétés commerciales et GIE op cit P 62.

Lorsqu'une société croit, son capital social peut grandir en dehors des apports initiaux ; les associés pouvant décider d'y incorporer des réserves, des bénéfices, des revenus de fusion éventuelle… (Article 62 AUDSC).

Par ailleurs, il convient de ne pas confondre le capital social et les capitaux propres (patrimoine d'existence fonctionnel) de la société qui constituent la richesse de la société en question. Ces capitaux propres proviennent des excroissances économiques et financières du capital social initial et servent de témoignage éloquent sur le bon ou mauvais état de santé de l'entité sociale[22].

Il est admis qu'après avoir consommé le capital propre que la société puisse entamer le capital originel mais à condition de ne pas aller au-delà de sa moitié car cela est constitutif d'un mauvais signal prouvant que la société s'auto consomme en "mangeant" son capital. D'ailleurs l'acte uniforme impose aux sociétés anonymes et aux sociétés à responsabilité limitée qui se retrouveraient dans de tels cas de prendre toutes les dispositions pour y remédier (article 66 al 2 AUDSC).

Le montant du capital social est de 1000 000 (un million) pour les SARL selon l'article 311 AUDSC et de 10 000 000 (dix millions) pour les sociétés anonymes suivant les termes de l'article 387 AUDSC. Ces montants doivent être entièrement souscrits à la date de signature des statuts ou de la tenue de l'assemblée constitutive. En principe si le capital social légal n'est pas atteint, la société ne peut être constituée (article 66 al1 AUDSC).

Une fois que la société nait, les associés ont un droit naturel ou le devoir de participer aux résultats.

b) La participation aux résultats

Le contrat de société a pour corollaire de créer une entité économique et juridique qui ajouterait à la fortune des associés ou qui les ferait profiter d'économie éventuelle dans le meilleur des cas et dans le même temps si éventuellement, contrairement aux prévisions, la société connait des difficultés compromettantes, les associés devraient tout de même, supporter les pertes. Il y a lieu de cerner la notion de bénéfice d'une part et celle de perte d'autre part.

22 Idem.

b-1 La notion de bénéfice

Le bénéfice est la raison d'être de chaque société et la (société) distingue d'autres entités comme les associations, les coopératives. La société recherche des bénéfices dans le but de les partager en partie entre ses membres (associés). L'article 4 de l'acte uniforme relatif au Droit des sociétés et du groupement qui est de loin l'héritier de l'article 1832 du code civil amélioré et raffermi dans la conception de la société, a ajouté au but visé par toute société commerciale qui vise prioritairement à réaliser et à partager un bénéfice ; ou, c'est du nouveau ''de profiter de l'économie qui peut en résulter. Ainsi la définition donnée en 1914 par la jurisprudence au vocable bénéfice, à savoir « tout grain pécuniaire ou gain matériel qui ajouterait à la fortune des associés »[23], s'est retrouvée restreinte et a dû connaitre un sens plus large désormais.

Lorsqu'une société réalise des bénéfices et qu'elle ne décide pas de les ajouter intégralement et entièrement au capital social ou aux capitaux propres dans le but d'un autre financement, elle devra procéder à un partage proportionnel des dits bénéfices[24].

Il est en outre possible qu'une société procède à un partage inégal sous réserves, prévient l'alinéa 2 de l'article 54 AUDSC, de ne pas exagérer la différence entre associés sinon les opérations de partage ou de support de perte tomberaient sous le coup de pactes dits léonins qui remettent en cause ou compromettent le partage. Le texte révélateur de l'article 54 al 2 résume les différentes hypothèses de la façon suivante : « … toutefois, sont réputées non écrites les clauses attribuant à un associé la totalité du profit procuré par la société ou l'exonérant de la totalité des pertes, ainsi que celles excluant un associé totalement du profit ou mettant à sa charge la totalité des pertes ».

Les modalités selon lesquelles les bénéfices seront partagés sont édictées à l'article 14 AUDSC qui accorde un large crédit en la matière à l'assemblée générale ou à défaut au conseil d'administration, au besoin à l'administration générale ou au gérant. En cas de décision de partage, celui-là devrait intervenir dans un délai maximum de neuf (9) mois après la clôture de l'exercice sous le nom de dividendes. Tout dividende reçu ou donné en violation des règles établies devient **dividende fictif** à supprimer.

23 Cass cham Réunies 11 mars 1914.

24 Article 54 al1 AUDSC.

Il peut arriver que l'exercice social ne ressorte aucun gain et au contraire établisse un manque à gagner.

b-2 Les associés face aux bénéfices, aux économies et aux pertes

L'évolution normale c'est-à-dire le fonctionnement positif d'une société commerciale atteignant ses objectifs, bouclant ses exercices régulièrement, profite absolument aux associés par un partage périodique des bénéfices disponibles ou par un profit opportun aux économies réalisés. C'est la règle logique de la vie d'une société commerciale. En revanche toute autre hypothèse se révèle comme pathologique mais qui établit encore une équité de soumission des associés à cette réalité négative. On parle de **contribution aux pertes** (article 53 AUDSC).

L'existence d'une convention entre associés tendant à éviter tout caractère léonin dans les rapports de bénéfice, de dividentes ou de contribution aux pertes de l'entreprise est bien consacrée par la jurisprudence[25].

Ainsi comparativement à la vie de la personne humaine, la société commerciale, au cours de son fonctionnement peut connaitre quelques cas ou moments de difficultés qui vont appeler sa direction, ses membres à plus de vigilance et de ressaisissement, mais qui (difficultés) ne compromettent pas les droits des dits associés. Tout au plus ils (associés) peuvent être réduits à attendre un certain temps encore avant de partager des bénéfices. Cela ne veut dire aucunement qu'il y a perte dans le patrimoine social. Ce patrimoine qui comprend d'une part l'actif net composé du capital social et l'actif brut qui s'étend aux bénéfices réalisés par le fonctionnement de la société conformément à son objet. On ne parlera de perte que lorsque l'actif net est entamé c'est-à-dire diminué. En effet, tant que vit normalement la société, les créanciers, toutes catégories confondues, ainsi que les droits sociaux des associés se paient sur l'actif brut.

S'agissant de l'actif net, dès qu'il diminue sans secours possible il y aura inévitablement liquidation de la société. Ce qui paraitra évident notamment lorsque :

25 Cour suprême de côte d'ivoire, chambre judiciaire, arrêt N° 056/08 du 06 mars 2008 ohadata J-09-309.

— Les associés doivent se partager un restant d'actif inférieur au capital social originel. Chacun emportera moins qu'il n'a apporté initialement ;
— Les associés restent avec un passif nettement supérieur à l'actif. En ce moment il faut distinguer d'une part quand la société est une société de capitaux comme les sociétés anonymes ou les sociétés assimilées comme la société à responsabilité limitée ou la société par actions simplifiée[26]. Dans ce cas les associés perdent la totalité de leurs apports mais demeurent protégés par les règles légales (dont le principe est posé dans l'alinéa 3 de l'article 53 : « … l'obligation de contribuer aux pertes sociales dans les conditions prévues pour chaque forme de société ») contre tout recours des créanciers contre leurs patrimoines propres. Autant affirmer en quelque sorte que les créanciers sociaux participent aux pertes sociales par la limitation de leurs recours. Ils supportent la perte de la différence actif/passif ;

D'autre part lorsque la société concernée est une société de personnes comme la société en nom collectif ou la société en commandite simple, les associés, en plus et en dehors de leurs apports au capital social, doivent faire face à la demande des créanciers sociaux sur leurs patrimoines propres jusqu'à totale satisfaction des dits créanciers (ou apurement total du passif) parce qu'ils (associés) sont réputés être indéfiniment et solidairement responsables. Ce qui est le cas dans les sociétés civiles également avec toutefois des nuances sur la solidarité[27].

Les associés viennent à égalité proportionnelle donc en équité par rapport au support des pertes. Personne ne peut se mettre entièrement à l'abri des pertes en les faisant supporter exclusivement par les autres associés. Car tout pacte obtenu en ce sens sera réputé non avenu, on parle de clause léonine (article 54 al2 AUDSC). A la lecture combinée des articles 53 et 54 AUDSC, il ressort que le droit reconnait la validité en ce sens (partage déséquilibré des pertes) de clauses dites de dispense partielle. Ainsi par exemple est-il possible de tempérer les obligations d'un apporteur en industrie quant à l'excédent du passif sur l'actif (article 50 alinéas 2, 3 in fine).

Les apports, les résultats sont insuffisants pour déterminer la réalité existentielle d'une société commerciale.

26 Articles 53 al 2 et 3 expressément et a contrario ; OHADA, F Anoukeha et cie, sociétés commerciales et GIE op cit ; Yves Guyon, Droit des Affaires Tome 1 op cit.
27 Cf supra 197 sur les sociétés civiles

C°) L'affectio societatis

L'affectio societatis n'a pas de définition légale, il est déduit ou est défini a contrario par les dispositions de certains textes.

Ainsi en premier lieu l'article 3 AUDSC in limine déclare : « toutes personnes, quelle que soit leur nationalité, désirant exercer en société, ... »

En second lieu l'article 4 al1 AUDSC in limine porte que : « la société est créée par deux (2) ou plusieurs personnes qui conviennent, par un contrat,... »

On relève dans ces deux formules un désir certain de collaboration, de partenariats étroits. L'affectio societatis est aussi le troisième élément caractéristique de la société qui marque l'intention des associés d'aller au-delà de leur personne et la volonté de coopérer économiquement. C'est pourquoi on parle d'élément intentionnel également.

L'affectio societatis se fonde sur le côté psychologique tiré originellement de l'article 1832 du code civil ayant inspiré les articles 4 et 3 de l'acte uniforme relatif au droit des sociétés commerciales et du groupement d'intérêt économique de se retrouver autour d'un projet économique en s'associant. Il convient toutefois de relever et de souligner à juste titre l'apport indéniable de la jurisprudence dans la fixation de la notion de l'affectio societatis. En effet, il (affectio societatis) est une conception prétorienne complétive de l'article 1832 du code civil français qui affirme constamment et régulièrement : « qu'il ne saurait y avoir de société sans une volonté de s'associer, que l'on appelle affectio societatis »[28].

Cette intention de s'associer ne peut ou ne doit se confondre avec le consentement nécessaire à la formation du contrat au départ. En théorie, selon l'article 28 du Régime général des obligations au Mali aucun contrat valable ne peut être formé sans le consentement éclairé des parties c'est-à-dire des personnes intéressées au début[29].

En terme de comparaison si le consentement est nécessaire, juste pour fonder, créer le contrat et il s'efface, sous réserves de vice ; l'affectio societatis, quant à

28 Com. 10 juin 1953 JC P 1954 II 7908 note Bastros ; civ 3, 22 juin 1976, D 1977, 619 note Diener.

29 Loi N°87-37 Aout 1987 portant Régime général ou code des obligations au Mali.

lui est nécessaire avant et est présent et se manifeste à chaque instant de la vie sociale entre associés. Par exemple la dénonciation des clauses léonines en matière de partage de bénéfice ou de contribution aux pertes en droit des sociétés se fonde et s'explique par cette notion d'affectio societatis qui exige une égalité absolue ou parfois relative entre associés pendant la vie sociale.

Le fonctionnement normal de toute société confère des droits relativement importants à chaque associé.

3°) Les privilèges et obligations des associés

Aussitôt qu'une société en création sera inscrite, à l'initiative de ses premiers dirigeants au registre du commerce et du crédit mobilier, acquérant par-là la personnalité morale, elle devient du coup, un acteur économique conférant des droits que chaque associé exerce, peut exercer ou demande légitimement.

Ainsi les associés sont titulaires de droits vis-à-vis de la société à un degré logiquement supérieur à celui d'un simple créancier car il (associé) a des droits et des pouvoirs plus importants.

Naturellement, il faut relever que l'exercice de droits repose sur une relation symétrique avec l'existence d'obligations.

a) Les privilèges

La source de ces droits est cumulativement le contenu des articles 51 et 53 AUDSC par la proportionnalité du partage des bénéfices ou de profit des économies et surtout par le droit de la participation aux votes et aux décisions collectives des assemblées.

Ce sont des droits constants liés à la qualité même d'associés. Ils ne peuvent être ni supprimés ni suspendus par les statuts, encore moins par les dirigeants. Ils ne pourront subir un tel sort que par l'édiction de l'acte uniforme éponyme, qui lui-même devra l'avoir clairement exprimé (article 55 AUDSC).

Il existe des droits de portée pécuniaire et des droits extra patrimoniaux qui sont soumis à une reconnaissance et à un exercice conjoints dans le cadre de l'affectio societatis. Ces droits sont nombreux et divers mais on peut relever :

— Le droit de participer à la vie sociale. En fait chaque associé qui s'acquitte de l'ensemble de ses obligations vis-à-vis de la société acquiert le droit de participer à la vie sociale par sa présence aux assemblées générales ordinaires, extraordinaires et autres réunions ; par sa possible désignation à la direction si cela est prévu par les statuts. Il a un pouvoir de contrôle et de surveillance de l'action des dirigeants sociaux par l'alerte ou la provocation du règlement préventif, il y a le droit de vote qui est une prérogative reconnue à chaque associé, lui permettant en personne ou par mandataire de s'exprimer et de décider.

Il y a le droit à l'information qui consiste en une demande individuelle ou collective faite par un ou plusieurs associés adressée au gérant ou à la direction pour savoir l'état de santé économique et financière de la société au regard de certaines informations voire de soupçons résultant de certains comportements ou actes indélicats du ou des dirigeants. Une telle veille est particulièrement importante dans les sociétés de personnes comme la SNC où les dettes sont supportées au-delà du patrimoine social de façon indéfinie et solidaire par les associés en nom.

Sur le plan pécuniaire chaque associé a vocation à percevoir des dividendes tout le temps que dure la société. De même au moment de la dissolution de la société tous les associés devront se partager équitablement le restant de l'actif après désintéressement des créanciers.

A la dissolution d'une société les stipulations statutaires prévalent au regard du sort des biens apportés en nature. Si les biens furent apportés en pleine propriété, il revient que prioritairement, l'apporteur a plutôt droit à leur valeur vénale sauf s'il y avait stipulation contraire au départ, prévoyant une reprise en nature des dits biens. Ainsi lorsqu'on avait apporté un immeuble ou un fonds de commerce l'on ne reprendra que sa valeur sauf si le contraire était établi concomitamment à l'apport. Si les biens furent apportés en simple jouissance, l'apporteur reprend la libre propriété de son (ses) bien (s). L'apporteur en industrie reprend sa liberté.

D'autre part, faut-il rappeler en cas d'actif inférieur au capital, il y a perte et les associés ont vocation à contribuer à cette perte en la supportant. Si, au contraire l'actif est supérieur au capital, les associés auront une créance contre la société en liquidation, on parle de **droit au boni de liquidation**[30] constitué par les bénéfices mis en réserve et plus-value entre désintéressement des créances et l'actif social[31]. Le boni de liquidation est partagé entre anciens associés par rapport au pacte social et en fonction des apports.

L'analyse des privilèges conduit à celle des obligations.

b) Les obligations

La source des obligations est le même article 53 AUDSCGIE dont l'alinéa 3 énonce que le cas échéant l'obligation de contribuer aux pertes sociales pèse sur chaque associé. Il est entendu que les pertes résultent d'un échec de la cause de la société qui était de réaliser des bénéfices à se les partager. En conséquence il s'établit nécessairement une relation symétrique entre partage de bénéfice raté et partage de pertes ou précisément contribution aux pertes survenues. La contribution aux pertes s'opère dans les mêmes conditions de justice et d'équité que le partage du bénéfice ou du boni de liquidation.

A présent, l'on peut s'interroger substantiellement sur la formation même c'est-à-dire la naissance effective de la société commerciale.

B°) La formation du contrat de société

Il demeure constant que l'acte social incarne un contrat quelle que soit sa forme ; selon qu'il y a plusieurs personnes autour du projet, on parle de contrat en tant qu'acte collectif unilatéral ou une seule personne où on peut conclure à une convention unilatérale résultant d'une sorte de contrat avec soi-même que l'article 12 AUDSC qualifie "d'acte de volonté d'une seule personne". Donc il y a une volonté plurielle croisée d'une seule et même personne.

Dès lors le contrat de société devrait se conformer aux conditions générales de droit commun d'abord (1) avant de répondre aux conditions de forme substantielles ou simples, ensuite (2) et enfin l'on devrait pouvoir s'interroger sur les irrégularités ayant ou pouvant affecter le dit contrat (3).

---

30 Articles 237 et 241 AUDSC, OHADA (F) Anoukaha et cie sociétés commerciales et GIE op cit.

31 Idem.

1°) Les conditions de fond de droit commun

Ce sont les quatre conditions dites essentielles retenues par l'article 28 RGO[32] pour la validité de tout contrat notamment le consentement, la capacité, l'objet et la cause[33].

a) Le consentement

Le principe : nul ne peut être associé sans son accord encore moins par voie d'hérédité. Le consentement est le premier élément important que chaque associé est tenu de donner ou de manifester lui-même ou par représentant dûment mandaté.

Si la personne qui doit donner le consentement est mineure, majeure sous tutelle ou en curatelle, selon le cas elle sera représentée par le tuteur, l'administrateur légal, ou elle sera assistée par le tuteur en cas de curatelle et représentée par lui (tuteur) en cas de tutelle et éventuellement avec l'aval du conseil de famille.

Le ou les héritiers appelés, doivent donner personnellement et à nouveau leur consentement et ne peuvent en aucun cas se substituer automatiquement à leur (s) auteur (s) décédé. Donc la volonté de chaque contractant associé doit être libre, éclairée et émanée d'une personne saine d'esprit et en état de discernement total (article 35 RGO). Lors de l'expression du consentement il faut se prémunir et prémunir l'opération contre tout vice pour éviter de tomber dans les offres de l'article 36 RGO qui prévient qu'il n'y a point de consentement valable si le consentement n'a été donné que par erreur, s'il a été surpris par dol ou extorqué par la violence ».

Le consentement intégré est une nécessité existentielle pour la validité du contrat de société, dans le sens de la création, de la naissance. C'est justement en cela qu'il (consentement) se distingue de l'affectio societatis dont l'effet est non nécessaire au moment de la création mais perdure tout le temps de la vie de la société commerciale.

---

32 Il s'agit de la loi N° 87-31/ANRM du 29 aout 1987 fixant le Régime général des obligations.

33 Les conditions de droit commun ont fait l'objet de développements importants dans l'ouvrage du Dr Sékou Faco CISSOUMA intitulé : Droit civil les obligations au Mali, 1ère édition, Edition AMECOM Bittar impression Sogoniko Bamako Mali Page 47 et s.

b) La capacité

En énonçant que « toute personne peut contracter si elle n'en est pas déclarée incapable par la loi » l'article 48 RGO pose le principe d'une libre participation de toutes les personnes juridiques (physiques ou morales) au contrat de société sous réserves du respect des dispositions des articles 49 RGO sur l'incapacité de jouissance et de l'article 50 RGO dans certains cas sur l'incapacité d'exercice. Ces différentes dispositions se retrouvent résumées dans l'article 7 AUDSC qui déclare que : « une personne physique ou morale ne peut être associée dans une société commerciale lorsqu'elle fait l'objet d'une interdiction, incapacité ou incompatibilité prévue par une disposition légale ou réglementaire ».

L'esprit du législateur est de protéger, par le jeu de la capacité, les incapables eux-mêmes d'abord, avant de protéger leurs éventuels cocontractants dans certaines situations et aussi d'assurer la protection des bonnes mœurs au même titre que l'ordre public.

Ainsi, a contrario, l'article 8 AUDSC protège les patrimoines des mineurs et des majeurs incapables contre des risques énormes de gâchis inconscients si ces derniers pouvaient être membres de certaines formes de sociétés comme les sociétés de personnes illustrées par la société en nom collectif ou la société en commandité simple.

En effet, dans ces sociétés le recours des créanciers au-delà du patrimoine social, exposerait par la réduction, les patrimoines des mineurs et incapables majeurs. La même diligence a été étendue aux époux par l'article 9 AUDSC qui ne peuvent être membres d'une société de personnes où ils pourraient être tenus indéfiniment et solidairement responsables des dettes sociales. Cependant, à l'inverse rien ne s'oppose à ce qu'une épouse soit associée dans les sociétés de capitaux comme les sociétés anonymes ou même les sociétés à responsabilité limitée où son mari évoluerait déjà.

c) L'objet du contrat de société

L'objet de la société commerciale est l'exercice de l'activité lucrative envisagée : vente, transit, commerce général, enseignement. Il doit être déterminé dans les statuts. C'est au moyen de l'objet que se détermine le caractère licite et la moralité de l'activité. Donc les notions d'ordre public et de bonnes mœurs interviennent nécessairement à ce niveau. Ainsi on sait qu'une société commerciale ne peut avoir pour objet la fabrication et la vente de stupéfiants, le commerce des êtres humains, la fabrication de la fausse monnaie etc.

d) La cause du contrat de société

La cause porte sur les raisons profondes, les motivations particulières des associés qui les ont conduits à entreprendre telle ou telle activité en commun. Même s'il ne ressort pas toujours ou généralement, des intentions affichées ou ostensibles en ce sens.

En réalité la cause d'une société commerciale est la réalisation de bénéfices, par l'objet, à se (associés) partager proportionnellement (article 4 AUDSC).

La cause sera atteinte si les bénéfices existent, et ne le sera pas si la société faisait plutôt des pertes ou allait en faillite. La licéité de la cause demeure une exigence légale. Ainsi si la cause d'une société est d'organiser un système de blanchiment d'argent (sale) ou de contourner des charges fiscales d'un Etat, elle serait illicite.

Après ces conditions de fond de droit commun, il existe des conditions de forme dans la création d'une société qui sont autant importantes.

2°) Les conditions de forme substantielles et simples

Ces conditions, également nécessaires à la validité de la société commerciale confirment l'importance de l'aspect institutionnel de la société commerciale. La société était plus une institution qu'un contrat ; mais avec le contrat et ses aspects revigorés à travers l'article 2-1 AUDSC la parité sinon une légère prédominance de l'aspect contractuel tente de s'établir entre contrat et institution ou au détriment de l'aspect institutionnel.

Il y a des conditions de forme substantielles et des conditions de forme habituelles.

a) Les conditions de forme substantielles

En réalité il s'agit de conditions de fond particulières aux sociétés commerciales quelque peu maladroitement introduites par la plume des rédacteurs de l'acte uniforme sur les sociétés commerciales au titre III chapitre I sur la forme des statuts dont les articles 10 et 11 s'insinuent par les formes que peuvent revêtir les statuts alors que les statuts sont réglementés au fond à partir de l'article 12 AUDSC.

Cela dit, l'acte uniforme traduit à la fois le contrat de société comme acte collectif unilatéral (article 1é AUDSC) et aussi l'écrit qui constate ce contrat.

D'abord pour la forme, l'acte uniforme n'impose pas de conditions d'authenticité même si par sa formule de rédaction l'article 10 AUDSC parait conseiller cette forme a contrario. L'article 11 suivant reconnait la forme sous seing privé des statuts avec exigence de remise et de détention d'une copie originale à chaque partie (personne) signataire ou tenue à sa disposition.

Ensuite le même article 11 AUDSC exige, qu'une fois rédigés, les statuts doivent être signés par chaque associé pour marquer son parfait accord et sa pleine adhésion au projet de société. La représentation peut jouer à la signature, sous réserves d'une procuration spéciale dûment délivrée. Dès leur signature les statuts deviennent le dénominateur juridique commun qui légitime l'action des dirigeants sociaux et constituent la source des droits des associés.

Enfin selon l'article 13 AUDSC le contenu des statuts doit être clair sur un certain nombre de points dont les plus importants sont :

La détermination de la forme de la société. Par là il s'agit de choisir l'une des formes de sociétés prévues et réglementées par le droit OHADA comme la SNC, la SCS, la SARL, la société anonyme et plus récemment la société par actions simplifiées SAS ;

La détermination de la nature et du domaine d'activité formant l'objet social ;

La détermination du siège social qui détermine également en principe la compétence du tribunal pour la gestion des différents contentieux qui impliqueraient la société ;

La détermination de l'identité des apporteurs, du montant du capital social etc.

La société étant née pour avoir des relations d'affaires avec des partenaires ou être reconnue par d'autres personnes, les tiers, il demeure essentiel que les uns et les autres en soient informés.

Les formalités de publicité autour des sociétés commerciales font l'objet d'un aperçu général de l'article 157 à l'article 269-7.

En matière d'information, le processus de formation commence par une insertion dans le journal "L'ESSOR" qui est le quotidien National. Une publicité constante est assurée par les informations, au besoin, régulièrement modifiées et actualisées contenues dans le registre du commerce et du crédit mobilier, tenu au greffe du tribunal de commerce (supra375).

b) Les formalités propres aux sociétés faisant appel public à l'épargne

C'est une forme de société importante dans l'économie nationale intéressant ou pouvant intéresser plusieurs personnes et institutions. Par conséquent, elle sera soumise à certaines mesures de contrôle, lorsqu'elle entreprend certaines initiatives, dans le but de bien informer le public et d'offrir des garanties financières de l'opération envisagée. Tout cela se joue autour de deux supports d'information à savoir une notice et un document d'information décrits dans les articles 86 et suivants AUDSC. En fait, ici les épargnants (associés) sont sollicités à participer à la création de la société par voie de presse ou par tout autre moyen publicitaire. Ce sont des sociétés dont les titres sont inscrits en bourse ou qui recourent aux établissements de crédit. Malgré la déclaration de conformité et de régularité faite au greffe au RCCM, il est possible que l'on relève une non-conformité ou des irrégularités.

3°) Le sort des irrégularités de formation de la société commerciale

En droit l'irrégularité est sanctionnée par la nullité. En droit des sociétés, il est vrai que la nullité intervient souvent pour sanctionner les irrégularités mais avec des effets limités pour les tiers et avec une responsabilité large des fondateurs.

a) L'intervention de la nullité avec effets limités

Les vices affectant une société ne l'empêchent pas de fonctionner comme personne morale produisant des avantages financiers et économiques évidents. Par conséquent l'intention de la laisser survivre s'est plutôt imposée par la réduction de la nullité et par l'organisation d'un régime juridique souple de rattrapage.

La nullité ne peut intervenir que lorsque la loi la prévoit expressément soit dans l'AUDSCGIE soit dans le Régime général des obligations (article 244 AUDSC).

Lorsque le consentement et la capacité sont viciés ou réputés non existant (mineurs, incapables majeurs) la nullité n'est pas souhaitable, et si elle devrait jouer, elle sera considérée comme une simple nullité relative susceptible d'être confirmée.

En cas de nullité, la victime reprend son apport sans être obligée de contribuer aux pertes. Dans l'hypothèse où la société a fonctionné et a produit déjà des bénéfices, la victime aura droit à une quote part sur la base des notions du droit civil de gestion d'affaire ou de l'enrichissement sans cause. La victime devra ou pourra être obligée d'agir dans un délai de six (6) mois (article 248 al1 AUDSC). Lorsque l'objet ou la cause sont illicites ou contraires à l'ordre public et aux bonnes mœurs l'article 246 AUDSC retient une nullité absolue, insusceptible de confirmation.

S'agissant des irrégularités résultant des conditions de forme, le droit OHADA exclut toute idée de nullité, et prône au contraire la régularisation que toute personne intéressée peut demander au tribunal de commerce d'ordonner aux dirigeants d'accomplir sous astreinte (article 75 AUDSC).

Cette souplesse est sans commune mesure avec la responsabilité des fondateurs de la société.

b) L'étendue des responsabilités des fondateurs et premiers dirigeants sociaux

Le respect du pacte social en tant que contrat conclu pour être préservé, marque la volonté du législateur OHADA d'éviter tout esprit chicanier (demande de nullité à tout bout de champ) visant l'anéantissement de la société créée. En contrepartie, le même législateur exige beaucoup plus de vigilance par l'institution de lourdes responsabilités pesant sur les premiers associés c'est-à-dire les fondateurs et les premiers dirigeants sociaux. Ainsi l'article 78 AUDSC prévient que les fondateurs, les premiers responsables de la gestion et de l'administration sont solidairement responsables du préjudice causé soit par le défaut d'une mention obligatoire dans les statuts, soit par l'omission ou l'accomplissement irrégulier d'une formalité prescrite pour la constitution de la société. Il en va de même pour le signalement au greffe des modifications des statuts intervenues. L'action reconnue aux intéressés pour agir contre les personnes susvisées se prescrit par trois (3) ans à compter du jour de l'immatriculation ou du jour de la publication de l'acte modificatif (article 80 AUDSC). Concernant les aspects pénaux du comportement des fondateurs et dirigeants sociaux ils sont relatifs aux faits comme la déclaration notariée mensongère, la production de fausses listes d'actionnaires ou de faux bulletins de souscription, la majoration frauduleuse d'apports en nature, bref tout fait de nature à désinformer intentionnellement les tiers de manière à avoir leur adhésion. S'agissant des infractions relatives à certaines formalités telle le défaut d'inscription au RCCM, les peines édictées sont celles des lois nationales par renvoi express de l'acte uniforme sur le droit commercial général. L'occasion sera donnée de revenir sur les infractions et leurs peines plus tard.

L'objectif final des apports est la naissance d'une personne juridique différente des associés.

PARAGRAPHE II : LA PERSONNALITÉ MORALE DE SOCIÉTÉS.

Imaginée et créée pour des besoins d'utilité et d'opportunité socio-économique voire souvent politique, la personnalité morale a fait l'objet d'analyses doctrinales divergentes ou nuancées et a été admise comme une notion légitime pour justifier une coopération sociale et surtout économique, financière entre personnes juridiques, décidant de poursuivre en commun un objectif de prospérité économique.

Au-delà des rappels utiles sur la terminologie (A) il conviendra d'analyser les avantages de la personnalité morale sur la vie de la société commerciale (B).

A°) Rappels sur la personnalité morale

La nécessité de la personnalité morale s'est trouvée une réalité d'existence très tôt (1) et tout comme une personne physique, la personne morale a des éléments d'identification qui la singularisent parmi tant d'autres (2) et surtout dispose d'un patrimoine propre (3).

1°) La réalité existentielle de la personne morale

Après les discussions doctrinales où la notion de personnalité morale a fini par s'imposer, il est apparu encore des conditions légales de forme pour lui reconnaitre un moment de création effective.

a) La doctrine et la personnalité morale

La personnalité morale a connu deux courants d'analyse contradictoires avant de se stabiliser autour d'une expression quelque peu imparfaite aussi[34].
D'abord la vieille théorie dite de la fiction soutenue par Ihering a nié l'existence de la personnalité juridique aux personnes morales au motif qu'elles (personnes morales) ne connaissent pas d'existence charnelle et osseuse. Donc elles ne sauraient être sujets de droit ;
Ensuite une théorie plus jeune, défendue par Gény un vieil auteur français et ses adeptes a argumenté dans le sens inverse que la théorie de la fiction, en se fondant sur une conception sociologique de la volonté humaine dont l'expression en groupe ne signifierait pas un calcul arithmétique des volontés individuelles des intéressés décidés à collaborer mais plutôt une volonté autonome propre (à part) indépendante, on a parlé logiquement, à son sujet, de la théorie de la réalité ;

Enfin, récemment la personnalité morale sera analysée et comprise comme à la fois une technique d'affectation de patrimoines (apports des associés créant la société) et aussi et surtout une technique de gestion des entreprises selon le doyen Paillusseau (J)[35].

Si la jurisprudence fut favorable à la théorie de la réalité dans un retentissant arrêt du 28 Janvier 1954 : « Attendu que la personnalité civile n'est pas une création de la loi, qu'elle appartient en principe, à tout groupement pour-

34 Cf Sékou Faco CISSOUMA, Introduction générale à l'étude du droit suivie du droit de la famille au Mali. Bittar impression 1ère édition 2013, Sogoniko Bamako ; OHADA F Anoukaha et Cie sociétés commerciales et GIE op cit.

35 Ripert (G) Roblot (R) Traité de Droit commercial… ; Yves Guyon, Droit des affaires, Tome 1, Droit commercial général et sociétés et op cit.

vu d'une possibilité d'expression collective pour la défense d'intérêts licites, dignes... ». Cette théorie a connu plusieurs aménagements plus tard par l'institution d'une formalité légale d'inscription au registre du commerce et du crédit mobilier pour l'obtention de la personnalité morale ou même l'intervention dans le paysage social de la société unipersonnelle.

b) La création ou l'acquisition de la personnalité morale et les sort des engagements pris par les fondateurs

En réalité, la personnalité morale s'acquiert et ce, grâce à l'inscription au registre du commerce et du crédit mobilier qui confère aussi des droits. Ainsi, insiste la jurisprudence : toute société établie sur le territoire d'un Etat-partie acquiert la personnalité juridique à dater de son immatriculation au Registre du commerce et du crédit mobilier...L'accomplissement de cette formalité est placée sous le contrôle du juge qui peut en enjoindre la régularisation[36].

La conclusion du pacte social par l'élaboration et la signature des statuts ne suffit pas à créer la société commerciale. Pour qu'elle naisse juridiquement, elle doit acquérir la personnalité morale par l'accomplissement de la formalité d'inscription au RCCM. Cela est d'ailleurs une obligation de source légale résultant de l'article 97 AUDSC GIE qui n'en dispense que la société en participation.

Ce n'est qu'après cette inscription, selon l'article 98 UDSC que la société jouit de la personnalité juridique. Une fois acquise cette personnalité juridique reste indemne même en cas de transformation ou de prorogation de ladite société (article 99 AUDSC).

La personnalité morale marque l'indépendance désormais de la société de ses associés car elle est reconnue entité juridique autonome. Elle pourra désormais ester en justice ou être assignée en justice, elle accomplit tous ses actes en son propre nom par le truchement de ses dirigeants. Elle restera ainsi tout le temps de sa vie normale que la loi autorise à porter jusqu'à 99 ans, pouvant être prorogée dans les statuts.

Il reste à s'interroger sur le sort des engagements contemporains, à la formation de la société et pris par ses fondateurs en son nom.

---

36 Cour d'appel d'Abidjan (CI) ch. Civile, et commerciale 5ème ch DN°691 ohadata J-08-04. Tribunal de grande instance du Mongo, ordonnance N° 04/CC du 27 janvier 2006 ohadata J-07-140.

Les fondateurs d'une société commerciale sont les personnes qui participent activement aux opérations conduisant à la constitution de ladite société.

La frontière entre les fondateurs et les dirigeants sociaux se situe au niveau de la signature des statuts. C'est à partir de là que les dirigeants sociaux prennent le relai notamment en commençant par faire immatriculer la société au RCCM. Jusqu'à l'immatriculation les relations entre associés demeurent régies par le droit commun des contrats c'est-à-dire le régime général des obligations. Il y a bien lieu de comprendre que les fondateurs peuvent engager leurs responsabilités selon les termes des articles 106 à 113 AUDSC à une double étape.

La première étape porte sur les engagements pris pour le compte d'une société en formation avant sa constitution (signature des statuts)[37] Tous ces engagements doivent être portés à la connaissance des associés avant la signature des statuts sauf si la société en formation est une société anonyme qui fait appel public à l'épargne où cela peut attendre la tenue de l'assemblée générale constitutive. La société pourrait prendre en son compte tous ces actes même postérieurement à sa constitution si l'assemblée constitutive les approuve. Cela peut consister entre autres à des contrats d'assistance, à divers engagements et actes pourvu que les intérêts des associés soient protégés[38]. Les personnes qui ont accompli les dits actes ne prennent pas part au vote qui les admet ou les rejette. En cas d'acceptation, de prise en compte, l'effet remonte à l'origine. Pour les cas de non prise en compte c'est-à-dire les actes rejettes, l'article 110 al2 précise qu'ils sont inopposables à la société (sauf à faire valoir les dispositions de droit commun du RGO relatives à l'enrichissement sans cause, à la gestion d'affaire[39] et les personnes les ayant souscrits en sont responsables et en sont tenues solidairement et indéfiniment vis-à-vis des tiers[40].

Quant à la seconde étape, se situant entre la signature des statuts et l'immatriculation qui constitue d'ailleurs le premier mandat, les actes intervenus doivent avoir fait l'objet d'un mandat spécial donné par l'assemblée constitutive aux premiers dirigeants sociaux et ils seront donc repris sur le plan juridique et financier en principe par la société une fois immatriculée. Dès qu'il y a dépassement de pouvoirs donc du mandat ou initiative de nouveaux actes

37 Articles 106 à 110 AUDSCGIE

38 Cour d'appel d'Abidjan, arrêt N° 1122 du 23 décembre 2005, ohadata J-09-208.

39 Articles 161 et S et 154 et S RGO

40 Cour de cassation du Burkina Faso, Arrêt N° 20 du 17 décembre 2006 ohadata J-09-03.

non ordonnés, les associés se prononcent dans les mêmes conditions que dans l'hypothèse précédente et les conséquences sont pratiquement identiques[41].

Comment se reconnait une société ?

2°) Les éléments d'identification de la société commerciale

Tout comme la personne physique, la société commerciale dispose d'éléments distinctifs des autres sociétés concurrentes ou non.

Ces éléments composés du nom, du domicile et de la nationalité sont similaires à ceux des personnes physiques déjà analysés (supra394).

S'agissant du nom l'article 14 AUDSC précise que toute société est désignée par une dénomination sociale qui est mentionnée dans ses statuts. La dénomination sociale est désignée de raison sociale pour les sociétés de capitaux et pour les sociétés de personnes la dénomination sociale peut être le nom d'un ou plusieurs associés (mêmes anciens, article 14 AUDSC suivi de et ''compagnie" (Cie).

Pour la société en commandite simple l'article 293 AUDSC, révèle en réalité deux types de sociétés distinctes dont la première, la commandité simple a pour associés « des associés commandités » qui sont solidairement et indéfiniment responsables ; et la seconde la commandité qui a pour membres « des associés commanditaires » avec un ou plusieurs associés responsables des dettes dans la limite de leurs apports. Pour les deux formes le capital demeure divisé en parts sociales et non en actions. Dans la seconde forme l'article 294 al2 AUDSC interdit à tout associé commanditaire d'associer son nom à la dénomination sociale sous réserve d'être indéfiniment et solidairement responsable de ses dettes. Le nom des sociétés peut avoir valeur patrimoniale et se défend par le moyen de l'action en concurrence déloyale.

S'agissant du domicile, il concerne le siège social pour les sociétés, mentionné dans les statuts et correspondant au lieu du principal établissement de la société ou au centre de sa direction administrative et financière (articles 23 et 24 AUDSC). Le siège doit être localisé par une adresse ou par une indication géographique assez précise. Les numéros de téléphone, les boites postales peuvent compléter le domicile mais sont insuffisants à le constituer.

41 Article 111 et 112 AUDSC GIE

Pour la nationalité de la société, dans le droit communautaire, elle importe peu quant aux règles applicables sauf existence des dispositions non contraires au droit OHADA mais par pure forme la nationalité sera mise en liaison avec le siège social, et donc la société sera de la nationalité du pays qui l'abrite.

3°) Le patrimoine de la personne morale

Il n'y a pas de personne juridique sans patrimoine, le patrimoine étant défini comme l'ensemble des biens et engagements d'une personne. S'il est vrai que ce sont d'autres personnes qui mettent ensemble des portions de leurs patrimoines propres pour créer une société, il n'est pas moins vrai qu'une fois cette société créée de leurs divers concours, elle aura un patrimoine à elle, distinct de ceux des apporteurs dès l'acquisition de la personnalité morale. Ainsi les créanciers personnels des associés ne peuvent s'adresser à la société pour se faire payer, comme à l'inverse les créanciers de la société ne peuvent s'adresser, en temps normal de vie, aux associés pour réclamer paiement, sauf dans les hypothèses de redressement ou de liquidation d'une société de personnes ou lorsqu'un associé s'est porté caution d'un engagement social précis.

La société commerciale mène une vie régulière et régulée à travers des organes et par des mécanismes juridiques.

B°) L'animation de la société commerciale

Après constitution la société commerciale mène une vie normale de nouvel être juridique et d'agent d'affaires bien animée, lui permettant de tisser différents rapports d'ordre patrimonial (économique et financier) avec les autres personnes (1). En outre, au gré de ses intérêts la société à la latitude d'orienter ses choix vers de nouvelles façons ou de nouveaux modes de vie par des changements de forme, on parle de restructuration (2) ; par ailleurs, pour plusieurs raisons le cours normal des choses peut être butté à des atermoiements irrésistibles auquel cas il faut envisager purement et simplement sa dissolution (3).

1°) Le fonctionnement de la société

La société née, dispose désormais de son organisation statutaire et légal lui permettant de s'administrer et de se gérer (a) d'opérer des contrôles (b) et de relever et remédier aux difficultés primaires et les dirigeants peuvent souvent se montrer indélicats (c).

a) L'administration et la gestion sociale

Selon la forme de la société, sa direction peut être conférée à l'un de ses membres ou à l'ensemble des membres (sociétés de personnes) on parle de gérant associé ou à un autre organe beaucoup plus autonome.

Selon l'article 121 AUDSC les organes de direction et d'administration ont tous les pouvoirs pour engager la société vis-à-vis des tiers et cela sans avoir à justifier d'un mandat spécial. De même, il n'est pas possible que les statuts d'une société réduisent les pouvoirs reconnus aux gérants ou administrateurs par la loi. En fait, même quand les dirigeants sociaux sont en dépassement de pouvoirs, cela n'aura pas d'incidence sur les engagements pris avec les tiers sauf si ces derniers ont été de mauvaise foi (savaient le dépassement de mandat art 122 AUDSC).

La loi exige également que la désignation tout comme la cessation des fonctions des dirigeants sociaux fasse l'objet d'une publication en RCCM.

Les associés eux-mêmes participent largement à l'animation de la société par leur présence directe ou indirecte (représentants, aux assemblées et autres formes de réunions avec le droit naturel de vote (article 125 et S AUDSC). Pour le droit de vote il faut rappeler qu'il est fonction d'une appréciation proportionnelle au regard des apports effectués au capital de la société sauf si cela est autrement aménagé dans les statuts (article 129 AUDSC).

Dans le fonctionnement normal de la société, il est requis de faire attention aux abus notamment à l'abus de majorité qui s'établit lorsque les associés majoritaires ont voté une décision dans leur seul intérêt contre les intérêts des associés minoritaires et contre ceux de la société. Ils y encourent leur responsabilité civile (article 130 AUDSC).

La parité est nettement établie par l'article suivant (131 AU) qui met en garde, à la balance, contre l'abus de minorité ou d'égalité qui consiste à profiter du droit d'exercice de leur vote pour s'opposer indument à la prise de certaines décisions qui se révèlent être utiles et nécessaires à l'intérêt de la société. Si un tel jeu arrivait à bloquer le fonctionnement de la société, la loi édicte une attitude sévère, autorisant le tribunal de commerce à désigner aux prochaines assemblées un mandataire circonstancié (ad hoc) pour représenter l'ensemble des associés minoritaires. La jurisprudence parle même d'un délit d'abus de minorité dont les éléments constitutifs consistent à un vote portant sur une opération essentielle pour la société concernée et aussi au fait que l'opposition des associés minoritaires ait porté atteinte à l'intérêt social précisément en empêchant la prise d'une décision dans le sens de ces intérêts[42].

Répondant aux exigences des avancées technologiques l'acte uniforme dans son article 133-2 prévoit la possible participation des associés aux assemblées à distance par des moyens comme le téléphone, la Visio ou vidéoconférence permettant de suivre les débats et de voter en temps réel. Les réunions tenues sont consignées dans des procès-verbaux que chacun peut consulter plus tard (article 134 et S AUDSC). Il s'agit essentiellement des assemblées générales par rapport auxquelles celles ordinaires sont les plus fréquentes. Si une société, suite à des contraintes, n'a pu tenir son assemblée générale ordinaire de fin d'exercice, le tribunal peut lui accorder un délai supplémentaire mais à condition que le ministère public ne s'y oppose pas[43].

La clôture des exercices est adossée sur la tenue d'une comptabilité régulière (article 13 AUDCG) par les dirigeants pour informer en chiffres et en matières les tiers, les employés de la société. Ainsi les états financiers sont ressortis régulièrement (article 137 AUDSC).

b) Le contrôle interne et les difficultés primaires

Toutes les tâches accomplies dans le cadre du bon fonctionnement social pourront faire l'objet de veille, de contrôle à la fois par les associés (article 157 AUDSC) qui peuvent interpeller les gérants et administrateurs ou par un commissaire aux comptes préalablement désigné (article 150 AUDSC).

42 Tribunal de grande instance du Mfondi, jugement civil N° 205 du 12 janvier 2004 ohadata J-08-109.
43 Tribunal régional de Niamey, jugement civil N° 465 du 15 nov 2000 ohadata J-09-172.

Le commissaire aux comptes est à la fois un technicien et un professionnel indépendant ayant qualité universitaire et statutaire de veiller au bon fonctionnement financier d'une société commerciale. Ainsi en cas d'anomalies constatées ou soupçonnées, pouvant compromettre à plus ou moins court terme la continuité de l'exploitation, relevées lors de l'examen des documents auxquels il a accès, les articles 150 et S et 153 et S selon que ce soit une société de personnes ou une société de capitaux, lui donne la latitude d'interpeller par lettre recommandée ou tout autre moyen efficace, afin qu'il s'explique sur certains éléments de sa gestion, sources d'incertitudes, on parle précisément d'une procédure d'alerte.

Lorsqu'il s'avère effectivement que le fonctionnement normal de la société peut ou est rendu impossible, soit du fait des organes de gestion ou d'administration, soit du fait de certains associés, le tribunal de commerce peut décider de la nomination d'un administrateur provisoire aux fins d'assurer momentanément la gestion des affaires sociales (article 160-1 et suivants).

Compte tenu de ce qui précède, il peut être envisagé raisonnablement une responsabilité des dirigeants sociaux.

c) La responsabilité des dirigeants sociaux

La loi, les statuts, les différentes assemblées et autres réunions donnent, reconnaissent ou ordonnent des tâches à exécuter aux dirigeants sociaux qu'ils accomplissent librement aussi. De cette réalité socio-humaine, il peut être relevé des insuffisances, des erreurs, des fautes susceptibles d'engager à la fois ou singulièrement la responsabilité de la société, celle des dirigeants. Ainsi l'acte uniforme sur les sociétés opère une distinction entre l'action individuelle et l'action sociale. Dans cette même perspective, il sied de bien relever, selon la jurisprudence, que lorsqu'un gérant (dirigeant) cautionne personnellement et solidairement la société qu'il gère, il n'accomplit pas pour autant un acte de gestion sociale mais fait un acte personnel qui l'engage individuellement. Si la société tombe dans quelques travers et obtient un Redressement préventif, la suspension des poursuites individuelles des créanciers ainsi que les remises de dettes et de délais concordataires ne profiteront qu'à la société et non à la caution[44].

---

44 Tribunal de première instance de Douala-Bonanjo, ordonnance N° 251 du 29 juin 2006 ohadata J-81.

c-1 L'action individuelle

Lorsqu'une faute est commise par un dirigeant social le tribunal compétent apprécie selon qu'il a agi dans le cadre de son mandat où c'est la responsabilité de la société qui est engagée ou selon qu'il a agi en dehors du mandat et les tiers l'assignent lui-même directement et individuellement (article 161 AUDSC). S'ils sont nombreux la même procédure s'applique avec toutefois recherche individuelle de l'imputation d'une partie de la responsabilité, déterminant la contribution à la réparation du préjudice causé. Une telle action peut être intenté par un tiers ou même par un associé seul ou plusieurs associés qui ont subi le dommage (article 162 AUDSC). L'action individuelle se prescrit par une période franche de trois (3) ans à compter du fait dommageable.

c-2 L'action sociale

Elle est intentée par la société contre ses dirigeants qui ont commis des fautes lui ayant fait subir des dommages. La société assigne tel dirigeant individuellement ou tels et tels collectivement en vue de recevoir réparation du dommage-causé (article 165 et 166 AUDSC). L'action sociale peut être intentée directement ou sous forme d'action récursoire lorsque la société a eu à répondre en lieu et place du dirigeant (cas de dépassement de pouvoirs). L'article 167 AUDSC autorise les associés de façon individuelle ou collective à intenter l'action sociale aux frais de la société (article 171 AUDSC). L'exercice de l'action sociale par un associé ne préjudicie en rien la faculté qu'un associé exerce contre la société une action en réparation d'un préjudice personnellement souffert.

Tout comme les personnes physiques, les sociétés commerciales peuvent avoir certains liens entre elles.

2°) Les liens juridiques entre sociétés commerciales existantes

Lorsqu'une société est bien animée, elle atteint ses objectifs par l'accomplissement de l'objet social, atteint sa cause par la réalisation et le partage de bénéfices sous forme de dividendes mais également peut s'offrir la latitude d'avoir tel ou tel type de lien avec telle ou telle autre société dans le cadre de la loi et de ses statuts.

Ainsi la société commerciale en tant qu'émanation d'un pacte entre associés sera libre de changer de forme sociale, d'augmenter, partager ou de participer, dans un autre capital social au gré des associés ou d'une certaine opportunité économique. Pour incarner cette réalité la loi a prévu que des sociétés puissent former un groupe opérationnel, prendre part dans le capital d'autres sociétés, créer des filiales et succursales, se transformer en changeant de type, se confondre avec d'autres sociétés ou se diviser et enfin procéder à des apports partiels de capitaux.

a) Les groupes de sociétés (articles 173, 174 et 175 AUDSC)

Le fondement des groupes de sociétés demeure l'affectio societatis et l'opportunité économique, selon les dispositions de l'article 173 AUDSC le groupe de société est un ensemble formé par des sociétés unies entre elles par des liens divers, permettant à l'une d'elles de contrôler les autres. De cette définition on retient que ce sont plusieurs sociétés munies de personnalité juridique qui forment le groupe dans le but de réaliser un objet économique commun. Mais puisque la loi parle de contrôle du groupe par une seule société, certainement celle qui pèse plus dans le capital, donc par ses droits, il reviendra logiquement que la théorie de l'apparence joue en sa faveur, par l'emprunt de son nom à elle, pour désigner l'ensemble des sociétés réunies.

La société qui a le contrôle est celle présumée :

— Détenir, directement ou indirectement (par personne interposée) plus de la moitié des droits de vote ;
— Disposer de plus de la moitié des droits de vote en vertu d'un accord ou d'accords conclus avec d'autres associés.

En réalité dans le groupe de sociétés, les associés sont des sociétés et non des personnes physiques et puisque la loi reconnait un caractère patrimonial au nom, rien n'interdira que le groupe adopte pour se désigner, le nom d'une société ayant apporté moins au capital ; le plus important demeurant la rentabilité, le profit économique et financier.

b) La participation dans le capital d'une autre société

Cette forme de restructuration peut intervenir consciemment ou inconsciemment dans les relations de collaboration entre sociétés. En effet les dirigeants de deux ou plusieurs sociétés peuvent en discuter ou au contraire pourront réaliser à un moment donné de leur collaboration, grâce aux indications de leurs services comptables, qu'une société détient une contribution dans le capital global de l'autre. Dès lors que la frange de capital possédée dans le capital global de l'autre société vaut 10% du capital, l'article 176 AUDSC considère la société titulaire de 10% du capital comme ayant une participation dans la seconde. Et les dites sociétés doivent s'entendre pour formaliser les choses désormais c'est-à-dire régulariser au regard des textes. (Articles 177 et 178 AUDSC).

c) La société mère et filiale, la succursale et le bureau de représentations

Lorsqu'une société devient géante c'est-à-dire est économiquement fort aguerrie, elle peut donner naissance à d'autres sociétés, pour des besoins économiques, dans le même secteur d'activités ou dans des secteurs d'activités connexes. Ainsi une société sera qualifiée de société mère par rapport à une autre quand elle est conduite à posséder dans cette seconde société plus de la moitié de son capital. Avec ce critère de la moitié du capital plus quelque chose, l'article 179 AUDSC établit un lien juridique entre les deux entités en vertu duquel lien la seconde (la plus petite) est filiale (la fille) de la première. Il convient de souligner qu'une même filiale peut être filiale de plusieurs grandes sociétés à condition de leur participation au capital de la dite filiale (Article 180 AUDSC). Dans ce cas les critères de moitié de capital ne seront pas observés avec la même rigueur mais il sera nécessaire que ces sociétés prennent part à la gestion de la filiale. Ainsi, de ce qui précède il y a lieu de relever que malgré une certaine dépendance économique la filiale doit avoir son indépendance par sa personnalité morale et son patrimoine propre d'où découlerait une indépendance économique.

La succursale

Par ailleurs les articles 116 et suivants AUDSC ont prévu les succursales qui sont les prolongements, les excroissances des établissements économiques, des sociétés commerciales. Il est vrai que la succursale n'a pas la personnalité juridique propre la distinguant de la société ou de la personne physique propriétaire mais elle est un établissement commercial, industriel ou de prestation de service doté d'une certaine autonomie de gestion. Elle (succursale) sera immatriculée es qualités au registre du commerce et du crédit mobilier (article 119 AUDSC).

Le bureau de représentation ou de liaison

La nécessité des affaires, débordant de plus en plus les frontières des Etats, a rendu nécessaire, non pas la création toujours d'une nouvelle société qui est certainement couteuse et souvent précoce, la mise en place d'un simple bureau d'affaires que l'acte uniforme appelle bureau de représentation ou de liaison à l'effet de faire le lien entre la société créatrice, initiatrice et le marché c'est-à-dire la clientèle au sein de l'Etat d'accueil. En conséquence, un tel bureau ne dispose ni d'indépendance, ni encore moins d'autonomie. Il exerce une activité préparatoire et bénéfique à l'objet social et une activité auxiliaire lubrifiante de l'activité de la société (article 120-1). Cependant l'acte uniforme exige que ce bureau soit inscrit au registre du commerce et du crédit mobilier. Il est possible qu'un bureau de représentation ou de liaison se transforme en succursale voire en société, ainsi il suffira de procéder à une rectification au RCCM en déposant une simple demande au greffe du tribunal de commerce.

d) La transformation de la société commerciale

Le principe de l'autonomie de la volonté veut qu'il soit loisible à chaque société, même après son immatriculation sous une première forme, de muer et prendre une autre forme prévue par l'acte uniforme sur les sociétés commerciales. Réglementée de l'article 181 à 188 AUDSC, la transformation d'une société est l'opération par laquelle cette société change de forme juridique à la suite d'une décision des associés. Matériellement une nouvelle personnalité morale ne sera plus créée car l'opération ne nécessite qu'une modification des statuts sous réserve de leur publication.

Il faut souligner que pour revenir d'une société où la responsabilité était limitée aux apports effectués à une forme de société où cette responsabilité sera désormais illimitée, l'enjeu de protection ou d'exposition du patrimoine sera tel que la décision des associés devra être **unanime** (article 181 AUDSC). De même dans l'hypothèse où une société à responsabilité illimitée se transforme à une société à responsabilité limitée, les créanciers dont la dette serait antérieure à l'acte de transformation **conservent** leurs droits de poursuite indéfinie et solidaire contre la société et les associés (article 186 al2 AUDSC). De là il sera logique de comprendre que toutes les obligations et tous les engagements contractés par la société dans son ancienne forme, passent au compte de la nouvelle forme sauf, dit l'article 186 al1 clause contraire dans l'acte constitutif, une telle clause contraire tiendra difficilement si les droits des créanciers ne sont pas épurés au préalable.

e) La fusion-scission ou l'apport partiel

Lorsque pour des raisons de convenances économiques ou de nécessité d'affaires deux ou plusieurs sociétés commerciales se réunissent pour ne constituer désormais qu'une seule, on parle de fusion. Cette fusion peut s'opérer par la création d'une société nouvelle avec personnalité juridique nouvelle ou par absorption par l'une de l'autre ou des autres et cela, nonobstant procédure de liquidation ou de vente engagée.

Par la fusion la société absorbée transfère ses biens connus, c'est le sens de l'expression à titre universel, au patrimoine de la société absorbante ou dans celui (patrimoine) de la nouvelle société ainsi que son passif (Article 181 AUDSC). Ce point est explicité par la jurisprudence qui établit que une nouvelle société née de la fusion de deux anciennes sociétés, hérite de l'ensemble du patrimoine des sociétés qui ont fusionné, y compris toutes les actions en justice et par conséquent, peut engager une procédure contre un débiteur ou être poursuivi par un créancier de la société[45].

La cour suprême du Mali abonde dans le même sens que la jurisprudence susvisée[46].

A l'inverse, la scission concerne une société dont le patrimoine se divise entre plusieurs sociétés existantes ou nouvellement créées. La aussi la transmission des biens se fait à titre universel et la société divisée disparait.

45 Tribunal de grande instance du Mongo, jugement N° 36/20 du 20 avril 2006, ohadata J-07-150.

46 Cour suprême du Mali, pourvoi N° 292 du 20 juillet 2006 et N°298 du 20 juillet 2006. Arrêt n°93 du 14 avril 2008 in-04-2008 in recueil de jurisprudence de la section judiciaire en 2008 cour suprême du Mali : pourvoi n°51 du 26/01/2006 ; Arrêt N°93.

Que ce soit la fusion ou la scission, elles entrainent une dissolution non suivie de liquidation de patrimoines des sociétés en faisant l'objet, car leurs patrimoines respectifs se retrouvent ou passent dans celui dans la société réceptrice (Article 192 AUDSC).

La fusion et la scission prennent effet à la date d'immatriculation au RCCM de la nouvelle société créée ou de la toute dernière d'entre elles. Les nouvelles sociétés issues de la scission doivent respecter les règles spécifiques à la nouvelle forme choisie. En outre, la dernière assemblée générale ayant approuvé l'opération de fusion ou de scission peut constituer la date de départ donc la date de production des effets juridiques.

Quant à l'apport partiel d'actif, l'article 195 AUDSC le définit comme une opération par laquelle une société donnée fait apport d'une branche autonome d'activité à une autre société soit préexistante soit à créer ultérieurement. La société apporteuse ne disparait pas pour autant, du fait de cette contribution (apport) et son régime, c'est-à-dire les règles applicables est (sont) celui (régime) de la scission (Article 195 et 196 AUDSC).

Toutes ces trois (3) opérations fusion-scission ou apport partiel d'actif, doivent être publiées pour être opposables aux tiers. La publication est assurée par le greffe qui reçoit les différentes déclarations et procède à leur mention au registre du commerce et du crédit mobilier.

Une société commerciale peut être dissoute en dehors de toute procédure issue d'un procès d'entreprise en difficultés financières et ou économiques.

3°) La dissolution-liquidation de la société commerciale

Ce sont deux opérations jumelles intervenant nécessairement l'une après l'autre immédiatement.

a) La dissolution de la société commerciale

L'acte uniforme sur les sociétés commerciales en donne les causes et en précise les effets (articles 200 et 201 AUDSC).

a-1 Les causes de la dissolution

Les dispositions de l'article 200 AUDSC énumèrent les causes dont la survenue contrarie la continuité de la vie sociale. Et donc c'est dans des termes impérieux que la loi retient que la société prend fin :

1. Par l'expiration du temps pour lequel elle a été constituée c'est-à-dire créée ;
2. Par la réalisation totale ou l'extinction (arrêt, inexistence désormais) de son objet ;
3. Par la nullité intervenue du contrat ou de l'acte de société ;
4. Par une dissolution anticipée prononcée par le tribunal de commerce à la requête d'un associé, pour justes motifs comme l'inexécution de leurs obligations par certains associés ou par une mésentente caractérisée entre associés empêchant tout fonctionnement normal, diligent de la société. : Les justes motifs de dissolution d'une société (SARL), appuie la jurisprudence, peuvent résulter clairement d'une situation économique catastrophique et du refus de l'associé égalitaire de participer aux assemblées générales ayant pour objet la reconstitution du capital social47.
5. Par décision des associés conformément au texte des statuts ;
6. Par l'effet d'un jugement ordonnant la liquidation des biens de la société ;
7. Enfin pour toute autre cause prévue par les statuts de la société.

a-2 Les effets de la dissolution

Dans tous les cas de figure y compris la dissolution convenue ou prévue par les statuts, la dissolution ne produira d'effets à l'égard des tiers qu'après sa publication dans un journal d'annonces légales (Essor au Mali).

La dissolution d'une société commerciale laisse la personnalité morale subsister jusqu'à la fin des opérations de liquidation.

47 Tribunal Régional hors classe de Dakar, jugement N°89 du 14 mai 2004, ohadata J-06-169.

b) La liquidation de la société commerciale

Une société est réputée être en liquidation dès l'instant où sa dissolution est intervenue c'est une opération au cours de laquelle le liquidateur réalise les biens, c'est-à-dire les vend, recouvre les créances pour amasser de l'argent liquide au moyen duquel seront désintéressés au tant que possible et selon leur rang, les créanciers sociaux.

Au cours des opérations de liquidation, une incapacité de jouissance est établie par l'article 214 AUDSC au détriment du liquidateur, des employés de la dite société ou leurs conjoints, ascendants ou descendants qui ne peuvent acquérir globalement ou partiellement l'actif de ladite société.

La liquidation sera clôturée dans un délai francs de trois (3) ans, et les associés seront convoqués par le liquidateur afin de le décharger de son mandat et lui donner quitus de la liquidation (article 216 AUDSC). Après le liquidateur demandera à radier la société commerciale du registre du commerce et du crédit mobilier (article 220 AUDSC).

Le liquidateur est un technicien ou un professionnel qui encourt une responsabilité à la fois vis-à-vis de la société, des tiers s'il lui arrivait de commettre des fautes préjudiciables au cours de l'exercice de ses fonctions de liquidation.

Après cette vision globale de la société commerciale, il sied à présent d'étudier les réalités singulières des catégories de sociétés ou des sociétés commerciales auxquelles les personnes ont recours pour développer l'activité économique.

SECTION II : PARTICULARITÉS DES SOCIÉTÉS COMMERCIALES

L'étude des règles communes aux sociétés commerciales permet d'avoir une idée d'ensemble des conditions de création, d'existence et de disparition des sociétés quelle que soit leur forme. En l'Etat, les règles générales sont insusceptibles de s'appliquer à une forme de société précise sans être enrichies par l'étude des règles spécifiques à chaque type de société prévue par la législation communautaire. Donc les règles communes s'enrichissent de la diversité des règles relatives aux sociétés considérées individuellement et ou sous formes variantes (SA).

A l'analyse deux catégories essentielles se dégagent de l'étude des sociétés d'une part les sociétés indifférentes aux patrimoines des associés et d'autre part les sociétés pouvant compromettre les patrimoines des associés.

PARAGRAPHE I : LES SOCIÉTÉS EXPOSANT LE PATRIMOINE DES ASSOCIÉS

Ce sont des sociétés commerciales qui se constituent selon le droit commun des sociétés comme la société en nom collectif ou des sociétés non constituées selon ces règles et dont on tire certaines conséquences juridiques à l'effet de les assimiler pour retenir la responsabilité de leurs membres (associés) au déla de leurs apports au capital social. On y distingue les sociétés de personnes et les sociétés non structurées.

A°) Les sociétés de personnes : étude de la société en nom collectif (SNC)

La société commerciale dénommée société en nom collectif présente la particularité jalouse légale de ne se constituer que par des commerçants ou industriels reconnus et immatriculés au registre du commerce et du crédit mobilier ou encore par certains professionnels intellectuels reconnus commerçants comme les pharmaciens (supra 248). Pour faire état de la SNC il sera analysé quelques généralités, sa gérance, son fonctionnement et sa fin.

1°) Généralités sur SNC

Pour définir la société en nom collectif la loi retient qu'elle est celle dans laquelle tous les associés sont commerçants ou ont la qualité de commerçant (pharmaciens) et répondent indéfiniment et solidairement des dettes sociales (article 270 AUDSC). La SNC est désignée par une dénomination sociale à laquelle peut être adjoint le nom d'un ou plusieurs associés avec le sigle « SNC ».

Les deux adverbes suivant le verbe répondre « indéfiniment et solidairement » des dettes sociales signifient respectivement supporter le reliquat ou la totalité de la dette pesant sur la SNC sur son patrimoine propre si cette dernière (SNC) n'a pas pu répondre entre 60 ou 90 jours maximum après mise en demeure (article 271 AUDSC) à l'échéance de la dette. En clair, les créanciers sociaux de la SNC peuvent s'adresser aux associés en nom pour réclamer leurs dettes qui sont initialement celles de la société, on parle de responsabilité indéfinie. De même pour l'ensemble de la dette, un créancier ou l'ensemble des créanciers peuvent s'adresser indistinctement à l'un quelconque des associés (apparemment le plus solvable) pour réclamer leurs dus (créances). Il reste que celui des associés qui a payé devrait se retourner contre les autres pour se faire rembourser ce qu'il a du payer à leur lieu et place, sans cette fois ci sa propre quote-part, on parle de responsabilité solidaire.

Le capital social de la SNC est divisé en parts sociales de valeur identique. Exemple 2500 F CFA. Elles (parts sociales) ne sont cessibles que lorsque tous les associés en nom sont d'accord avec l'opération envisagée. Cette unanimité ne peut être contournée que lorsque les statuts avaient prévu une procédure de rachat (achat par un autre associé) en vue de rendre possible le retrait amiable de l'associé cédant (article 274 AUDSC). Cependant la société étant également de plus en plus un contrat ferme, les associés devraient avoir une certaine liberté dans le sens de cession des parts sociales à condition de respecter les intérêts de la société et de veiller à ce que l'acquéreur ait la qualité de commerçant.

En la forme la cession s'opère dans le cadre d'un contrat formel qui doit être signifié à la société elle-même par exploit d'huissier, lequel intrumentum (acte écrit) doit ressortir l'aval (l'acceptation) de la société par un autre acte authentique dont une copie originale (de l'acte de cession) sera remise au gérant. Ce n'est qu'après cela et la mention au RCCM que la cession sera opposable aux tiers (Article 275 AUDSC).

2°) La gérance

La gérance est l'administration, la direction, la gestion économique et financière de la société en nom collectif. Le gérant est la personne qui assure utilement dans l'intérêt de la société et des associés l'ensemble des opérations concourant à l'atteinte de l'objet social. La gérance peut être assurée par une ou plusieurs personnes physiques ou morales, associés ou non. Quand le gérant est associé, il est ainsi désigné ''gérant associé'' lorsqu'il est sous contrat de travail, il est désigné ''gérant salarié''. Si le gérant est personne morale, ce sont ses dirigeants qui assument la gérance effective et ils sont pleinement responsables de toute la gestion. La gérance étant principalement organisée par les statuts, chaque fois que ces derniers (statuts) sont muets à son sujet, la loi (article 276 AUDSC) établit que tous les associés sont présumés être gérants.

En cas de pluralité de gérants chacun des gérants peut exercer seul l'ensemble des pouvoirs attribués à la gérance et dans les relations avec les tiers, le (les) gérant (s) engage (nt) la société pour les actes qui s'intègrent dans l'objet social. La loi et les statuts définissent les pouvoirs des gérants par rapport à l'objet social. Dans leur mise en œuvre les statuts peuvent modifier les pouvoirs légaux des gérants, sauf que cela ne sera pas opposable aux tiers de bonne foi.

La rémunération c'est-à-dire le salaire du ou des gérants est fixé par les associés selon les règles de la majorité tenant compte à la fois du nombre et de la réalité des apports au capital social. Toutefois quelle que puisse être la décision des associés, le salaire du gérant ne peut être fixé en deçà du minimum légal résultant de la convention fédérale de commerce CCF conformément à la catégorie professionnelle du gérant.

S'agissant de la révocation des gérants, elle peut intervenir à tout moment de la vie sociale. Mais si le gérant à révoquer est associé, sa révocation doit entrainer la dissolution de la société. C'est là, le pur respect de l'esprit et de la lettre d'une SNC (article 279 AUDSC). Cependant la société pourra continuer de vivre si au préalable, ses statuts avaient prévu une continuation d'activité après une telle hypothèse ou si après coup, les associés restants le décident à l'unanimité.

Le gérant révoqué peut demander son retrait définitif de la dite société comme membre associé et demander le remboursement de ses titres sociaux c'est-à-dire ses parts sociales qui seront estimés soit à l'amiable, soit par voie d'expert soit par le tribunal compétent.

Maintenant les règles de droit commun de la responsabilité civile de la société rentreront en jeu (RGO) si la révocation du gérant se révélait être intervenue sans justes motifs c'est-à-dire d'une façon abusive. A ce moment, selon l'article 281 AUDSC cette révocation donnera lieu au paiement au gérant révoqué de dommages-intérêts pour le préjudice matériel et moral que la révocation lui cause.

3°) Le fonctionnement de la SNC

Les actes entrant dans la réalisation de l'objet social sont accomplies par le gérant, pour celles excédant son pouvoir les associés se retrouvent pour décider ou rejeter à l'unanimité sauf dans quelques cas où les décisions seront adoptées à la majorité.

Les décisions collectives se prennent en assemblée générale ou par consultation écrite de chaque associé en nom (article 283 et 284 AUDSC).

Les assemblées générales sont convoquées par le ou les gérant (s) quinze jours avant et par tout moyen laissant trace écrite et les délibérations et résolutions sont notées dans un procès-verbal qui sert de preuve car il est signé de chacun des associés présents ou représentés.

Chaque année une assemblée générale légale est tenue dans les six mois suivant la clôture de l'exercice au cours de laquelle sont portés à la connaissance des associés en nom le rapport de gestion, l'inventaire et les états financiers de synthèse qu'ils doivent approuver (article 288 AUDSC).

En guise de contrôle, les associés ont le droit de procéder deux fois par an à la consultation des documents et pièces comptables au siège de la société et ils peuvent prendre copie des procès verbaux d'assemblée générale.

La désignation d'un commissaire aux comptes est étagée dans la SNC. Lorsque le chiffre d'affaire, le bilan ou l'effectif permanent des employés (supérieur à 50 personnes) ne sont pas importants la désignation du commissaire aux comptes est facultative. Si ces critères sont au contraire, significatifs la désignation d'un commissaire aux comptes devient obligatoire (article 289 AUDSC).

4°) La fin de la société en nom collectif

Pour les causes non naturelles comme une décision de liquidation de biens ou de survenue d'incapacité de défiance (condamnation pénale) ou d'interdiction d'exercer une activité commerciale qui surviennent à propos d'un associé la société en nom collectif peut être dissoute à moins que les statuts n'aient prévu, nonobstant une telle éventualité, la continuation de l'activité sociale ou que les autres associés décident de la poursuite à l'unanimité.

Pour les causes naturelles comme le cas de décès d'un associé en nom la société en nom collectif doit prendre fin, c'est-à-dire être dissoute automatiquement (Art 290 AUDCG). C'est cela la règle d'une SNC qui vit en chaine dont la rupture d'un anneau compromet l'utilité de ladite chaine. Toutefois l'évolution des règles économiques et un certain réalisme social ont conduit le législateur et les associés à prévoir la possibilité de continuation en cas de décès d'un associé, de la société, soit entre les membres survivants seulement, soit entre eux et les héritiers ou successeurs du de cujus (défunt). Si cela se révèle inefficace ou impossible, pour éviter la dissolution certaine de la SNC, les autres associés en nom doivent racheter aux intéressés leurs parts sociales. Si le principe de l'admission des héritiers ou successeurs est accepté et s'opère, alors qu'ils sont encore mineurs non émancipés, ils ne seront responsables des dettes sociales qu'à concurrence de leurs parts sociales. Ce qui est une franche exception aux principes de gouvernance d'une SNC dictée par les nécessités de sauvegarde du patrimoine du pupille de l'Etat qu'est le mineur qui est un être entouré de soins diligents par les pouvoirs publics. Ainsi devrait-il aller pour les personnes majeures qui tombent dans l'incapacité.

Une autre conséquence de l'admission des mineurs sera l'obligation faite aux associés de transformer la société nom collectif en société en commandite ou le ou les mineurs deviennent associés commanditaires à l'issue d'une année, confirmant la limite de leur responsabilité comme imposée dans la SNC provisoirement (Art 290 AUDCG). Donc la société commandite avec des associés commanditaires, est un moyen légal de récupération des SNC encourant une dissolution certaine dans certaines hypothèses.

En fait, la loi dit que si la SNC n'a pu revêtir la forme d'une société en commandité, elle est dissoute douze (12) mois après.

L'étendue de responsabilité concerne les entités de fait aussi.

B°) Les sociétés non structurées

Par l'expression de ''sociétés non structurées'' il sied de comprendre moins une réglementation même limitée ou insuffisante dans l'acte uniforme relatif aux sociétés commerciales et aux groupements d'intérêt économique qu'une complicité législative légitimant, des intentions sibyllines avouées ou inavouées (société en participation) ou des comportements qui contrarient a priori les dispositions de l'article 6 AUDCG qui énumère les différentes formes de sociétés commerciales en la forme sans y faire allusion (cas des sociétés de fait et créées de faits)

1°) La société en participation

La société en participation passe comme un reflet, une pénombre en droit commercial du mécanisme de droit commun (droit civil) de simulation, réglementée dans les articles 88 et 89 du régime général des obligations au Mali dont les caractéristiques ont été décrites par la doctrine malienne[48].

Dans une description sommaire (Articles 854 à863) l'acte uniforme en donne quelques orientations générales, définit la nature des relations à la fois entre associés et avec les tiers avant de révéler les causes de sa dissolution éventuelle car la société en participation peut être une société à durée illimitée.

a) Généralités sur la société en participation

Selon les termes de l'article 854 AUSC la société en participation est celle dans laquelle les associés conviennent de sa non immatriculation au registre du commerce et du crédit mobilier. Cela laisse présumer, selon la jurisprudence, l'existence d'un contrat de base entre les parties intéressées qui tient lieu de loi pour elles et qui autorise l'application sur eux des règles d'une société[49]. Donc elle ne peut avoir la personnalité morale et de surcroit elle n'est soumise légalement à aucune forme de publicité. Dès lors son existence lorsqu'elle est sujette à doute ou à discussion, peut être prouvée par tous les moyens entre intéressés ou au regard du fisc ou tout autre tiers.

En substance, les associés conviennent librement de l'objet social à condition qu'il respecte l'ordre public et les bonnes mœurs comme une contre lettre dans la simulation ; déterminant dans les mêmes conditions leurs privilèges et obligations d'une façon équitable c'est-à-dire en observant l'égalité dans le partage des dividendes et la contribution aux pertes.

Les associés doivent rédiger et adopter des statuts qui déterminent aussi la durée de vie de la dite société (art 855 AUDSC).

48 SekouFaco CISSOUMA, Droit civil, les obligations au Mali op cit.

49 Cour d'appel de Ouagadougou, ch. Civile et commerciale, Arrêt N° 57 du 20 mai 2005 ohadata J-09-17.

b) Les rapports entre associés et avec les tiers

Sous réserve qu'il s'agit d'une société à existence et à fonctionnement secrets ou plutôt discrets dans laquelle les parties ménagent à volonté leurs relations, sinon la loi assimile à tous égards la société en participation à la société en nom collectif. C'est une société qui n'a pas un patrimoine propre, conséquent mais un patrimoine fictif composé de biens mis à sa disposition mais dont les apporteurs demeurent propriétaires (art 857 AUDSC).

Ce qui est particulièrement révélateur dans la réglementation de la société en participation, c'est que la loi consacre pour la première fois une indivision volontaire constituée de biens consciemment mis ensemble et dont les apporteurs peuvent y être maintenus jusqu'à la dissolution de la société, contrairement au droit commun qui édicte que ''nul n'est tenu de demeurer dans une indivision"[50] (article 858 à 860 AUDSC).

Dans les rapports avec les tiers, chaque associé passe des conventions, en son nom propre mais pour le compte présumé de la société et en est seul engagé à l'endroit des tiers partenaires. Les associés étant tous présumés gérants les actes des uns engagent tous les autres et sont donc tous présumés être passés pour le compte de la société en participation.

Sur le plan de la responsabilité civile, les associés sont reconnus comme dans une SNC, collectivement, indéfiniment et solidairement responsables avec une large admission de la théorie de l'apparence (art 861 AUDSC et supra).

c) La dissolution de la société en participation

Si la société en participation s'assimile, par les causes de dissolution à la société en nom collectif, l'acte uniforme lui reconnait la latitude d'adopter en amont dans les statuts ou en aval dans un acte ultérieur mais toujours joint aux statuts de laisser survivre, continuer la dite société en participation malgré la survenue d'évènements néfastes et compromettant. Cependant, insiste la loi, le retrait bien motivé c'est-à-dire inspiré par une bonne foi renforcée de l'un des membres peut mettre fin à la société à tout moment, dès lors qu'il a pu être régulièrement notifié aux autres associés avec moyen laissant trace écrite (article 863 AUDCG).
La société non structurée à des composantes encore plus caractéristiques.

50 Voir en Droit civil, le code de personnes et de la famille article 849 précisément.

2°) La société créée de fait et la société de fait

Ce sont des sociétés qui n'en sont pas en réalité ou tout au moins ce sont des groupements d'affaires auxquels on reconnait, par assimilation, une forme de société juste pour régler des problèmes et les dissoudre ou dans le meilleur des cas pour les sortir d'une certaine léthargie ''constitutionnelle" en les conduisant à adopter une des formes sociales révélées à l'article 6 AUDSC.

a) La société de fait

Il est question d'une société de fait, lorsque deux ou plusieurs personnes physiques ou morales ont constitué entre elles une forme, un type de société reconnu par l'acte uniforme sur les sociétés mais qui recèle un vice de formation non régularisé par les fondateurs ou lorsque les membres ont constitué entre eux une forme de société dans le cadre de l'autonomie de la volonté et de la liberté contractuelle mais qui n'est pas reconnue par l'acte uniforme du droit OHADA (article 865 AUDSC).

La jurisprudence affine en déclarant que la société de fait exige des apports, l'intention des parties de s'associer et leur vocation à participer aux bénéfices et aux pertes...[51].

Aussi, ajoutent les tribunaux lorsqu'il existe des preuves de l'existence d'une société de fait, l'associé y ayant intérêt peut solliciter et obtenir du juge la constatation de cette situation de fait[52].

Enfin pour la société de fait comme pour celle créée de fait l'existence d'un affectio sociétatis est incontestable dès lors qu'il ressort des actes accomplis par les parties, leur volonté de participer ensemble aux activités d'une entreprise[53].

La société de fait devrait être la seule société non structurée car incarnant les atermoiements des fondateurs pour plusieurs raisons à même d'empêcher l'accomplissement de certaines formalités substantielles à la vie de la société,

---

51 Cour suprême de cote d'ivoire, chambre judiciaire, Arrêt N° 426/01 du 12 juillet 2007, Actualités juridiques N° 59 P. 304 ohadata J-09-304.

52 Cour d'appel du centre Arrêt N°380/cw/2008 du 05 nov 2008 ohadata J-10-134.

53 Cour suprême de cote d'ivoire, chambre judiciaire, Arrêt N° 152/04 du 11 mars 2004 ohadata J-08-257.

c'est cela qui est reconnu en droit des sociétés français. Cependant la différence de culture entre les pays dont les pays sous développés avec des pourcentages élevés d'illettrés et d'analphabètes, explique largement la reconnaissance de la société créée de fait au Mali et en Afrique.

b) La société créée de fait

Il y a société créée de fait, dit la loi, chaque fois que deux ou plusieurs personnes physiques ou morales se comportent comme des associées sans avoir expressément constitué entre elles l'une des formes, de sociétés reconnues par l'acte uniforme. Cette hypothèse peut être fréquente dans les pays où l'illettrisme est encore important car les gens peuvent pêcher ici par ignorance totale et non par initiative inachevée.

Pour la reconnaissance de leurs droits dans un tel groupement d'affaires les intéressés doivent demander au tribunal de commerce de la reconnaissance de l'existence d'une société créée de fait entre eux, à l'effet de sanctionner leurs droits (article 866 AUDSC).

L'existence d'une société de fait ou d'une société créée de fait se prouve par tous moyens conformément au droit commun en matière commerciale. Cependant pour la société de fait, il devrait y avoir des éléments écrits parcellaires pour appuyer la preuve verbale puisqu'elle aurait, par hypothèse, réaliser quelques formalités ou autres actes de création.

c) Conséquences d'une reconnaissance de société de fait ou créée de fait

Lorsque les parties réussissent à faire établir par le juge, l'existence d'une société de fait ou créée de fait entre elles, la loi décide que désormais, pour les besoins de la solution de la cause conflictuelle, ce sont les règles de la société en nom collectif qui s'appliquent à leurs rapports (article 868 AUDSC).

Ainsi même n'ayant pas forcément la qualité de commerçants, les désormais associés de fait positivement seront admis à se partager des dividendes en parts sociales et négativement à supporter les dettes sociales d'une façon indéfinie et solidaire.

Le patrimoine personnel des associés ou des personnes considérées comme tels peut être protégé davantage.

PARAGRAPHE II : LES SOCIÉTÉS ÉPARGNANT LE PATRIMOINE DES ASSOCIÉS

Si la forme sociale prévaut, et est attrayante, c'est certainement par la garantie qu'elle offre aux éventuels associés (présents et à venir) de contenir ses risques d'insolvabilité à son seul niveau, excluant utilement tout recours au patrimoine personnel de ses membres. Une vraie idée de société commerciale n'est ou ne sera opérante que lorsque dans sa mise en œuvre, elle épargne des ennuis patrimoniaux à ses associés après les siens (sociétés) propres. En fait, le fondement réfléchi de tout cela découle de la constante vente que n'importe quelle personne ne peut avoir de l'argent, des moyens économiques largement ou très largement au delà de ses besoins humains et sociaux normaux ; il devrait légitime voire opportun d'investir le surplus ailleurs. Mais dans le même temps n'importe qui n'est pas nécessairement bon gestionnaire, technicien ou professionnel des règles et principes de l'investissement, ou de celles du marché, par conséquent il sied d'être vigilant et diligent en préservant le patrimoine de celui qui investit son argent presque innocemment et en ne reconnait judiciairement que contre la société.

Parmi les formes de sociétés qui préservent le patrimoine des associés, on distingue les sociétés présentant des similitudes avec les sociétés de personnes (A) et les vraies sociétés types de capitaux (B).

A°) Les sociétés présentant des similitudes avec les sociétés de personnes

Si, sur le plan strictement patrimonial ces formes de sociétés s'assimilent à la société anonyme, en revanche sur le plan des relations inter associés ou entre associés et tiers, il est donné de relever un large rapprochement entre la société à responsabilité limitée et aussi la société par actions simplifiées et les sociétés de personnes comme la société en nom collectif.

Ainsi peut on noter que la transmission des titres sociaux n'est possible dans la SARL qu'avec l'assentiment de la majorité des associés ou que dans certaines circonstances les associés peuvent être solidairement responsables d'un apporteur en nature dont la valeur du bien a été mal évaluée (art 312 AUDSC). Pour les titres sociaux des sociétés par actions simplifiées les statuts pouvont prévoir une inaliénabilité provisoire pendant dix (10) ans (art 853-17) ou soumettre la cession à un droit de préemption en faveur des coassociés (art 853-18). C'est pourquoi on a pu parler à juste titre de sociétés hybrides pour ces deux formes qui seront nécessairement analysées de manière à ressortir leurs spécificités.

1°) La société à Responsabilité limitée : SARL

Pour avoir une idée d'ensemble d'une SARL il convient d'étudier nécessairement sa définition son fonctionnement, le contrôle dont elle peut être objet et sa dissolution.

a) Définition de la SARL

Outre que la société à responsabilité limitée est une entité économico financière munie d'un objet précis, l'article 309 AUDSC la conçoit comme une société dans laquelle les associés ne sont responsables des dettes sociales qu'à concurrence de leurs apports et dont les droits sont représentés par des parts sociales. Elle peut être fondée par plusieurs personnes associées ou par une seule personne dénommée associé unique. Les membres des sociétés à responsabilité limitée sont couverts en principe pour leurs patrimoines personnels qui ne doit pas être exposé aux recours des créanciers insatisfaits de la réalisation du patrimoine social.

b) Les conditions de création de la SARL

On y relevé des conditions de fond et des conditions de forme

b-1 Les conditions de fond

Elles sont déterminées dans les articles 311 à 314 AUDSC

Sur le plan numéraire l'article 311 AUDSC prévoit un capital social d'au moins un million (1000 000) de francs CFA divisé en parts sociales d'un montant d'au moins cinq mille CFA. Toutefois, il convient de relever que le droit communautaire fixe par là un montant planché que certaines législations nationales pourront porter plus haut. Mais la logique veut que le capital social fixé en deçà de un million puisse être également admis.

Les parts sociales seront souscrites dans leur totalité et devraient être libérées pour moitié afin que la société puisse entrer en vigueur ; et la libération du reliquat étant exigible dans un délai de deux (2) ans à compter de l'immatriculation au RCCM.

Pour les parts sociales qui représentent des apports en nature, elles doivent être intégralement libérées avant le début de la société.

De même l'évaluation des apports en nature doit être contrôlée, supervisée par un commissaire aux apports désigné par les fondateurs (article 312 AUDSC).

Si le commissaire aux apports évoluait mal les apports en nature, sa responsabilité sera engagée d'une façon solidaire et indéfinie avec les fondateurs ou associés ayant approuvé les dits apports. De même lorsqu'un commissaire aux apports n'a pas été désigné ou que la valeur estimée est au dessus de la vraie valeur alors, les associés deviennent selon la loi solidairement responsables et ce, pendant une période de cinq (5) années à l'égard des tiers, des conséquences néfastes de la valeur indument attribuée aux apports en nature, à la base des difficultés.

Par ailleurs l'article 313 AUDSC énonce l'ouverture d'un compte bancaire au nom de la société en formation destinée à recevoir les apports en numéraire. Si un texte national ne prévoyait pas une autre modalité le droit communautaire exige à ce niveau l'intervention d'un notaire qui constate la libération, le dépôt et le versement dans le compte des parts souscrites. Ces fonds ne pourront être sortis qu'après immatriculation de la société au RCCM dans le but de permettre la réalisation de l'objet social.

Un délai de six (6) mois est reconnu aux fondateurs pour procéder à l'accomplissement des formalités et au recouvrement de la portion exigible des apports afin que la SARL puisse effectivement démarrer. Sinon s'il s'écoule un temps équivalent à la moitié d'une année civile alors que les premiers dépôts sont intervenus et sans que la société ne débute, les premiers apporteurs, individuellement ou collectivement désignent un mandataire, dans cette hypothèse, qui va pouvoir demander au tribunal de commerce l'autorisation de retrait de leur dû (article 314 AUDSC).

b-2 Les conditions de forme

La présence effective des associés à l'adoption de l'acte instrumentum de la SARL est obligatoire. Si un associé ne peut être présent, il prendra la précaution de se faire représenter par un mandataire spécial muni d'un acte de représentation, sinon la SARL créée sera réputée nulle au regard de la loi (art 315 AUDSC). Si cette nullité était imputable à l'action, aux fautes de maladresse des premiers gérants de certains associés, ils seront tous solidairement responsables envers les associés ou les autres associés et les tiers du préjudice résultant de la nullité de l'acte social. L'action à entreprendre pour se faire dédommager se prescrit par trois ans et sera consécutive à la décision du tribunal qui a annoncé la nullité (article 316 AUDSC).

c) Le fonctionnement de la SARL

Dans le fonctionnement de la société à responsabilité limitée, ce sont la gérance, les règles de gestion des parts sociales et la tenue des assemblées qui édifient sur sa bonne santé.

c-1 La gestion des parts sociales

Le principe de cession des parts sociales est admis par l'acte uniforme, que ce soit entre associés ou avec des tiers à condition d'en informer au préalable la société. Toute personne peut se porter acquéreur y compris les conjoints, ascendants et descendants des associés.

Avant de donner son consentement à la cession des parts sociales, l'associé vendeur doit notifier à la société ainsi qu'à chaque associé sa volonté de cession qui doit recevoir une réponse dans les trois (3) mois sous peine d'être considéré comme acquis.

Si les statuts n'ont pas organisé la transmission intéressée des parts sociales aux personnes étrangères à la société, la loi édicte une règle de majorité consentante des autres associés pour que la cession puisse avoir lieu.

En la forme la vente des parts sociales entre personnes vivantes doit être constatée par écrit quelle que soit sa forme (authentique ou sous seing privé) et dont une copie originale est signifiée et déposée au siège social (article 317 AUDSC) sous peine d'inopposabilité.

S'agissant de la transmission pour cause de décès, il revient aux statuts de la réglementer en prévoyant qu'en cas de décès d'un associé les ayants droit accèdent aux parts sociales dans le cadre d'un agrément pris dans les trois mois.

Le nantissement en tant que garantie portant sur le droit de parts sociales est une opération juridique possible au regard des dispositions de l'article 322 AUDSC. Les conditions du nantissement sont similaires à celles de la vente car ces deux opérations résultent effectivement d'un droit de disposition du titulaire. Le nantissement est un acte formel pouvant épouser la forme authentique ou sous seing privée et surtout, cet écrit devra faire l'objet d'une publication au RCCM, condition de son opposabilité aux tiers.

c-2 La gérance

La société à responsabilité limitée est administrée par une ou plusieurs personnes physiques pouvant être indifféremment associées ou non associées désignées par les associés. Les gérants sont désignés pour quatre (4) ans renouvelables indéfiniment sauf si les statuts décident autrement (article 323, 324 AUDSC).

Quant à la rémunération, le gérant peut s'en passer, auquel cas il assume ses fonctions de façon gratuite ou peut bénéficier d'un traitement que les statuts fixent, et pour cet acte à voter de fixation de salaire, le gérant associé ne participe pas au vote.

Il est reconnu par rapport au gérant, le droit de révocation ou de démission contre de justes motifs sous peine de responsabilité.

Ainsi lorsque des associés représentent plus de la moitié du capital social ils peuvent révoquer légalement le gérant ainsi que les autres associés mais par le truchement du tribunal de commerce (article 326 AUDSC).

Le gérant entreprend tous les actes de gestion rentrant dans l'intérêt de la SARL et il a de larges pouvoirs dans ses rapports avec les tiers vis-à-vis desquels chacun des actes est censé être ordonné par la société même si l'acte dépasse l'objet social (art 329 AUDSC).

Pour tout acte préjudiciable à la société, aux associés, aux tiers, le ou les gérant (s) sont responsables soit individuellement, soit solidairement. Les victimes peuvent assigner la société en réparation qui garde tout de même son recours contre le gérant par le moyen de l'action récursoire. Les bénéficiaires de ces différentes actions en réparation doivent agir dans les trois (3) années à compter de la découverte du fait dommageable sous peine de prescription extinctive. Si le fait fautif résulte d'un crime le délai de prescription s'étend sur dix (10) ans (art 331 et 312 AUDSC).

c-3 La tenue des assemblées

Les assemblées générales se tiennent normalement ou au besoin et toutes les décisions collectives s'y prennent. Que ce soit au cours de l'assemblée générale annuelle ou les autres formes, les décisions peuvent aussi être prises par consultation écrite. Les associés participent directement et personnellement aux assemblées et ont un droit large de représentation.

Le gérant convoque les assemblées, un groupe d'associés peut le demander aussi ou un associé peut passer par le tribunal pour demander la nomination d'un mandataire spécial appelé mandataire ad hoc chargé de convoquer et de fixer l'ordre du jour de l'assemblée générale ; le commissaire aux comptes, au besoin, peut convoquer l'assemblée générale.

En la forme les convocations interviennent par tous moyens laissant trace écrite et par l'usage des moyens modernes comme la télécopie ou courrier électronique, ces derniers ne sont valables que si l'associé ou les associés y ont donné leur accord préalable.

L'assemblée générale est présidée par le gérant associé ou l'associé qui a le plus grand nombre de parts sociales (article 341 AUDSC) et un secrétaire de séance est désigné qui tient le procès-verbal qui est un document obligatoire résumant les débats, mentionnant les résolutions votées et dont la consultation est libre au siège par les associés et le commissaire au compte.

Les gérants de la SARL peuvent passer des conventions dites réglementées avec la société dont les détails sont donnés dans les articles 350 à 355 AUDSC et celles qui lui sont interdites (Article 356 AUDSC).

d) Contrôle de la SARL

Il s'agit de la création et de l'exercice des compétences d'un professionnel, le commissaire aux comptes dont la désignation dans les sociétés à responsabilité limitée constitue une équation à plusieurs variables.

En effet, toute SARL qui n'a pas un bilan évalué à plus de cent vingt cinq millions de Francs CFA ; ou atteint un chiffre d'affaires annuel au delà de deux cent cinquante millions ou qui n'emploie pas un effectif permanent de cinquante personnes ou qui ne réunit pas deux de ces conditions cumulativement n'est pas tenue de désigner un commissaire aux comptes. La nomination d'un commissaire est par contre obligatoire dans ces conditions ou deux d'entre elles sont réunies. Cependant même si ces conditions de nomination ne sont pas réunies un ou plusieurs associés peuvent demander au tribunal la désignation d'un commissaire aux comptes à condition que ce ou ces demandeur (s) réunissent au moins le dixième du capital social de la SARL.

Plusieurs types d'incompatibilités établis par la loi, expliquent que plusieurs personnes ne puissent avoir la qualité de commissaire aux comptes comme l'attestent les dispositions de l'article 377 AUDSC. Ainsi entre autres, en sont interdits les fondateurs, les dirigeants sociaux, et leurs parents et alliés jusqu'au quatrième (4ème) degré etc.

Le commissaire aux comptes est nommé pour trois exercices par un ou plusieurs associés son rôle c'est le contrôle global de la société sur son initiative personnel ou sur celle des associés ou encore par décision du tribunal.

e) La compromission de l'exercice de la SARL

Une société à responsabilité limitée donnée peut ne plus exister sous une forme ou un nom habituellement connus ou même peut disparaitre.

e-1 La fusion-scission

Les principes de fusion et de scission analysés dans le droit commun des sociétés (supra949) s'appliquent ici pleinement. Donc les dispositions des articles 382 et 383 AUDSC renvoient aux articles déterminant qui déterminent les modalités comptables et financières, de ces deux opérations juridiques.

e-2 La dissolution de la société à responsabilité limitée

Les rédacteurs de l'acte uniforme sur les sociétés commerciales font un renvoi express par le biais de l'article 384 al1 aux causes communes que la SARL partage avec les autres sociétés en matière de dissolution.

Qui plus est, l'article 384 al2 et 3 ajoute que la SARL ne peut être dissoute en cas d'interdiction, de faillite ou de survenue d'incapacité chez un associé quelconque, au surplus, sauf si les statuts en disposent autrement, la dissolution ne peut intervenir en cas de décès d'un associé.

Une autre société partage des similitudes avec la SARL.

2°) La société par actions simplifiées

D'une façon préjudicielle, il faut relever à l'actif du législateur communautaire OHADA une bonne procédure de légistique (l'art et la technique d'écrire les textes). En effet, malgré l'institution de cette nouvelle forme de société commerciale règlementée en vingt trois (23) points, la numérotation initiale de l'acte uniforme sur les sociétés commerciales et le groupement d'intérêt économique n'en est pas affectée. Cela est une réalité plurielle d'ailleurs dans le nouvel acte. La société par actions simplifiées a été insérée dans l'ensemble de ses aspects dans un seul article, l'article 853 et ce en 23 alinéas qui sont de vrais articles de loi par leurs contenus.

L'avantage d'une telle procédure est que les chercheurs ne sont jamais désorientés, ils gardent utilement leurs lignes de recherche, leur concentration et surtout ils gardent une psychologie tranquille et candide car le contraire est désobligeant et révoltant. Cette façon de faire doit être maintenue à l'OHADA et conseillée aux législateurs nationaux.

Cela dit la société par actions simplifiées est une assez vieille forme sociale[54] que le droit OHADA avait choisi d'ignorer avant de se retracer dans le bon sens en l'intégrant dans le dispositif. Il s'agira donc de la définir en louant ses avantages (a) de parler de sa constitution (b) de son fonctionnement (c) son contrôle (d) et de sa fin (e).

a) Définition et avantages de la société par actions simplifiées

La société par actions simplifiées est selon les termes de l'article 853-1 une société instituée par un ou plusieurs associés ayant élaboré et adopté des statuts

54 Les sociétés par actions simplifiées (SAS) ont été instituées par la loi française du 3 Janvier 1994 se ressourçant dans une vieille loi abrogée du 7 mars 1925 sur les SARL, in Yves Guyon, Droit des Affaires Tome I op cit Page 515.

en conformité avec l'acte uniforme éponyme et dont les titres sociaux s'appellent ''actions'' représentant un capital social librement fixé par les statuts qui admet les apports en industries.

Cette forme de société (SAS) malgré une certaine allusion faite par l'AUDSC dans son article 853-3 à la société anonyme présente plutôt des similitudes avec la société à responsabilité limitée dont elle est un reflet plus adouci avec une plus grande prise en compte des données contractuelles. En effet, rappelle le doyen Yves Guynon la SAS a été instituée pour amoindrir le caractère impératif (institutionnel) de beaucoup de dispositions régissant la société à responsabilité limitée et accorder plus de place aux clauses conventionnelles statutaires[55]. Donc la société par actions simplifiées est considérée comme une société hybride avec une certaine souplesse reconnue à la société en nom collectif (par les statuts plus libres) et aussi un certain institus personae se manifestant à travers des clauses d'inaliénabilité, d'interdiction de faire appel public à l'épargne (article 853-4 AUDSC) et qui est aussi déclarée société de capitaux[56].

En outre, dans ses premiers articles l'acte uniforme sur les sociétés commerciales et le GIE a paru précocement penser à la société par actions simplifiées par le premier rajout à l'article 2 à travers précisément l'article 2-1 qui reconnait aux associés la faculté de substituer des clauses statutaires à certaines dispositions de l'acte uniforme ou même à compléter l'acte uniforme par des clauses statutaires et mieux, autorise les associés à pouvoir conclure des conventions extrastatutaires par exemple pour organiser :

— Les relations entre associés ;
— La composition des organes sociaux ;
— La conduite des affaires rentrant dans l'objet social ;
— L'accès au capital social ;
— La transmission des titres sociaux.

Il a, en outre, été reconnu à la SAS d'autres vertus comme celle entre autres de ''récupérer'' l'informel dans le domaine du formel, ce qui est une préoccupation de certains pouvoirs publics exprimée dans leur droit positif clairement. Ainsi l'article 75 de la loi portant orientation du secteur privé[57] ambitionne

55 Idem.

56 Mamadou KONE, le nouveau Droit commercial des pays de la zone OHADA comparaison avec le droit français LGDJ 2003 EJA Page 251.

57 Loi N° 2011-088 du 30 décembre 2011 portant loi d'orientation su secteur privé JO N36 du

de prendre des mesures spécifiques « destinées à favoriser la migration rapide du secteur informel vers le secteur moderne structuré… ».

b) La constitution de la SAS

La SAS peut être créé par plusieurs personnes ou par une seule personne appelée « associé unique ». Elle se constitue sans capital légal, donc ce sont les statuts qui fixent le capital et les conditions de sa libération. De même la valeur nominale des actions est fixée par les statuts.

c) Le fonctionnement de la SAS

Tout d'abord la loi reconnait à la SAS la possibilité d'émission d'actions inaliénables c'est-à-dire incessibles, ce qui la rapproche beaucoup des sociétés de personnes (article 853-5). Le rôle des statuts est encore plus déterminant que celui de la loi dans le fonctionnement et la direction d'une SAS. Cependant, déclare l'article 853-8, la société par actions simplifiées est représentée dans les rapports avec les tiers par un président qui est investi des pouvoirs les plus étendus pour agir en toutes circonstances au nom et pour le compte de la dite société. Dès que le président agit, la société est engagée, que son acte entre ou non dans le cadre de l'objet social. Une personne morale peut être désignée président de la SAS et en ce moment ce sont ses dirigeants qui assurent la direction de la SAS (article 853-9). Ce président dirige un conseil d'administration dont le nombre varie selon l'importance de la société.

La société par actions simplifiées fonctionne par la tenue régulière des assemblées générales ordinaires et extra ordinaires pour prendre les décisions les plus importantes et ces décisions et résolutions sont enregistrées dans un procès verbal. L'associé unique a les mêmes pouvoirs que les assemblées dans le cas d'une SAS pluripersonnelle.

d) Le contrôle de la SAS

Les conditions de désignation d'un commissaire aux comptes dans une société par actions simplifiées sont identiques à celles de la SARL (supra1004).

7 septembre 2012 SGG Page 1402 et S.

Le commissaire aux comptes veillera tout particulièrement au respect scrupuleux de certaines dispositions statutaires notamment dans le cadre de la cession d'actions, soit leur inaliénabilité étendue à celle des valeurs mobilières, soit leur cession assortie d'une condition d'agrément préalable et surtout de l'exigence du respect d'un droit de préemption en faveur des autres associés (articles 853-17-18-19 AUDSC).

En cas de projet de fusion ou de scission la vigilance des commissaires aux comptes est encore diligemment requise.

e) La fin de la SAS

Le silence total sur ce point des dispositions spéciales (articles 853-1 à 853-23) sur la société par actions simplifiées renvoient implicitement et tacitement aux causes de dissolution communes à toutes les sociétés commerciales. Il existe des sociétés commerciales où la minceur des relations personnelles entre associés est telle que seul pèse ou compte le capital.

B°) Les sociétés types de capitaux : la société anonyme

En observations préliminaires sur la société anonyme, l'on peut retenir une hyper réglementation, une inflation des dispositions normatives propres à révéler une vision des intellectuels universitaires sur la SA qu'une conception de cette forme de société comme l'affaire de personnes pouvant être illettrées, analphabètes[58]. En réalité les capitaux des sociétés anonymes sont tenus ou fournis majoritairement par des personnes moins lettrées ou illettrées que par des personnes hautement cultivées. Aucun besoin de statistique au Mali pour le prouver. En revanche la législation prolixe, complexe en la matière est telle que l'assujetti et l'analyste sympathique en arrivent à oublier que le commerce est une activité lucrative qui se résume en trois mots clefs : achat, revendre et bénéfice ou pour les banques : argent d'autrui, prêts et intérêts.

Le schéma classique nécessite pour la SA une étude arpentant, les généralités (1) la société anonyme unipersonnelle (2) les modalités de convention d'une SA (3) son contrôle (4) sa dissolution (5) responsabilité et fonctionnement (6) les valeurs mobilières (7) et les SA faisant appel public à l'épargne.

58 D'ailleurs le mot entreprendre n'exige pas de diplôme.

1°) Généralités sur la société anonyme[59]

Dans le jargon juridico-pédagogique on entend dans les amphithéâtres que dans les sociétés de personnes comme la SNC les associés procèdent à un mariage de sentiment c'est-à-dire se retrouvent par vraie affinité alors que dans les sociétés de capitaux comme la SA les associés scellent un mariage de raison c'est-à-dire un mariage d'intérêt dans lequel les uns et les autres n'éprouvent aucun sentiment, aucun besoin de se connaitre ; seuls comptent les dividentes.

Toutes les grandes sociétés, importantes pour l'économie et les finances sont des sociétés anonymes dans leurs diverses formes, y compris les banques.

Pour avoir une idée d'ensemble de la société anonyme, il convient d'analyser sa définition sa constitution, son administration et la tenue de ses assemblées.

a) Définition de la société anonyme

La loi définit la SA comme une société dans laquelle les actionnaires ou associés sont responsables des dettes sociales à la limite de leurs apports et dont les droits (des actionnaires) sont représentés par des actions.

La SA est désignée par une dénomination sociale ou raison sociale suivie du sigle (SA), elle peut être créée par deux ou plusieurs personnes et aussi peut revêtir la forme unipersonnelle (article 385 et b386 AUDSC).

La création d'une société anonyme suppose légalement un capital minimum de dix (10) millions de francs CFA divisé en **actions** dont le montant est librement fixé par les statuts. Le capital de la SA doit être entièrement souscrit mais s'il n'est pas intégralement libéré avant l'adoption des statuts. Les apports en numéraire doivent être libérés pour le quart et le reste devra être versé dans un délai maximum de trois ans (Article 389 AUDSC).

59 La société anonyme est réglementée dans l'acte uniforme éponyme de l'article 385 à l'article 853.

b) La constitution de la société anonyme

La société anonyme ignore désormais les apports directs en numéraire. Les apports en numéraire se font à travers des bulletins de souscription que les fondateurs établissent en lettres et en chiffres signalant le nombre d'actions souscrites et lesquels comportent en outre tous les éléments d'identification de la société en formation. Les fonds provenant des souscriptions sont reçus et versés dans le compte bancaire de la société en formation par le truchement d'un notaire.

Lorsque la SA se constitue uniquement sur la base de souscriptions en numéraire, ses statuts sont signés de tous les souscripteurs, en personne ou par leurs mandataires spéciaux (article 396 AUDSC). Les statuts comportent tous les renseignements de droit commun des sociétés et autres énonciations spécifiques comme le mode d'administration ou de direction, l'identité des dirigeants, le nom, la cessibilité des actions etc (article 397 AU). Après adoption des statuts la société est constituée et doit procéder à son immatriculation au registre du commerce et du crédit mobilier.

Lorsque la SA doit se constituer avec apport en nature et ou la stipulation d'avantages particuliers, il sera désigné un commissaire aux apports qui va procéder à l'évaluation correcte, sous peine d'engager sa responsabilité, des dits apports et à une description fidèle des avantages particuliers stipulés et évolués. Il peut se faire assisté au besoin par un ou plusieurs experts.

Après l'apport de la portion des apports jugée suffisante pour démarrer la société, une assemblée générale dite constitutive est convoquée par les initiateurs fondateurs de la société. Cette assemblée est dirigée par l'actionnaire ayant le plus grand nombre d'actions, à défaut par l'associé le plus âgé (article 407 AUDSC).

Les apports en nature et les avantages particuliers font l'objet d'un vote spécial sans la participation des titulaires des dits apports. Cette même assemblée, au regard des dispositions de l'article 410 AUDSC, procède à l'adoption sans réserve des statuts proposés qui ne peuvent, être modifiés qu'à l'unanimité, désigne les premiers administrateurs ou l'administrateur général, désigne le commissaire aux comptes, statue dans les conditions de droit commun des sociétés sur les actes et engagements accomplis et pris pour le compte de la société en formation, et enfin donne mandats spéciaux aux premiers dirigeants d'effectuer tels ou tels autres actes notamment procéder à l'immatriculation de la société au RCCM.

Toutes les décisions et résolutions de cette première et importante assemblée générale ressortent dans un procès verbal régulièrement tenu et servant de preuve à tout.

c) L'administration et la direction de la SA

Ce sont les statuts qui jouent à ce niveau un rôle important en déterminant un mode d'administration au regard de l'une des deux formes de direction choisie par l'assemblée générale de constitution entre la société anonyme avec conseil d'administration et la société anonyme avec administrateur général. Par le biais de l'assemblée générale extraordinaire la SA peut changer à tout moment son mode d'administration (article 414 AUDSC).

c-1 L'administration de la SA avec conseil d'administration

Il s'agit ici de la direction des sociétés anonymes de grande taille économique et financière. Elles ont un conseil d'administration dont la composition varie entre trois (3) et douze (12) membres qui peuvent être actionnaires ou non actionnaires, ils peuvent même être des employés salariés de la dite SA. Les administrateurs peuvent être des personnes physiques ou des personnes morales, dans cette dernière hypothèse, cette personne morale désigne un représentant permanent par la représenter (art 421 AUDSC). Le mandat des administrateurs est de six (6) années renouvelables et aucun ne peut appartenir à plus de cinq (5) conseil d'administration. Lorsque un ou plusieurs administrateurs décèdent ou démissionnent, le CA peut y suppléer en désignant avant la prochaine assemblée de nouveaux administrateurs (article 429 AUDSC).

Au titre des rémunérations, sauf si l'administrateur est employé, auquel cas il a droit à son salaire mensuel, sinon les membres du CA n'ont pas droit à un traitement régulier et permanent. Les articles 431 et 432 AUDSC retiennent pour eux, d'une part une somme fixe annuelle que la société peut leur verser souverainement et d'autre part des rémunérations exceptionnelles qui peuvent leur être versées en cas de missions ou de mandat spécial à eux confiés par la société. Toutefois, leurs frais engagés pour la cause de la société (voyage, autres dépenses) seront remboursés.

Les fonctions d'administrateur se terminent après la tenue de la dernière assemblée générale marquant la 6ème année et cette fin de fonction doit être publiée au RCCM comme l'avait été leur désignation.

Le conseil d'administration est l'organe qui détermine les orientations de l'activité sociale et veille à leur mise en œuvre. C'est lui qui engage la société anonyme d'une façon générale vis-à-vis des tiers. Le conseil d'administration peut en outre autoriser son président directeur général ou le directeur général à donner des cautionnements avals, garanties etc. pour des engagements pris par des tiers.

Le conseil d'administration délibère valablement si la moitié au moins de ses membres est présente à la réunion et ses décisions sont prises à la majorité des membres présents ou représentés, le tout ressortant dans le procès verbal obligatoirement tenu à chaque réunion.

Le conseil d'administration a un président directeur général qui est une personne physique (non morale) nommé parmi les membres du conseil d'administration[60] et le mandat est le même que celui d'un administrateur. Aucun administrateur ne peut être président directeur général de plus de deux sociétés et exercer plus de trois mandats. Pour les besoins de l'objet social il collabore étroitement avec le conseil d'administration et préside le dit CA. Il peut avoir un adjoint.

c-2 L'administration de la société anonyme avec administrateur général

Il s'agit de petites sociétés anonymes ayant au maximum trois (3) actionnaires. Dans ce cas elles ne sont pas obligées de constituer un conseil d'administration et peuvent se contenter de désigner seulement un administrateur général qui assume lequel est responsable des fonctions d'administration et de direction de la société (article 494 AUDSC).

L'administrateur général peut être actionnaire ou non dans la société et il est désigné par l'assemblée générale ordinaire pour un mandat de six (6) ans renouvelable. Il convoque et préside les assemblées générales et est investi de

60 La jurisprudence rappelle que le président est nommé par le conseil d'administration et non par l'assemblée générale. Cour d'appel, ch civile et commerciale, Arrêt civil N° 152 du 23/02/2007 ohadata J-08-25.

tous les pouvoirs pour agir en toutes circonstance, au nom de a société. Ses modalités de traitement sont fixées par l'assemblée générale sauf si l'administrateur est employé-salarié de la SA, auquel cas, il a droit régulièrement à son salaire pour les tâches accomplies. Il peut apporter cautionnement, avals et garanties de la société à autrui.

Dans l'accomplissement de ses missions, il peut avoir un adjoint.

d) La tenue des assemblées générales

La société anonyme, quelle que soit sa forme, mène sa vie par la tenue régulière des assemblées statutaires à l'effet de prendre les grandes décisions relevant des compétences respectives des différentes formes d'assemblées. Elles sont convoquées par le conseil d'administration ou l'administrateur général avec un ordre du jour préalablement fixé, accompagné de tous les documents que les actionnaires doivent connaitre ou sur lesquels ils doivent se prononcer. Tous les actionnaires y ont le droit de vote conformément à leur poids au capital social. Il y a les assemblées générales ordinaires celles extraordinaires et aussi des assemblées spéciales dont l'article 555 AUDSC déclare qu'elles réunissent les titulaires d'actions d'une catégorie déterminée, son rôle a elle (AS) est d'approuver ou de désapprouver les décisions des deux premières formes d'assemblée qui préservent ou modifient leurs droits et cette décision compte.

2°) La société anonyme unipersonnelle

On parle de société anonyme unipersonnelle lorsque toutes les conditions de fond de création d'une SA ont été réunies par un seul actionnaire (supra 883). Cette seule personne qui libère le capital social ou effectue en plus les apports en nature, prend seule l'ensemble des décisions ressortissant à la compétence des assemblées générales ordinaires ou extraordinaires d'une SA, ordinaire. Quant à l'assemblée générale annuelle, elle marque le départ (par sa date) du décompte du délai de six (6) mois suivant la clôture de l'exercice pour la prise des décisions.

Elle est dirigée par un administrateur général qui peut sur décision de l'associé unique procéder à une augmentation du capital pour lequel une souscription sera ouverte.

Dans les sociétés anonymes, quelles qu'elles soient l'assemblée générale extraordinaire, au regard du rapport du conseil d'administration ou de l'administrateur général et éventuellement doublé de celui du commissaire aux comptes, peut attribuer à certaines personnes employées-salariées de la société des actions gratuites dans la limite maximum de 10% du capital social (article 626 AUDSC).

3°) Les modalités de conversion d'une société anonyme

La SA peut se fusionner à une autre, se diviser ou même se transformer selon des règles précises.

a) La fusion d'une SA

Ce sont des décisions importantes nécessitant une étroite collaboration des commissaires aux comptes qui nécessitent l'intervention de l'assemblée générale ordinaire. Chacune des sociétés devant subir la fusion présente un rapport spécial qui doit être consulté par les actionnaires. Des commissaires spéciaux dits commissaires à la fusion sont désignés pour la circonstance (Article 672 AUDSC).

b) La scission

La scission exige les mêmes précautions que la fusion mais à la différence elle doit, elle, être décidée par une assemblée générale extraordinaire (Article 685 AUDSC).

c) La transformation

Comparativement au droit commun en la matière, la transformation d'une société anonyme demeure possible mais répond à deux conditions préalables spécifiques édictées par l'article 690 AUDSC. La SA qui veut se transformer doit, d'une part avoir été constituée depuis deux ans au moins et d'autre part elle devra avoir tenu et fait approuver par ses actionnaires le bilan des deux premiers exercices. Le rôle du commissaire aux comptes est en outre important, car c'est sur la base de son rapport que les actionnaires seront édifiés.

Si la SA veut se transformer en société en nom collectif la décision sera prise à l'unanimité par les actionnaires tout en n'oubliant pas la qualité des associés qui doivent peut être tous commerçants dans une SNC (article 692 AUDSC).

Par contre lorsqu'une SA veut se transformer en SARL un vote majoritaire de ses actionnaires suffit à la réaliser.

4°) Le contrôle des sociétés anonymes

Dans les sociétés anonymes le contrôle est assuré par un ou plusieurs commissaires aux comptes avec des suppléants tous personnes physiques choisis parmi les experts-comptables inscrits à cet ordre (articles 694 et 695 AUDSC). Pour les sociétés anonymes simples c'est-à-dire celles ne faisant pas appel public à l'épargne, un commissaire et son suppléant suffisent ; dans le cas contraire il faut la désignation de deux commissaires aux comptes et deux suppléants. Les suppléants remplacent les titulaires, au besoin, notamment en cas d'empêchement. Les commissaires aux comptes sont soumis à des règles d'incompatibilité.

Le commissaire aux comptes d'une SA émet une opinion sur la régularité et la sincérité ou non des états financiers et doit donner une image fidèle du résultat des opérations du dernier exercice (article 710 AUDSC). Pour ce faire, il lui est loisible de procéder à tout moment de l'année civile, à toute vérification ou contrôle lui paraissant opportuns et à l'occasion il peut se faire remettre toutes pièces ou tout document susceptibles d'éclairer sa lanterne (article 718 AUDSC).

Selon l'article 725 AUDSC al 1 le commissaire aux comptes titulaire est responsable vis-à-vis de la société et des tiers des conséquences dommageables, de ses fautes et négligences dans l'exercice de ses fonctions.

5°) La dissolution de la société anonyme

Outre la possibilité de prise d'une décision de dissolution anticipée d'une société anonyme prise en assemblée générale extraordinaire (article 737 AUDSC), elle est soumise exactement aux conditions de fond et de forme de dissolution de droit commun des sociétés (supra 952).

6°) La responsabilité dans la création et la direction des sociétés anonymes

En ce qui concerne les fondateurs, l'article 738 AUDSC déclare qu'ils seront tenus au même titre que les administrateurs ou administrateur général en fonction, s'ils ont accompli ou négligé d'accomplir des actes et formalités à conjurer où à remplir, lesquels ont constitué la base de la nullité de la société. Ils seront tous déclarés solidairement responsables du ou des dommages ayant résulté de cette nullité. L'action en réparation dans cette hypothèse se prescrit par trois (3) années.

En ce qui concerne les administrateurs, ils seront responsables individuellement ou solidairement envers les tiers des fautes de toute nature leur ayant causé des préjudices (article 740 AUDSC). De même en vertu des dispositions de l'article 741 AUDSCGIE chaque actionnaire ayant subi des dommages par la faute des actionnaires, peut saisir le tribunal personnellement à l'effet de l'entendre condamner les fautifs à lui devoir des dommages-intérêts. L'exercice collectif du même droit dans les mêmes conditions est reconnu à un groupe d'actionnaires ayant subi un préjudice collectif à la suite d'une même faute.

7°) Les valeurs mobilières et autres titres émis par la société anonyme

A une certaine taille, les sociétés anonymes peuvent entreprendre certaines initiatives pour équilibrer leur poids économique ou financier sur le marché monétaire. Tout se passe comme s'il s'agissait d'un vrai commerce de titres existants ou émis à cet effet.

Les valeurs mobilières confèrent des droits identiques à ceux des actionnaires et donnent accès directement ou indirectement à une part du capital social de la société émettrice. Les valeurs mobilières donnent accès à un droit de créance général sur le patrimoine de la société (article 744 AUDSC).

Les valeurs mobilières revêtent la forme de titres au porteur[61] ou de titres nominatifs quel que soit le pendant (contrepartie d'apports en nature ou en numéraire).

Pour le nantissement des titres émis, il y a lieu de se reporter en la matière au droit des suretés OHADA.

61 Voy Sékou Faco CISSOUMA, Droit civil : les obligations au Mali op cit.

8°) Les sociétés anonymes faisant appel public à l'épargne

Elles sont des types de sociétés fonctionnant à l'ordinaire comme les sociétés anonymes mais qui présentent l'ambition d'ajouter à leur capital social considérablement.

A ce moment elles évoluent comme des sociétés cotées en bourse. Aussi la société anonyme faisant appel public à l'épargne doit avoir un capital social de cent millions (100 000 000) F CFA. Il est élaboré un document en ce sens qui passe par la presse pour atteindre les éventuels nouveaux apporteurs (articles 824 et S AUDSC).

Le droit pénal établit son règne dans le droit des affaires son état d'âme.

SECTION III : L'INTERVENTION DU DROIT PÉNAL DANS LE DROIT DES SOCIÉTÉS

S'il n'y avait pas un épouvantail répressif le droit des affaires communautaire réaliserait-il son objectif ou atteindrait-il son objet ?

La réponse à ce double questionnement est négative et c'est pourquoi l'acte uniforme sur le droit des sociétés et des GIE a caractérisé la plupart des actes nocifs à un bon climat des affaires source d'essor (climat) des économies nationales et sous régionales.

Ainsi l'AUDSCGIE caractérise les infractions relatives à la constitution des sociétés commerciales (articles 886 et 887) celles relatives à la gérance, à l'administration et à la direction (articles 888 à 891-2), celles portant sur les assemblées générales, le capital des SA (Article 893 à 896), les infractions relatives au contrôle et à la dissolution liquidation des sociétés (articles 897 à 904) et enfin les infractions portant sur l'appel public à l'épargne (article 905).

Un constat se dégage dans le sens de l'absence des peines applicables. En effet dans toutes les dispositions pertinentes, le droit OHADA renvoie pour la détermination des peines et de la procédure pénale au droit national de chaque Etat. Ce qui peut être critiquable à plusieurs égards.

Par exemple le droit OHADA peut caractériser une infraction qui n'a pas de répondant dans le droit national, que faire ?

En outre, il est évident que les législations n'accordent pas le même quantum (peines) aux infractions économiques et financières, la plupart se confine à des délits et quelques unes incriminent certains faits qu'elles qualifient de crimes et effectivement l'acte uniforme prévoit quelques cas de prescriptions de recours allant jusqu'à dix (10) ans si le fait générateur de dommages est inhérent à un crime.

Il sied que le droit OHADA prévoit des sanctions même si leur administrateur doit revenir aux droits nationaux, surtout que ce sont les peines d'amende qui sont les plus nombreuses en la matière. L'OHADA pourrait avoir une ristourne au recouvrement de ces amendes. Le grand risque que courent les commerçants et autres hommes d'affaires c'est que la mise en œuvre des politiques de procédures pénales est différente d'un pays à l'autre ; ainsi pour l'applicabilité des peines privatives de liberté, certains magistrats peuvent avoir la signature de mandat (de dépôt) trop facile et d'autres non. Il faut bien souligner que contrairement à la France, la mise sous mandat dans la majorité des pays africains dépend de la diligence d'un seul magistrat. Or, il est évident qu'une législation communautaire serait plus vigilante dans le sens de la préservation de la liberté plus que toutes les législations nationales.

Une autre forme sociale ressemble à la société commerciale.

CHAPITRE II : LES SOCIÉTÉS COOPÉRATIVES

Originellement issues d'entreprises initiées pour satisfaire des besoins fondamentaux dans le sens du bien être des populations vivant et partageant les mêmes réalités socio-économiques (difficiles) les sociétés coopératives marquent ou caractérisent une idée de solidarité, locale, régionale voire nationale.

La nature d'une société coopérative dépend de l'objet de la dite société. Si cet objet est civil la coopérative est civile, si l'objet est commercial la coopérative est commerciale (article 21 AUDSC).

L'étude des sociétés coopératives va porter sur les généralités autour d'elles (section I) avant de ressortir les particularités des différents types de sociétés coopératives (section II).

SECTION I : GÉNÉRALITÉS SUR LES SOCIÉTÉS COOPÉRATIVES

Les sociétés coopératives évoluent un peu à l'image des sociétés sociales avec une intégration de plusieurs spécificités qui leur donnent une identité assez claire.

Pour avoir une perception complète d'une société coopérative il sera nécessaire d'exposer successivement les règles de sa constitution (paragraphe I) les conditions de la formation du contrat de société (paragraphe II), l'institution d'une personnalité morale à son profit (paragraphe III) ses règles de fonctionnement (paragraphe IV) son organisation spécifique par ses structures (paragraphe V). Mais avant toute cette étude, l'étendue du domaine d'activités des coopératives justifie l'initiation d'un paragraphe préliminaire pour démontrer des préalables psycho-économiques et pédagogiques de la coopérative.

PARAGRAPHE PRÉLIMINAIRE : LES PRÉALABLES PSYCHO-ÉCONOMIQUES DE LA SOCIÉTÉ COOPÉRATIVE

L'insertion de ce paragraphe préliminaire se fonde sur des préoccupations pédagogiques ayant pour objet de faire partager l'ancrage psychologique de la notion de coopérative qui emporte originellement sa confusion avec la société commerciale dans son aspect affectio societatis, mais surtout sa constance liée à la vie de l'homme, vivant en société organisée. Dans ses premières formes ou formes primaires les hommes ne se préoccupaient pas de savoir si leurs coopératives étaient civiles ou commerciales.

A°) La coopérative, une structure instinctive

Que le vocable de coopérative soit employé au singulier ou selon l'esprit de regroupement (société coopérative) il traduit une forme collective de gestion commune volontaire d'une ou plusieurs activités humaines et peu importe que ce soit l'Etat, les collectivités ou des individus qui initient la coopérative.

On se rappelle au Mali, le lendemain des indépendances, la création et la mise en place de la société Malienne import-export (SOMIEX)[62] qui marchait à la fois comme une société d'Etat et surtout comme une coopérative ; car la SOMIEX n'avait pas pour ambition de réaliser des bénéfices sur les achats des populations, mais de satisfaire leurs besoins fondamentaux à moindre frais et de façon homogène. Ainsi les produits de première nécessité et autres étaient vendus au même prix de Yorosso à Ménaka, de Kayes à Kidal dans les boutiques SOMIEX. C'était là une réaction politico-économique quasi instinctive contre le libéralisme capitalistique des nouvelles autorités socialistes maliennes.

Dans le même temps et bien plus tard une vraie politique de coopérative était encouragée dans tous les milieux sociaux et professionnels. Un service technique déconcentré a pu être créé et préservé par l'ensemble des gouvernements successifs des trois République du Mali. Ce service technique longtemps connu sous l'appellation de Direction Nationale des Actions coopératives, relève administrativement du Ministère du développement rural et intervient pour encadrer principalement le monde Agricole (agriculture, pêches, planteurs etc.) à travers la création de coopératives éponymes. Au moins 80 à 90% des maliens (toutes générations confondues) sont connu, ont entendu parler des coopératives dans les services déconcentrés de la DNA coop dénommés centres d'Animations coopératives (CAC) dont le rôle prépondérant était ou demeure l'encadrement des coopératives Agricoles. Les coopératives étaient créées par les populations ou des professionnels d'un même secteur sommairement et puissamment organisées pour satisfaire leurs besoins fondamentaux à coût abordable par tous. Ainsi les cultivateurs mettaient en place des coopératives villageoises pour pouvoir acheter les produits de première nécessité ou les céréales et le leur revendent sans rechercher de bénéfice, au besoin et surtout pendant les périodes de soudure. Pour le financement initial, les villageois

62 La SOMIEX fut imaginée et créée par les pouvoirs publics d'aubédience révolutionnaire à l'époque en réaction à l'impérialisme, en vue de vendre les articles de première nécessité (sel, sucre, huile, savon, pétrole, céréales, tissu au même prix (prix homogénéisé) sur l'étendue du territoire national aux populations.

pouvaient convenir d'ajouter cinq ou dix francs à l'impôt de capitation qui seront prélevés par le chef de village et ses conseillers et remis aux dirigeants de la coopérative qui, eux, sont des employés-salariés de la structure. Les pêcheurs dans leurs milieux s'organisent de la même façon, à la fois pour pouvoir acquérir le matériel de travail (pirogues, filets etc.) et pouvoir vendre plus ou moins facilement leurs produits. Il en va de même pour les éleveurs dont les coopératives les aident à acquéreur l'aliment bétail, les médicaments soignant les animaux mais aussi pour l'écoulement de leurs produits comme le lait, les produits laiteux, la viande etc.[63].

Aujourd'hui encore les coopératives existent et de façon nettement extensible sur les différents secteurs d'activité : on les compte désormais dans le domaine de la santé à travers les centres de santé communautaires (SCOM) dans le domaine de l'éducation (écoles coopératives) dans le domaine des finances pour la création des caisses de microfinance comme JEMENI et autres qui ont commencé par la forme coopérative. La coopérative s'est révélée être au Mali un véritable moyen voire levier de combat de la dictature sur le plan politique. Ce que l'affrontement physique ne pouvait pas contre la dictature, c'est ce que l'intelligence coopérative à permis de détruire à petit feu jusqu'à ce que la démocratie ait eu raison de l'autocratie. C'est ainsi que la coopérative JAMANA[64], dans ses activités, à procédé à la mise en place d'un journal d'informations générales, ''les échos'' dont le rôle positif a été bien perçu et apprécié des Maliens opprimés et épris d'un idéal de démocratie. Entre autres actes. C'est dans ce journal que les intellectuels et autres membres du corps social ont publié une pétition pour la première fois, demandant l'avènement de la démocratie et l'institution du multipartisme intégral. JAMANA en tant que coopérative a été une structure instinctive de conquête de liberté politique pour les populations Bamakoises et du reste du Mali.

63 Les habitués de la route Bamako-Ségou-Bamako se ravitaillent régulièrement en lait multiforme à Kassela où une coopérative laitière d'éleveurs relève les défis de la qualité et de la quantité.

64 On parle d'espace culturel JAMANA sis à Bamako en commune IV fondé par le professeur Alpha Oumar KONARE, ancien Président de la République du Mali et premier Président de l'ère démocratique et ses compagnons. JAMANA a été et demeure encore à ce jour une coopérative mais plus encline dorénavant aux activités culturelles que politiques. Entre autres JAMANA édite des ouvrages et des journaux comme les échos etc.

B°) La nature juridique de la coopérative

Le droit commun c'est-à-dire le droit civil semble le droit applicable à la très grande majorité des coopératives et sociétés coopératives car la plupart du temps l'objet des coopératives est civil, donc elles partagent plus les réalités (en régimes) juridiques des sociétés civiles que celles des sociétés commerciales à moins que les fondateurs d'une société coopérative n'aient expressément convenu de lui donner un objet expressément commercial. C'est cela que rappelle l'article 21 AUSCoop « l'objet de la société coopérative détermine le caractère civil ou commercial de celle-ci ». la jurisprudence respecte cette décision légale en rappelant qu'une société coopérative qui exerce des activités commerciales est soumise aux règles régissant la gestion des sociétés commerciales notamment l'obligation faite aux dirigeants de présenter le rapport annuel de gestion[65]. Il va sans dire que lorsque la société coopérative est civile les règles de compétence juridictionnelles et celles se rapportant à la preuve seront celles renvoyant au tribunal de droit commun (tribunal civil) avec toute la rigueur requise et lorsqu'elle (société coopérative) et commerciale, elle ressortira à la compétence du tribunal de commerce avec la facilité des règles de preuve où on prouve par tous moyens.

En outre, le terme société appliqué à la coopérative parait inadapté[66] car la coopérative ne réalise pas de bénéfice mais plutôt un boni si elle a positivement fonctionné dans l'année. Ce boni s'utilise à entretenir davantage les opérations rapporteuses de la coopérative et il (boni) doit être reparti entre les membres de la coopérative non pas proportionnément à leur capital (apport) dans la coopérative mais proportionnellement au nombre et à l'importance de leurs opérations, c'est ce que l'on appelle les ristournes[67] qui sont différentes de dividendes prélevés sur les bénéfices produits par les sociétés commerciales.

Les coopératives ont fait l'objet d'une réglementation dans notre pays avant l'avènement du droit OHADA.

---

65 Tribunal de grande instance du Mongo, jugement N° 30 civ du 21 juin 2007 ohadata J-09-252.

66 Réné SAVATIER, Jean SAVATIER, Jean-Marie LELOUP, Droit des Affaires, 4ème édition 1974, Edition Sirey, 22, rue soufflot 75005 Paris

67 Article 112 AU Coop : « les statuts peuvent prévoir le versement de ristourne aux coopérateurs proportionnellement aux opérations faites par eux avec la société coopérative ou au travail effectué en faveur de cette dernière ».

C°) L'économie de la loi réglementant les sociétés coopératives au Mali

Comme le caractère instinctif, naturel de la coopérative a été démontré à travers les lignes antérieures, il est aisé de comprendre que les coopératives ont fonctionné comme des groupements de fait avant de connaitre une réglementation relativement adéquate[68].

La loi de juillet 2001, régissant les sociétés coopératives, peut avoir des dispositions en vigueur en même temps que l'acte uniforme sur les sociétés coopératives en vertu des dispositions supplétives de l'article 10 du traité OHADA. C'est une loi qui comporte juste 90 articles repartis entre dix (10) chapitres qui abordent successivement.

1. Au chapitre I des dispositions générales, une définition, l'objet et les caractéristiques des sociétés coopératives. Aussi relève-t-on que les sociétés coopératives sont des sociétés de personnes sui généris inspirées des principes d'union, de solidarité et d'entraide mutuelle.
   Il se confirme le caractère civil de la société coopérative qui ne poursuit qu'un but non lucratif (Article 1er). Son objet principal est l'amélioration de la situation socio-économique de ses membres ou adhérents.
   La loi porte que les sociétés coopératives sont des personnes morales jouissant de la capacité juridique ;

2. Au chapitre II relatif à la constitution-enregistrement, le texte déclare que la société coopérative se constitue librement avec un nombre minimum de cinq (5) personnes et la formalité d'enregistrement s'accomplit sans frais auprès du greffe du tribunal civil. Les statuts rédigés sont déposés auprès des services administratifs techniques au siège de la société. Les sociétés coopératives doivent être enregistrées contre délivrance d'un récépissé avant qu'elles puissent avoir une existence légale. Les auteurs des actes accomplis avant l'existence légale répondent personnellement et solidairement de leurs fautes.

3. Au chapitre III portant sur l'adhésion, le retrait et fixant les droits et devoirs des membres et certaines sanctions, il revient que la société coopérative se constitue entre personnes majeures librement et la possibilité

68 C'est la loi N° 076 du 18 juillet 2001 qui régit les sociétés coopératives au Mali, elle a remplacé la loi N°88-62/AN-RM du 19 juin 1988 qui régissait le Mouvement coopératif en République du Mali.

de démission est reconnue. Tous les membres ont le droit de participer à la vie de la coopérative. L'article 19 apporte une restriction à la libre adhésion, dans la mesure où il déclare que nul ne peut adhérer à plusieurs sociétés coopératives ayant le même objet dans une même localité.

4. Au chapitre IV consacré à l'administration à la gestion et au contrôle de la société coopérative il ressort qu'en plus des organes habituels (A.G.C.A) la coopérative a un comité de surveillance qui est l'organe de contrôle interne permanent qui exerce ses pouvoirs de façon collégiale (Article 46). Il vérifie entre autres les livres comptables, la caisse, la régularité des inventaires, le bilan etc.

5. Au chapitre V édictant les dispositions financières et comptables, on comprend que le capital social d'une société coopérative résulte des cotisations et des parts sociales souscrites par les membres qui sont porteuses d'intérêt aux coopérateurs (Articles 51) mais ne donnent pas droit à des dividendes (Articles 54).

6. Au chapitre VI relatifs aux différentes structures coopératives, l'on constate que les sociétés coopératives peuvent constituer entre elles des unions, des fédérations et confédérations. Les instances de ces différentes structures peuvent établir des circuits commerciaux et échanges avec des organismes coopératifs nationaux et étrangers.

7. Le chapitre VII consacre, comme dans les sociétés commerciales, des changements de forme par accroissement c'est-à-dire la possibilité de fusion ; ou par division c'est-à-dire la scission (Article 70 et S) ; et naturellement suit ;

8. Au chapitre VIII les causes de dissolution et sa conséquence subséquente qu'est la liquidation.

9. Au chapitre IX des dispositions pénales sont stipulées, réprimant d'abord les infractions d'atteinte aux biens comme l'escroquerie, l'abus de confiance, l'abus de blanc-seing et ensuite les sociétés coopératives ont obtenu une faveur législative pénale qui sanctionne l'atteinte à leurs biens comme celle aux biens publics à l'égard des administrateurs, directeurs, gérants ou autres employés (article 84 et 85).

10. Enfin au chapitre X comme dernier chapitre habituellement réservé aux dispositions transitoires, diverses et finales, la loi réglementant les sociétés coopératives au Mali marquent tout l'intérêt que les pouvoirs publics portent sur les sociétés coopératives et le mouvement coopératif. Au delà de ces préoccupations administratives et politiques, les sociétés coopératives bénéficient dans la loi malienne d'un préalable de justice privée par un arbitrage obligatoire institué avant toute saisine de la juridiction étatique. Par rapport à la juridiction étatique compétente, c'est dans des termes impérieux ne souffrant d'aucune ambigüité, que la compétence exclusive du tribunal civil est instituée (article 88). Donc la loi au Mali ne reconnait pas de forme ou d'objet commercial à la société coopérative et exclut donc toute compétente du tribunal de commerce.

A présent l'on peut se poser la question sur la constitution d'une société coopérative.

PARAGRAPHE I : LA CONSTITUTION DE LA SOCIÉTÉ COOPÉRATIVE

Il est aisé de constater de nos jours que les coopératives s'accaparent de tous les secteurs d'activité humaine avec l'avantage de fédérer les efforts des personnes intéressées dans un même faisceau intentionnel, celui de réaliser le maximum de prospérité, de progrès socio-économique avec peu de moyens. Il faut souligner que dans sa réglementation l'acte uniforme sur les sociétés coopératives[69] maintient la vigueur de ses dispositions même sur les sociétés coopératives qui choisiraient soit en la forme, soit par leur objet, d'exercer une activité commerciale (Article 1 AU). La société coopérative est une entité juridique propre distincte de la société commerciale et même du GIE qui lui ressemble faussement et qui évolue dans un cadre bien précis assorti de principes.

A°) La définition et le cadre coopératif

Les dispositions de l'article 4AUSCoop définissent la société coopérative comme un groupement autonome de personnes volontairement réunies pour satisfaire leurs aspirations et besoins économiques sociaux et culturels communs, au moyen d'une entreprise dont la propriété et la gestion demeurent

69 Acte uniforme du 15 décembre 2010 relatif au droit des sociétés coopératives JO OHADA N° 23, 15/02/11 commenté par Akireté Pédro SANTOS et Charles Komévi Botokro.

collectives et où le pouvoir est exercé démocratiquement et selon les principes coopératifs. Dans cette définition légale l'on relève successivement par les mots et expressions suivants :

— Groupement autonome signifie fondation d'une personne juridique distincte du groupe de personnes qui lui ont donné naissance ;
— La satisfaction des aspirations et besoins économiques, sociaux et culturels signifie que le mot coopératif est plus large que société commerciale qui vise la satisfaction de besoins économiques essentiellement. Or, par la loi même, la société coopérative va au delà, le terme aspirations marque un vrai idéal à atteindre parfois dans l'objet de certaines coopératives comme peut être l'exemple des coopératives politiques et culturelles. Ainsi peut-on conclure que si la société commerciale vise la prospérité économique elle, la société coopérative, quant à elle, vise à développer la société dans son ensemble d'une façon équitable.
— Enfin toute portion de pouvoir détenue dans la direction ou l'organisation d'une société coopérative, s'exerce démocratiquement.

Dans ses relations multidirectionnelles, la société coopérative traite naturellement avec ses membres (coopérateurs) mais peut traiter aussi avec des usagers non coopérateurs.

Malgré l'expansion sectorielle de la coopérative, les sociétés coopératives qui exercent dans le domaine bancaire ou financier sont exclus de l'empire de l'acte uniforme, pour être totalement régis par les textes nationaux et certains textes communautaires excluant expressément la compétence du droit OHADA dans ces matières[70].

La société coopérative étant une structure où l'égalité est prônée afin qu'il soit sûr d'atteindre l'objectif coopératif, il va sans dire que tout comportement hégémonique et souverain de l'un quelconque des membres ou de tout groupe d'adhérents est proscrit (article 6 AUSCOOP). Ainsi l'adhésion est volontaire et ouverte à tous sur une base démocratique avérée entre coopérateurs, qui

70 Effectivement certains établissements financiers assimilés aux banques exerçant sous l'appellation de sociétés financières décentralisées (SFD) plus globalement connus sous le nom de microfinance, sont constitués sous forme de coopérative. De même le traité de l'union (UEMOA) se réserve exclusivement la réglementation bancaire dans certains Etats de l'Afrique de l'Ouest (voir article 20 traité, Article 2 AUSCOOP).

participent tous économiquement à la vie de la dite société. Les principes d'une société coopérative exigent également un vrai esprit coopératif édulcoré d'un engagement volontaire et franc envers la communauté. Toutes choses qui laissent sous entendre la nécessité d'une éducation, d'une formation, d'une information continues des adhérents.

B°) La conquête de la qualité d'associé coopérateur

On entend très souvent indistinctement parler de sociétaire, d'associé, de coopérateur qui est celui (toute personne) qui s'engage, dans le cadre du lien commun, à travailler avec la coopérative en qualité de client, fournisseur ou prestataire de services[71].

Le lien commun est, selon l'article 8 AUSCoop, le lien, le critère objectif qui inspire les coopérateurs à se regrouper autour d'un objet louable. Le lien commun est donc comme l'affectio societatis dans les sociétés commerciales.

A la société coopérative on y adhère librement, par une simple demande écrite et signé et les adhérents sont inscrits dans un registre spécial par ordre chronologique, tenu au siège. Ce registre doit ressortir tous les éléments d'identification des membres ainsi que le nombre de parts sociales souscrites et ou libérées (article 9 et 10 AUSCoop).

C'est dans les mêmes conditions de forme (avertissement écrit) que chaque coopérateur peut se retirer d'une coopérative en ayant un droit au remboursement de ses parts sociales conformément aux statuts et règlements de l'acte de société. Le coopérateur qui se retire demeure solidairement responsable des dettes sociales contractées au moment de sa présence dans la vie coopérative.

En outre, selon les dispositions statutaires, il peut être procédé à l'exclusion de tout coopérateur s'il se retrouve en situation délicate comme l'ouverture d'une procédure de liquidation à l'encontre du membre personne morale, le refus d'un coopérateur de passer des transactions avec la coopérative pendant plus de deux (2) ans, ou et surtout le défaut de comportement honorable vis-

71 A Pédro SANTOS et Komvi Botokro commentaire de l'acte uniforme sur les sociétés coopératives.

à-vis de la coopérative (article 13 AUSCOOP). L'exclusion définitive relève du ressort de l'assemblée générale.

Comment se forme une société coopérative ?

PARAGRAPHE II : LA FORMATION DU CONTRAT DE SOCIÉTÉ COOPÉRATIVE

La société coopérative est un acte collectif unilatéral en ce sens que les adhérents se retrouvent et évoluent dans le cadre d'un même lien commun.

Les coopérateurs élaborent des statuts et éventuellement un règlement antérieur (A) conformément auquel des apports sont effectués (B).

A°) L'élaboration des statuts

Les statuts constituent le contrat de sociétés coopératives marquant la volonté convergente des adhérents de réaliser un objet dont ils déterminent et ou fixent les règles par la conception des dits statuts et l'adoption d'un règlement intérieur. Ils peuvent être rédigés indifféremment sous forme authentique (intervention d'un notaire) ou sous seing privé (article 17 AUSCOOP).

Les statuts doivent comporter plusieurs mentions définies dans l'article 18 AUSCOOP dont les plus révélatrices sont :

— La forme de la société coopérative ;
— La nature et le domaine de son activité qui forment son objet social ;
— Les informations sur les initiateurs, dirigeants et le siège social ;
— L'identité des apporteurs etc.

Le siège social doit être mentionné dans les statuts.

1°) L'observation des conditions de droit commun

Il s'agit des quatre conditions essentielles requises pour la validité d'un contrat fixées dans l'article 28 RGO appelées conditions de formation et de validité des contrats il s'agit :

— Du consentement ;

— De la capacité ;
— De l'objet, et
— De la cause.

Si ces conditions sont sous-entendues dans l'acte uniforme, elles ont été particulièrement reprises dans la loi régissant les sociétés coopératives en République du Mali dont l'article 14 s'intéresse aux aspects subjectifs c'est à la capacité et le consentement, en déclarant que : « toute personne physique âgée d'au moins dix-huit ans peut librement adhérer à une société coopérative ».

Il est vrai qu'il existait une différence entre la majorité de droit commun qui était de 21 ans et celle consacrée par le texte malien avant que celle de droit commun ne s'établisse désormais à 18 ans. Qu'à cela ne tienne, on peut toujours reprocher au texte d'avoir tenu trop haut l'âge minimum pour pouvoir adhérer à une coopérative. En effet l'étendue des domaines de la coopérative explique et légitime que l'on doive prendre en compte des personnes de très jeune âge (dix ans ou même moins) car dans le domaine de l'Agriculture des enfants peuvent être à même de tenir des activités (petit élevage de volaille, de caprins, voire de bovins) la pêche, l'exploitation forestière etc. Il semble qu'ils peuvent bien apprécier les droits dont ils sont titulaires car très souvent ces activités sont naturelles pour eux, en tous les cas elles n'ont aucun caractère artificiel à leurs yeux.

2°) La durée de vie de la société coopérative

La durée de vie d'une société coopérative est conventionnelle car la loi laisse le soins aux statuts de la fixer (article 25 AUSCOOP) et son décompte débute à partir de l'immatriculation de la société coopérative au Registre des sociétés coopératives.

A l'arrivée du terme de cette durée de vie la société coopérative sera dissoute, sous réserve de sa prorogation. Une ou plusieurs prorogations peuvent intervenir par rapport à une société coopérative selon la forme de la coopérative et conformément aux statuts.

Peut-on parler de société coopérative sans apports ?

B°) Les apports

L'article 30 AUSCOOP reconnait pour une société coopérative, les trois types d'apports reconnus à la société commerciale c'est-à-dire les apports en numéraire, en nature ou en industrie contre lesquels les coopérateurs ont droit à des parts sociales (infra 1070).

1°) Les différents types d'apports

Ils sont similaires à ceux des sociétés commerciales, il s'agit :

a) Des apports en numéraire

Qui sont des apports en argent liquide mis à la disposition effective de la société coopérative qui en devient propriétaire. Ces apports sont souscrits et libérés à une proportion raisonnable avant le début de la société. Lorsque la libération prend du retard ou que son défaut cause un préjudice quelconque à la société coopérative, l'apporteur coopérateur sera condamné à devoir des intérêts découlant de plein droit des sommes d'argent restant dues et au besoin sera condamné à devoir des dommages-intérêts, réparateurs du préjudice subi du fait du défaut de paiement.

b) Les apports en nature

Les apports en nature sont constitués de droits relatifs à des biens en nature qu'ils soient mobiliers ou immobiliers, corporels ou incorporels et se réalisent par leurs transfert et mise à disposition effective au compte de la société coopérative tels que promis ; ils doivent être intégralement libérés.

Il convient de souligner que lorsque l'apport est effectué en priorité, l'apporteur est garant envers la société coopérative tout comme un vendeur envers son acheteur. Il en va de même lorsque l'apport est seulement en jouissance que l'apporteur ait les mêmes obligations vis-à-vis de la société coopérative comme un bailleur vis-à-vis de son preneur (supra). Les apports en nature doivent faire l'objet d'une fidèle évaluation dans un acte joint aux statuts (article 41 et 42 AUSCOOP).

c) Les apports en industrie

L'apport en industrie est définie selon la vieille expression de la notion en droit des sociétés c'est-à-dire qu'il constitue une main d'œuvre ou un savoir (expression nouvelle) correspondant à la part de l'apporteur en numéraire ou en nature qui effectue le plus faible apport. Les apports confèrent des prérogatives.

2°) Les droits et obligations liés aux apports

Une fois le capital coopératif constitué, il devient source de titres sociaux appelés parts sociales attribués proportionnellement aux apports effectués et rémunérés de plusieurs façons comme :

—Un droit sur les excédents réalisés par la société coopérative ;
—Un droit à tous les avantages et prestations de la société coopérative ;

En outre, l'apport confère à l'apporteur le droit de :

—Participer aux décisions collectives ;
—De bénéficier de tous droits que la coopérative peut offrir.

En contrepartie, le coopérateur apporteur contribuera aux pertes survenues en cas de bilan négatif de la société coopérative tout comme il doit, dans la mesure de ses moyens et capacités faire des transactions avec la dite société.

C°) Des ressources de la société coopérative

Une société coopérative a un patrimoine qui est alimenté d'une part par le capital social résultant des apports et conférant des parts sociales (Articles 54 et suivants AUSCOOP). Le capital peut connaitre une augmentation ou une diminution. En plus, toute société coopérative est fondée à recevoir des subventions, dons et legs en vue de réaliser ou prospérer leurs activités ;

D'autre part, le patrimoine social s'alimente des fonds d'emprunts qu'elle (société coopérative) peut effectuer auprès de personnes et organes habilités à cet effet mais à condition qu'elle s'engage à rembourser correctement.

D°) La rigueur des statuts

Les statuts, une fois rédigés et adoptés doivent être rigoureusement respectés et ne peuvent être modifiés que si cette option est statutairement prévue ou autorisée par le tribunal (articles 61 et 63 AUSCOOP). L'acte uniforme a prévu qu'une autorité administrative ainsi sollicitée (celle de tutelle) puisse autoriser la modification.

Les initiateurs et les premiers membres des organes de gestion ou d'administration, sont déclarés solidairement responsables des préjudices causés par le défaut de certaines mentions obligatoires dans les statuts. Le même principe s'applique en cas de négligence d'accomplissement de formalités consécutives à une modification des statuts.

Quant au règlement intérieur, il est un corps de règles destiné à compléter où à spécifier les dispositions statutaires. Il se rédige dans les mêmes conditions de forme que les statuts. Le contenu du règlement intérieur, des statuts des sociétés coopératives, comme l'indique l'article 62 AUSCOOP parle sur les droits financiers des associés coopérateurs.

Comment se forme une société coopérative ?

PARAGRAPHE III : LA PERSONNALITÉ MORALE DES SOCIÉTÉS COOPÉRATIVE

La création d'une société coopérative subit certaines étapes avant qu'elle n'acquiert la personnalité morale lui permettant d'être distincte de ses fondateurs.

A°) La naissance de la société coopérative

Il est fait distinction entre la société coopérative en formation et la société coopérative constituée mais non encore immatriculée.

1°) Définitions

Une société coopérative est dite en formation lorsque les apports et autres formalités préalables sont entrain de se faire en vue de préparer sa constitution.

Une société coopérative est dite constituée lorsqu'après la constitution effective de son capital une assemblée générale spéciale est convoquée à l'effet d'adopter les statuts et avant son immatriculation (art 86 AUSCOOP). Dès l'adoption des statuts la société coopérative existe entre associés coopérateurs mais ses actes ne sont pas encore opposables aux tiers. Cette assemblée désigne les premiers dirigeants qui auront pour tâche prioritaire de procéder à l'immatriculation dans le registre spécial.

2°) Le sort des engagements pris par les fondateurs

Il s'agit bien des engagements pris pour le compte de la société coopérative en formation avant sa constitution et après sa constitution.

Les actes et engagements pris par les initiateurs au nom de la coopérative en formation doivent être portés à la connaissance des associés coopérateurs à l'assemblée constitutive qui se prononce sur leur prise en compte ou pas. Les actes qu'elle refuse de prendre en compte passeront au compte des initiateurs qui en répondront solidairement et indéfiniment (article 92AUSCOOP).

De la même façon que cela se passe dans les sociétés commerciales, les engagements dans le cadre des sociétés constituées non encore immatriculées doivent relever de mandats spéciaux confiés à un ou plusieurs dirigeants. Ces tâches doivent être accomplies strictement en respect au mandat reçu. En cas de dépassement de ces pouvoirs par le ou les mandataires, la société coopérative sera libre de les prendre ou compte ou de les refuser (Art 93 AUSCOOP supra 909).

B°) L'existence d'un Registre des sociétés coopératives

Le registre des sociétés coopératives présente beaucoup de similitudes avec le registre du commerce et du crédit mobilier à l'image duquel il semble avoir été conçu, du moins pour sa première partie (Registre du commerce=RC). Il est un document juridico-administratif destiné à recevoir l'immatriculation des sociétés coopératives et groupements formés à leurs sommets c'est-à-dire les sociétés dites faitières et toutes les modifications qui interviennent dans la situation des dites sociétés.

Ce registre est organisé selon des exigences légales et a des objectifs précis.

1°) Organisation du registre des coopératives

Le RSC connait une organisation étagée comme la RCCM. Il existe un registre tenu au niveau local par un service administratif compétent venant d'un pays à l'autre selon le service technique qui s'occupe des coopératives ; ensuite il y a un fichier dit national qui centralise les renseignements contenus dans les registres locaux, le fichier Régional où sont communiqués et rassemblés les renseignements et informations normalement consignés dans les différents fichiers nationaux. A ces trois niveaux sont réunies toutes les informations utiles pour éclairer le public notamment les partenaires, les tiers traitant ou désireux de traiter avec les sociétés coopératives assujetties à l'immatriculation.

Le RScoop comprend un registre d'arrivée qui inscrit les sociétés selon leur date d'immatriculation et un autre registre qui procède à la collection des dossiers individuels des sociétés coopératives inscrites avec l'ensemble des éléments d'identification sur au moins quatre formulaires.

2°) Les objectifs du Registre des sociétés coopératives

L'immatriculation au RS coop est une obligation pour chaque société coopérative constituée qui doit satisfaire à cette formalité un mois francs après l'adoption de ses statuts (Articles 74 et 75 AUSCOOP). Pour s'y prendre les dirigeants sociaux, dans le cadre de l'exercice d'un mandat spécial, déposent auprès de l'administration une demande indiquant clairement entre autres renseignements,

- —La dénomination sociale,
- —Les activités exercées,
- —La forme de la société coopérative,
- —La durée de vie de la société projetée,
- —Les renseignements sur les dirigeants sociaux,

La demande sera accompagnée de documents comme :

- —Deux copies des statuts et règlement intérieur,
- —Deux listes des membres du comité de gestion ou du conseil d'administration de la société coopérative,

— Et au besoin de deux copies des autorisations (agréments) acquises si la société coopérative se forme entre des professionnels dont l'activité est soumise à l'octroi d'un agrément (Art 76 AUSCOOP).

Ce n'est qu'après la réception de ces documents que l'autorité administrative émet un numéro au profit de la société coopérative. Ce numéro met fin à l'accomplissement des formalités d'immatriculation et fonde le début de la personnalité juridique c'est-à-dire la personnalité morale la société coopérative qui devient ainsi une personne distincte des coopérateurs, ayant ses prérogatives et ses engagements propres désormais (Article 78AUSCOOP).

En cas de transfert de siège dans un autre siège territorial, la société coopérative doit procéder à sa radiation au lieu initial et renouveler son immatriculation au nouveau lieu d'implantation (article 79 AUSCOOP). Il en va de même pour les établissements secondaires ou les succursales ouvertes par la société coopérative dans un autre ressort administratif que le sien propre, les dirigeants doivent procéder à des immatriculations secondaires dans les mêmes conditions que l'immatriculation de la société coopérative mère (Art 82 et 83 AU Coop). Le RSCoop reçoit en plus toutes les modifications ultérieures qui seront mentionnées au fur et à mesure de leur réalisation jusqu'à la dissolution ou la radiation de la dite société (Articles 80 et 84 AUSCoop).

La société coopérative est soumise à des règles de fonctionnement communes et spécifiques selon la forme choisie.

PARAGRAPHE IV : LE FONCTIONNEMENT DE LA SOCIÉTÉ COOPÉRATIVE

Dans le fonctionnement d'une société coopérative l'acte uniforme met en avant outre son administration, les droits financiers des coopérateurs et édicte des mesures de prévention dans le contrôle.

A°) L'administration de la société coopérative

L'acte uniforme éponyme réglemente des pouvoirs à l'actif des dirigeants sociaux et prévoit une assemblée générale à la différence sur ce point de la loi nationale malienne qui y a ajouté un conseil d'administration et un comité de surveillance.

1°) Les pouvoirs des dirigeants sociaux

Les dirigeants sociaux sont les responsables administratifs désignés dans les statuts au cours des assemblées générales afin de procéder à la réalisation et à l'atteinte de l'objet social.

Ainsi les dirigeants sociaux de chaque forme de société coopérative agissent en son nom et l'engagent dans le cadre et même en dehors du cadre de l'objet social, pourvu que les tiers avec lesquels ils traitent soient de bonne foi. Les limitations des pouvoirs normaux des dirigeants sont inopposables aux tiers de bonne foi (articles 95 et S AU).

2°) L'Assemblée générale d'une société coopérative

Outre l'assemblée générale constitutive, les sociétés coopératives marchent par la tenue des assemblées générales ordinaires et extraordinaires qui se tiennent régulièrement ou au besoin en vue d'adopter les décisions collectives dont le support invariable est le procès verbal de tenue de l'assemblée qui marque l'identité des coopérateurs présents ou représentés et qui ont participé aux débats avant de participer aux votes pour adopter les différentes décisions et résolutions (Articles 99 et AUSCoop).

Pour des raisons purement pragmatiques et de meilleure convivialité l'article 106 AUSCOOP prévoit la tenue préalable **d'assemblées de section** se prononçant sur le même ordre du jour avant de tenir la vraie assemblée générale et ce, dans l'hypothèse où numériquement les coopérateurs compteraient plus de cinq cents (500 membres).

Des droits financiers sont ressources coopérateurs

B°) Les droits financiers

Les organes de gestion, le comité de gestion ou le conseil d'administration selon la forme de société coopérative arrêtent la comptabilité annuelle sous le certification d'un professionnel qui peut être un commissaire aux comptes si la société en a constitué un ou un cabinet de comptables agréés ou d'experts comptables agréés conformément à la loi.

Cela suppose que la société coopérative est astreinte à la production d'états financiers qui ressortent clairement les ristournes et réserves. Comme, on le sait partout où il y a des droits financiers quelle que soit leur minceur, il y aura contentieux.

1°) Les états financiers

Les sociétés commerciales à l'image des sociétés commerciales, des commerçants individuels sont obligés de tenir une comptabilité conforment aux dispositions de l'article 13 et suivants de l'acte uniforme sur le droit commercial général et celles de l'acte uniforme portant organisation et harmonisation des comptabilités des entreprises.

De cette comptabilité l'organe de gestion de la société coopérative établit l'état financier et un rapport où il expose la situation de ladite société durant l'exercice écoulé : évolution prévisible, les perspectives de continuation, l'état de la trésorerie et aussi le plan de financement dans ce document (rapport), l'organe de gestion, l'état des prérogatives c'est-à-dire de promotion des coopérateurs. De même le rapport ressort pour information des coopérateurs l'état des garanties données notamment : les cautionnements et avals et l'état des suretés réelles consenties. Ces documents sont tenus à la disposition des coopérateurs leurs copies peuvent être adressées aux organisations faitières immédiatement placées au dessus (article 108 et S AUSCOOp).

2°) Les réserves et ristournes

En principe une société coopérative n'est pas créée pour réaliser des bénéfices à se partager malgré, par ailleurs que les adhérents aient fait des apports qui leur reconnaissent des parts sociales effectivement remboursables.

L'esprit coopératif laisse sous-entendre la constitution de capital pour une société devant réaliser un objet en idéal, cher, socialement ou économiquement à chaque membre de la dite société partageant cet idéal. Donc les parts sociales constituent des moyens d'entretien de l'idéal qui ne favorise que la réalisation d'un boni (supra 1051) insignifiant pour assouvir l'appât de gain existant chez les associés des sociétés commerciales.

Généralement après l'assemblée générale annuelle sur le fonctionnement, les décisions relatives au surplus financier s'orientent vers la reconnaissance et la constitution d'une réserve légale. Cette réserve sert à l'accomplissement d'activité comme la formation, l'éducation des coopérateurs et peut en ajouter (affecter) au capital social pour l'augmenter (Articles 11 et S AUSCOOp).

Quand aux ristournes, l'article 112 AUSCOOP prévoit leur versement aux coopérateurs comme prime de mérite ou plutôt d'encouragement car elles sont versées proportionnellement aux opérations faites par tel ou tel coopérateur avec la coopérative ou le travail effectué à sa faveur et non pas comme un partage systématique du bénéfice au prorata des apports (supra 1051).

3°) Le contentieux

Le texte malien a prévu une compétence exclusive du tribunal civil de droit commun et non celle du tribunal de commerce comme juridiction étatique. Mais avant, il avait prôné le passage obligé par l'arbitrage pour trouver une solution aux difficultés susceptibles de naitre dans le milieu coopératif.

La même démarche semble avoir été suivie par l'acte uniforme relatif aux sociétés coopératives par les articles 117 et 118 qui, au-delà de la compétence de la juridiction étatique compétente, privilégie les moyens de justice privée comme la médiation, la conciliation ou l'arbitrage (supra778). D'une façon plus pratique l'acte uniforme prévoit la possibilité de création d'organes de justice privée en leur sein ou au niveau de leur organisations faitières.

C°) La prévention dans le contrôle

D'une façon générale l'acte uniforme prévoit dans chaque forme de société coopérative un moyen, une lucarne de veiller afin d'éviter des difficultés fatales à la vie de la société c'est-à-dire éviter tout fait de nature à compromettre la continuité de la société coopérative. En pratique l'article 119 AUSCOOP prévoit une procédure d'alerte qui permet aux coopérateurs d'adresser des questions écrites aux organes de gestion, tenus d'y répondre.

En outre, le quart numérique des coopérateurs d'une société donnée peuvent saisir le tribunal civil à l'effet de l'entendre ordonner la présentation d'un rapport sur une ou plusieurs opérations entourées de soupçon.

Pour une gestion saine il sied de conseiller la désignation d'un commissaire aux comptes à chaque société coopérative dont la constitution n'a été rendue obligatoire par le législateur OHADA que pour les coopératives :

—Ayant plus de mille adhérents ;
—Totalisant un chiffre d'affaires au-delà de cent (100) millions ;
—Titulaires d'un bilan de plus de cinq (5) millions.

En ce moment un commissaire aux comptes est désigné forcement et son mandat ne doit pas dépasser trois exercices (Article 121 AUSCOOP).

Qu'en est-il des conséquences de gestion des dirigeants ?

D°) La responsabilité des deux gérants sociaux

Chaque dirigeant social répond de ses fautes et de leurs conséquences à la fois devant le tribunal répressif et le tribunal civil personnellement. Si la faute est collective, les dirigeants auteurs répondent solidairement vis-à-vis des tiers ou des coopérateurs ayant subi ces préjudices subséquents. Les victimes font valoir leurs droits par le moyen de l'action individuelle en réparation du dommage subi qui représente en partie l'action en responsabilité civile contre les dirigeants de la société coopérative.

Pour toutes les fautes commises à l'endroit des tiers, ils disposent à leur volonté, de la latitude d'assigner la société coopérative directement ou le dirigeant fautif ostensible.

La victime doit agir dans trois ans sous peine de prescription à moins que la faute ne résulte d'un crime ou le délai de prescription sera porté à dix (10) ans (Articles 122 à 126 AUSCOOP).

Une action dite sociale est établie au profit de la société coopérative contre les dirigeants qui commettraient des fautes préjudiciables à son encontre. Ils en répondent individuellement, en cas de faute collective, le tribunal recherchera le part contributive de chaque dirigeant.

Ainsi l'action sociale se définit comme l'action en réparation du dommage subi par la société coopérative du fait d'un ou de plusieurs dirigeants sociaux dans l'exercice de leurs fonctions (Articles 128 AUSCOOP). Cette action sociale peut être intentée par un ou plusieurs coopérateurs pour défendre les intérêts de la société qui sera bénéficiaire des dommages- intérêts. Le même ou les mêmes coopérateurs peuvent entreprendre en dehors de l'action sociale une action individuelle en vue de défendre leurs propres intérêts contre la société coopérative si toutefois, ils ont subi des préjudices personnels. Aucune clause statutaire ne peut empêcher l'initiative de ces différentes actions dont les délais de prescription sont les mêmes.

La coopérative est une structure hiérarchisée.

PARAGRAPHE V : UNE ORGANISATION PYRAMIDALE ET FLEXIBLE DE LA SOCIÉTÉ COOPÉRATIVE

Dans le cadre de la recherche et de la réalisation de leur idéal, les coopératives selon une certaine similitude d'objets ou certaines affinités peuvent se regrouper et non pas se juxtaposer dans des ensembles ou entités juridiques légalement reconnus en tissant des liens flexibles entre elles (A). Une société coopérative peut se transformer ou changer de forme juridique (B), elle peut financer ou se diviser (C) et c'est une organisation qui pourra disparaitre normalement (D) ou par un vice contractuel (E).

A°) Les liens entre sociétés coopératives égales ou de divers niveaux

La loi a prévu une collaboration juridique entre sociétés coopératives les conduisant dans un homogénéité fonctionnelle.

1°) Union des sociétés coopératives

Une union peut être formée par au moins deux sociétés coopératives qui adoptent des statuts spéciaux à cette fin dont l'assemblée générale sera constituée par au moins trois délégués mandataires des sociétés coopératives fondatrices membres et immatriculée au Registre des sociétés coopératives membres (Article 134 AUSCOOP).

Il s'agit à ce niveau de sociétés ayant les mêmes objets qui ont des intérêts communs à défendre.

Une union de sociétés coopératives exerce des activités économiques ou autres conformément aux principes coopératifs définis ci haut dont celui important de la solidarité.

L'union tient ses assemblées avec la participation des représentants personnes physiques des sociétés coopératives membres. Pour des besoins de justice et d'équité les statuts peuvent prévoir un système de vote pluriel c'est-à-dire reconnaitre plusieurs voix à un seul membre présent aux assemblées. Il faut bien évidemment comprendre que cette manœuvre bénéficie à certains membres seulement.

Enfin lorsque l'union compte plus de deux coopératives, le retrait de l'une pour une cause quelconque n'arrête pas la vie du regroupement qui continue de plein droit entre les autres membres (Articles 139 AUSCOOP).

2°) La fédération de sociétés coopératives

Elle se forme et fonctionne dans, les mêmes conditions que l'union. Deux ou plusieurs unions peuvent former une fédération pour la gestion et la défense de leurs intérêts. En plus la fédération peut admettre en son sein de simples sociétés coopératives n'évoluant pas dans le cadre d'une union (Article 141 AUSCOOP). Elle adopte ses statuts et s'immatricule au Registre des sociétés coopératives.

Ses missions sont définies par l'article 144 AUSCOOP qui énumère entre autres tâches :

- — Le respect des principes coopératifs (supra 1057) ;
- — La fourniture d'assistance aux membres ;
- — La protection des intérêts de ses membres ;
- — La diligence dans le règlement du contentieux entre ses membres en offrant ses bons offices ;
- — La surveillance diligente de la gestion de ses membres ;
- — Le déclenchement des mesures de prévention précoce comme l'alerte ou la saisie de l'assemblée de l'union de toute anomalie constatée ;
- — La création d'un fonds de financement des audits et contrats sur la base des cotisations.

Ici aussi le besoin de justice et d'équité peut conduire à prévoir le mécanisme de vote plural. Une fédération pourrait opportunément adhérer à des organisations régionales ou internationales dans le domaine coopératif (Article 148 AUSCOOP). Une seule union qui se retire d'une fédération de plus de deux ne compromet pas la vie de ladite fédération.

3°) La confédération entre fédérations

Elle se crée et fonctionne comme la fédération sur les missions de laquelle la confédération assure en plus :

- L'entretien d'une campagne permanente de vulgarisation des textes relatifs au mouvement coopératif dont le présent Acte uniforme ;
- La garantie d'un suivi continu de la législation coopérative ;
- La défense dans les Etats et au plan international des intérêts des sociétés coopératives dont ceux en premier lieu des fédérations membres. En dehors de ces aspects tout le reste parait similaire avec les autres formes d'organisation.

Généralement pour caractériser cette organisation cresciendo des sociétés coopératives allant de simples formes aux formes complexes et vigoureuses, l'on parle d'organisations faitières, lesquelles, à partir du sommet, du faîte, guident l'action des membres et défendent leurs intérêts ailleurs.

4°) Les réseaux coopératifs de moyens d'objectifs

Les dispositions de l'article 160 AUSCOOP, décrivent a contrario, une émanation des sociétés coopératives, des unions, fédérations ou confédérations sous une forme juridique donnée en vue de faciliter la réalisation d'un objectif précis ou l'exercice d'une activité légale précise comme le contrôle de la gestion des sociétés, celui des états financiers de synthèse etc.

Le réseau est constitué pour une tâche un temps donné et se dissout par l'arrivée de son terme ou la réalisation de son objectif ou une décision collective de ses membres etc.

Une fois qu'il prend fin le réseau coopératif de moyens ou d'objectifs est soumise à une liquidation sur le plan patrimonial : les dettes seront payées en premier lieu et l'excédent d'actif sera affecté soit à d'autres réseaux, sociétés coopératives soit à des organismes ayant pour but le soutien et la promotion des sociétés coopératives (Article 160 à 166AUSCOOP). Après sa naissance sous une forme coopérative donnée la société peut épouser une autre ?

B°) La transformation de la société coopérative

Des formes de sociétés coopératives prévues par l'acte uniforme, l'article 167 autorise toute société coopérative donnée à changer de forme juridique par décision des coopérateurs qui consiste en l'abandon d'une forme adoptée initialement pour choisir désormais une autre forme règlementée toujours par l'acte uniforme (infra1126). Certes dans cette hypothèse les statuts seront modifiés mais il n'y aura pas de création d'une nouvelle personnalité morale. Pour être opposable aux tiers la nouvelle forme doit être publiée au RSCOOP.

Par ailleurs, il faut bien souligner que les droits et surtout les obligations contractées sous l'ancienne forme subsistent dans la nouvelle forme de société coopérative (Art 173 AU).

C°) la fusion ou la scission de la société coopérative

Une fusion consiste pour une société coopérative à intégrer juridiquement et économiquement une autre société coopérative pour former un ensemble ou une nouvelle entité. La scission marque l'état d'une société coopérative qui se divise en deux ou en plusieurs autres sociétés coopératives de même nature.

Ces deux types d'opérations peuvent intervenir entre les sociétés coopératives simplifiées elles mêmes, entre les sociétés coopératives avec conseil d'administration ou entre sociétés coopératives simplifiées et coopératives avec conseil d'administration, qu'elles existent sur le territoire des Etats parties au traité de l'OHADA ou non. Toutefois l'opération de fusion ou de scission doit s'établir entre une société coopérative existant sur le territoire d'un Etat partie OHADA et une autre relevant normalement d'une autre juridiction administrative et juridique, les dispositions de l'article 174 AUSCOOP décident impérieusement que c'est le droit OHADA qui s'applique. Le droit OHADA laisse une large marge d'initiative aux associés coopérateurs pour définir les modalités des dites opérations dans le cadre de la convention de fusion ou de scission, même si l'acte uniforme prend la précaution de préciser que si l'opération envisagée doit augmenter les engagements des coopérateurs ou ceux de l'une des sociétés coopératives concernées, elle devra, dans ce cas être convenue à l'unanimité. L'opération doit être publiée par une insertion au Registre des sociétés coopératives.

Il est pertinent de comprendre par l'étude qui précède que toute création ou organisation coopérative peut disparaître.

D°) Dissolution et liquidation de la société coopérative

Une société coopérative peut se dissoudre en raison de deux séries de causes dont certaines sont générales et d'autres circonstancielles qui produisent toutes des effets.

1°) Les causes de dissolution

D'une façon générale, toute société coopérative s'efface de l'échiquier c'est-à-dire prend fin :

- Par l'arrivée du terme statutairement fixé ;
- Par la réalisation ou l'extinction de son objet ;
- Par l'annulation de la part du tribunal du contrat de société ;
- Pour justes motifs comme une mésintelligence entre certains associés rendant impossible le fonctionnement de la coopérative ; dans ce cas le tribunal intervient à l'initiative d'un ou de plusieurs coopérateurs pour prononcer la dite dissolution ;
- Par l'effet induit d'une décision de justice ordonnant la liquidation des biens de la coopérative.

D'une façon circonstancielle la dissolution d'une société coopérative peut encore intervenir sur la base d'un constat d'état dormant inactif de la société, effectuée à l'initiative de l'autorité administrative qui en saisit le tribunal civil.

Parmi ces causes spéciales l'on retient :

- L'inaction de la société coopérative pendant deux ans alors qu'elle est titulaire de la personnalité morale ;
- L'arrêt d'exercice des activités statutaires pendant deux ans ;

- Le fonctionnement inadéquat (non tenue des assemblées générales) pendant au moins deux ans ;
- Le non fonctionnement des différents organes d'administration de directions, de gestion et de contrôle pendant au moins trois (3) mois… ;

Avant de procéder à la saisine du tribunal pour entendre dissoudre la société coopérative ou si le tribunal fut saisi sans l'accomplissement des formalités substantielles ci-dessous spécifiées, il (tribunal) doit suppléer la défaillance de l'administration et satisfaire la double condition préalablement au prononcé de la décision.

L'article 179 AUSCOOP énonce deux mesures complétives avant la dissolution circonstanciée de la coopérative.

D'une part donner un préavis de réactivité de trois mois qui correspond à cent vingt jours ; si cela a un écho favorable, c'est-à-dire que la société concernée a réagi en redressant ou en régularisant la faille, la procédure de dissolution sera rapportée, on parle de réversibilité de mesure.

D'autre part, l'administration initiatrice ou le tribunal saisi doit publier son intention d'aller vers une dissolution par un avis dans un journal d'informations à grande audience pour informer le public (Essor).

2°) Les effets de la dissolution

La dissolution de la société coopérative sera inscrite au Registre des sociétés coopératives. Cette formalité va lui insuffler un effet opposable aux tiers en dehors des coopérateurs eux-mêmes. La mention dans le RSCOOP n'épargne pas la publication dans un journal dit d'annonces légales paraissant dans le ressort du siège social.

La dissolution entraine de plein droit la liquidation.

3°) La liquidation de la société coopérative

Une certaine flexibilité est instituée par l'acte uniforme sur les coopératives en faveur de la liquidation dite amiable à condition que les coopérateurs l'aient prévu expressément dans les statuts avec sa mise en œuvre portant sur les modalités, le boni de liquidation (Article 182 AUSCOOP).

Le premier élément subséquent de la dissolution est sa liquidation c'est-à-dire la réduction en numéraire de son actif, et tout le temps que cela prendra, la personnalité morale demeurera pour toute éventualité. Au cours des opérations de liquidation, il ne sera pas possible, sauf unanimité des coopérateurs, de céder l'ensemble ou une partie de l'actif de la société coopérative à une personne ayant géré, administré ou contrôlé la dite société. Sinon il faudra l'autorisation du tribunal (Art 180 AUSCOOP).

Par rapport au liquidateur, il s'établit une incapacité de jouissance à son détriment quant à l'acquisition des éléments actifs du patrimoine. Cela se résout en une interdiction extensible à ses employés, conjoints, ascendants et descendants (Article 189 AUSCOOP).

Le liquidateur, en fin de mission, dépose ses comptes et rapports définitifs auprès de l'autorité administrative chargée des coopératives. Il sera joint au rapport le quitus des liquidations et la décharge du mandat. Après ces formalités, le liquidateur demandera la radiation c'est-à-dire la rayure de la société coopérative du registre des sociétés coopératives dans un délai d'un mois après publication de la clôture de l'opération de liquidation.

S'il s'avère que le liquidateur a commis des fautes préjudiciables aux personnes intéressées par la liquidation (coopérateurs, tiers) il en répond dans un délai maximum de trois ans (sous peine de prescription) selon les règles du droit commun en vertu de l'action sociale ou individuelle en responsabilité contre le liquidateur.

Enfin, il convient de souligner que le boni de liquidation, contrairement à la liquidation des sociétés commerciales où il est partagé entre associés au prorata de leurs apports, n'est pas partagé dans les sociétés coopératives mais plutôt dévolu à d'autres sociétés ou organismes œuvrant pour la promotion du mouvement coopératif (Art 196 AUSCOOP). Une autre grande particularité du droit des sociétés coopératives se fait voir au niveau d'une éventuelle dissolution liquidation des autres formes d'organisation des sociétés coopératives comme les unions, les fédérations et confédérations qui peuvent disparaitre mais tout en laissant subsister leurs structures inférieures (de base) affiliées à condition qu'aucune cause de dissolution ne leur (structures inférieures) soit imputable (Art 197 AUSCOOP).

Une coopérative formée peut-elle être annulée ?

E°) De l'annulabilité d'une société coopérative

L'inclination du droit OHADA n'est pas d'encourager la nullité des sociétés et actes coopératifs a priori. Ainsi l'article 198 AUSCOOP exclut-il la nullité d'une société coopérative lorsqu'elle a pour cause un vice de consentement, l'incapacité d'un coopérateur sauf si le vice de consentement implique tous les coopérateurs ou que les coopérateurs sont tous mineurs ou majeurs incapables. Ce qui parait a priori curieux et difficile. Ces causes d'annulabilité peuvent être régularisées dans les six mois par les intéressés.

Le tribunal saisi par une action en nullité ne peut rendre une décision avant deux mois et cette décision n'aura de chance d'anéantissement que si elle porte sur le caractère illicite de l'objet social (Art 199 AUSCOOP). La prescription pour l'action en nullité est fixée à trois ans.

L'étude des règles du droit des sociétés coopératives conduit inexorablement à celle des règles spécifiques aux deux grandes formes de sociétés coopératives.

SECTION II : PARTICULARITÉS DES SOCIÉTÉS COOPÉRATIVES

Sur ce point la loi nationale malienne montre de sérieuses lacunes en ayant ignoré toute forme juridique spécifique à la société coopérative. Elle s'est malheureusement confinée à édicter des règles générales sur les coopératives qui ont souvent pris les réalités particulières d'une société coopérative (celle avec conseil d'administration) pour l'instituer comme principe d'administration et de direction d'une société coopérative quelle qu'elle soit. Cette lacune a été suppléée, réparée, redressée par le droit OHADA qui a consacré dans l'acte uniforme éponyme des sociétés coopératives simplifiées (SCoop)[72] (Paragraphe

72 Voir article 205 AUSCoop.

I) et des sociétés coopératives avec conseil d'administration (SCA Paragraphe II).

PARAGRAPHE I : LA SOCIÉTÉ COOPÉRATIVE SIMPLIFIÉE

Numériquement la société coopérative simplifiée est créée par au moins cinq personnes appelées coopérateurs, associés, adhérents… ces personnes peuvent être des personnes physiques ou des personnes morales. Sa naissance est consacrée par une assemblée générale constitutive. Les coopérateurs doivent observer les conditions de droit commun en droit des contrats (articles 28 RGO) et les conditions d'interdiction et d'incompatibilités édictées par l'article 9 AUDCG et certains textes spéciaux de l'acte uniforme sur les coopératives.

La société coopérative simplifiée a ses conditions de création (A) ses règles de fonctionnement (B) et présente une certaine flexibilité existentielle (C).

A°) Les conditions de création de la société coopérative simplifiée

D'une façon toute naturelle la société coopérative simplifiée se fonde sur un capital social dont le quantum est librement fixé par les statuts. Les coopérateurs, en souscrivant les apports peuvent les libérer immédiatement et entièrement ou par acomptes périodiques mais à un terme fixé. Ledit capital est divisé en parts sociales égales et les statuts en fixent la valeur nominale librement (article 207, 208AUSCOOP). Les statuts peuvent prévoir une rémunération modique du capital en termes d'intérêt. Sur ce point l'acte uniforme rejoint la loi malienne qui à prévu ces intérêts aussi qui sont attribués aux parts à un taux limité. Cet intérêt n'est pas automatique dans la mesure où son attribution dépend de la situation financière globale de la société favorable et de l'initiative des organes de gestion et d'administration (Article 209 AUSCOOP). Il faut rappeler qu'une fois le capital souscrit et libéré par une partie, permettant son démarrage, la société coopérative simplifiée devra requérir son immatriculation au RSCOOP (article 206 AU). Lorsque parmi les apports, il y a des apports en nature, ils feront l'objet d'une évaluation fidèle sous le contrôle éventuel de la société coopérative faîtière. S'il n'y a pas de commissaire aux comptes qui joue le rôle de commissaire aux apports, un expert devrait être désigné à l'initiative de tout coopérateur par le tribunal ou par le service administratif technique public qui s'occupe des coopératives pour procéder à cette évaluation. La rémunération de l'expert incombe aux coopérateurs mais devra être pris en charge plus tard par la SCOOPS elle-même.

Les conséquences liées au défaut d'évaluation, à son inexactitude ou à son caractère fautif sont lourdes car en effet, les coopérateurs en deviennent indéfiniment et solidairement responsables sur leurs patrimoines.

L'ouverture d'un compte provisoire est obligatoire au nom de la SCOOPS en formation qui devient son compte titulaire après immatriculation. Le compte est d'abord ouvert auprès d'une autre société coopérative d'épargne et de crédit comme certaines caisses de micro finance ou à défaut, auprès des banques ordinaires.

Quant aux conditions de forme, elles portent sur l'adoption des statuts de la SCOOPS qui se fait en assemblée générale constitutive spécialement convoquée, à laquelle l'article 21 AUSCOOP exige la présence personnelle des coopérateurs ou des dirigeants des personnes morales, sous peine de nullité de l'acte constitutif.

En cas de nullité, les initiateurs et premiers dirigeants de la SCOOPS, lorsqu'ils en sont responsables, sont solidairement responsables envers les coopérateurs et les tiers des préjudices subis de la nullité de l'acte.

Comment fonctionne un SCOOPS ?

B°) Fonctionnement de la société coopérative simplifiée

Le fonctionnement de la SCOOPS porte sur plusieurs aspects dont la gérance, les parts sociales et autres droits, la tenue des assemblées et le contrôle des sociétés.

1°) La gestion des parts sociales

On assiste à une transmission limitée des parts sociales car elle n'est possible qu'entre des personnes partageant le lien commun c'est-à-dire l'objet et la cause constituant l'idéal qui a rassemblé les coopérateurs. Ainsi la cession des parts sociales est possible entre vifs et en la forme cela doit se faire par un écrit servant d'intrumentum. La transmission de ces parts est libre entre coopérateurs sauf si les statuts l'aménagent autrement.

Pour les parts sociales, tombant dans les droits successoraux, un ou plusieurs héritiers, à condition de partager le lien commun coopératif, peuvent être admis à la société coopérative simplifiée. Leur acceptation ou leur non admission sera décidée dans un délai de trois mois qui correspond à la période d'inventaire la loi accorde aux héritiers pour accepter ou rejeter une succession[73].

L'acte uniforme sur les sociétés coopératives décide dans son article 222 que les parts sociales ne sont pas saisissables et ne sauraient pas faire l'objet de nantissement c'est-à-dire de garantie.

2°) L'administration de la SCOOPS

L'acte uniforme parle de gérance qui consiste à la mise en place d'un comité dit de gestion comprenant trois membres ou plus. Ce nombre de trois peut être porté à cinq si la société coopérative simplifiée compte plus de cent coopérateurs désormais (article 223 AUSCOOP).

Les membres de ce comité sont élus conformément aux statuts qui fixent les modalités de désignation ainsi que la durée de leur mandat. Le comité est dirigé par un président dont il est sous-entendu qu'il est désigné parmi les membres du fameux comité. Leurs fonctions ne sont pas rémunérées, tout au plus ils peuvent prétendre à un remboursement de frais lorsqu'ils en ont engagés dans la satisfaction des besoins de la société coopérative.

Les membres du comité peuvent être révoqués à tout moment ou démissionner de leur structure librement. Toutefois les conditions de responsabilité de droit commun peuvent jouer soit en leur faveur ou à leur détriment selon qu'ils ont agi de bonne foi ou de mauvaise foi (article 226 et 227 AUSCOOP)

Le comité de gestion accomplit tous les actes de gestion dans l'intérêt de la société coopérative simplifiée et dans les rapports avec les tiers, les actes du comité engagent la société. Le président et les autres membres répondent non seulement pénalement de leurs agissements nocifs sur le plan pénal mais aussi sur le plan civil ils répondent des fautes préjudiciables commises au cours de l'exercice de leurs activités.

73 Article 828 CPF alinéa 1 : « l'héritier a trois mois pour faire inventaire, à compter du jour de l'ouverture de la succession »

Les assemblées générales se tiennent sur convocation du président ou d'un membre du comité si le président est empêché, ou encore par un groupe de coopérateurs qui équivaut numériquement au quart des coopérateurs pour prendre les décisions collectives importantes conformément au principe "un coopérateur, une voix" peu importe le nombre de parts détenues par un coopérateur, cela n'influe pas sur sa voix qui demeure unique. L'assemblée générale est convoquée quinze jours avant avec indication de l'ordre du jour et elle se tient sur procès-verbal qui constate l'ensemble des délibérations.

Dans les assemblées générales extraordinaires où il est généralement question de se prononcer sur les modifications des statuts, les décisions sont adoptées à la majorité qualifiée des deux tiers des voies exprimées des coopérateurs (articles 252 et 253AU).

Toutefois, il sera nécessaire d'obtenir l'unanimité adhésive des coopérateurs lorsqu'il s'agira de se prononcer sur l'augmentation des engagements des coopérateurs ou de transférer le siège social de la SCOOPS du territoire d'un Etat vers un autre Etat.

En terme de droits spécifiques, les coopérateurs doivent être permanemment informés sur les affaires de la société coopérative et ils doivent pouvoir bénéficier de leur droit de communication des documents (états financiers et autres) à même de les éclairer sur la gestion administrative et financière de la SCOOPS. Les documents doivent être consultables au siège social.

Le contrôle parait nécessaire dans la vie de la société coopérative.

3°) Le contrôle de la société coopérative simplifiée

L'acte uniforme a mis des moyens de contrôle à la disposition de la société coopérative simplifiée à travers l'institution d'une commission de surveillance comme le droit national malien l'a également prévue. A la suite de l'assemblée générale, la commission de surveillance est un organe spécial chargé de contrôler la société coopérative simplifiée, dans le seul intérêt des coopérateurs. Il comprend entre trois et cinq membres selon les statuts qui doivent être tous des personnes physiques élues à l'assemblée générale en dehors des membres du comité de gestion et des personnes liées à la SCOOPS ou à l'organe faitière par, soit un contrat d'entreprise[74], soit un contrat de travail (employés) ainsi que leurs parents au premier degré, leurs conjoints (article 259 AUSCOOP).

Cette commission de surveillance, aux termes de l'article 262 AUSCOOP a comme attributions la vérification par elle-même ou par constitution d'expert de la gestion des dirigeants de la SCOOPS l'information de la société coopérative faitière en cas d'irrégularités constatées ou avérées et la convocation d'une assemblée générale à l'effet de prendre les mesures idoines. A l'image du comité de gestion, les membres de la commission de surveillance ne sont pas rémunérés sauf remboursement des frais qu'ils seraient conduits à exposer au cours de la satisfaction de l'objet social. La désignation des membres de la commission de surveillance, la durée de leur mandat sont statutairement déterminées.

On constate une certaine flexibilité dans le fonctionnement de la SCOOPS

C°) Flexibilité existentielle de la société coopérative simplifiée

Cette flexibilité est révélée à travers plusieurs opérations ou mécanismes juridiques.

1°) La transformation de la SCOOPS

Une société coopérative simplifiée peut muer en une société coopérative avec conseil d'administration conformément au droit commun en la matière des sociétés coopératives (Articles 167 à 173 AUSCOOP). Le droit communautaire OHADA se montre plus souple plus flexible en droit des sociétés coopératives qu'en droit des sociétés commerciales où il n'est pas admis d'adopter et de fonder une société commerciale non retenue dans le dispositif de l'acte uniforme sur les sociétés commerciales et GIE. En effet, l'acte uniforme sur les sociétés coopératives admet que la société coopérative non simplifiée peut également se transformer en une forme de société coopérative non régie par l'acte uniforme éponyme. Certainement l'acte uniforme fait une ouverture féconde vers les textes nationaux qui peuvent avoir d'autres formes de société ou il faut faire confiance au génie créateur et imaginatif des coopérateurs qui peuvent utilement et opportunément concevoir d'autres formes socialement et économiquement adaptées de coopératives.

74 Le contrat d'entreprise marque la collaboration convenue avec un technicien professionnel, non salarié mensuel mais exécutant indépendamment une tâche, à lui, confiée.

Pour la transformation, l'acte uniforme met quelques conditions, du reste logiques comme totaliser au moment de la décision de transformation un capital au moins équivalent au capital fondateur de la SCOOPS et détenir les bilans des deux précédents exercices. En outre, il sera établi un rapport par expert, spécialement choisi par le président du comité de gestion ou par les soins de l'organisation faitière éventuelle dont releve la SCOOPS

2°) La fusion-scission

Comme étudiée plus haut l'opération de fusion scission demeure possible en droit des sociétés coopératives. Ainsi la fusion et la scission peuvent être entreprises par les coopérateurs de la société coopérative simplifiée en vue de former une nouvelle société coopérative simplifiée.

3°) La dissolution de la société coopérative simplifiée

L'article 265 AUSCOOP indique que la société coopérative simplifiée prend fin par les mêmes causes que celles édictées ^pour toutes les sociétés coopératives (supra1105) seulement il est important de rappeler que la dissolution d'une société coopérative simplifiée n'affecte pas en principe l'union, la fédération ou la confédération plurielles à laquelle elle appartient.

Lorsqu'une société coopérative simplifiée est dissoute, les organisations ressemblantes (unions) ou faitières (fédérations, confédérations) dont elle relève, sont étroitement associées à l'accomplissement des actes de liquidations.

Il existe une seconde forme de société coopérative en Droit OHADA.

PARAGRAPHE II : LA SOCIÉTÉ COOPÉRATIVE AVEC CONSEIL D'ADMINISTRATION

Cette forme de société coopérative parait traduire la volonté d'incarnation ambitieuse des coopérateurs qui souhaitent satisfaire grandement un objet social dans le cadre d'un lien commun constant.

Qu'est ce que la société coopérative avec conseil d'administration et comment nait-elle ? (A) comment fonctionne-t-elle ? (B) et comment prend-elle fin ? (C).

A°) Définition et constitution

La société coopérative avec conseil d'administration a une définition simple et nait après une assemblée générale constitutive.

1°) Définition

La société coopérative avec conseil d'administration ayant pour sigle (COOP-CA) se définit comme les autres formes de sociétés coopératives mais s'appesantit surtout, comme critère sur le nombre d'associés coopérateurs, que ce soit des personnes physiques ou des personnes morales (Article 267 et 268 AU Coop).

Le capital de la coop-CA doit être entièrement souscrit et les parts sociales le représentant en numéraire doivent être libérées au quart avant l'assemblée constitutive. Le reste devant être libéré au plutard trois (3) ans après.

2°) L'assemblée constitutive de la coop-CA

Avant la tenue de l'assemblée proprement dite, les initiateurs conçoivent des bulletins de souscriptions de parts sociales pour les apports en numéraire et les fonds libérés subséquemment sont déposés dans un compte au nom de la coop-CA en formation. Ces fonds ne pourront être retirés qu'une fois la coop-CA sera immatriculée au Registre des sociétés coopératives créant la personnalité morale. Si dans les six mois après l'immatriculation la coop-CA ne débute pas ses activités, les coopérateurs seront fondés à reprendre leurs mises respectives en procédant à une demande adressée au tribunal ou à l'administration compétente (article 278 AU).

S'il y avait des apports en nature, les initiateurs devront désigner un commissaire aux apports ou un expert afin qu'il procède à leur évaluation et cela sous le contrôle éventuel de l'union ou de l'organisation faitière.

Les initiateurs, parallèlement aux apports, rédigent les statuts et règlement intérieur qui indiquent entre autres l'identité des coopérateurs et des dirigeants, le capital, la forme de société coopérative choisie, la dénomination sociale.

Après la rédaction des statuts, la mise en minimum requis en terme de capital, les initiateurs convoquent conformément aux articles 280 et suivants

AUSCOOP l'assemblée générale constitutive par tous moyens les adhérents, laissant trace écrite, dont les deux tiers doivent être présents pour que ses décisions soient valables.

Cette assemblée se prononce sur le rapport du commissaire aux apports ou de l'expert et est souveraine pour revoir à juste titre la valeur des biens apportés en nature et ils en deviennent coresponsables à l'égard des tiers pendant cinq ans pour les valeurs attribuées.

Ce n'est qu'après, l'auguste assemblée adopte les statuts et le règlement intérieur de la Coop-CA, désigne les premiers dirigeants appelés administrateurs, se prononce sur les actes accomplis au nom de la coop-CA en formation.

Enfin l'assemblée constitutive donne mandats spéciaux à un ou plusieurs membres du conseil d'administration de prendre tel ou tel engagement pour le compte de la coopérative avant son immatriculation au RSCOOP.

Les statuts de la coop-CA seront obligatoirement signés ou approuvés par tous les organes d'administration (conseil d'administration, conseil de surveillance). Un procès verbal sera tenu pour mentionner les décisions prises et sera signé du président et du secrétaire de séance.

L'assemblée constitutive irrégulièrement convoquée encourt nullité, sauf si sur initiative d'une personne intéressée, l'auteur du vice est convié à corriger, régulariser le vice affectant. Il faut préciser que l'action en nullité sera irrecevable lorsque tous les coopérateurs furent présents ou représentés à l'assemblée. Au cas où l'assemblée constitutive est annulée par le fait des initiateurs ou des administrateurs en fonction au moment des faits préjudiciables, l'article 290 AUSCOOP retient à leur encontre une responsabilité civile solidaire.

B°) Les modalités de fonctionnement et d'administration de la coop-CA

Elles sont définies dans le cadre global d'un conseil d'Administration dont les tâches sont étroitement surveillées par un conseil dit de surveillance, ces deux structures rendant compte et recevant leurs viatiques des différentes assemblées générales.

1°) Direction et administration de la société coopérative avec conseil d'administration

Elles présentent beaucoup de similitudes avec l'administration et la direction de la société anonyme commerciale (supra1022 ets)

D'abord, il y a un conseil d'administration composé de trois à douze personnes, nombre pouvant être dépassé par moment (en cas de fusion) ou réduit parfois (cas de démission ou de décès).

Les premiers administrateurs sont désignés lors de l'assemblée constitutive et plus tard, au cours de la vie sociale, leur désignation ressortirait à l'assemblée générale ordinaire pour un mandat dont la durée est librement fixée par les statuts (Art 95 AUSCOOP). Si une personne morale siège au conseil d'administration d'une coop-CA, elle y sera représentée tout comme dans la SA par un représentant permanent qui exerce ses fonctions pendant tout le temps où il les exerce dûment pour le compte de la société mandante.

Les administrateurs sont frappés par une incapacité de jouissance qui les empêche de siéger dans deux conseils d'administration de COOP-CA. Cependant l'administrateur peut être employé par la coop-CA comme salarié en dehors de son mandat.

Les fonctions d'administration sont assurées gratuitement sauf remboursement de frais personnellement engagés par un administrateur pour le compte de la COOP-CA (Article 305 AUSCOOP).

Les administrateurs arrêteront de servir la COOP-CA s'ils sont révoqués ou s'ils démissionnent. En outre, le décès, la perte de la qualité de coopérateur, le non renouvellement d'un mandat expiré mettent fin naturellement au mandat d'administrateur.

Dans le cadre de ses attributions le conseil d'administration est l'organe qui agit d'une façon plénipotentiaire au nom de la COOP-CA dans le cadre de la réalisation de l'objet social. Il donne les orientations nécessaires à la direction de la coopérative en précisant les objectifs, veille au respect et à l'application des principes coopératifs dans les actes sociaux, fixe le programme d'éducation et de formation des coopérateurs et également adopte le rapport financier et moral de la COOP-CA. Tous les actes accomplis par le conseil d'administration lient la Coop-CA, qu'ils soient dans l'objet social ou non et même si la passation de ces actes fut interdit au CA.

Le conseil d'administration donne une autorisation préalable avant que la COOP-CA ne puisse cautionner, avaliser les engagements pris par les tiers.

Le conseil d'administration se réunit une fois par trimestre au moins sur convocation régulière ; et au moins la moitié de ses membres doivent être présents et les décisions y sont prises à une majorité simple, en cas de partage de voix celle du président est prépondérante. Ils sont tenus de garder le secret des débats et des délibérations selon la sensibilité des sujets abordés (Art 317 AUSCOOP).

Il existe au siège un registre spécial servant de suscription des éléments du procès verbal qui est tenu sans addition ni surcharge, sans suppression ou rature, sans substitution ou interversion de feuille. Il (registre) est côté et paraphé par le tribunal de commerce.

Le conseil d'administration a un président et éventuellement un vice président tous élus par leurs pairs et sont forcement des personnes physiques. Le président préside les réunions du CA et les AG. Il veille au bon fonctionnement du conseil d'administration et peut procéder à des vérifications qu'il juge opportunes.

Il peut être recruté au besoin, un directeur général travaillant sous contrat de travail qui assure des pouvoir à lui délégués par le conseil d'administration et ou son président (Article 331 AUSCOOP).

2°) Le conseil de surveillance

Le législateur OHADA a étoffé le dispositif de fonctionnement de la coop-CA en instituant à l'interne un conseil de surveillance chargé de contrôler la coopérative dans le seul intérêt des coopérateurs (articles 334 AUSCOOP). Il est composé de trois à cinq membres désignés parmi les coopérateurs eux-mêmes mais qui sont non administrateurs et non salariés.

Le conseil de surveillance, aux termes de l'article 340 AUSCOOP peut vérifier par ses propres soins ou faire vérifier par experts à tout moment, la gestion des dirigeants de la COOP-CA. Lorsqu'il (CS) constate ou est informé de l'existence d'irrégularités, il en informe l'organisation faitière et peut convoquer directement une assemblée générale à l'effet de prendre les mesures correctives idoines.

3°) Tenue des assemblées générales

Les assemblées générales sont convoquées par le conseil d'administration, à défaut par le conseil de surveillance. En cas de crise, elle peut être convoquée par l'autorité administrative compétente, à la demande du quart numérique des coopérateurs ou éventuellement par le liquidateur. Son ordre du jour est arrêté et communiqué à l'avance avec une communication des documents sur le fonctionnement administratif et financier de la coop-CA (états financiers, rapports du commissaire aux comptes et du CA, liste des coopérateurs etc.)

Ces documents sont approuvés et adoptés ou sont rejettés par une assemblée générale ordinaire, c'est cette même assemblée qui désigne les membres du conseil de surveillance. L'assemblée générale ordinaire se réunit au moins une fois par an.

Quand à l'assemblée générale extraordinaire, elle se réunit au besoin pour prendre les décisions les plus importantes comme la modification des statuts, les décisions de fusion-scission, transformation, changement de siège, dissolution anticipée. Elle ne peut délibérer valablement que si les deux tiers (2/3) des coopérateurs sont présents (Articles 366 et 367 AUSCOOP).

La coop-CA se dissout par égard aux dispositions communes aux causes de fin de vie des sociétés coopératives (Articles 369 et 370 AUSCOOP).

Une série de types de responsabilités est instituée.

C°) La recherche de la responsabilité civile

A chaque acteur sa responsabilité civile.

1°) La responsabilité des coopérateurs

Sous réserves des dispositions statutaires qui peuvent l'étendre, la responsabilité des coopérateurs est égale au montant des parts sociales souscrites et non libérées. En effet les statuts peuvent accroitre la responsabilité individuelle des coopérateurs de la COOP-CA en la multipliant par cinq, plafond légal (Art 371 AUSCOOP).

2°) La responsabilité des initiateurs

Cette responsabilité joue dans l'hypothèse de nullité de la société coopérative avec conseil d'administration. Si la nullité, intervenue a été imputée par le tribunal aux initiateurs ou aux administrateurs en fonction au moment des actes fautifs ou faits négligés, ils supporteront conjointement c'est-à-dire de façon solidaire les conséquences préjudiciables de leur défaut de diligence à la fois à l'égard des coopérateurs et des tiers. L'action en responsabilité dans ces cas se prescrit par trois ans à compter de l'assemblée constitutive ou à partir de sa révélation si le fait fut dissimulé. Si le fait fautif est un crime la prescription obéît à la même logique de gravité et s'étend sur dix ans (Article 375).

3°) La responsabilité des administrateurs

Les administrateurs de la coop-CA encourent une responsabilité individuelle ou solidaire (collective) envers la coopérative elle-même, les coopérateurs ou les tiers, des fautes préjudiciables commises au cours de leur mandat, que ces fautes aient pour source l'irrespect des textes ou des statuts. La condamnation de chaque administrateur sera fonction de sa part contributive à la réalisation des faits dommageables (article 375 AUCOOP).

D°) La coop-CA, incarnation de la société coopérative en général

Dans les sociétés coopératives en général les parts sociales ne sont pas source d'enrichissement du coopérateur, car ce dernier n'a droit qu'à une partie du boni appelée intérêt. C'est ce qui explique que dans les coop-CA chaque coopérateur n'a droit qu'à une voix au vote quel que soit le nombre de parts sociales lui revenant. Les parts sociales qui sont toutes nominatives ne sont ni négociables, ni saisissables et n'entrent pas dans les transactions comme nantissements. Les parts sociales peuvent faire l'objet d'une cession surveillée au profit d'autres coopérateurs, tiers ou successibles à condition que le bénéficiaire partage le lien commun de la coopérative. L'assemblée générale dont agréer cette cession.

E°) La répression des actes et comportements nocifs

Sur le plan pénal l'article 387 de l'acte uniforme sur les sociétés coopératives renvoie aux dispositions non contraires des articles 886 à 905 de l'acte uniforme relatif au droit des sociétés commerciales et du groupement d'intérêt économique pour la détermination et les sanctions prévues par tout contrevenant aux dispositions préservatrices des sociétés coopératives (supra1041).

Cependant d'une façon particulière et jalouse l'article 386 AUSCOOP protège l'usage des expressions de sociétés coopératives, d'union des sociétés coopératives, de fédérations des sociétés coopératives ou de confédérations de sociétés coopératives contre toute personne qui, non habilitée les aurait utilisées, ou qui ajoute d'autres qualificatifs indument identiques alors qu'elle n'en avait pas le droit.

L'étude des groupements d'affaires s'enrichit d'une société anonyme ou coopérative d'une importance économique particulière.

CHAPITRE III : LA BANQUE, UNE PERSONNE MORALE IMPORTANTE DANS LES AFFAIRES

Du point de vue forme, la banque ou les établissements financiers peuvent incarner une des formes de groupements d'affaires étudiées ci-dessus à savoir la société commerciale à l'exclusion de la société unipersonnelle et la société coopérative ordinaire (infra1204).

Si la banque mérite une étude particulière, c'est parce qu'elle présente la singularité d'être une société qui finance, qui appuie les autres formes de sociétés pour leurs épanouissement et développement et quelque fois pour leur naissance. Pour toutes ces raisons il a fallu une réglementation propre à la banque et organismes assimilés dont l'abondance et la technicité imposent une étude en plusieurs sections permettant d'exposer tour à tour la définition et l'importance de la banque[75] (Section I) le domaine de la réglementation bancaire (Section II) la vie d'une banque (Section III), les employés de la banque (Section VI) la notion de compte en banque (Section V), l'encadrement de l'activité bancaire (Section VI) et l'intervention des procédures collectives dans le domaine des banques (Section VII). Cependant de façon toute naturelle et candide, chacun s'interroge sur l'origine, l'historique de cette activité particulière d'où l'initiative d'une section préliminaire pour en parler.

SECTION PRÉLIMINAIRE : HISTORIQUE ET ÉVOLUTION DES BANQUES

Les institutions financières ont un historique relativement long qu'il sera nécessaire d'abréger en terme d'analyse. Et cet historique, faisant son chemin dans les temps modernes, laisse entrevoir dans notre pays une évolution de l'activité bancaire qui a commencé par l'institution des banques de développement sectoriel avant d'aller vers une prolifération des banques d'affaires.

PARAGRAPHE I : BREF HISTORIQUE DE LA BANQUE

L'histoire politique de notre pays comme des autres pays africains[76] dans l'histoire politico-économique du monde en général, inspire de diverses façons

75 Chaque fois qu'on parle de banque, il faut y assimiler les établissements financiers pour une compréhension générale.

76 Les pays africains ont connu une domination politico-économique des Etats européens sous le joug de ce qu'on a prosaïquement appelé la colonisation dont l'étau commença à se deserrer à partir de 1960 (1958 pour la Guinée, 1956 pour la Maroc) pour la plupart.

sommairement, cette analyse en deux parties chronologiques : avant et après 1960 qui est une date à la fois déterminante et symbolique dans l'histoire de l'Afrique et de l'humanité.

A°) Avant 1960

Les auteurs[77] en majorité se réfèrent bien volontiers au XVème et XVIème siècle, âge de la grande découverte des métaux précieux et de développement des grandes foires pour marquer le début de la structuration de l'activité bancaire, grâce à un certain essor économique. Au même moment, l'idéologie religieuse c'est-à-dire la doctrine de l'église qui jugeait illégitime le prêt à intérêt (bréviaire des banques) était combattue par Jean Calvin et les juristes romains.

Le capitalisme avec ses règles économiques libérales va connaitre un grand essor au XIXème siècle et insuffler une grande force aux banques qui vont fournir les capitaux aux industriels et aux commerçants pour leur développement[78].

Il convient de relever que l'activité de spéculation autour de l'argent est vieille comme le monde.

En effet dès que l'homme connut la monnaie ou plutôt l'échange différent du troc, il s'est installé la petite opportunité du ''ajouter un peu au remboursement''. Quand vous empruntez de l'argent, au remboursement il faut y ajouter quelque chose. C'est ce qui agrémentait les échanges commerciaux. Ainsi au moyen âge toujours le rôle de banquier était assuré par un usurier c'est-à-dire un propriétaire d'argent qui exigeait ses taux d'intérêts, lequel s'asseyait derrière un banc avec son argent, sa monnaie pour le donner aux autres (clients) qui avaient les moyens de le rembourser avec les intérêts et en qui il faisait confiance. C'est ce banc sous forme de comptoir (comme on le connait aujourd'hui) qui a donné son substantif au métier de spéculation d'argent, la banque[79].

C'est sur l'actuel territoire de l'Italie que l'activité bancaire va prendre son envol avant d'être consacrée par les français à leur tour, qui ont élaboré une abondante législation à cet effet dont une certaine pour les pays africains sous leur dépendance politique et économique.

---

77 G.Ripert R.Roblot, Philippe Delebeque, Michel German Tome 2 16ème édition op cit.

78 Idem.

79 Cours Mamadou TRAORE, Droit des Affaires, Droit Bancaires FSJE ; René Rodière et CIE : Droit Bancaire, 2ème édition 1975.

Dans le cadre de l'abolition de l'esclavage en 1848, donc une circonstance historique non reluisante, les autorités françaises vont créer une banque en juillet (le onze) 1851 servant de prêt et escompte à la Martinique, en Guadeloupe et à la Réunion et ce sont les anciens propriétaires d'esclaves qui en étaient les actionnaires forcés ; cette banque coloniale devant soulager les anciens maîtres (d'esclaves) par l'octroi d'indemnités pour suppléer les revenus provenant de la main d'œuvre servile. Après ce fût la création de la banque du Sénégal par Décret impérial du 21 décembre 1853 avec son siège à Saint Louis qui resta longtemps le seul établissement bancaire en Afrique Noire avec un champ d'activité réduit au seul Sénégal, ce qui était source de difficultés qui n'auront été résolues que par la liquidation de cette banque en juillet 1901 et son remplacement par la Banque de l'Afrique occidentale[80] dont le siège va migrer de saint louis à Paris.

En 1929, il se révèle nécessaire de tenir compte de certaines réalités dans le fonctionnement de la banque en réservant le quart des actions à l'Etat français dont l'admission fit de la banque une structure d'économie mixte avec le droit pour l'Etat de désigner le Président du conseil d'Administration et le Directeur Général de la BAO. Après plusieurs soubresauts politiques et considérations économiques, les autorités françaises vont adopter un Décret pour dépouiller la BAO de ses prérogatives prioritaires et faire d'elle une simple banque commerciale.

B°) A partir des années 1960

Dans les toutes dernières années qui précédèrent mais qui annonçaient les prémices pour les indépendances politiques des Etats africains, il y eût la création par la France de deux Instituts d'émission en Afrique Noire dont un pour chaque bloc politico-administratif : Afrique occidentale française (AOF) et Afrique orientale française (AEF). Juste à la veille de l'indépendance les deux instituts d'émission seront transformés en Banques centrales le 04 Avril 1959. Ces banques centrales des Etats de l'Afrique de l'Ouest et Banque centrale des Etats de l'Afrique de l'Est et du Cameroun. Leurs conseils d'Administration étaient composés de façon mixte et paritaire de représentants français et africains[81].

80 La banque de l'Afrique occidentale a été instituée par un Décret du 22 juillet 1901 avec comme sigle BAO.

81 Cours M. TRAORE op cit.

En Afrique occidentale c'est la Guinée Conakry qui créa sa monnaie nationale le 1er mars 1960. En collaboration étroite avec la France les autres pays de l'AOF mirent en place le 12 mai 1962 le traité de l'union Monétaire Ouest Africaine à la négociation duquel notre pays à participé mais en refusant in fine de le signer pour des raisons d'obédience politique[82].

Aujourd'hui encore les Etats de l'AOF semblent très fidèles au traité de l'Union Monétaire Ouest Africaine qui demeure la source de toute réglementation bancaire dans ces pays à l'exclusion de la Communauté Economique des Etats de l'Afrique de l'Ouest (CEDEAO) de l'union Economique et Monétaire Ouest Africaine et encore moins de l'harmonisation en Afrique du Droit des Affaires (OHADA).

En effet l'article 22 du Traité UMOA réserve à son conseil des Ministres une prérogative exclusive de réglementation « uniforme » dans certaines matières en l'occurrence l'organisation de l'exercice de l'activité de distribution du crédit c'est-à-dire le secteur bancaire. C'est en vertu de ce texte du traité OHADA que les parlements nationaux sont habilités à adopter des textes régissant les banques dans leurs économies nationales en tenant compte de leurs réalités propres[83].

Il revient que la règlementation de l'activité bancaire est sujette à caution de la France dans nos Etats, c'est ce qui explique respectueusement la tenue à l'écart de l'UEMOA, de la CEDEAO et la prudente-inaction que doit observer le droit OHADA en ne prenant pas d'acte uniforme dans ce domaine malgré sa décision N° 002/2001/CM relative au programme d'Harmonisation[84].

Le secteur bancaire a connu une évolution propre au Mali.

PARAGRAPHE II : EVOLUTION DES BANQUES AU MALI

L'évolution du secteur bancaire est marquée au Mali par l'institution d'abord de banques de développement avec participation significative de l'Etat du Mali dans le capital social et ensuite la prolifération des banques dites commerciales.

---

82 Au Mali la première République a choisi une option politique socialiste Marxiste, l'éloignant idéologiquement de la France.

83 Union Monétaire Ouest Africaine UMOA. Loi bancaire, texte annoté, Ousseynou SOW, Editions CIGA, Décembre 2004

84 M Kone, Le nouveau Droit commercial des pays de la zone OHADA op cit

A°) Les banques de développement sectoriel

A l'instar des autres pays africains, le Mali dès son indépendance, va concevoir une politique de crédit volontariste à l'effet de se libérer de toute tutelle étrangère économiquement et financièrement[85]. Ainsi les banques de développement, avec une large participation de l'Etat au capital, permettaient une orientation opportune des crédits au regard des objectifs de développement essentiels et équilibrés. Une banque de développement, par hypothèse, n'exclut aucun secteur. Elle intervient indéfiniment dans le domaine social comme la banque de l'Habitat, dans le domaine Agricole comme la Banque Nationale de développement Agricole mais aussi dans le domaine économique général même avec des acteurs (commerçants) non aguerris comme la Banque de développement du Mali. Les banques de développement sectoriel sont réputées prendre de hauts risques pour elles mêmes dans leurs financements (interventions).

B°) Les banques commerciales

Ce sont des banques qui naissent certes avec la caution de l'Etat où elles exercent mais gardent une distance de liberté si importante qu'elles s'éloignent des pressions politico-économiques que peuvent subir les banques de développement. Par essence les banques commerciales ont des capitaux provenant des apports privés qu'elles sont libres d'augmenter à tout moment par ouverture au public intéressé.

Les banques commerciales ciblent, à leur naissance des secteurs d'activités à financer mais au fur et à mesure que les opportunités se présentent et que les moyens le permettent, elles financent opportunément d'autres activités pourvu que leurs instances dirigeantes l'autorisent. Elles peuvent s'endetter auprès des banques de développement à faible taux d'intérêt pour répondre à leurs sollicitudes (par leur clientèle).

Cependant, est-il donné de constater que toutes les banques (de développement ou commerciales) sont conduites à financer toutes les activités pourvu qu'elles sentent une limitation de risques et une opportunité de gain.

Qu'est ce qu'une institution financière en substance ?

85 Dr Emmanuel Barry Cours de Droit Bancaire ENA, 1988-1989 inédit.

SECTION I : DÉFINITION ET IMPORTANCE DE LA BANQUE

Le financement de l'activité socio-économique provient d'organismes aux appellations diverses, tantôt plurielles, tantôt singulières. Ainsi, entendons-nous parler ou lisons-nous les expressions "institutions financières" qui traduisent le renvoi à l'ensemble des entreprises qui soutiennent financièrement les autres entreprises sans tenir compte d'une distinction quelconque entre banque et établissements financiers, on entend parler de la banque elle-même, des établissements financiers, d'établissements de crédit, de systèmes financiers décentralisés (SFD)[86] etc.

PARAGRAPHE I : LES TERMINOLOGIES

Il s'agit de comprendre au fond les terminologies de banques et d'établissements financiers (A) de s'interroger sur l'appartenance (publiciste ou privatiste) de la banque (B) et aussi comprendre la notion de services secondaires de la banque (C).

A°) Notions

La loi malienne sur l'orientation du secteur privé[87] conçoit les banques, les établissements financiers mais aussi les systèmes financiers décentralisés comme des organismes qui élaborent et mettent en œuvre des mesures saines et rigoureuses contribuant à l'amélioration du financement de l'économie nationale. L'article 45 de la dite loi continue en déclarant qu'ils renforcent leur professionnalisme en particulier en matière de distribution de crédits et de recouvrement de prêts en vue de soutenir le développement harmonieux du secteur privé. Cette définition fait comprendre la notion de banque mais aussi explique son importance.

Notre pays, dans le sillage de l'article 22 du traité de l'UMOA a procédé à la règlementation de l'activité bancaire à travers successivement la loi N°90-74 ANRM du 04/09/1990 abrogée et remplacée par la loi 08-043 du 01 décembre 2008 portant règlementation bancaire actuellement en vigueur[88].

86 Au Mali, c'est la loi n°10-013 du 20 mai 2010 qui réglemente les sociétés financières décentralisées.

87 Loi N° 2011-088 du 30 décembre 2011 portant loi d'orientation du secteur privé JO N° 36 du 7 septembre 2011 op cit.

88 Cette loi a été adoptée par l'assemblée nationale le 13 novembre 2008 et publiée dans le jour-

Le texte malien ne donne pas une définition bien structurée des notions de banques et d'établissements financiers. Il se contente de viser dans son article 2 in fine les établissements de crédits agréés sous forme de banque ou d'établissements financiers à caractère bancaire. Dans son alinéa premier l'article 2 de la loi se contente de définir comme établissement de crédit les personnes morales effectuant, à titre de profession habituelle, des opérations de banques.

L'opération de banque est définie dans le second alinéa comme, la réception de fonds du public, des opérations de crédit et la mise à disposition de la clientèle et la gestion des moyens de paiement.

En procédant comme, il l'a fait le législateur malien n'imprègne pas le lecteur de toutes les réalités de la banque car celui-ci n'a aucune idée légale de la notion d'opérations de crédit, de la notion de gestion de moyens de paiement a priori même si certaines sont citées plus loin.

A titre de comparaison il peut être analysé les dispositions des articles 3 et 4 de la loi Burkinabé[89] sur les définitions des institutions financières.

Selon l'article 3 de cette loi « sont considérées comme banques les entreprises qui font profession habituelle de recevoir des fonds dont il peut être disposé par chèque ou virements et qu'elles emploient, pour leur propre compte ou pour le compte d'autrui, des opérations de crédit ou de placement ».

Cette définition à l'avantage de laisser comprendre que la banque n'est pas une agence de courtage mécanique qui prend l'argent de certains clients, pour l'affecter à d'autres clients sous forme de prêts. Elle laisse sous entendre que les clients ouvrent des comptes dont ils sont titulaires et qu'ils mettent en mouvement par chèques ou par virements. Enfin on y relève que le fonds reçu du public peut être utilisé par la banque même pour son propre compte par exemple en opérations de placements diverses.

L'article 4 de la loi burkinabé énonce que : « sont considérées comme établissements financiers les personnes physiques ou morales, autres que les banques, qui font profession habituelles d'effectuer pour leur propre compte des opérations

nal officiel N°1 du 02 janvier 2009 SGG.

89 Loi 012-96 ADF du 02/05/96 annotée par M. Ousseynou SOW op cit.

de crédits, de vente à crédit ou change, ou qui reçoivent habituellement des fonds qu'elles emploient pour leur propre compte en opérations de placement, ou qui servent habituellement d'intermédiaires en tant que commissionnaires, courtiers ou autrement dans tout ou partie de ces opérations ».

Cette définition plus que celle de la loi malienne est plus structurée, car elle permet d'établir a priori qu'il existe ou qu'il doit exister une relation étroite entre un établissement financier et une banque où les clients de l'établissement peuvent avoir leurs comptes qui servent de base de collaboration dans les relations d'affaires entre eux.

Les opérations entreprises ou pouvant être entreprises par les établissements viennent en quelque sorte compléter l'objet de la banque dans le sens de la satisfaction générale du public c'est-à-dire de la clientèle. Entre autres opérations les établissements financiers peuvent mener des opérations de crédit-bail qui concernent selon l'article 8 de la loi malienne, les opérations de location de biens d'équipement ou de matériel ou d'outillage qui donnent au locataire la possibilité d'acquérir, à une date convenue avec le propriétaire, tout ou partie des biens loués, moyennant un prix mutuellement convenu, ce, en tenant compte des paiements déjà effectués à titre de loyers ou encore les opérations qu'une entreprise finance pour son propre compte comme la construction de biens immobiliers à usage professionnel afin de les donner en location à des personnes à la demande desquelles elle a agi et qui peuvent en devenir propriétaires de tout ou partie, au plus tard à l'expiration du bail.

S'agissant des systèmes financiers décentralisés comme les institutions mutualistes ou coopératives d'épargne et de crédit, lorsqu'ils sont agrées[90] jouent le rôle d'établissements de crédit, sous très souvent l'appellation de micro finance.

Lors d'une conférence débats sur la micro finance au Mali[91] donnée par la caisse Kafo jiguinew, la direction de cette institution a révélé qu'outre l'objet global de tout crédit qui vise ou doit viser à faire grandir l'emprunteur, que l'objectif spécifique de la microfinance est d'aider les populations pauvres à s'en sortir lorsqu'elles épargnent, par l'octroi de prêts sans garantie significative.

90 Article 11 a contrario de la loi portant réglementation bancaire.

91 Conférence tenue par les responsables de Kafo jiguinew le 02 mai 2015 à la faculté des sciences économiques.

Cependant, ont regretté le directeur général de Kafo jiguinew et ses collaborateurs, une problématique défiante est là, affectant les efforts de lutte contre la pauvreté, qui est en principe le rôle de l'Etat. Ce fait handicapant majeur élit domicile dans le comportement même des pouvoirs publics qui, lorsqu'ils reçoivent des fonds destinés à lutter contre la pauvreté, les logent dans les banques classiques plutôt que dans les caisses de microfinance. Alors, les caisses sont obligées d'aller s'endetter auprès de ces banques pour venir satisfaire les mêmes pauvres, présumés destinataires des dits fonds. Curieux jeu de passe ! par ailleurs, les pouvoirs publics, les mêmes, privent la microfinance de la possibilité de virement des salaires des fonctionnaires et contractuels de l'Etat et des collectivités. Toutes choses qui constituent des facteurs dirimant l'essor, la prospérité de la microfinance[92].

A présent il est légitime de s'interroger sur le rattachement disciplinaire du droit bancaire.

B°) Le rattachement de l'activité bancaire

Quand on se réfère à la réglementation de l'activité bancaire, il peut être donné d'alléguer que la banque intéresse le droit public dans la mesure où la définition de ses règles intervient dans un cadre macroéconomique relevant et intéressant l'Etat en premier lieu. L'Etat peut être apporteur dans le capital social d'une façon relativement importante au point de s'arroger des prérogatives qui rappellent la puissance publique.

Ensuite l'Etat à un titre ou à un autre est intéressé par l'activité bancaire en l'occurrence dans le cadre du contrôle d'où la fréquence et la justification de l'intervention du Ministre des finances de la République en cas de difficultés.

Par ailleurs et fondamentalement l'activité bancaire intéresse et est partie intégrante du droit privé qui l'adopte comme une matière relevant du droit commercial en général malgré une tentative de cessession tendant à l'ériger en discipline indépendante sous le nom de droit bancaire[93].

---

92 Aujourd'hui la microfinance joue un grand rôle dans la société et dans l'économie de notre pays en prenant en compte et en charge plus que les pauvres du premier degré. Il sied donc pour l'Etat, de la soutenir en l'encourageant afin qu'elle satisfasse davantage les populations.

93 Il sied désormais d'opérer la distinction entre unité de formation pédagogique, répondant à une certaine ''idéologie'' pédagogique et une tentative d'autonomisation des disciplines du

En outre, à la suite du code de commerce français[94] l'acte uniforme sur le droit commercial général cite dans son article 3 parmi les actes de commerce les opérations de banques, de bourse,…

Donc l'activité bancaire est commerciale par les lois et les personnes morales qui la mènent sont commerçantes, que ce soit des sociétés commerciales en la forme ou des sociétés coopératives par leur objet.

C°) Les services secondaires de la banque

La banque, à cause de son poids économique et social, de son organisation administrative et juridique pérenne et de son instinct de sécurité a été sollicitée pour certains services par ses clients. Le contrat de coffre fort (1), la fourniture de renseignements (2) et la question des valeurs mobilières (3). Ainsi même si la loi bancaire de notre pays est muette sur ces éléments ils méritent d'être étudiés car consacrés par la pratique.

1°) Le contrat de coffre fort

Il est un contrat de dépôt en vertu duquel le déposant, un client de la banque certainement, peut venir déposer auprès de la banque, dépositaire des objets valeureux quelconques comme des papiers de propriété de titres sociaux, des objets précieux comme des bijoux, des métaux précieux comme l'or, le diamant l'argent etc. en vue de les mettre à l'abri de certains dangers. La banque les accepte en offrant un coffre fort en location au client contre généralement de modiques sommes comme contrepartie. En acceptant le dépôt la banque passe une sorte de contrat de sécurité[95] duquel découle également une obligation de surveillance et de discrétion.

droit commercial qui veulent se détacher. En effet, ce sont les unités de formation qui se multiplient et non pas véritablement les disciplines, car il faut éviter d'entretenir des dédalles dans le labyrinthe juridique déjà compliqué. Il est à craindre une démission de certains juristes dans la formation qui craigne et évitent soigneusement les disciplines juridiques instrumentales au profit des disciplines dites faciles…

94 Dès 1807 le code de commerce français ainsi que l'article L110-1C.Com reprenant l'article 632 relèvent la banque comme une activité commerciale.

95 A. Robert : « le contrat de coffre fort » JCP 1959 I 1507 in René Rodière, Jean Louis Rèves-large, Droit Bancaire, 2ème édition, Dalloz 1975.

2°) La fourniture de renseignements

C'est une mission quasi naturelle du banquier que de donner des informations à ses clients au regard de certaines opérations ou sur le marché financier ou même des personnes. La banque peut le faire à travers des services internes spéciaux comme l'accueil ou le service crédit. Quand un banquier offre ou accepte de donner des informations et renseignements, il doit l'assumer jusqu'au bout comme en matière de gestion d'affaires. Le banquier informe renseigne soit gratuitement soit contre peu de rétribution.

S'agissant des renseignements sur des personnes il est conçu que la banque peut donner des renseignements sur les tiers si elle en dispose mais si c'est sur ses clients, elle a le droit de refuser de le faire même si ce refus peut indiquer la situation inconfortable ou d'insolvabilité du client[96].

3°) Le service des valeurs mobilières

Compte tenu de l'importance des valeurs mobilières dans l'économie, les banques sont très souvent en rapport avec les sociétés qui les émettent (supra1040 infra1306 et s.).

La banque est une société commerciale de première importance.

PARAGRAPHE II : IMPORTANCE DE LA BANQUE

L'importance de la banque et des établissements est établie malgré souvent quelques grincements, quelques critiques à leur endroit en dépit desquels, selon le juriste spécialiste Ousseynou SOW, ils procurent aux entreprises, créatrices de richesses par excellence, la substance des ressources afin de leur permettre d'atteindre leurs objets économiques.

Pour arriver à jouer ce rôle d'abord la banque elle-même se soumet à une organisation et un fonctionnement serrés et rigoureux, c'est à cette condition qu'ensuite elle peut utilement servir les clients et ce enfin, dans un cadre de saine concurrence comme règle commerciale.

---

96 Réné Rodière et Cie Droit Bancaire op cit.

A°) Le statut juridique de la banque

La principale forme juridique admise par la banque est la société anonyme (Article 31 loi bancaire) sous la forme ordinaire ou avec appel public à l'épargne (supra1018 et 1040).

Cependant la banque connait souvent une organisation et un fonctionnement différents des autres sociétés anonymes d'où une interrogation légitime sur son statut juridique lequel est défini dans une circulaire portant réorganisation du contrôle interne des établissements de crédit[97] prise par la commission bancaire.

Les organes de délibération d'une banque comme le conseil d'administration si elle (banque) revêt la forme de société anonyme ou encore comme les commissaires aux comptes ou aux apports ou les experts qu'ils seraient conduits à désigner, doivent mettre un accent sur le contrôle interne ou audit interne afin de maitriser les risques et accroitre la rentabilité de l'institution. Ces mêmes organes doivent veiller à mieux impliquer et responsabiliser le personnel dans le fonctionnement du contrôle interne et veiller à l'amélioration du système d'information et de documentation. L'organe délibérant doit surveiller l'activité et les résultats de la banque au moins une fois par an, procéder à la formation continue idoine des agents.

Par ailleurs l'audit interne permet de veiller à la qualité de l'information financière à travers ce qu'on appelle la « piste d'audit » qui permet la reconstitution des opérations effectuées dans un ordre chronologique, et la constatation de l'évolution des soldes etc.

Enfin, les organes délibérants et exécutifs des banques doivent constamment et instamment procéder à une surveillance prudentielle qui consiste à un contrôle des tâches liées au contrôle des risques et leur gestion.

Que fait précisément la banque.

97 Circulaire 10-2000/CB/UMOA du 23 juin 2000 portant réorganisation du contrôle interne des établissements de crédit dans le cadre de l'UMOA in loi bancaire portant réglementation bancaire annoté par Ousseynou SOW op cit.

B°) Le financement de l'économie par le crédit et du commerce international

Certes, les promoteurs des entreprises ou des activités lucratives financent en tout ou partie leurs entreprises mais pour les besoins, soit du surplus de financement soit des investissements importants, les banques et établissements financiers contribuent à l'amélioration du financement nécessaire par une saine distribution des crédits mais en même temps par un recouvrement normal des prêts (Article 45 loi secteur privé).

Les banques financent le commerce international aussi par un moyen de collaboration mutuelle et intéressée à travers des techniques comme la lettre de garantie, les lettres de change, les cartes de crédits etc.

Le financement se fait dans un cadre concurrentiel entre banques.

C°) La concurrence entre banques

La concurrence est une loi naturelle en matière de commerce car les banques font le commerce de l'argent, par conséquent elles ne sont pas à l'abri de cette concurrence qui doit se conduire au bénéfice des clients. Cependant la loi bancaire dans son article 102 a bien voulu circonscrire cette concurrence en prévoyant des règles selon les spécificités des banques et établissements financiers.

Il faut rappeler que toute concurrence est porteuse et donc généralement les banques ont des professionnels collaborateurs qui vendent leurs produits qu'on appelle intermédiaires. Les dispositions de l'article 105 de la loi bancaire exigent que les personnes physiques ou morales non assimilables à des établissements de crédits, qui jouent le rôle d'intermédiaire comme courtier, agents commerciaux etc. doivent avoir une autorisation préalable à cette fin, octroyée par le Ministre des finances.

Quelles sont les vraies opérations de banque ?

SECTION II : DOMAINE DE LA RÉGLEMENTATION BANCAIRE

C'est la loi 08-043 du 1 décembre 2008 qui fixe les exigences distinctives d'un établissement de crédit avant de décrire typiquement les opérations de banque.

PARAGRAPHE I : LES EXIGENCES DISTINCTIVES DE LA BANQUE

La banque, c'est d'abord des comptes financiers qui découlent d'un capital social et dont les exigences sont telles qu'elles distinguent la banque d'autres établissements et organismes.

A°) Le capital et réserves spéciales dans les banques

Les banques et les établissements financiers à caractère bancaire ne peuvent être constitués ou continuer d'exister si leur capital social n'atteint pas ou ne reste pas supérieur ou le minimum légalement ou réglementairement fixé qui peut être différent selon la catégorie de l'établissement financier concerné.

Comme la structure première d'une banque est la société anonyme, il est permis de penser que son capital peut être fixé à un minimum de 10 000 000 (dix millions) Francs pour les sociétés commerciales (ou banques) ordinaires et de 100 000 000 (cent millions) Francs pour les sociétés commerciales (ou banques) ayant fait appel public à l'épargne. Pour les autres formes sociales que pourraient épouser les banques et établissements financiers comme les sociétés coopératives ou la société à responsabilité limitée, les actes uniformes respectifs laissent une liberté de fixation du capital social qui peut augmenter ou diminuer (Article 52 AUSCOOP) ou une indication minimale de 1 000 000 (un million) pour les SARL (supra991). Cependant les banques étant des entreprises financières de base avec comme principal rôle de financer les autres entreprises, leur capital minimal aura été fixé par l'UMOA à un milliard de francs CFA[98]. Ce capital, insiste l'article 34 al3 de la loi bancaire du Mali sera intégralement libéré (pas seulement souscrit) avant l'agrément pour l'équivalent du minimum exigé dans la décision d'agrément.

En outre, les établissements de crédit bénéficiant d'une personnalité morale sont contraints de constituer une réserve dite spéciale sur la base des réserves légales concoctées à partir de prélèvements sur les bénéfices nets réalisés. Cette réserve, au besoin, pourrait contribuer à un apurement des pertes au cas où la banque éprouverait quelques difficultés financières passagères. Donc, c'est une réserve d'appoint.

98 Loi bancaire Annotée AEMOA O. SOW op cit.

Tout organisme public ou privé opérant plus ou moins significativement ne peut être considéré comme établissement de crédit.

B°) Les établissements et organismes exclus du secteur bancaire

Les rédacteurs de la loi bancaires ont soigneusement exclu un certain nombre de services publics et privés du domaine bancaire dans les articles 11 et 12, soit pour des raisons de souveraineté nationale ou communautaire soit pour incompatibilité.

Ainsi la loi bancaire se déclare elle-même non applicable à la banque centrale (la BCEAO) pour raison de souveraineté communautaire ;

- —Aux institutions financières internationales et aux systèmes financiers décentralisés comme les mutuelles et coopératives d'épargne et de crédit non agréées en qualité d'établissements de crédit qui fonctionnent librement sans contrôle extérieure vigoureux ;
- —Au trésor public pour souveraineté nationale ;
- —A l'administration et aux services financiers des postes et télécommunications pour raison de souveraineté nationale.

La loi bancaire, dans des termes impérieux, exclut son applicabilité des entreprises et professions suivantes comme n'étant pas des établissements de crédit[99]. Il s'agit d'une part des entreprises d'assurance, de réassurance et des caisses de retraite ;

D'autre part, des officiers ministériels lorsqu'ils exercent dans leurs domaines de compétence. Ce sont les notaires, les huissiers de justice, les commissaires priseurs etc. qui sont soumis par ailleurs, néanmoins à l'obligation de communication à la banque centrale, à sa demande, des renseignements et documents nécessaires à l'exercice de ses attributions telles que reconnues par le traité UMOA et les textes nationaux sous peine de sanctions pénales.

Quelles opérations permettent de distinguer une banque ?

99 Article 12 Loi bancaire.

PARAGRAPHE II : LES OPÉRATIONS DE BANQUE

Le vocable banque, encore une fois est d'usage commun pour concerner aussi les établissements financiers. La banque conduit trois (3) missions essentielles : la réception et la réunion de fonds du public, la réponse positive à des demandes de crédit et la mise à disposition ainsi que la gestion des moyens de paiement.

Les deux premiers aspects seront étudiés dans ce paragraphe et le troisième interviendra plus loin (Section V).

A°) Les fonds reçus du public

Si le mot spéculation paraissait trop fort, il faudrait en convenir que la banque fait le commerce de l'argent en se posant comme un intermédiaire professionnel, indépendant ayant un fonds de commerce créé par des apports d'associés mais fonctionnant à partir des fonds reçus du public sous formes de dépôts alimentant des comptes ouverts à cet effet. Si l'article 5 de la loi bancaire reconnait à la banque la faculté de pouvoir disposer momentanément de ces fonds comme les siens propres (pour son propre compte) la banque a l'obligation cependant de restituer les dits fonds à leurs propriétaires normaux ou légitimes à première demande.

La notion de fonds reçus du public vise les fonds déposés ou virés par des personnes juridiques ordinaires alors qu'il ne s'agit pas des fonds rentrant dans la constitution du capital social de la banque, ou de ceux versés par des dirigeants ou actionnaires dans un cadre d'équilibre ou de sauvetage de l'institution, ou de ceux reçus du personnel d'une entreprise et qui dépassent 10% des capitaux propres de la dite entreprise.

B°) Les opérations de crédit

Au regard des dispositions de l'article 6 de la loi bancaire, une opération de crédit est un acte ou précisément un contrat onéreux dans lequel un établissement de crédit met où promet de mettre des fonds à la disposition d'une autre personne qui remboursera avec intérêt dans un délai donné. Ce service peut consister aussi en la prise d'un engagement comme aval ou caution pour garantir un prêt de la personne auprès d'une autre institution.

Avec la modernité les établissements de crédit ont initié de nouvelles opérations pour mieux satisfaire le public (la clientèle) comme le crédit bail ou toute opération de location offrant une option d'achat in fine.

Les opérations de banque répondent à des critères de reconnaissance légale ; en clair tout ce que la banque fait ou peut faire ne rentre pas dans le cadre d'une opération de crédit automatiquement. Ainsi l'article 43 de la loi bancaire (LB) interdit aux banques d'effectuer pour leur propre compte ou pour le compte d'autrui des activités commerciales, industrielles agricoles ou de service. Ces activités ne seront autorisées à une banque que lorsqu'elles sont nécessaires ou accessoires à leurs activités bancaires ou nécessaires au recouvrement de leurs créances. De même, pour les établissements financiers l'octroi de crédit aux dirigeants, administrateurs, gérants, commissaires aux comptes est bien contenu dans des propositions raisonnables. Ce critère de proposition est extensible aux actionnaires et associés qui détiennent chacun au moins 10% des apports (Articles 48 LB).

Dans les opérations de crédit on distingue les prêts à court, moyen et long termes.

1°) Les prêts à court terme

Les prêts à court terme sont ceux consentis sur une relative courte période pour être remboursés avec intérêts moins importants. Ils peuvent consister en des avances, des découverts, des crédits de campagne (par exemple la BNDA qui fait crédit pour un hivernage en vue de la culture du coton ou de l'arachide). Ainsi généralement le prêt à court terme assure une fonction économique consistant à apporter une aide de trésorerie à une entreprise ou à un particulier pour un délai allant de trois mois à deux ans maximum[100].

2°) Les prêts à moyen et long terme

Ce sont les prêts ordinaires mais effectués cette fois-ci pour une échéance plus ou moins longue allant de deux ans à sept (7 ans). Il faut comprendre que ce type de crédits sert à financer les investissements comme l'achat de matériel, la construction immobilière etc.[101]

L'on peut s'interroger à présent sur l'existence même de la banque.

100 R. Rodière JL Rives Lage, Droit Bancaire op cit P 314 et s.

101 Idem p. 386 et s.

SECTION III : NAISSANCE ET DISPARITION DES BANQUES

Comme toute personne morale, la banque a un processus de création pour exister et pour être reconnue. Etant une personne morale d'importance particulière, elle défère à des conditions accrues de naissance par l'institution d'un agrément en plus de la constitution de statuts (Paragraphe I), elle peut également disparaitre pour des causes précises (Paragraphe II).

PARAGRAPHE I : LES CONDITIONS D'AGRÉMENT DE LA BANQUE

Les pouvoirs publics nationaux comme le traité de l'UMOA attachent un égard particulier à la mise en place de la banque. Ainsi, outre la conquête et la délivrance d'un agrément, la banque doit être inscrite sur une liste spéciale, également il faut souligner que malgré une prédominance de la forme sociale, société anonyme, une banque peut revêtir d'autres formes juridiques et entre elles, la loi exige que les banques forment un organe faitière dénommé association professionnelle des banques.

A°) La délivrance de l'agrément

Fondamentalement une banque nait sous une première forme sociale avec logiquement une personnalité morale acquise après inscription au registre du commerce et du crédit mobilier ou au registre des sociétés coopératives.

Ce n'est qu'après cela que les nécessités de l'exercice d'une activité de crédit la conduisent à conquérir un agrément. Les dispositions de l'article 13LB précisent que Nul ne peut, sans avoir été préalablement agréé..., exercer les opérations de crédit, objet de la banque, se prévaloir de la qualité de banquier, d'établissement de crédit, ni même créer l'apparence d'une telle qualité notamment par l'usage des termes comme banque, banquier dans son activité (de fait).

Les sociétés qui veulent exercer les activités de banques adressent des demandes d'agrément au Ministre chargé des finances. Elles sont déposées auprès de la Banque centrale (BCEAO) qui a la charge de les instruire. L'instruction est une phase de vérification de satisfaction des conditions et obligations qui sont positives ou négatives fixées par la loi bancaire en la matière. Il s'agit respectivement de la situation des dirigeants, de leurs éventuelles incapacités de défiance au cas où ils auront été condamnés pour infractions d'atteinte aux biens ou aux mœurs (articles 25 et 26 LB). En plus, l'instruction vérifie si l'établissement de crédit a concomitamment déposé la liste de ses dirigeants auprès de la commission bancaire et du greffe du tribunal compétent (article 29 LB) et enfin l'instruction vérifie la situation du capital social de l'instruction requérante qui doit respecter le minimum légal (art 35LB).

Après la phase de l'instruction, la banque centrale examine à son tour le programme d'activités de la requérante, ses moyens techniques et financiers à réaliser ses objectifs de développement, sa stratégie de fonctionnement et de protection de sa clientèle. Elle s'interesse plus à l'honorabilité et à l'expérience professionnelle des dirigeants proposés. Elle détermine des pièces à joindre à la demande d'agrément (art 15 LB).

C'est après une réponse positive à cette demande assortie de plusieurs vérifications que l'agrément sera accordé par arrêté du ministre des finances après avis favorable conforme de la commission bancaire de l'UMOA qui a procédé certainement à l'instruction au nom de la banque centrale.

L'agrément est réputé avoir été refusé selon les termes de l'article 16 LB dès lors que sa demande dépasse six (6) mois sans aucune réponse. Ce refus n'est pas catégorique et définitif. Il a pour avantages d'empêcher le requérant d'exercer les activités de banque sans agrément, même si l'article 14LB autorise certaines activités. Si des reproches sont faits au dossier la commission bancaire invitera le requérant à les satisfaire utilement sinon l'agrément pourrait ne concerner que l'exercice de certaines activités à l'exclusion d'autres (Articles 16 LB).

La banque est encore soumise à la formalité d'enregistrement.

B°) Inscription sur la liste des banques

Les formalités d'inscription déferent aux mêmes exigences que la demande d'agrément aux termes de l'article 13 qui porte que nul ne peut, sans avoir été préalablement inscrit sur la liste des banques ou sur celle des établissements financiers à caractère bancaire exercer l'activité de banque…

L'inscription consiste matériellement à un enregistrement ordinal et numéral sur la liste des banques ou sur celle des établissements financiers à caractère bancaire tenues auprès de la commission bancaire. Il y a deux listes selon la nature de l'activité (banque ou établissement financier) qui mentionnent les numéros affectés après inscription comme cela se fait au Registre du commerce (Article 16 et 19 LB).

La banque est elle toujours issue d'une société anonyme ?

C°) Les formes juridiques admises

Les rédacteurs de la loi bancaire ont retenu que les banques doivent être créées sous forme de sociétés anonymes à capital fixe, établies au Mali. Cela peut être une société anonyme ordinaire ou celle ayant fait appel public à l'épargne. En outre, par autorisation spéciale du Ministre des finances acquise après avis favorable de la commission bancaire, la banque peut revêtir la forme de sociétés coopératives ou mutualistes à capital variable.

La loi exclut de façon impérieuse et nette toute forme de banque issue d'une société unipersonnelle (Art 31 al2 LB).

Exceptionnellement une banque pourra revêtir la forme d'autres personnes morales.

Pour les sociétés coopératives l'acte uniforme éponyme retient deux formes, la société coopérative simplifiée réglementée dans l'article 204 et suivants AUSCOOP et la société coopérative avec conseil d'administration réglementée dans l'article 267 et suivants AUSCOOP.

La banque étant une activité commerciale, ces deux formes de sociétés coopératives, si elles sont admises à exercer les opérations de crédit seront considérées comme commerciales par leur objet et soumises aux règles commerciales. L'article 21 AUSCOOP relève que l'objet d'une société coopérative détermine son caractère civil ou commercial.

En revenant à l'exclusion de la société unipersonnelle du secteur bancaire, on note aisément que l'Etat veut éviter que des personnes physiques aient une main mise, au singleton, sur l'économie du pays. Cela peut être dangereux pour la stabilité politique d'un pays. En effet, les décisions politiques peuvent être largement tributaires des réalités économiques et ceux qui déterminent le cordon financier n'hesiteront pas à imposer les visions personnelles outre et contre les intérêts généraux. Les abus s'installent facilement.

Pour les autres formes de personnes morales, il y aura plusieurs et il serait nécessaire qu'une loi précise ces formes exceptionnelles avec le concours de la commission bancaire sinon il vient en tête, les sociétés à Responsabilité limitée, les sociétés en commandite simple, même les sociétés en nom collectif tout en n'oubliant pas les associations et fondations diverses…

Toutes les actions émises par les banques évoluant en République du Mali doivent revêtir la forme nominative (article 33 LB).

Les banques ont-elles une organisation faîtière ?

D°) L'adhésion à l'association professionnelle des banques

Les réflexions à entreprendre au sujet de cette adhésion, nécessitent une reproduction fidèle de l'article 55 LB résumant l'organisation de la profession de banque. L'article 55 énonce que « les établissements de crédit doivent, dans le mois qui suit leur inscription sur la liste des banques ou sur celle des établissements financiers à caractère bancaire, adhérer à l'Association professionnelle des banques et établissements financiers.

Les statuts de cette association sont soumis à l'approbation du Ministre chargé des finances. L'approbation est donnée après avis de la commission bancaire ».

Le juriste se pose la question a priori sur l'obligation d'adhésion à un organe dénommé association. En effet on doit être libre d'adhérer à une association ou ne pas y adhérer, fut-elle professionnelle et ce au nom de l'autonomie de la volonté et de la liberté de choix.

Si cette association a des allures syndicales, la constitution du Mali n'oblige pas à adhérer à un syndicat surtout lorsque les éventuels adhérents n'ont pas de choix à opérer entre lui et un autre, à cause de son unicité. Pourquoi ne pas prévoir la liberté de création de plusieurs associations professionnelles entre lesquelles les établissements de crédit choisiraient.

Comment comprendre qu'entre des établissements de crédit où la loi elle-même prévoit la concurrence (Article 102 LB) ceux-ci puissent librement adhérer à l'unission à une seule et même structure faîtière ? N'y aurait-il pas des raisons inavouées favorables à une soldatesque. Que pour satisfaire d'autres intérêts au détriment de ceux des clients au besoin ? La question est d'autant légitime que les statuts de cette unique association sont soumis à l'approbation du Ministre chargé des finances après avis favorable de la commission bancaire. Sinon cette association permet par ailleurs le respect des règles déontologiques.

Tout comme l'agrément est délivré, il peut faire l'objet d'un retrait.

PARAGRAPHE II : DE LA DISPARITION DES BANQUES

Le principe du retrait d'agrément est institué avec ses effets sur les filiales et succursales.

A°) Le retrait d'agrément

L'activité des établissements de crédit s'exerce sous une surveillance régulière du Ministère des finances et surtout de la commission bancaire qui mène d'initiative ses missions dont elle est juge du moment. Ainsi lorsqu'il est constaté qu'un établissement de crédit est paralysé pendant plus d'une année ou lorsqu'une structure bancaire prend la décision de transférer son siège social en dehors du ressort territorial de l'UMOA ou toute autre opération de scission ou de création de société nouvelle conduisant au transfert du siège social hors UMOA, le retrait de l'agrément à la dite structure est envisagé.

Le retrait d'agrément peut être consécutif à la commission d'infraction à la réglementation bancaire ou à toute autre législation afférente.

Le retrait d'agrément fait l'objet d'une demande adressée au Ministre des finances. Elle peut être initiée par la banque elle-même ou par le Ministre des finances selon le cas. La demande de retrait sera déposée auprès de la banque centrale accompagnée du plan de liquidation, de celui du remboursement des déposants du plan de dédommagement du personnel à licencier et une proposition sur la stratégie de traitement des créances de l'établissement (Article 21 LB).

Le retrait d'agrément sera effectif par la radiation de l'établissement de crédit concerné soit de la liste des banques soit de celle des établissements financiers (Article 20 in fine) et qui doit cesser toute activité dans le délai imparti à cet effet par la décision de disparition (Article 22 LB). La radiation qui s'ensuit devrait être publiée au journal officiel du Mali à la diligence de la commission bancaire (Article 16 LB in fine).

Quel va être le sort des filiales et succursales après retrait d'agrément ?

B°) L'effet du retrait d'agrément sans une filiale

Le sort des filiales est incertain car dépendant, en cas de retrait d'agrément, de la structure mère, de leurs liens financiers ou juridiques particuliers entre elles, d'une part et des conséquences pouvant découler de ce retrait d'autre part. Donc la commission bancaire qui est maitre de l'appréciation du retrait analysera au cas par cas (en espèce). Si la filiale est très liée, étroitement dépendante de la structure mère ou si elle garde une distance financière et juridique raisonnablement surveillée de nature à ne pas compromettre son autonomie ou encore elle (commission bancaire) analysera si les effets du retrait n'affecteront pas substantiellement la filiale. Après appréciations la commission bancaire procède au retrait subséquent de l'agrément aux filiales ou au contraire, les autorise à continuer l'exercice de leurs activités sous réserve, dans ce cas de solliciter un nouvel agrément dans les conditions habituelles auprès du Ministre des finances par les soins de la commission bancaire de l'Etat d'implantation de la filiale concernée (Article 23 LB).

C°) L'effet du retrait sur les succursales

D'abord, il sied de comprendre que les succursales font l'objet d'analyses lors du traitement de la demande initiale d'agrément (Article 15 LB). Dans l'examen du programme d'activités de l'établissement de crédit en création la commission bancaire analyse en même temps le plan de développement de réseau des succursales, des agences ou guichets à l'intérieur du Mali et sur le territoire de l'UMOA.

Ensuite, c'est cette étroitesse de liens entre succursales, agences et banque mère qui fonde l'article 24 LB à rendre automatique les effets du retrait d'un agrément aux succursales : « le retrait d'agrément d'un établissement de crédit s'étend automatiquement aux succursales » et le Ministre prend toutes les mesures idoines pour notifier aux succursales et agences leur invalidité une fois que l'établissement mère disparait.

Qu'en est-il des obligations dans les milieux bancaires ?

SECTION IV : LES SERVITEURS ET LES OBLIGATIONS DE LA BANQUE

L'importance des dépôts en sommes d'argent a dicté des règles de prudence absolue en matière de dirigeants et de conduite du personnel employé d'une part et a rendu obligatoires certaines activités et comportements. Il est vrai que la règlementation sur ces points parait stricte mais son respect assure aux établissements de crédit une relative sécurité.

PARAGRAPHE I : LES DIRIGEANTS ET PERSONNEL DE LA BANQUE

La loi bancaire est particulièrement exigeante sur le critère de nationalité des dirigeants de banque[102] ainsi que sur les incapacités de défiance pouvant les frapper et ce, avec le reste du personnel de la banque.

A°) La question de nationalité des dirigeants des établissements de crédit

Cette question défère à un principe assorti de dérogations.

1°) Le principe

Le principe de nationalité est clairement fixé par l'article 25 de la loi bancaire qui porte que Nul ne doit être admis à diriger, administrer ou gérer un établissement de crédit, ou une de ses agences, s'il n'a pas la nationalité malienne

102 Circulaire N°09-99/CB en date du 14 septembre 1999 la commission bancaire entend par ; Administrateurs, le président du conseil d'Administration et les administrateurs ;
Elle entend par dirigeants-le Président Directeur Général ;
-Le Directeur Général ;
-L'administrateur Général ;
-Le liquidateur ou l'administrateur Provisoire ;
-Les personnes ayant la qualité de Directeur, les Secrétaires généraux et conseillers ;
-Les gérants ;
-Les dirigeants de fait.

ou celle d'un Etat membre de l'UMOA, sauf s'il jouit ou bénéficie d'une assimilation aux maliens par une convention d'établissement intervenue entre son pays et le Mali. Dans ce cas la personne est considérée comme malien à part entière.

En matière de banque cette nationalité compte beaucoup car au-delà d'une certaine sécurité qu'elle inspire, elle offre l'avantage d'utiliser au premier chef des responsables inbus de la culture et des habitudes nationales et de pouvoir imaginer toutes stratégies opportunes et idoines en cas de difficultés même si à l'envers la ''question sociale''[103] pourrait peser sur eux... En tous les cas elle offre plus d'avantages que d'inconvénients.

La nationalité n'est cependant pas une question d'ordre public ?

2°) Les dérogations

Le Ministre des finances, dans sa sagacité et sur avis favorable de la commission bancaire peut déroger à l'article 25 al 1 LB ci-dessus et autoriser des individus non membres de l'espace UMOA à diriger des banques au Mali sous réserves que ces personnes répondent à la double condition de détenir comme diplômes une maitrise ou son équivalant et aient amassé une expérience professionnelle pendant au moins cinq (5) années dans le domaine bancaire, financier ou tout autre domaine jugé compatible avec les fonctions de dirigeants et d'administration.

En la forme, ce sont les banques et établissements financiers qui introduiront les demandes de dérogations individuelles, en temps utile, de ces administrateurs et dirigeants non ressortissants de l'espace UMOA auprès la Direction Nationale de la BCEAO de l'Etat concerné qui les étudie et les achemine au Ministre des finances[104].

Les demandes seront obligatoirement accompagnées des pièces suivantes :

---

103 Il s'agit de comprendre la pesanteur sociale du fait des relations parentales d'alliance et amicales de tous genres. La question sociale est considérable et inévitable au Mali pour le moment.

104 Par circulaire N°09-99/CB en date du 14 septembre 1999 Précisant les dispositions relatives à la dérogation, à la condition de nationalité en faveur des Administrateurs et des Dirigeants Etrangers.

— Un extrait du casier judiciaire ou équivalent ;
— Une pièce justificative de la nationalité ;
— Une déclaration sur l'honneur de l'intéressé, selon un modèle standard offert au candidat qu'il ne fera que remplir ;
— Un curriculum vitae (CV) ressortant sa formation et son expérience ;
— Une copie du projet de contrat de travail…[105]

B°) Les incapacités de défiance frappant les dirigeants et personnel

Ce sont des incapacités de jouissance comportant une interdiction absolue d'exercer les fonctions de direction, de gérance des établissements de crédit ou d'y travailler simplement comme employés-salariés (Article 28LB).

Les différentes hypothèses d'interdictions et de déchéances sont édictées de l'article 26 à l'article 28 LB. Les infractions prévues portent sur les atteintes aux biens en général (escroquerie, faux et usage de faux, vol, abus de confiance…) sur les blanchiments de capitaux avec peines accessoires ou complémentaires allant dans le sens de l'incapacité décrite ci haut pour les dirigeants et le non emploi pour les personnels.

Pour permettre un suivi effectif de la moralité des dirigeants, administrateurs et employés des banques, l'article 29 LB exige que chaque établissement de crédit tienne à jour auprès de la commission bancaire et du greffier chargé de la tenue du Registre du commerce et du crédit mobilier la liste des dirigeants, administrateurs gérants du dit établissement et de ses agences. Cette liste doit être à jour.

Le greffier du tribunal de commerce responsable du RCCM transmettra la liste des responsables de l'établissement de crédit et des éventuelles modifications l'affectant au Procureur de la République dans les huit jours francs.

La banque en tant qu'institution financière a des obligations.

105 Article ou point 2 de la circulaire ci-dessus visée.

PARAGRAPHE II : LES OBLIGATIONS DE LA BANQUE ET DE SES EMPLOYÉS

Des obligations principales qui règnent dans le milieu bancaire deux importantes pèsent sur la banque elle-même en tant que personne morale distincte de ses employés et une autre bien significative (secret professionnel) lie écrits et verbe du personnel et de tous serviteurs de la banque.

A°) La tenue d'une comptabilité

A titre de rappel l'article 13 de l'acte uniforme sur le droit commercial général déclare dans son article 13 al1 que tout commerçant, personne physique ou morale, doit tenir tous les livres de commerce conformément aux dispositions de l'acte uniforme relatif à l'organisation et l'harmonisation des comptabilités des entreprises. La banque est effectivement une personne morale commerçante, donc elle est contrainte à la tenue d'une comptabilité sauf que l'article 5 de l'acte uniforme portant organisation et harmonisation des comptabilités des entreprises précise in fine que les banques, les établissements financiers et les assurances sont assujettis à des plans comptables spécifiques. Cette position marque et confirme la prudence voire une certaine méfiance du droit OHADA vis-à-vis du droit bancaire pour les raisons politico-économiques alléguées au début du présent chapitre (supra1149). Donc le cheval qui ne vous appartient pas, ne tentez pas de saisir sa queue dit un proverbe malien...

Pour voir un peu plus clair dans la comptabilité des banques il faut se reporter aux articles 50 à 54 de la loi bancaire du Mali, reflet des textes UMOA. C'est ainsi que l'article 50 LB porte que les établissements de crédit doivent tenir à leur siège social ou agences au Mali une comptabilité particulière des opérations qu'ils traitent sur le territoire de la République du Mali. Le même texte précise que ces établissements sont tenus d'établir leurs comptes sous une forme consolidée et combinée mais ce, conformément aux dispositions et autres règles arrêtées par la banque centrale. On peut objectivement déduire ici que les dispositions comptables de l'acte uniforme OHADA, c'est-à-dire d'une part celles des articles 74 et suivants AU OHCE sur les comptes combinés (supra334) et d'autre part celles des articles 103 et suivants AUOHCE sur les comptes consolidés (supra333) sont applicables sur les banques. Toutefois le rajout de l'expression "autres règles arrêtées par la banque centrale" laisse comprendre que les articles susvisés de l'acte uniforme en matière de comptabilité peuvent ne pas suffire et seront éventuellement suppléées, par les règles édictées pour les besoins de la cause par la BCEAO.

La comptabilité est un acte quotidien qui est arrêté chaque année civile (31 décembre) c'est cela qui tient les établissements de crédit dans l'obligation de communiquer leurs comptes annuels à la fois à la banque centrale et à la commission au plus tard le 30 juin suivant l'arrêt des comptes (Article 51 LB). Les comptes doivent être certifiés réguliers et sincères par les commissaires aux comptes et doivent être publiés au journal officiel à la diligence de la banque centrale aux frais de l'établissement assujetti.

L'ouverture de la comptabilité des établissements de crédit sur les règles de la banque centrale explique que ce soit elle (BCEAO) qui soumette les banques et les établissements financiers à une organisation comptable propre, requérant la tenue obligatoire en français, des livres et documents suivants[106].

— Le livre journal ;
— Le livre d'inventaire ;
— Le grand-livre ;
— La balance mensuelle.

La comptabilité œuvre sur une autre obligation.

B°) L'obligation de fourniture de renseignement

Les banques et les établissements financiers sont assujettis à une obligation quérable de fourniture de renseignements à la commission bancaire. En effet, à chaque fois que la commission bancaire le juge nécessaire et le demande, l'établissement de crédit est tenu de donner tous les renseignements nécessaires pour éclairer sa lanterne. Les dispositions de l'article 53 LB sont fermes et obligent à la fois les dirigeants des établissements ainsi que leurs commissaires aux comptes à communiquer tous renseignements, éclaircissements, documents utiles (chèques et effets de commerce impayés, d'autres incidents de paiements etc.) rapports, documents et autres pièces à la commission bancaire. Aucun refus de produire ces renseignements ou documents ne peut être

106 Commission bancaire, circulaire N° 11-2001/ CB du 09 janvier 2001, amendée le 11 décembre 2003 relative à l'exercice du commissariat aux comptes au sein des banques et établissements financiers in O SOW, Loi bancaire annotée, P 209.

justifié par la préservation du secret professionnel car le secret professionnel n'est pas opposable à la commission bancaire, à la banque centrale, encore moins à l'autorité judiciaire en cas de procédure pénale enclenchée (Art 53 in fine et 103 LB)

Une dernière obligation vise cette fois le personnel.

C°) L'astreinte du personnel au secret professionnel

Les esprits les plus avisés déclarent très souvent que les premiers problèmes d'une banque proviennent de la non discrétion de ses personnels ou des personnels des structures qui la contrôlent. Le secret professionnel vise à préserver les intérêts de l'établissement de crédit en gardant le silence sur certaines de ses réalités préjudiciables comme la passation d'opérations à grands risques, la survenue de difficultés passagères, surmontables, l'indélicatesse de certains responsables. En pareilles situations, seule la discrétion paye et sauve en l'occurrence dans un milieu concurrentiel.

Ainsi l'article 30 al1 LB astreint au secret professionnel les personnes qui assurent ou concourent à la direction, à l'administration, à la gérance, ou au fonctionnement (les employés-salariés) des établissements de crédit.

De même l'alinéa 2 de l'article 30 tente d'éviter la commission du délit d'initié par toute personne comprise dans l'énumération ci-dessus qui utiliserait des informations confidentielles auxquelles elle pu avoir accès pour en profiter elle-même ou surtout en faire bénéficier d'autres personnes.

Il est permis à ce stade de l'étude de s'interroger sur le compte bancaire lui-même, source des relations entre institutions et clientèle.

SECTION V : LA NOTION DE COMPTE EN BANQUE

Le compte bancaire est une notion désincarnée de coffre en vertu de laquelle une personne appelée client procède à des dépôts successifs et retraits subséquents de fonds auprès d'une banque à l'exclusion des établissements financiers qui n'offrent pas l'ouverture de compte à leurs clients. Le compte a des règles d'ouvertures et comporte deux types principaux.

PARAGRAPHE I : L'OUVERTURE D'UN COMPTE BANCAIRE AVANTAGES

Après son ouverture, un compte offre des avantages à son titulaire.

A°) L'ouverture du compte

Plusieurs réalités entourent l'ouverture et la vie d'un compte bancaire. Ainsi la loi est muette carrément sur la situation des personnes qui n'ont pas un revenu régulier. Peu importe qu'ils aient un compte ou pas.

L'ouverture d'un compte ne devient simplement un droit que pour les personnes physiques ou morales ayant un revenu régulier selon l'article 8 du Règlement[107].

Au cours de l'exercice de ce droit trois banques successives ne peuvent refuser à une même personne l'ouverture de compte sous peine d'intervention de la banque centrale pour obliger l'une d'entre elles à recevoir le dit client. Donc le refus d'ouverture de compte demeure un droit pour une banque par rapport à certaines personnes mais ce droit s'exerce de façon raisonnable et cadré comme on le voit, pour les particuliers et personnes morales civiles l'ouverture d'un compte bancaire n'est pas une obligation.

En revanche l'article 9 du Règlement érige en obligation l'ouverture d'un compte bancaire par toute personne commerçante, « Tout commerçant, au sens de l'acte uniforme de l'OHADA relatif au droit commercial général, est tenu d'ouvrir un compte auprès des services financiers de la poste ou d'une banque établie dans un Etat membre. Il en indique la domiciliation et le numéro sur les factures ou autres documents par lesquels il réclame paiement… ». Les dispositions de l'article 9 indiquent a contrario qu'on peut payer le commerçant par l'émission de chèque au profit de son compte bancaire ou par virement.

Par ailleurs, l'ouverture d'un compte de dépôt donne droit à certains services bancaires relativement à la gestion du dit compte que sont :

107 Règlement N°15/2002/CM/UEMOA relatif aux systèmes de paiement dans les Etats membres de l'union économique et monétaire ouest africaine (UEMOA). Texte annoté O. SOW.

— La gestion comptable du compte ;
— La mise à disposition d'au moins un instrument de paiement, entouré des sécurités nécessaires ;
— La possibilité d'effectuer des prélèvements à partir de ce compte ;
— La réception et la remise en compensation d'opérations de paiements pour le compte client ;
— La délivrance au client de relevés de comptes trimestriels et, à sa demande, de relevés d'identité bancaire ou postale[108].

Qui plus est, la banque, étant considérée comme un mandataire (gestionnaire) des comptes des clients mandants, elle sera tenue, comme le révèle le texte ci-dessus à des redditions sur les différents aspects de fonctionnement d'un compte, comme cela résulte des dispositions de l'art 867 CPCCS[109]. Selon cet article la reddition de compte est la procédure qui consiste, par celui qui a géré les intérêts d'autrui (le mandant), à présenter à celui auquel il est dû (l'oyant) l'état détaillé de ce qu'il a reçu ou dépensé dans le but d'arriver à la fixation d'un reliquat (éventuel) le débet.

Il reste entendu qu'après la reddition de compte à travers des relevés produits d'office ou sur demande, que le client garde son droit, même après l'écoulement d'un certain temps, de contestation. Ainsi, si le client conteste une ou quelques opérations, on parle de redressement comptable, par contre s'il procède à une remise en cause globale du compte, il est question d'une révision comptable[110].

Le compte a-t-il des avantages ?

B°) Les avantages stipulés

En réalité, les avantages sont sous entendus, mais leur bénéfice est si facile, même si c'est dans le cadre d'un contrat d'adhésion, que l'on se pose la question s'ils ne sont pas stipulés.

108 Article 10 Règlement 15/2002/CM/UEMOA relatif aux systèmes de paiement dans les Etats membres de l'union économique et monétaire ouest Africaine.

109 CPCCS : code de procédure civile, commerciale et sociale.

110 Ousseyni SOW, La sécurisation des engagements bancaires dans les Etats-parties au traité de l'OHADA.

Les particuliers bénéficient, au besoin, de prêt de court terme comme les découverts, les prêts d'accompagnement, de consommation etc.

Les commerçants et entreprises bénéficient des prêts de moyen et long termes leur permettant d'accroitre leur activité, d'investir, bref de mieux satisfaire leur clientèle…

PARAGRAPHE II : LES PRINCIPAUX COMPTES BANCAIRES

Le compte le plus connu et qui incarne l'activité bancaire est sans nul doute le compte de dépôt ou compte chèque à côté duquel la pratique des affaires a façonné un autre compte plus pragmatique, celui dit compte courant.

A°) Le compte de dépôt

Ce compte est ouvert auprès d'une institution bancaire afin d'effectuer des opérations financières comme les dépôts, retraits par espèce, virement ou par chèque. C'est un service modiquement payé que la banque effectue au profit de sa clientèle. Pour son information, la banque tient à la disposition du client des relevés de compte trimestriels.

La banque assure en outre pour le client "la réception et la remise en compensation d'opérations de paiement pour le compte client" (Article 10 Règlement UEMOA).

Le compte de dépôt fonctionne à partir des moyens classiques et modernes.

a) Les moyens classiques

Sur ces comptes le titulaire peut :

— Ordonner ou recevoir des virements de fonds ;
— Emettre des chèques à l'effet de désintéresser ses créanciers ou autres.

b) Les moyens modernes de paiement

Ils sont définis par le règlement UEMOA dans son article 1er.

On peut citer entre autres :

- La carte de crédit qui est une carte émise en vue de permettre à son titulaire de retirer ou de virer des fonds ;
- La carte de retrait permettant à son titulaire exclusivement de retirer des fonds ;
- Le télépaiement qui est un procédé technique permettant de transférer un ordre de paiement à distance par l'utilisation d'instruments ou de mécanismes d'émission d'ordre abstrait sans contact physique entre les différents intervenants.

Il existe un autre compte très profitable dans les affaires.

B°) Le compte courant

Le compte courant n'est pas expressément prévu par la loi : ni le règlement de l'UEMOA, ni la loi bancaire du Mali.

Il a une définition légale a contrario, un fonctionnement spécifique et en tant que bien, il peut être sujet à des opérations précises.

a) Définition du compte courant

Selon les doyens Ripert et Roblot[111] la convention de compte courant est une convention par laquelle deux personnes décident de porter réciproquement en compte toutes les opérations juridiques qu'elles feront entre elles, de manière à ce qu'il y ait des compensation successives, et de ne procéder en principe au règlement qu'à la clôture du compte par le paiement du solde.

Ce compte met sur scène deux parties dont l'une le créancier inscrit le montant de son dû à son crédit, c'est la banque qui s'appelle ici l'envoyeur ou le remettant et le débiteur au débit du quel la même inscription est faite qui s'appelle le récepteur ou client[112].

111 G Ripert R. Roblot, Traité du Droit commercial P Délébècque, M Germain op cit.
112 Idem.

Ces auteurs passent par la convention pour définir le compte courant qui pourtant à une définition légale en droit communautaire UEMOA tirée a contrario de l'article 10 du Règlement relatif aux systèmes de paiement. En effet parmi les droits reconnus au titulaire d'un compte de dépôt l'alinéa 3 de l'article 10 RP parle de réception et de remise en compensation d'opérations de paiement pour le compte du client. La remise en compensation traduit l'idée de compte courant conduisant les parties entre elles à payer systématiquement tous les chèques ou à satisfaire à autres moyens de paiement sous réserve pour la banque de se rétribuer en principal et intérêts dès l'alimentation prochaine du compte dit courant.

Le compte courant, à l'origine, est issue d'une nécessité opportune des affaires conduisant la banque à répondre favorablement à toute sollicitude financière au profit des tiers vis-à-vis des quels son client est engagé, à l'effet de se faire payer aussitôt que son client aura crédité son compte d'où on parle de mode de règlement simplifié des créances réciproques.

Cependant la pratique bancaire a exigé expressément l'ouverture de compte courant pour les entreprises commerciales et les commerçants.

b) Fonctionnement du compte courant

Le compte courant fonctionne régulièrement sur le mode de règlement rapide et simplifié des créances réciproques entre une banque et ses clients commerçants dans un cadre de confiance majeure éclairée par la capacité opérationnelle du client récepteur. Naturellement son solde n'est pas arrêté à chaque opération comme c'est le cas du compte de dépôt. Soit le solde est plus ou moins crédité rapidement au rythme des opérations du client, soit il attend une certaine périodicité pour être dégagé soit il attend le moment de la clôture définitive du compte. La jurisprudence exige l'existence d'une convention pour consacrer la vie d'un compte courant entre parties[113], laquelle convention ne saurait être rompue abusivement par la banque avec son client sous peine d'engager sa responsabilité[114].

113 Cass. Com, 13 janvier 1970, Bull. cass. 4,4, N°16 ; 23 octobre 1973, JCP, 1974.2. 17761, Note stouffet.

114 Cour suprême de cote d'ivoire, ch Juridique Arrêt N° 87/05 du 10 février 2005, Actualités juridiques N°53/2007 p 29 ohadata J-08-52.

Voila pourquoi on dit que les « deux parties travaillent en compte courant ». Mais pour sa preuve, l'existence d'un compte courant se prouve par tous moyens[115] comme en respect du droit commun de la preuve en droit des affaires sinon en pratique beaucoup de banques font signer des déclarations d'ouverture de compte courant.

Les comptes bancaires sont aussi des éléments de crédit dans les affaires.

C°) Les opérations pouvant porter sur le comte courant

Il faut généraliser la portée de ce point car rien n'arrive au compte courant dans cet aspect qui ne puisse arriver au compte de dépôt et que celui-ci ne peut en faire l'objet.

C1 Nantissement

Selon l'article 125 AUPOS[116] "le nantissement est l'affectation d'un bien meuble incorporel ou d'un ensemble de biens meubles incorporels, présents ou futurs, en garantie d'une ou plusieurs créances, présentes ou futures, à condition que celles-ci soient déterminées ou déterminables ». ce nantissement peut intervenir entre parties par convention ou être ordonné par le tribunal.

Peuvent faire l'objet de nantissement :

- Les créances ;
- Le compte bancaire ;
- Les droits d'associés ;
- Les valeurs mobilières ;
- Le fonds de commerce ;
- Les droits de propriétés intellectuelles.

L'acte uniforme sur les suretés décide que le nantissement de compte est un nantissement de créance par les règles applicables. Ce nantissement, sous peine de nullité, se constate par écrit avec désignation des créances garanties, l'indication du débiteur, le lieu de paiement, le montant des créances, leur échéance...

115 Req 2 mars 1925, S.1925, 1.203, Paris, 19 février 1991 RJDA. 1991, 372.

116 Acte uniforme du 15 décembre 2010 portant organisation des surêtés JO OHADA N°22, 15/02/2011.

Précisément lorsque le nantissement porte sur un compte bancaire, l'article 137 AUPOS indique que la créance nantie s'entend du solde créditeur provisoire ou définitif au jour de la réalisation de la sureté. Seul le solde créditeur importe en réalité.

Le compte peut être bloqué au détriment de son titulaire.

C2 La saisie

Ce sont les dispositions de l'acte uniforme sur les procédures simplifiées de recouvrement et des voies d'exécution[117] qui règlementent cette saisie sous l'appellation de saisie-attribution des créances.

Ainsi les dispositions de l'article 153 AUPSRE énoncent que « tout créancier muni d'un titre exécutoire constatant une créance liquide et exigible, peut, pour en obtenir le paiement, saisir entre les mains d'un tiers les créances de son débiteur portant sur une somme d'argent, sous réserve des dispositions particulières à la saisie des rémunérations ».

Donc dès lors que le créancier d'un client d'une banque est porteur doublement d'un titre exécutoire, décision de justice, créance contenue sur un instrumentum authentique, comportant une créance évaluée ou évaluable en numéraire (argent) et dont le terme est échu, il peut prétendre à son paiement (désintéressement) à partir des sommes d'argent logées dans le compte de l'intéressé. Le créancier va s'y prendre en procédant à la saisie par acte d'huissier signifié au tiers (Article 157 AUPOSRVE). La saisie ainsi intervenue oblige l'établissement de crédit à déclarer la nature du ou des comptes du débiteur ainsi que leur solde au jour de la saisie. L'acte de saisie rend indisponible le ou les comptes concerné(s) pendant au moins quinze jours (article 161 AUPSVE). Après le délai d'un mois, le tiers saisi procède au paiement sur présentation d'un certificat du greffe attestant qu'aucune contestation n'a été formée dans le mois suivant la saisie ou sur présentation de la décision exécutoire de la juridiction compétente rejetant la contestation. Dans le cas contraire le paiement est refusé et le client supposé-débiteur sera remis dans ses droits par l'accès libre à son compte[118].

117 Acte uniforme sur les procédures simplifiées de recouvrement et des voies d'exécution JO OHADA, N°6, 01/06/98.

118 Voir les dispositions de l'article 164 AUPSVE.

Enfin dans les relations humaines la sagesse se fait parfois ou très souvent une place honorable, ainsi un paiement peut intervenir avant l'expiration du délai de contestation prévu si toutefois le débiteur déclare par écrit ne pas ou ne plus contester la saisie.

L'activité bancaire connait un encadrement à la fois nationale et communautaire.

SECTION VI : L'ENCADREMENT DE L'ACTIVITÉ BANCAIRE

Le traité de l'Union Monétaire Ouest Africaine ne laisse que très peu d'initiative aux législations nationales dans la matière des banques ; soit ce sont les dispositions communautaires qui s'appliquent directement dans les Etats, soit ces derniers (Etats) élaborent des textes qui fixent certains détails mais en tenant toujours compte de la législation UMOA.

Ainsi il sera indiqué de rappeler les structures et quelques règles de l'UMOA (Paragraphe I) avant d'évoquer les sanctions dans le milieu bancaire (Paragraphe II).

PARAGRAPHE I : RAPPEL DES RÈGLES DE COMPÉTENCE DES STRUCTURES DE L'UMOA

Le traité de l'Union Monétaire Ouest Africaine détermine les structures nécessaires à l'atteinte de son objet et fixe leurs compétences respectives. C'est ce que confirme l'article 57 LB en énonçant que les établissements de crédit doivent se conformer aux décisions que le conseil des Ministres de l'UMOA, la banque centrale et la commission bancaire prennent. Parmi les structures il y a aussi le gouvernorat de la banque.

A°) Le conseil des Ministres de l'UMOA

Au terme de la loi bancaire le conseil des Ministres de l'UMOA est habilité par l'article 56 à éditer les mesures portant sur :

- Le respect par les établissements de crédit de l'adéquation ressources et emplois ;
- Les conditions d'essor (prise de participation) des établissements de crédit ;

— Les normes de gestion que les établissements de crédit doivent initier en vue de garantir leur liquidité, leur solvabilité, l'équilibre de leur structure financière...

B°) La banque centrale

La banque centrale joue un rôle extrêmement important car c'est elle qui prend les mesures relatives aux instruments et règles de la politique générale de crédit applicables aux établissements de crédit dont la constitution de réserves obligatoires qu'ils doivent déposer auprès d'elle. C'est dire que chaque banque doit avoir un compte de dépôt auprès de la banque centrale. Elle s'intéresse à la réalité du taux et conditions des opérations effectuées entre les établissements de crédit et leurs clientèles...

C°) La commission bancaire

La commission bancaire prend des décisions qui sont exécutoires de plein droit sur le territoire de notre pays (Article 58 LB).

La commission bancaire a le pouvoir de fixer aussi des normes propres à chaque établissement financier selon sa situation individuelle.

Cette commission bancaire elle-même a été créée par une convention[119] qui l'a chargée de veiller notamment à l'organisation et au contrôle des banques et établissements (Article 1er convention).

L'annexe de cette convention[120] donne la composition de la commission bancaire qui réunit outre le gouverneur de la banque centrale, un représentant désigné ou nommé de chaque Etat[121] et huit membres nommés par le conseil des Ministres de l'union en fonction de leur compétence particulière en matière bancaire sur proposition du gouverneur.

Il existe deux contrôles dont le premier est assuré par la commission bancaire.

119 Convention portant création de la commission bancaire de l'union monétaire ouest Africain signée le 24 Avril 1990.

120 Loi bancaire annotée O. SOW op cit P119.

121 Le représentant de l'Etat est soit le directeur du trésor ou le responsable de la direction de tutelle des banques et établissements financiers.

1°) Le contrôle des établissements de crédit

Les banques et les établissements financiers de l'UMOA doivent se doter d'un système de contrôle interne efficace adapté à leur organisation, à la nature et à la taille de leurs activités ainsi que les risques auxquels ils sont exposés.

a) Le principe de ce contrôle

Une circulaire spéciale a été prise relativement à l'exercice du commissariat aux comptes au sein des banques et établissements financiers[122].

La désignation du ou des commissaires (1) aux comptes répond à des règles statutaires, édictées dans le droit commun des sociétés commerciales ou droit des sociétés coopératives de l'OHADA qui ont précisé leur choix, nominations et compétences.

Cependant dans les banques, la désignation des commissaires aux comptes est soumise à l'appréciation de la commission bancaire. Ils (commissaires aux comptes) certifient ou refusent de certifier que les états financiers de synthèse sont réguliers et sincères et donnent une image fidèle du résultat des opérations de l'exercice écoulé ainsi que de la situation financière et du patrimoine de la société à la fin de l'exercice.

Plus particulièrement les commissaires aux comptes apprécient l'application des règles de calcul et le respect des normes ressortant du dispositif prudentiel en vigueur.

Par ailleurs la banque centrale et la commission bancaire peuvent procéder à tout contrôle des établissements de crédit, et autres structures ayant pour objet la collecte de l'épargne et ou l'octroi de crédit (Art 104 LB) sans qu'ils ne puissent se soustraire de cette exigence.

L'article 59 LB ferme la boucle en portant que les établissements de crédit ne peuvent s'opposer aux contrôles que serait conduit à opérer la commission bancaire.

122 Commission bancaire circulaire N°11-2001/CB/ du 19 Janvier 2001, amendée le 11 décembre 2003 relative à l'exercice du commissariat aux comptes au sein des banques et établissements financiers.

b) Les mesures appropriées

Lorsque le contrôle n'aboutit pas à une situation compromettante, l'activité de l'établissement de crédit continue normalement avec les mêmes dirigeants et administrateurs ou gérant. Mais dès lors que le contrôle ressort des irrégularités susceptibles de compromettre la continuation de l'activité de l'établissement, l'article 63 LB autorise la commission bancaire à prendre à l'encontre du dit établissement des mesures administratives comme :

— La proposition au Ministre des finances, de la désignation, de la nomination d'un administrateur provisoire muni de pleins pouvoirs pour administrer ou gérer.
— Le retrait d'agrément surtout lorsque l'activité est exercée sans agrément (banque fait).

2°) L'apport des déposants

La commission bancaire ne fait pas que sanctionner en cas de difficultés. Elle peut appeler et appelle souvent à certains actes de solidarité en faveur des établissements de crédit en difficultés bénignes.

Les dispositions de l'article 64 LB déclarent que le Président de la commission bancaire peut, au besoin et opportunément inviter les actionnaires, associés ou sociétaires d'un établissement de crédit, à lui apporter leur concours pour son redressement (ressaisissement). Il peut adresser la même invitation solidaire aux adhérents de l'association professionnelle des banques et établissements financiers afin qu'ils apportent aussi leur concours au redressement dudit établissement.

D°) Le gouverneur

Il est le président de la commission bancaire. Ce poste fut crée en 1973.
Le gouverneur est désigné par le conseil des Ministres dont il fait exécuter les décisions ainsi que celles de la commission bancaire. C'est lui qui est chargé de veiller au respect de différentes dispositions législatives, réglementaires ou autres relatives au fonctionnement de la banque centrale. Il représente la banque vis-à-vis des tiers et il est responsable des services centraux et du personnel de la banque.

La réglementation bancaire comporte plusieurs aspects répressifs.

PARAGRAPHE II : LES SANCTIONS DANS LES MILIEUX BANCAIRES

Les textes ont prévu des sanctions disciplinaires, des sanctions répressives et des sanctions diverses.

A°) Les sanctions disciplinaires

Les sanctions disciplinaires retenues par l'article 23 de l'annexe de la convention de création de la commission bancaire de l'UMOA sont :

— L'avertissement ;
— Le blâme ;
— La suspension ou l'interdiction de tout ou partie des opérations ;
— Toutes autres limitations dans l'exercice de la profession ;
— La suspension ou la démission d'office des dirigeants responsables ;
— Le retrait d'agrément.

Ces sanctions sont prononcées par la commission bancaire (Art 66 LB) qui les aura constatées. Elle en informe le Ministre des finances de l'Etat ou exerce l'établissement de crédit.

Pour leur exécution, les décisions prises sont exécutoires dès leur notification aux intéressés par la commission bancaire elle-même, sauf pour les cas du retrait d'agrément qui doit, lui, être notifié aux intéressés par le Ministre des finances dans un délai d'un mois franc. Le Ministre des finances peut formuler un recours contre ce retrait d'agrément auprès du Conseil des Ministres de l'Union, auquel cas le délai d'un mois sera nécessairement prorogé (Art 24 Annexe convention).

Les droits de la défense sont largement préservés dans la procédure même administrative, car l'article 25 de l'Annexe de la convention sur la commission bancaire rend obligatoire la convocation et exige que l'entente (interrogatoire) de la personne (physique ou morale) ait lieu ou la réception de ses observations faite par écrit. L'intéressé a la latitude de se faire assister par un représentant de l'Association professionnelle des banques ou tout autre défenseur de son choix.

B°) Les sanctions répressives

Les infractions concernées sont prévues de l'article 67 à 72 et vont du défaut d'inscription sur la liste des banques (exercice illégal) à la fourniture des renseignements inexacts à la commission bancaire, en passant par l'exercice non autorisé d'autres activités non initialement autorisées, le blanchiment de capitaux, la violation du secret professionnel. Ces articles ont prévu des délits car la sanction de privation de liberté ne va pas au déla de cinq (5) ans mais avec des peines d'amendes souvent très lourdes car pouvant atteindre 300 000 000 (trois cent millions) de francs CFA.

Quant à la sanction, le parquet avant de poursuivre, peut se faire informer davantage ou recueillir l'avis de la commission bancaire et même de la banque centrale dans les cas de violation de secret professionnel ou de blanchiment d'argent (article 73 LB).

Enfin pour toutes ces infractions la loi reconnait la possibilité à la banque centrale de se constituer partie civile.

C°) Les sanctions diverses

Elles sont liés à la défaillance dans le fonctionnement des établissements de crédit et sont prévues dans les articles 75 à 82 LB. Pour tous les cas d'infraction, des conditions de circonstances aggravantes sont fixées en cas de récidive.

D°) La forme dans les poursuites et le recours contre les décisions administratives

Pour les sanctions administratives : Les décisions de la commission bancaire sont susceptibles de recours devant le conseil des Ministres de l'UMOA (Article 83 LB). Ce recours doit être formé dans un délai de deux (2) mois à compter de la notification de la sanction à l'intéressé. Cependant tout recours demeure impossible dans le cas de retrait d'un agrément dès lors que ce retrait a fait l'objet d'une notification par le Ministre des finances. Il faut rappeler que le Ministre a du ou aurait dû être conduit à exercer ce recours avant notification.

Les recours n'ont pas d'effets suspensifs sur les sanctions prononcées. Les décisions du conseil des Ministres sont immédiatement et pleinement exécutoires dans les Etats de l'UMOA dès qu'elles ont fait l'objet d'une notification aux intéressés et d'une communication aux autorités compétentes (Ministre des finances) par le soin du conseil des Ministres.

Pour les sanctions pénales, le Procureur de la République du Pôle économique avise la commission bancaire et la banque centrale des poursuites enclenchées contre les personnes placées sous leur contrôle. Le parquet devra faire de même lorsqu'il enclenche des poursuites pour violation du secret professionnel contre les dirigeants, administrateurs gérants d'un établissement de crédit.

Le droit des entreprises en difficultés répond à un régime spécifique dans le domaine des établissements de crédit.

SECTION VII : INTERVENTION DES PROCÉDURES COLLECTIVES DANS LE DOMAINE DES BANQUES

Malgré l'allusion faite par l'article 84 LB aux dispositions de droit commun des procédures collectives qui sont en vigueur dans le domaine des banques également, il est aisé de constater plusieurs dérogations à ce droit commun (hypothèse prévue par le même article in fine) qui fondent à faire croire objectivement que la procédure collective des établissements de crédits enregistre un régime purement propre en la forme par la tenue quelque peu à l'écart du tribunal pour les décisions de mise en situation de faillite comme dans la conduite des opérations subséquentes.

Avant, les établissements de crédit ont leur technique ou mécanismes propres d'Alerte.

PARAGRAPHE I : LES MESURES PRÉCOCES DE PRÉVENTION

En fait il s'agit d'une phase au cours de la vie de l'établissement qui commence à montrer les premiers et moins graves signes d'atermoiement nécessitant, néanmoins un remède et certainement le rôle subsidiaire que joue le tribunal en ce sens.

A°) L'Alerte et l'Administration provisoire

Tout grand mal commence par faire sentir ou ressentir de petits pincements, entrainant quelques grincements de dents. Donc lorsque l'on commence à percevoir les premiers signes interrogateurs dans le fonctionnement d'un établissement de crédit. Il faut hâter les initiatives correctives. Ainsi il faut sonner sans attendre l'Alerte prévue effectivement par l'acte uniforme relatif aux sociétés commerciales et de GIE (Article 150 et S).

En matière de banque et d'établissements financiers dès que les faits graves et durables sont décelés relativement.

- —Aux comptes annuels faisant apparaitre une situation difficile ; ou
- —Aux comptes financiers compromis comme l'insuffisance des fonds de roulement, souvent une trésorerie négative suivie de renouvellement ou de report d'échéances…, ils doivent entrainer une alerte. Et l'Alerte a une technique particulière ici dénommée Administration provisoire règlementée dans les articles 60 et 61 de la loi bancaire et l'article 26 de l'Annexe de la convention portant création de la commission bancaire.

Lorsque, déclare l'article 60 LB, la gestion de l'établissement de crédit met en péril les fonds reçus en dépôt ou rend non liquides les créances de la banque centrale, la commission bancaire peut décider de sa mise sous administration provisoire.

Elle notifie sa décision au Ministre des finances en vue de la désignation d'un administrateur provisoire pris sur une liste pré-existante, lequel aura tous pouvoirs nécessaires à l'administration, à la direction et à la gérance d'une banque ou d'un établissement financier (Article 26 Annexe convention).

La commission bancaire sera conduite à prendre la décision de mise sous administration provisoire dans l'un des trois cas suivants :

- Soit au constat que la gestion ne peut plus être assurée dans les conditions normales ;
- Soit enfin à la suite d'une mesure de suspension des dirigeants ou à la suite d'une démission d'office des dirigeants en rapport avec la commission d'une infraction ou autres handicaps liés à la règlementation bancaire.

Le Ministre nomme l'administrateur provisoire pour un mandat précis pouvant être prorogé ou limité au temps indiqué. Au besoin, l'administrateur provisoire coordonne l'activité d'administration provisoire dans les filiales, succursales, agences etc. D'ailleurs la loi bancaire prévoit qu'il pourra être nommé par le Ministre des finances, des administrateurs provisoires secondaires dans ces structures.

En substance, l'administrateur provisoire devra présenter un rapport trimestriel sur les opérations qu'il aura accomplies et sur l'évolution générale de la situation financière de l'établissement de crédit qu'il administre à la commission bancaire.

L'administrateur provisoire doit nécessairement présenter à la fois à la commission bancaire et à la banque centrale dans l'année de sa nomination un rapport qui précise la nature, l'origine et la relative importance des difficultés de l'établissement de crédit et cela doit être assorti de proposition de mesures susceptibles d'assurer son redressement ou à défaut d'évoluer vers sa déclaration en cessation de paiements.

B°) La subsidiarité du tribunal

L'effet conjugué de l'encadrement communautaire des activités des établissements de crédit et leur importance particulière dans l'économie nationale expliqueraient que certains aspects juridiques surplombent les tribunaux comme l'appréciation et la mise en œuvre des difficultés des dits établissements.

En effet dans la règlementation de l'organisation des procédures collectives d'apurement du passif des banques (Articles 60 à 62, articles 84 à 100 LB) on ne voit une référence au juge-commissaire que dans très peu d'articles dont l'article 94 où il ne doit viser que des relevés de créances[123] et l'article 85 où autorise t-il un liquidateur déjà désigné à faire déclarer l'établissement déjà en cours de liquidation en état de cessation des paiements par le tribunal de commerce[124].

PARAGRAPHE II : LE RÈGLEMENT PRÉVENTIF ET LES MESURES CURATIVES OU PALLIATIVES

C'est la phase de traitement des difficultés, des moins graves aux plus sérieuses.

A°) Le règlement préventif

Il est une analyse préventive qui permet la détection de certaines difficultés relativement sérieuses. Si ces difficultés ne sont pas circonscrites à temps, elles peuvent amener l'entreprise à cesser ses paiements.

L'article 87 de la loi bancaire subordonne l'ouverture d'une procédure de règlement préventif classique en matière de banque à l'avis conforme de la commission bancaire. C'est très clair et suffisamment simple à comprendre. C'est-à-dire que le tribunal de commerce ou son Président convaincu de la possibilité d'aller à la déclaration ou à la reconnaissance d'un règlement préventif d'un établissement de crédit ne saurait le faire sans avoir l'avis, l'aval conforme de la commission bancaire.

Ainsi lorsque le représentant légal d'un établissement de crédit, qu'il soit dirigeant ou administrateur provisoire entend saisir le président du tribunal de commerce pour enclencher une procédure de règlement préventif, il devra, au

123 Cour d'appel du Littoral, arrêt N° 1751 REF du 27 octobre 2008, ohadata J-10-267. Cette décision rappelle le peu de place décisionnelle reconnue au juge commissaire dans une procédure de liquidation de banque au profit des structures administratives communautaires.

124 Les procédures collectives des établissements de crédit constituent un important et intéressant exemple à consolider et à étendre en matière de droit des affaires à toute entreprise en difficultés ou en cessation de paiements. Comme nous reviendrons dessus très prochainement, il faut laisser les professionnes gérer leurs affaires. La chambre de commerce et d'industrie, la chambre d'agriculture sont plus compétentes par exemple que les tribunaux pour apprécier leurs difficultés ou celles de leurs adhérents

préalable, saisir la commission bancaire par tous moyens laissant trace écrite (lettre recommandée, lettre remise contre récépissé). Il sera joint à la demande adressée à la commission bancaire les pièces et informations nécessaires et la commission bancaire dispose d'un délai d'appréciation d'un mois pour donner son avis au demandeur.

Comme autres formalités légales la commission bancaire devra en informer l'organisme chargé de la gestion du système de garantie des dépôts qui est certainement le greffe détenant le registre du commerce et du crédit mobilier plus d'autres éventuellement et aussi le Ministre des finances.

B°) Les mesures curatives et palliatives

Il s'agit des mesures de redressement judiciaires qui tentent de guérir l'établissement de crédit malade ou celles palliatives, qui tendent à l'accompagner dans sa phase finale qui est la liquidation.

Dans un premier temps la commission bancaire peut décider la mise en liquidation d'un établissement de crédit ou d'une entreprise pour deux raisons : d'une part lorsque le retrait d'agrément a été prononcé, soit d'autre part lorsque l'activité est exercée sans agrément (non encore obtenu ou établissement de fait) conformément à l'article 27 de l'Annexe de la convention.

La commission bancaire notifie sa décision au Ministre des finances à l'effet pour ce dernier de nommer un liquidateur auprès du dit établissement. Ce liquidateur qui peut avoir des liquidateurs secondaires en cas de filiales ou succursales est chargé d'organiser les opérations de liquidation sous sa propre responsabilité et de superviser celles (opérations de liquidation) des filiales et succursales.

L'usage du mot ''entreprise'' par l'article 62 doit retenir l'attention, car ce vocable vise les banques qui n'ont plus d'agrément ou surtout celles qui n'ont pas obtenu l'agrément et qui ne sont pas inscrits sur la liste des banques ou des établissements financiers où de simples entreprises ordinaires et non des établissements de crédit.

Par ailleurs les dispositions de l'article 88 LB précisent que ni le redressement judiciaire ni la liquidation des biens ne peuvent être ouverts à l'égard d'un établissement de crédit sans l'avis conforme de la commission bancaire.

Lorsqu'il est saisi d'une demande en redressement judiciaire ou de liquidation de biens, le président du tribunal de commerce fait une demande d'avis adressée à la commission bancaire avec les pièces et informations jointes pour éclairer davantage la lanterne de celle-ci (la commission bancaire). La commission bancaire donne son avis dans trois semaines au président de la juridiction par le truchement du greffier qui en donne copie au Procureur de la République aussi. L'avis est versé au dossier. Dès que la procédure est décidée contre une banque, le greffier en informe sans délai la commission bancaire en lui remettant un extrait de la décision d'ouverture.

Au regard de cette décision la commission bancaire informe l'organisme chargé de la gestion du système de garantie des dépôts et le Ministre des finances (Art 89 LB).

Si un administrateur fut nommé initialement et que plus tard il y ait décision de règlement préventif, de redressement judiciaire, le syndic désigné par le tribunal sera confiné à une simple surveillance des opérations de gestion de l'administrateur provisoire.

Par contre, si le tribunal prononce une décision de liquidation des biens à l'égard de l'établissement de crédit, l'article 90 LB oblige la commission bancaire à prendre une décision pour le retrait l'agrément et la mise en liquidation effective. Elle notifie sa décision au Ministre des finances qui nomme un liquidateur qui procède à la liquidation du fonds de commerce de l'établissement de crédit. Le liquidateur assiste le syndic dans la liquidation des autres éléments du patrimoine de l'établissement déchu qui garde la personnalité morale pour les nécessités de l'opération globale.

Le syndic désigné par le tribunal procède à l'inventaire des actifs, aux opérations de liquidation. Il procède au licenciement des personnels conformément au code du travail et à l'acte uniforme sur les entreprises en difficultés. Il est accordé par le liquidateur nommé par le Ministre des finances.

Le syndic établit les relevés de toutes créances qu'il fait viser par le juge-commissaire qu'il dépose au greffe. Les cas de contestations sont réglés par le tribunal dans les deux mois à compter de la publicité de la liquidation.

Lorsque la liquidation arrive à l'apurement du passif les créanciers, s'installent (sont payés) dans l'ordre suivant :

— Les créanciers de frais de justice et ceux des salaires super-privilégiés ;
— Les titulaires des comptes bancaires dont les comptes sont créditeurs etc.

Pendant la période de liquidation, l'établissement de crédit demeure soumis au contrôle de la commission bancaire et seules doivent être effectuées les opérations entrant dans le cadre de l'apurement du passif (Art 96 LB). Les sommes perçues par le liquidateur vont dans un compte bancaire spécialement ouvert. Le liquidateur est soumis à l'obligation d'élaboration d'un rapport trimestriel qu'il présente à la fois au Ministre des finances et à la commission bancaire. Enfin de procédure, il devra présenter un rapport circonstancié sur la liquidation comportant la reddition de comptes et il demeure responsable pendant cinq (5) ans des documents à lui remis pour les besoins de la cause.

Après l'étude de la banque qui est une forme de société commerciale particulière, il peut être abordé celle (étude) du groupement d'intérêt économique qui est lui aussi une forme de collaboration particulière.

CHAPITRE IV : LE GROUPEMENT D'INTÉRÊT ÉCONOMIQUE (GIE)

Le groupement d'intérêt économique est un groupement de collaboration entre entreprises déjà régulièrement nées dont l'objet spécifique est d'éviter trop de dépenses pour chacune d'elles. Le GIE est une institution qui a été mal comprise pendant longtemps et même continue de l'être encore dans les milieux d'affaires et par des professionnels[125] encadrant dans une certaine mesure le monde des affaires. Or, le groupement d'intérêt économique, nonobstant la personnalité morale, qu'il acquiert n'est pas une société commerciale ou civile au sens classique, il peut être formé en effet entre et par des entreprises individuelles pour un but collectif de collaboration. Il (GIE) présente beaucoup de similitudes avec la société coopérative (défaut de réalisation de bénéfice, facilitation d'activité...) mais leur différence réside au fait que la coopérative répond à un idéal plus large (car pouvant intervenir dans les domaines politique, culturel etc.) que le GIE qui, lui, se concentre essentiellement dans le domaine économique comme un élément d'excroissance économique permettant intelligemment de réaliser des économies.

Pour mieux comprendre le GIE, il faut certainement analyser sa création (Section I) et aussi son fonctionnement (Section II).

SECTION I : CRÉATION DU GROUPEMENT D'INTÉRÊT ÉCONOMIQUE

Un GIE se crée librement au fond, mais exige certaines formalités qui font qu'il ressemble aux sociétés commerciales ne serait ce que d'une façon provisoire. Pour instaurer l'identité propre du GIE il sera nécessaire de revenir sur sa définition.

PARAGRAPHE I : NOTION ET FORMALITÉS

Après avoir défini le GIE, il sera rappelé une formalité substantielle à son existence.

---

125 Il est donné de constater souvent des statuts de GIE élaborés comme ceux d'une société ordinaire.

A°) Définition

Les termes de l'article 869 AUSCGIE révèlent que le groupement d'intérêt économique est le groupement qui a pour but exclusif de mettre en œuvre pour une durée déterminée tous les moyens propres à faciliter ou à développer l'activité économique de ses membres, à améliorer ou à accroitre les résultats de cette activité.

Donc ce sont des entreprises préexistantes qui créent un groupement de collaboration en mettant en commun des moyens de nature à faciliter ou à développer c'est-à-dire à prospérer leurs activités. Ces entreprises peuvent évoluer dans un même secteur ou dans des secteurs voisins. Exemples des sociétés ou entreprises individuelles de commerce qui créent un même comptoir d'exposition et de vente de leurs produits dans une localité donnée ou dans un autre pays. Cela offre l'avantage d'utiliser les mêmes locaux en bail professionnel, d'utiliser un même personnel pour le service commun. Encore il y a GIE lorsque plusieurs entreprises se mettent ensemble pour créer un bureau de représentation commun, un seul grand service d'informatique, un centre de santé soulageant tout le monde comme les centres médicaux inter entreprises au Mali etc.

Naturellement insiste l'article 869 l'activité du GIE doit se rattacher c'est-à-dire avoir un lien plus ou moins étroit avec l'activité économique de ses membres et surtout elle (activité) du GIE ne doit pas prendre l'ascendance sur cette activité des membres d'où son caractère nécessairement auxiliaire par rapport à l'activité principale.

L'acte uniforme déclare que le groupement d'intérêt économique ne doit pas donner lieu en principe par lui-même à la réalisation et au partage de bénéfices (article 870 AUSCGIE). Les promoteurs d'un GIE ne cherchent pas à réaliser un bénéfice ou encore moins, à le partager mais plutôt ils cherchent à éviter le poids individuel de dépenses, donc à réaliser une économie. Cependant s'il est donné à un GIE de représenter une des sociétés membres dans des actes lucratifs précis, là, ce n'est plus le GIE par lui-même, mais il dévient un GIE mandataire commercial.

Le GIE est un groupement pour la formation duquel la loi n'exige pas la mise en place d'un capital social. Cependant les membres sont libres de décider autrement et ainsi les statuts[126] peuvent prévoir un capital comprenant en principe des apports en numéraire, en nature (en pleine propriété ou jouissance) et des apports en industrie. En ce moment les statuts déterminent les conditions de souscription et de libération de ces apports. C'est cette option qui explique apparemment que la loi ait exclu que les droits des membres soient représentés par des titres négociables (Article 871 al2 AUSCGIE).

B°) Inscription du GIE au registre du commerce et du crédit mobilier

Les conditions personnelles de création du GIE expliquent qu'il connaisse une existence en dehors des membres qui lui donnent naissance. En effet, un GIE peut être créé par deux ou plusieurs personnes physiques ou morales, qu'elles soient des personnes de statut commercial ou de statut civil comme les professionnels libéraux ou même relevant d'un statut autrement règlementé. Ce qui veut dire que le groupement d'intérêt économique peut être civil ou commercial, tout dépend de son objet.

Une fois constitué le groupement, (le GIE) devra être inscrit au registre du commerce et du crédit mobilier afin d'avoir la personnalité morale qui insuffle la pleine capacité d'agir.

Le GIE a des caractéristiques propres et des caractéristiques de ressemblance.

PARAGRAPHE II : LES CARACTÉRISTIQUES DU GIE

Sous réserve du respect des dispositions légales, le contrat détermine l'organisation du GIE et fixe librement la contribution de chaque membre :

Les statuts déterminent tous les détails d'organisation du GIE qui peut accepter de nouveaux membres dans les conditions qu'ils (statuts) déterminent. Les membres sont encore libres de prendre leur indépendance, mais ils devront payer leurs obligations d'adhérent.

Le contrat de GIE est rédigé par écrit et publié à la fois au RCCM et dans un journal d'annonces légales.

126 L'acte uniforme parle de contrat au lieu de statut, cependant nous, nous les utilisons indifféremment l'un pour l'autre.

Cet acte écrit comporte les éléments d'information importants comme :
— La dénomination du GIE ;
— Les nom, raison social, le numéro d'immatriculation etc. ;
— La durée de vie du groupement…

Toutes les modifications ultérieures sont publiées dans les mêmes conditions et le GIE doit se faire identifier sur ses papiers de correspondances ou factures par les mots « groupement d'intérêt économique » ou du sigle « GIE ».

Le GIE présente des ressemblances avec la société en nom collectif (A) et très partiellement avec la société anonyme (B).

A°) Rapprochement avec la société en nom collectif (SNC)

Le GIE présente plusieurs similitudes avec la société en nom collectif.

D'abord, en matière de gestion de dettes dont l'article 873 explique que les membres du GIE sont tenus des dettes sur leurs propres patrimoines avec une possibilité d'exonération des nouveaux membres pour les dettes nées avant leur entrée. Cette éventualité doit faire l'objet d'une publication. La grande similitude vient du fait que les membres du GIE sont solidaires du paiement des dettes sauf s'il est intervenu une convention édictant le contraire avec le tiers, cocontractant créancier.

Tout comme dans les SNC, les créanciers du GIE ne pourront poursuivre les membres pour le paiement qu'après avoir vainement mis en demeure le dit GIE par exploit d'huissier ou par tout autre moyen laissant trace écrite (Art 874 AUSCGIE).

B°) Rapprochement avec la société anonyme

Ce rapprochement, prévu a contrario par l'article 875 AUSCGIE consiste au fait que le GIE peut émettre des obligations aux conditions générales d'émission de ces titres à condition que le GIE ait pour membres exclusivement des sociétés de capitaux comme les sociétés anonymes ordinaires ou avec appel public à l'épargne. Le GIE formé de sociétés anonymes peut émettre des actions en bourse.

Comment fonctionne un GIE ?

SECTION II : FONCTIONNEMENT DU GROUPEMENT D'INTÉRÊT ÉCONOMIQUE

Le GIE présente un fonctionnement relativement simple par l'institution d'une administration inspirée par des décisions d'assemblées générales, le tout sous contrôle (Paragraphe I) et comme les autres formes de groupement, le GIE répond aux mêmes principes de fin de vie (Paragraphe II).

PARAGRAPHE I : UNE ADMINISTRATION SIMPLE ET SURVEILLÉE DU GIE

Il s'agit de l'exécution des actes entrant dans l'objet du GIE et du contrôle nécessaire à ces actes.

A°) Assemblées et direction du GIE

Les statuts du groupement d'intérêt économique doivent indiquer les critères et conditions de tenue des assemblées générales, les conditions de décisions au regard du quorum ou de majorité, sinon l'article 877 AUSCGIE déclare que les décisions sont prises à l'unanimité (autre ressemblance avec les SNC). L'assemblée générale des membres d'un GIE est l'instance habilitée à arrêter toutes les décisions ordinaires et extraordinaires comme la dissolution anticipée la prorogation de la vie du GIE. Elle peut également octroyer des droits comme un nombre plus élevé de voix aux votes, à certains membres qu'à d'autres. A défaut chaque membre a une voix. L'Assemblée générale se réunit à la demande numérique du quart des membres du GIE (ressemblance à la coopérative).

Ce sont les décisions et résolutions de l'assemblée générale qui inspirent la direction dans l'exécution des tâches administratives qui sont assurées par une ou plusieurs personnes physiques ou morales. Si l'administrateur fut personne morale, cette personne va désigner un représentant permanent qui va s'ajouter à la personne physique déjà désignée ou assurer seul la direction du GIE. Le représentant permanent est soumis aux mêmes obligations, aux mêmes responsabilités (civiles et pénales) qu'un administrateur, membre physique propre.

Ce sont les statuts ou l'assemblée générale qui nomment les administrateurs dans un cadre de forme d'organisation librement choisie (administrateur membre, ou non membre salarié ou non) et dont ils fixent les attributions.

Naturellement dans les relations avec les tiers l'administrateur ou chaque administrateur engage le GIE par tout acte entrant dans l'objet de celui-ci. Même lorsque l'acte n'entre pas dans l'objet du groupement, le GIE en sera tenu (Art 879 al3) car toute limitation des pouvoirs de l'administrateur est présumée ignorée des tiers.

B°) Le contrôle

Les statuts fixent les règles de contrôle de la gestion et des états financiers, la synthèse, sauf dans le cas où le GIE émet des obligations où le contrôle sera assuré par une ou plusieurs personnes physiques désignées par l'Assemblée générale.

Les états financiers sont soumis à l'appréciation des commissaires aux comptes désignés pour six (6) mois et dont les attributions sont semblables à celles des commissaires aux comptes exerçant dans les sociétés anonymes.

Le GIE a une fin.

PARAGRAPHE II : LA FIN DU GROUPEMENT D'INTÉRÊT ÉCONOMIQUE

La fin d'un GIE résulte logiquement de la dissolution mais quelques fois la transformation sous une autre forme peut le faire disparaitre même si la même personnalité morale existe.

A°) La transformation du groupement d'intérêt économique

Le groupement d'intérêt économique peut subir une transformation dans les deux sens. En effet, les sociétés qui se ressemblent en objet, peuvent se transformer en GIE sous leur ancienne personnalité morale. Par exemple une société en nom collectif peut se transformer facilement en GIE ou une société anonyme ayant le même objet commercial qu'un GIE à objet commercial.

Il en va de même pour une société coopérative qu'elle soit simple ou avec conseil d'administration si son objet est conforme à celui du GIE.

A l'inverse un groupement d'intérêt économique peut aussi se transformer en société en nom collectif ou en société de capitaux sans qu'il soit nécessaire de procéder à une nouvelle inscription au RCCM en vue d'acquérir une nouvelle personnalité morale. Il faut simplement relever que dans l'hypothèse d'une transformation d'un GIE en une société de capitaux dont la responsabilité des membres est limitée à leurs apports, les créanciers antérieurs à la transformation conservent leurs droits à l'encontre du GIE et de ses membres sous la forme de solidarité dans le recouvrement.

B°) La dissolution-liquidation du groupement d'intérêt économique

Les dispositions de l'article 883 AUSCGIE laissent entrevoir qu'un GIE se dissout pour des causes ou des raisons essentiellement prévues par la loi qui peuvent être naturelles ou artificielles.

Ainsi le groupement d'intérêt économique prend fin par :

- L'arrivée du terme, c'est-à-dire la durée de vie stipulée dans les statuts ;
- La réalisation ou l'extinction de son objet, c'est-à-dire que l'objet est soit atteint, soit a disparu ;
- Une décision collective prise en assemblée générale par ses membres à l'unanimité ou à la majorité indiquée dans les statuts ;
- Naturellement le décès d'une personne physique ou dissolution d'une personne morale membre du GIE sauf si les statuts ont prévu le contraire.

A ces causes la jurisprudence ajoute le cas de mésentente entre les membres d'un groupement d'intérêt économique comme justes motifs de dissolution[127].

En outre, dès qu'un des membres du GIE est frappé d'une incapacité de défiance survenue après, le dit groupement d'intérêt économique est dissout. Toutefois le contrat de GIE peut exclure ce cas d'hypothèse en instituant sa continuation néanmoins, ou que après l'événement, les autres membres se retrouvent et décident à l'unanimité que le GIE va continuer sa vie.

La dissolution, lorsqu'elle intervient, fait appel à la liquidation.
C'est ce que confirme l'article 885 AUSCGIE en déclarant que la dissolution du groupement d'intérêt économique entraine sa liquidation. La personnalité morale du GIE comme celle de toute forme de groupement survit pour les besoins de la liquidation.

127 Tribunal Régional hors classe de Dakar, jugement N° 85 du 9 avril 2004 ohadata J-06-167.

La loi laisse entendre que les modalités de la liquidation auraient pu être prévues par le contrat (statuts) du groupement d'intérêt économique à l'origine. La réalité conventionnelle continue de prévaloir dans la mesure où la désignation d'un liquidateur demeure possible par l'assemblée générale sauf s'il y a mésintelligence ou autre incompatibilité d'humeur entre ses membres auquel cas c'est le tribunal compétent qui va y suppléer en désignant un (liquidateur).

Le liquidateur a pour rôle de réduire l'ensemble des éléments d'actifs du groupement d'intérêt économique en numéraire. Après, il procède au paiement des dettes "sociales" en commençant par les contributions dues à l'Etat, les charges sociales dues à l'Institut de Prévoyance Sociale. S'il y avait un excédent, la loi parle d'excédent d'actif, il sera reparti c'est-à-dire partagé entre les membres conformément aux statuts (contrat) si les statuts furent muets sur ce point, le partage sera fait à parts égales entre membres.

Certains avantages pécuniaires des grandes sociétés commerciales peuvent encore être accrus dans le cadre d'autres groupements spécifiques.

CHAPITRE V : LA BOURSE DES VALEURS MOBILIÈRES : LE DROIT EXOTIQUE MALIEN

Les hommes dans une proportion considérable, ont toujours exercé le commerce, accompli des actes de commerce dans l'espoir de s'enrichir. Le vocable enrichissement parait avide, difficile à satisfaire. En effet quand est ce qu'un homme, au-delà, une personne morale acceptera d'être désigné de riche ? est ce quand il manie, pour son compte et en son nom propre, des centaines de milliers ? ; des centaines de millions ? Ou des centaines de milliards ? La réponse n'est pas évidente dans le sens subjectif, et donc le jugement ultime reviendra aux autres, à la société qui estimera que telle personne est riche ou plus riche que telle autre.

La conquête éternelle des avoirs, des numéraires et d'autres biens à travers des activités lucratives a successivement évolué du niveau informel à l'entreprise individuelle de petite taille, soumise aux aléas de maladie et de disparition de son promoteur et a continué avec les sociétés commerciales (personne morale) de petite, moyenne et grande tailles considérées comme offrant plus de sécurité et de garantie aux membres et surtout en leur procurant plus de gains pour le partage équitable de bénéfice sous forme de dividentes.

De ces sociétés commerciales et autres personnes morales à objet commercial comme les sociétés coopératives ou les groupements d'intérêt économique une autre forme de grande société de capitaux spécialisée dans la spéculation des titres mobiliers naquit, dénommée bourse des valeurs mobilières.

Malgré sa forme juridique de société, sa participation ne semble pas à la portée de n'importe qui, tant les conditions sont exceptionnelles. C'est peut être pour cela que la bourse des valeurs mobilières n'est pas un terrain encore propice aux entreprises de notre pays et du coup ce droit boursier parait un droit exotique pour nous.

Cependant pour comprendre ce droit boursier il sera nécessaire de l'analyser en deux sections dont la première définit et caractérise les valeurs mobilières, matière première de la bourse et la seconde traitera de la substance de la bourse elle-même[128].

128 Cette longue introduction se justifie au regard des éléments d'a priori qui rongent la pensée primaire quand le juriste malien doit aborder la notion de Bourse de valeurs.

SECTION I : LES TITRES MOBILIERS OU VALEURS MOBILIÈRES

L'expression ''valeurs mobilières'' désigne selon le doyen Michel Vasseur des titres négociables représentant des droits que des associés ou des prêteurs ont dans de grandes sociétés données. Elles sont encore appelées ''titres de bourse''. Les titres sont en quelque sorte des créances d'origine diverse que des personnes (actionnaires ou obligataires) ont vis-à-vis des sociétés dont ils sont membres ou qui les ont sollicités pour avoir prêt obligataire. Ces titres peuvent faire l'objet de transaction juridique (Nantissement, cession...), ils (titres) sont surtout susceptibles de cotation et négociation sur le marché boursier. Donc une valeur mobilière se caractérise par sa cotation libre et volontaire au marché boursier.

Les principaux titres comprenant d'une part les actions et d'autre part les obligations.

PARAGRAPHE I : LES ACTIONS

Les actions sont des titres nés de l'apport d'un associé au capital d'une société de capitaux et qui confèrent des droits évaluables en argent à son titulaire sous le même nom d'un montant proportionnel à la fois à son apport et au bénéfice réalisé.

Il sied à présent de comprendre la notion d'action en relation avec la bourse (A) et surtout son caractère négociable.

A°) La notion d'action

Les actions admises au marché boursier sont celles émises par les sociétés anonymes ayant fait appel public à l'épargne (Art 81 AUSCGIE). Ce sont des sociétés qui peuvent porter leurs actions en négociation dans les bourses de valeur en les offrant au public au moyen d'une communication présentant un e information suffisante, ses conditions d'offre dans le but de faciliter à toute personne éventuellement intéressée de pouvoir la ou les acquérir.

Très souvent le placement des valeurs se fait par le truchement d'intermédiaires financiers précis (Art 83 AUSCGIE) publié dans un document d'information.

Ce document d'information est celui institué par l'article 86 et suivants AUS-CGIE indiquant par ailleurs que toute société ayant fait publiquement appel à épargne, doit préalablement publier dans l'Etat partie du siège social de l'émetteur et au besoin dans les autres Etats dans dont le public est sollicité, dans le but d'informer le public. Ce document contient toutes les informations qui, compte tenu de la nature particulière de l'émetteur et des valeurs mobilières offertes au public ou admises à la négociation sur une bourse des valeurs d'un Etat partie, sont nécessaires aux investisseurs afin d'évaluer en connaissance de cause le patrimoine, la situation financière, les résultats et les perspectives de l'émetteur et des garants éventuels, ainsi que les droits attachés à ces valeurs mobilières.

B°) La négociabilité des actions

Le principe de base est que les actions ne sont négociables qu'après l'immatriculation de la société émettrice au registre du commerce et du crédit mobilier, au besoin après l'inscription de la mention modificative en cas d'augmentation de capital. (Art 759 AUSC). C'est ce qui explique que la négociation d'une simple promesse d'actions soit interdite (Art 760 AUSC). Il s'agit là d'actions à créer ultérieurement (dans le futur). La négociation d'une telle action ne peut être admise que dans l'hypothèse où la dite action devra être créée à l'occasion de l'augmentation du capital de la société émettrice dont des actions sont déjà inscrites à la cote officielle d'une bourse de valeurs d'un ou de plusieurs Etats parties. Malgré tout la négociation ne sera valable que si elle intervient sous la condition suspensive de la réalisation effective de l'augmentation du capital.

Par ailleurs de plus en plus le droit des affaires tend vers une identification des actions en relation avec leurs propriétaires. Ainsi déclare l'article 744-1 « les valeurs mobilières, quelle que soit leur forme, doivent être inscrites en compte au nom de leur propriétaire ». On parle de dématérialisation des titres.

En effet, si les titres sont matérialisés on procède à la distinction entre les titres dits nominatifs et ceux dits au porteur.

Les titres nominatifs résultent de l'inscription de leurs titulaires (ou propriétaires) dans un registre tenu par la société émettrice en son siège qui sont de nature incorporelle.

Les titres au porteur sont représentés par un titre matériel sur lequel sont mentionnés les droits de l'actionnaire ou de l'obligataire. Par hypothèse la société émettrice ignore leurs titulaires car le transfert matériel d'un tel titre fait présumer la transmission de sa propriété.

La dématérialisation des valeurs mobilières a eu pour premier avantage d'édifier l'administration des contributions (impôts) sur l'identité des actionnaires (contribuables) à tout moment[129]. D'une façon formelle, les titres ne connaissent plus d'existence matérielle (titre au porteur) mais résultent d'une inscription à un compte tenu par la personne morale émettrice ou par un intermédiaire mandataire[130].

Il faut néanmoins relever au passage que l'avantage des titres au porteur réside au fait que les titulaires sont ou peuvent être tenus à l'anonymat à l'égard même de la société émettrice qui se contente de gérer leurs intérêts à travers des intermédiaires professionnels financiers. En effet, beaucoup d'actions sont ou peuvent être détenues par des personnes de statut civil (non commerçants) qui désirent réaliser des privilèges d'ordre commercial dans l'anonymat du droit commercial. Il est vrai que la nature humaine recèle un instinct de réalisation d'avantages dans tous les domaines quelque soit le statut de la personne qui agit ou fait agir, mais malgré tout le distinction utile entre commerçants et civils est nécessaire et doit être maintenue.

En plus de l'action il y a d'autres titres.

PARAGRAPHE II : LES OBLIGATIONS

Les obligations constituent une source de secours financier pour une société commerciale d'une certaine envergure économique et financière.

Qu'est ce qu'une obligation ? et à quelles conditions son émission est valable ?

129 J. Mestre, M. Eves, Pancrazi, Droit commercial, 25ème édition LGDJ op cit.
130 Idem.

A°) La notion d'obligation

Les dispositions de l'article 779 AUSCGIE portent que les obligations sont des titres négociables qui, au cours d'une même émission, confèrent les mêmes droits de créance pour une même valeur nominale.

A travers cette définition l'on peut relever que quand une société a besoin d'argent, elle peut emprunter au gré de sa chance, et donner à ses créanciers des titres dits négociables qui sont techniquement appelés **obligations**. Toutes les obligations issues d'une même émission procurent les mêmes droits par valeur nominale. On entend généralement parler dans les médias l'emprunt obligataire lancé par certaines grandes sociétés à l'adresse du public ; dans ces cas le souscripteur qui est le prêteur s'engage à verser, pour chaque obligation (montant unitaire) une somme fixée lors de l'émission. En retour la société bénéficiaire s'engage à lui rembourser une somme correspondant au montant normal désigné au titre dans un délai donné. Entre temps la société paye au souscripteur un intérêt déterminé[131].

En conclusion, c'est une société commerciale relativement géante qui s'engage auprès du public, en procédant à un morcellement de la valeur unitaire du prêt (en obligations) comme des actions qu'elle s'engage à rembourser conformément au droit commun.

L'obligation obéit à des conditions de fond et de forme.

B°) Les conditions d'émission des obligations

Seules les sociétés anonymes et les groupements d'intérêt économique constitués exclusivement entre sociétés anonymes sont admises à émettre des obligations.

Ces formes de groupements ne peuvent exercer ce droit d'émission d'obligations que lorsqu'elles auront respecté trois sous conditions importantes :

D'abord leur capital social doit être entièrement libéré (Art 781 AUSC), Ensuite elles doivent avoir deux (2) années d'existence au moins (Art 780 AUSC), Enfin elles doivent avoir établi deux bilans, lesquels ont été régulièrement approuvés par leurs actionnaires ou membres.

131 J. Mestre, M. Eves, Par crazi, Droit commercial, 25ème édition LGDJ op cit.

Toutefois, au registre des conditions une formalité substantielle instituée par l'article 783 précise que c'est seulement l'Assemblée générale des actionnaires qui a qualité pour décider au autoriser une opération d'émission d'obligations. La loi ne précise pas la nature de cette assemblée, mais tout porte à croire qu'il s'agit d'une assemblée générale extraordinaire car il s'agit d'une décision importante qui consiste à engager lourdement la société. L'assemblée pourra déléguer cette tâche au besoin et selon la forme au conseil d'administration ou à l'administrateur général pour un mandat qui ne doit pas dépasser deux (2) ans.

Toute émission d'obligations réalisée par inobservation des dispositions ci-dessus visées est nulle (Art 783-1 AUSC).

En visant les actions et les obligations comme constituant des titres mobiliers ou valeurs mobilières, l'on doit s'interroger sur des similitudes ou différences entre elles.

C°) Comparaison Action-Obligation

Les deux notions d'action et d'obligation sont familières aux grandes sociétés. Si elles ont une certaine ressemblance par leur forme, elles se différencient quand on essaye de comprendre leur nature.

En la forme le droit de tout titulaire d'une de ces valeurs mobilières, d'un de ces titres se trouve incorporé dans un titre négociable désigné soit de nominatif, soit de ''au porteur'' (supra1311).

A part cette apparence d'existence ou de suscription semblable, il s'établit une vraie différence de nature entre les deux mécanismes. L'action est une part sociale au nom d'un associé au profit duquel elle génère dividende provenant du bénéfice réalisé tandis que l'obligation est clairement une créance au profit naturellement de l'obligataire en tant que prêteur, créancier de la société ayant emprunté pour se soulager financièrement.

D'une façon plus substantielle :

— Pendant que l'obligataire a droit à un intérêt fixe aligné et accepté que la société lui paye, l'actionnaire, quant à lui, a droit à un dividende au montant non seulement variable (évalué en fonction de l'importance des bénéfices réalisés) mais soumis à un aléas car souvent la société peut ne pas réaliser du tout de bénéfice.

— en cas de difficultés, pendant que l'obligataire a toujours droit à son remboursement auquel il s'attend par la société ou le syndic ou encore le liquidateur, l'actionnaire, au même moment, s'attend tout au plus à un droit éventuel sur l'actif net réalisé, après paiement de tous les créanciers ou apurement de tout le passif y compris le désintéressement des obligataires, sinon à une perte totale de tout droit car s'il n'est pas poursuivable sur son patrimoine propre en l'espèce, il ne peut non plus prétendre à un remboursement de ses apports au capital.

Après l'analyse de la matière d'œuvre de la bourse, il est à présent permis de s'interroger sur la substance de la bourse elle-même.

SECTION II : LA BOURSE DES VALEURS MOBILIÈRES

La bourse des valeurs mobilières selon le dictionnaire, est un édifice ou un bien public où s'assemblent à certaines heures les négociants, les agents de change, les courtiers pour traiter d'affaires. Ainsi peut-on parler de bourse de valeurs, de bourse de commerce.

La bourse du travail est un lieu où les travailleurs et les représentants syndicaux peuvent se réunir et s'informer sur le marché du travail.

Cette définition du dictionnaire laisse comprendre qu'une bourse est un lieu d'échange d'informations mais aussi et surtout un lieu où les agents commerciaux traitent des affaires selon leurs intérêts par des échanges, des ventes de valeurs et marchandises. Elle (bourse) a fait la promotion, par son essor, de la fortune mobilière qui a fini par concurrencer la fortune immobilière de nos jours.

La bourse est une institution économique, sociale qui à son historique (Paragraphe I) lequel historique montre des rudiments de fonctionnement d'abord avant de connaitre la forme de société commerciale moderne de nos jours (Paragraphe II).

PARAGRAPHE I : HISTORIQUE DE LA BOURSE

L'encyclopédie nous enseigne à travers le dictionnaire[132] que la bourse doit son origine à une famille, la famille Van der BURSE qui possédait un hôtel dans lequel les commerçants de Bruges venaient négocier leurs valeurs et leurs marchandises au 15ème siècle.

Par la suite une profession s'est spécialisée dans ces négociations de valeurs qu'on a appelée les agents de change (A) qui ont promu la fortune mobilière (B) avant d'affiner la notion de bourse considérée aujourd'hui comme vraie société anonyme contraignante (C).

A°) L'Agent de change, géniteur de la bourse

Aujourd'hui considérée comme une activité commerciale, des professionnels commerçants le change était pourtant à l'origine une activité civile relevant même du ressort d'officiers ministériels. Une loi du 28 Avril 1816 le citait effectivement parmi les officiers ministériels dans les termes suivants : « les avocats à la cour de cassation, notaires, avoués, greffiers, huissiers, agents de change, courtiers, commissaires priseurs, pourront présenter à l'agrément de sa majesté des successeurs, pourvu qu'ils réunissent les qualités exigées par les lois… ». Comme autorité de désignation c'est le Ministre des finances qui procédait à leur nomination[133].

D'officiers ministériels, les agents de change ont migré petit à petit vers la profession de commerçant, l'exercice des activités lucratives commerciales, ils ont adopté entre eux les règles de solidarité en devenant très solidaires entre eux. Par conséquent la qualité d'officiers ministériels comme professionnel civil exerçant seul dans son cabinet s'est effritée pour laisser la place à un commerçant rentrant par esprit dans le cadre de l'article 632 du code de commerce français en ayant pour profession habituelle de plus en plus l'accomplissement d'opérations de commission.

L'agent de change est devenu un intermédiaire de commerce souvent mandataire de ses clients qui lui donnaient l'ordre d'acheter ou de vendre des valeurs

132 Dictionnaire Mouldé et Renou Aisne op cit P. 183.

133 M. Vasseur, Droit des affaires II, Fascile IV, les valeurs mobilières, la bourse des valeurs, cours de Droit op cit.

mobilières sur le marché de la bourse[134]. Donc il effectuait ces opérations en son nom mais pour le compte de sa clientèle. Il évoluait ainsi comme un commissionnaire, comme cela lui été reconnu par la Haute juridiction française[135]. Depuis, le doute s'est nettement dissipé sur la qualité de l'agent de change, devenu commerçant et obligé de s'inscrire au registre du commerce, soumis à la compétence du tribunal de commerce et à la réalité du redressement judiciaire ou de la liquidation des biens.

Il faut se rendre à l'évidence que les agents de change amassaient de grandes fortunes eux-mêmes et étaient encore conduits à gérer d'importantes ressources financières professionnellement (appartenant à d'autres) d'où le besoin et la nécessité de fonder des sociétés dont l'objet allait être une judicieuse exploitation de ces fonds objet de l'office de l'agent de change ; d'où l'idée de société de bourse de valeurs.

Comme on le voit les meubles (titres, marchandises) ont commencé à être une importante source de revenus menaçant ou disputant l'immobilier.

B°) L'évolution de la fortune mobilière

Dans l'histoire économique du monde, l'immeuble était toujours considéré comme l'élément essentiel de la fortune. Au moment de la rédaction du code civil en 1804 le constat était le même c'est-à-dire l'immeuble qu'on en soit possesseur ou propriétaire était considéré comme la base ou la meilleure base de toute fortune. Cependant à l'actif du code civil il peut être remarqué et relevé une certaine valeur reconnue aux meubles, une certaine consistance économique en leur faveur comme l'énonce l'article 529 C. Civ « sont meubles par la détermination de la loi, les obligations et actions qui ont pour objet des sommes exigibles ou des effets mobiliers, les actions ou intérêts dans les compagnies de finance, de commerce, d'industrie… ».

C'est au XIXème siècle à la faveur de l'essor des sociétés par actions, alimentant la société de bourse par transaction diverses d'actions et d'obligations, que l'on va assister à un équilibre voire une transformation des fortunes[136].

134 Idem.

135 Civ. 14 juin 1892 DP 1893-1-500.

136 M. Vasseur, Droit des affaires II op cit.

Les habitudes de conservation des biens (surtout immobiliers) ont été sérieusement bousculées par et grâce à une négociabilité des titres émis par les sociétés anonymes et groupements d'intérêt économique. Or, l'article 529 affirme que ces titres émis (valeurs mobilières) sont des meubles.

La bourse de valeurs est venue confirmer cette tendance.

C°) La bourse, un droit moderne contraignant

Les agents de change exerçant individuellement vont être conduits à former des sociétés commerciales, initiative sur laquelle ils seront rejoints par d'autres professionnels commerçants. Ainsi on va assister à un essor des sociétés anonymes intéressées par le commerce, la transaction des titres dans d'autres formes de sociétés encore plus importantes : les bourses de valeurs. Cependant, il faut se rendre à l'évidence qu'il n'est pas facile de créer une société de bourse qui exige des moyens et des conditions excluant toute idée d'informel dans l'économie, ni encore, en tant que sociétés existantes de moindre envergure ou consistance, de pouvoir participer aux activités boursières à cause de la rigueur des mêmes critères et conditions. Voila pourquoi il est permis de croire et d'alléguer que le droit boursier est un droit exotique au regard du droit malien qui ne connait la bourse que chez les autres. La bourse n'est pas encore un droit répandu, ''vulgarisé'' dans le système juridique de notre pays et largement en Afrique[137].

Quelle est la forme sociale que revêt une bourse de valeurs ?

PARAGRAPHE II : LA BOURSE, UNE SOCIÉTÉ COMMERCIALE ?

La bourse est conçue comme une société commerciale à son tour (A) jouant un rôle économique important dans les transactions de titres (B) avec des aspects réalistes en droit communautaire UMOA et UEMOA (C).

A°) La notion de bourse

La bourse de valeurs mobilières constitue un marché (un lieu d'échanges) des valeurs mobilières. C'est le lieu de rencontre volontaire entre les entreprises

137 C'est une ferme conviction que tout, pour le moment, confirme.

en quête de capitaux et des investisseurs c'est-à-dire des propriétaires d'argent désireux d'obtenir des placements fructifiants et rentables. Ce faisant, ce jeu financier boursier est le fait prépondérablement de sociétés anonymes ordinaires décidant de faire appel public à l'épargne pour accroitre, augmenter leur capital social plutôt que de procéder à des demandes de prêts bancaires qui pèsent beaucoup plus sur elles sur le plan financier et qui les fragilisent dans le marché des compétitions internationales[138]. Ce choix, à n'en pas douter, fait l'affaire, fait la part belle aux grands détenteurs privés de capitaux dénommés investisseurs qui spéculent à outrance mais tout en respectant les conditions légales d'intérêts. Ainsi il n'est pas question de taux usuraires en matière de bourse.

Donc un certain nombre de règles, d'ordre moral doivent être observées dans les transactions boursières : ainsi est-il interdit de procéder à du colportage qui consiste à vendre des valeurs mobilières en les présentant matériellement aux domiciles des éventuels acquéreurs. Le démarchage, en revanche, est autorisé mais doit être soumis à une stricte règlementation.

Il (démarchage) consiste à solliciter des offres à domicile et sont seuls admis à le faire, les établissements de crédit, les sociétés boursières, les caisses d'épargne.

Le droit communautaire UMOA relève que la bourse est une société anonyme dotée d'une mission de service public communautaire[139]. La notion de service public marque l'importance de l'action de la bourse dans le dirigisme qu'elle assure au regard des entreprises.

B°) Rôle de la bourse

Quelle que soit une bourse, elle constitue et assure un placement de valeurs, protège les investisseurs, autorise ou interdit certaines opérations ou certains mécanismes. Mais surtout la bourse est le lieu où la technicité des opérations compose l'intervention d'intermédiaires professionnels comme :

— les sociétés de gestion et d'intermédiation (SGI) ;

138 J Mestre ME Panerozi, Droit commercial, 25ème édition, op cit.

139 Voir document sur la Bourse Régionale des valeurs Mobilières… réunissant 8 pays : Bénin, Burkina Faso, Guinée-Bissau, Cote d'ivoire, Mali, Niger, Sénégal et Togo.

— les sociétés de gestion de Patrimoine (SGP) ;
— les conservateurs ;
— les personnes dites Apporteurs d'affaires ;
— les démarcheurs.

Ces intermédiaires auraient le monopole de certaines opérations dont l'introduction en bourse, la négociation…

Il faut préciser que tout intermédiaire doit être agrée avant de pouvoir jouer son rôle.

Y a-t-il une bourse africaine intéressant le Mali ?

C°) la bourse Régionale des valeurs Mobilières (BRVM)

Certains Etats de l'Afrique au sud du Sahara ont voulu indirectement participer au jeu de l'introduction en bourse par des offreurs c'est-à-dire des sociétés commerciales et les demandeurs c'est-à-dire les investisseurs au moyen des actions et obligations. Ces Etats s'y sont pris par le truchement d'une institution économique financière spéciale appelée Bourse Régionale des Valeurs Mobilières récemment créée (1) avec des missions précises, à accomplir dans le cadre d'une organisation et fonctionnement donnés.

1°) La création de la BRVM

La bourse régionale des valeurs mobilières est une institution financière spécialisée créée le 18 décembre 1996 en respect d'une décision du conseil des Ministres de l'UMOA en date de décembre 1993. Elle est une société anonyme fondée sur la base d'un capital social estimé à 2 904 300 000 F. elle a son siège à Abidjan en Cote d'ivoire et est représentée par des antennes dites nationales de bourse dans chaque pays membre de l'UMOA ou de l'UEMOA.

La BRVM a démarré ses activités le 16 septembre 1998, et est passée à la cotation électronique décentralisée le 21 mars 1999 avant de prévoir une cotation quotidienne le 12 novembre 2001.

Quel est le rôle qui a été assigné à la BRVM.

2°) Le Rôle de la BRVM

La bourse Régionale des Valeurs Mobilières a été instituée afin de :

— contribuer au renforcement de la structure financière des entreprises ;
— faciliter la détermination des prix ;
— contribuer à la visibilité de l'entreprise ;
— contribuer au dynamisme des investissements en valeurs mobilières ;
— favoriser les échanges des titres émis sur le marché primaire.
— Ainsi la BRVM peut accroitre les possibilités d'investissement des entreprises, leurs fonds de déroulement. La BRVM comprend essentiellement deux marchés comme la plupart des autres bourses :
— le marché des actions ;
— et le marché des obligations.

3°) L'organisation et le fonctionnement de la BRVM

Du point de vue organisation la BRVM repose sur trois grandes structures :

— le conseil régional de l'épargne publique et des Marchés financiers (CREPMF) ;
— la Bourse Régionale des Valeurs Mobilières comme société anonyme (BRVM-SA) ;
— le dépositaire central comme Banque de Règlements (DCIBR).

En premier lieu le conseil régional de l'épargne publique et des marchés financiers est l'organe de surveillance du marché financier régional sous l'autorité duquel, est placé le marché. Il réglemente et organise l'appel public à l'épargne d'abord, assure l'habilitation et le contrôle des intervenants ensuite et veille à la régularité des opérations de bourse enfin.

En second lieu la BRVM-sa qui évolue exactement comme une société anonyme à son tour, assure le rôle quotidien dc marché boursier.

En troisième lieu le dépositaire central ou banque de règlement (DC/BR) qui est une entité juridique privée chargée de la conservation et de la circulation des valeurs mobilières pour le compte à la fois des émetteurs et des intermédiaires agréées. Il fait office de banque de règlements.

Du point de vue fonctionnement de la BRVM on y remarque essentiellement l'action des sociétés de gestion et d'intermédiation qui sont définis comme des intermédiaires financiers qui ont le monopole de la négociation des valeurs mobilières (Actions, obligations) sur le Marché. Elles (SGI) peuvent conduire les négociations pour leur propre compte ou pour celui des clients.

Le fonctionnement du marché des titres de bourse repose sur trois activités principales que sont :

— l'entrée de nouveaux acteurs ou la radiation conséquente d'autres ;
— l'émission de nouveaux actifs ou la radiation des actifs précédemment émis ;
— la cotation des actifs encore en vie.

4°) Critiques

L'institution de la bourse semble indiquée dans des économies parfaitement bien structurées, excluant l'informel, tout risque de récession démocratique sur le plan politique donc une bonne vie boursière sous entend une économies aux règles modernes, constamment observées par les acteurs.

En se fondant sur une telle idée, peut on objectivement parler de vraie bourse, de vrais droits boursiers dans certains Etats africains. Il semble qu'il y a une autoroute ouverte aux efforts à accomplir. Cependant dès qu'il y aura la grande stabilité politique, sécuritaire suivie d'une bonne organisation économique, le continent africain sera un bon creuset pour l'activité de bourse à cause certainement des ressources naturelles dont recèle son sous-sol.

Il existe une autre forme de groupement social impliquant les travailleurs et fonctionnaires.

CHAPITRE VI : LA MUTUALITÉ AU MALI

Pour définir la mutualité le dictionnaire écrit ceci : « La mutualité est un système de solidarité sociale (assurance, prévoyance) fondé sur l'entraide mutuelle des membres cotisants groupés au sein d'une même société à but non lucratif »[140].

Les actes d'appui de la mutualité, consistant en une entraide solidaire entre membres, ont pour fondement une certaine idée d'assurance, de prévoyance des cotisants, membres de la mutuelle. L'expression actes d'appui se justifie ici dans la mesure où les mutuelles sont généralement créées à l'initiative des syndicats dans les services ou administrations publics, parapublics ou privés entre tous les travailleurs en vue d'apporter un appoint à ce que l'Etat ou le service employeur peut faire lors de certains événements (retraite, maladie, événements familiaux...).

Dans certains cas, heureusement, la mutuelle supplée à l'absence de réaction ou de réactivité de l'employeur. Ainsi sont visibles les actes des mutuelles à l'occasion du départ à la retraite de certains de leurs membres : organisation de cérémonies couvertes par les médias et surtout dons ou apports financiers statutaires, faisant le bonheur des désormais sevrés (pour cause d'âge avancé) marquant ainsi une grande solidarité de corps et d'entraide.

Le Mali a saisi l'opportunité de règlementer la mutualité à travers trois textes, une loi et deux décrets[141]. Le second de ces deux décrets sera joint en annexe en vue de permettre à toutes personnes désireuses de mettre en place une mutualité de pouvoir le faire plus ou moins aisément car il comporte les statuts-types des mutuelles. Cependant il reste que la mutuelle est une forme de groupement sui generis entre une coopérative, une association voire souvent une société commerciale et pour la comprendre, il faut en étudier d'une part la création et l'organisation (Section I) et d'autre part, étudier munisieusement son fonctionnement et son contrôle.

---

140 Le même dictionnaire allegue que la mutualité fut une des formes de socialisme préconisées par Proudhon Mouldé et Renon Aisne, Dépôt légal N° 71 21/06/1990 collection, 36ème édition 01 28/0403/7.

141 Loi N° 96-022 du 21 Février 1996 régissant la Mutualité en République du Mali, Texte voté par l'Assemblée Nationale le 14 décembre 1995.

Le décret N° 96-136/P-RM fixant les conditions de placement et de dépôt des fonds des mutuelles adopté le 02 mai 1996.

Le décret N° 96-137/P-RM du 02 mai 1996 établissant les statuts types des Mutuelles, des cessions et fédérations de Mutuelles qui sera intégralement inserré en annexe, lui-même ayant une annexe établissant les statuts-types et comportant 68 articles.

SECTION I : CRÉATION ET ORGANISATION DES MUTUELLES

Les mutuelles répondent à un genre de collaborations spécifiques dans le dispositif des groupements reconnus dans notre pays. En effet, la mutuelle ne peut être considérée comme association car en la forme sa création doit être validée par une autorité politique, le Ministre en charge de la solidarité et des personnes âgées ; or, l'association se crée librement. Elle ne peut être considérée comme une coopérative car non seulement une coopérative se crée librement, mais surtout elle ne distribue pas circonstantiellement des numéraires à ses membres comme le ferait une mutuelle. Tout au plus une coopérative pourrait quelque fois distribuer une partie de ses intérêts comme ristournes. La mutuelle n'est pas non plus une société commerciale car aux termes de la loi, elle a un but non lucratif. Cependant, qu'elle fait plus qu'une société en tendant de soulager ses membres au gré des événements malheureux ou heureux. Ainsi cette nature propre impose à la mutuelle également un fonctionnement propre.

PARAGRAPHE I : LA CRÉATION DES MUTUELLES AU MALI

Avant de savoir comment les initiateurs créent une mutuelle, il convient de connaitre sa définition et aussi son objet.

A°) Définition et objet d'une mutuelle

La loi régissant la mutualité au Mali par la détermination de ses principes fondamentaux déclare dans son article 2 que les mutuelles sont des groupements à but non lucratif lesquels essentiellement, au moyen des cotisations de leurs membres, se proposent de mener dans l'intérêt de ceux-ci et de leurs familles une action de prévoyance, de solidarité et d'entraide.

- La mutuelle se met en place à la suite d'un affectio de solidarité entre ses membres ;
- Cet affectio solidaris se manifeste concrètement par le paiement de cotisations généralement mensuelles convenues et fixées à l'avance.
- A la survenue de certains événements heureux ou malheureux (retraite, maladie, décès) la mutuelle réagit positivement en soulageant l'intéressé ou sa famille au moyen d'un concours financiers ou de don en nature.
- La mutuelle va avec les services publics ou privés dont les travailleurs sont soucieux de solidarité et d'entraide pour gérer utilement les aléas de la vie.

Quant à l'objet la mutuelle vise entre autres :

- La réparation ou du moins le concours à la réparation des conséquences découlant des risques sociaux par la prévention. En effet les risques doit-il s'agit peuvent être couverts par les employeurs comme l'Etat, les collectivités (AMO, Caisse de retraite, INPS) mais la mutuelle ajoute à l'assurance par l'entraide.
- Une mutuelle peut offrir un appui ou un concours permanent à la protection de l'enfance, de la famille des personnes âgées ou handicapées. Il s'agit prioritairement des enfants et familles en situation délicate de leurs membres.
- Enfin les mutuelles peuvent, en fonction de leurs moyens participer au développement culturel, moral, intellectuel et physique de leurs membres et de façon plus globale à l'amélioration de leurs conditions de vie.
- Un dernier rôle économique important est sous entendu dans les concours d'une mutuelle. En effet, à partir de son patrimoine financier, la mutuelle peut faire l'objet de multiples sollicitudes en petits prêts d'argent à courtes échéances de la part de ses membres, auxquelles sollicitudes elle peut répondre allègrement.

En conséquence les mutuelles sont habilitées à prendre toutes initiatives heureuses pour mener, gérer les risques sociaux et ils peuvent même créer des établissements ou services à caractère sanitaire, médico-social ou culturel[142].

Comment nait une mutuelle ?

B°) L'élaboration et l'adoption des statuts d'une mutuelle

Comme tout groupement la mutuelle constitue un acte juridique collectif unilatéral commençant par une convention entre plusieurs personnes s'incarnant dans des statuts qui sont élaborés par les initiateurs ou fondateurs et qui seront adoptés plus tard par l'ensemble des membres présents au cours d'une assemblée générale dite constitutive comme le laisse entrevoir à contrario l'article 9 de la loi régissant la mutualité.

142 Il existe des centres de santé, des centres de formation créés par des mutuelles au Mali.

Selon l'article 6 de la loi régissant la mutuelle (LM)[143] les statuts devront préciser entre autres :

- —Le siège social ;
- —L'objet de la mutuelle ;
- —Les conditions d'adhésion et de retrait ;
- —Les conditions de gestion, des ressources financières ;
- —Les droits et obligations des membres ;
- —Les conditions de collaboration et d'intégration des unions et fédérations de mutuelles ;
- —Les conditions de dissolution de la dite mutuelle.

Toutefois l'adoption des statuts et la tenue d'une assemblée constitutive ne suffisent pas à créer une mutuelle.

C°) L'intervention de l'Administration

La loi institue une obligation d'approbation des statuts par le Ministre de tutelle. Ainsi le fonctionnement de la mutuelle est subordonné à l'obtention d'un récépissé délivré par les services centraux de département en charge de la solidarité et des personnes âgées et l'approbation ci-dessus visée (Art 10 LM).

Les statuts adoptés doivent être acheminés à la direction nationale chargée de l'action sociale qui les étudie et les dépose au Ministère pour approbation pendant un délai de trois (3) mois. L'approbation est généralement accordée. Elle n'est refusée qu'exceptionnellement, notamment dans les seuls cas où les statuts ne respectent pas les dispositions de la loi sur les mutuelles ou en cas de déséquilibre notoire entre recettes et dépenses de la mutuelle (Art 12 LM).

Les modifications des statuts intervenues doivent être approuvées aussi.

Cette idée d'approbation explique que la mutuelle soit devenue un élément important de la politique sociale de l'Etat malien et ce, depuis l'avènement de la troisième République.

En effet avant cette date (1991-1992) la science administrative gouvernementale au Mali ne s'intéressait pas assez à la solidarité et aux personnes âgées. Les mutuelles répondent à une organisation légale.

143 LM, loi régissant la Mutualité.

PARAGRAPHE II : ORGANISATION DES MUTUELLES

Sur ce plan et en la forme les mutuelles présentent beaucoup de similitudes avec les sociétés coopératives avec la présence d'organisations faitières.

A°) Les mutuelles simples

Les mutuelles simples se créent par l'adhésion de plusieurs membres et catégories de membres payant des cotisations ou apportant un concours désintéressé à l'institution.

Dans une mutuelle simple on distingue les membres participants et les membres d'honneur. Les membres dits participants sont ceux qui paient régulièrement leurs cotisations et ont vocation à aspirer légitimement aux avantages offerts par les statuts de la mutuelle de façon égale sans discrimination entre eux sauf s'il y a différence de cotisations fournies, de réalités de situation de famille (Art 4 et 5 LM).

Les membres dits d'honneur sont ceux-là qui paient une cotisation, font des dons, ou ont rendu d'importants services à la mutuelle sans contrepartie et sans bénéficier des avantages offerts. Ils agissent gratuitement, sans d'autre intérêt que celui simplement moral.

B°) Les unions de mutuelles

Deux ou plusieurs mutuelles peuvent constituer entre elles une union pour gérer certains de leurs intérêts communs notamment pour la création d'établissements culturels, sanitaires et aussi pour garantir une certaine réassurance aux mutuelles adhérentes.

Les unions doivent s'interdire toute immiscions dans le fonctionnement de leurs membres (mutuelles simples). Normalement les unions de mutuelles doivent recevoir approbation de l'autorité administrative, car il leur faut des statuts spéciaux différents de ceux des membres qui définissent leurs modalités d'adhésion et de fonctionnement. Les unions tiennent à leur tour, leurs assemblées générales qui peuvent prendre l'essentiel des décisions relatives à leur fonctionnement et contrôle.

C°) Les fédérations de mutuelles

Elles sont constituées d'unions de mutuelles qui créent une structure faitière pour mieux garantir l'idée et la responsabilité de la mutualité et des unions de mutuelles. En principe, les problèmes juridiques et financiers d'une fédération ne doivent pas nuire à l'existence des unions de mutuelles et il en va de même pour les unions de mutuelles par rapport aux mutuelles simples.

Comment fonctionne concrètement une mutuelle ?

SECTION II : FONCTIONNEMENT ET CONTRÔLE DES MUTUELLES

En voyant l'ambition affichée par la loi à l'actif des mutuelles, il est permis de se douter de l'existence de règles méticuleuses de fonctionnement d'une mutuelle assortie de contrôles même si cette rigueur ne peut garantir toujours une vie éternelle.

PARAGRAPHE I : LE FONCTIONNEMENT DES MUTUELLES

L'étude de ce fonctionnement portera successivement sur l'administration des mutuelles, l'importance des ressources financières des mutuelles et leur protection pénale.

A°) L'administration des mutuelles

Diverses instances et structures interviennent pour assurer une bonne administration d'une mutuelle. Selon l'article 2 LM, l'administration, la gestion et le contrôle d'une mutuelle sont assurés respectivement par :

— L'assemblée générale ;
— Le conseil d'administration ;
— La commission de contrôle.

1°) L'assemblée générale

Elle est l'instance suprême de décisions de la mutuelle (Art 28 LM). L'assemblée est composée de tous les membres régulièrement inscrits et normalement à jour dans les cotisations.

L'assemblée générale se réunit en session ordinaire au moins une fois par an sur convocation du président du conseil d'administration. Elle peut tenir une session extraordinaire lorsqu'il s'agit de prendre des grandes décisions comme la fusion, l'union, la fédération, la scission ou la dissolution.

C'est l'assemblée générale qui a compétence de se prononcer sur la gestion technique morale et financière de la mutuelle, elle désigne les administrateurs et membres de la commission de contrôle. Elle fixe les cotisations ou autorise le conseil d'administration à les fixer (Art 28 à 31 LM).

2°) Le conseil d'administration et le directeur

Le conseil d'administration est l'émanation de l'assemblée générale qui désigne ses membres et fixe les tâches qu'il doit exécuter (Art 32 et S LM).

Le conseil d'administration élabore les différents rapports dont celui financier. Il doit être composé de membres majeurs jouissant de leurs droits civiques et civils désignés parmi les membres participants et d'honneur dont au moins les deux tiers des membres participants.

Il peut procéder à une délégation de tâches à certains de ses membres, à son président etc.

En cas de mutuelle de grande taille, son conseil d'administration peut recruter un directeur qui sera délégataire des tâches de fonctionnement de la mutuelle. Ce directeur peut être membre ou non de la mutuelle, salarié ou non, administrateur ou non avec possibilité d'assister aux réunions du CA.

3°) La commission de contrôle

Elle est également une émanation de l'assemblée générale dont les membres sont désignés dans les mêmes conditions et critères que ceux du conseil d'administration.

La commission de contrôle est composée de membres n'appartenant pas au personnel salarié de la mutuelle ou aux administrateurs et surtout n'ayant guère participé à l'exercice précédant leur élection de la mutuelle.

Son rôle est important car chargée du contrôle des activités de la mutuelle, de l'union de mutuelles ou de la fédération.

Les membres de la commission de contrôle ainsi que ceux du conseil d'administration ne sont pas rémunérés. Ils peuvent toutefois recevoir une indemnité annuelle compensatoire au regard de l'importance des tâches, à eux confiées. Naturellement les frais et dépenses qu'ils seraient conduits à engager dans l'intérêt de la mutuelle devraient leur être remboursés (Art 43 LM).

Une mutuelle peut souvent être détentrices d'importantes ressources financières.

B°) L'importance des ressources financières dans une mutuelle

L'importance des ressources économiques et financières de la mutuelle se révèle à double échelle dans la mesure ou dans un premier temps elle amasse beaucoup de cotisations non exclusives de dons, legs et autres subventions et dans un second temps elle est autorisée par la loi à faire des placements. Sur ce point elle constitue un appui certain aux banques, du moins pour les grandes mutuelles bien gérées.

Pour avoir une idée du patrimoine des mutuelles, il faut certainement s'interroger sur la constitution de ses ressources, l'existence d'une comptabilité ferme et l'institution d'un contrôle ainsi qu'une sauvegarde des intérêts.

1°) La constitution des ressources de la mutuelle

Les ressources essentielles d'une mutuelle sont constituées à partir :

- Des droits d'adhésion de ses membres ;
- Des cotisations généralement mensuelles des membres participants et membres d'honneur.

Ces ressources peuvent être accrues grâce à d'autres opérations bénéfiques comme :

- Les emprunts contractés auprès d'autres personnes juridiques (banques, établissements financiers, particuliers) ;
- Les contributions des membres d'honneur qui consistent en réalité à des dons ;
- Les produits des activités : en effet les mutuelles n'ont pas un but lucratif mais elles peuvent initier des activités lucratives dont le produit s'ajoute à leurs ressources dans le but de faciliter l'atteinte de leur objet, la réalisation des buts visés ;

— Les dons, legs et subventions diverses ; l'Etat, les collectivités, les services employeurs peuvent octroyer des subventions aux mutuelles formées par leurs personnels. Pour cette dernière catégorie de ressources ils doivent faire l'objet d'une déclaration à l'autorité administrative (Art 49 et 50 LM).

En outre, les textes[144] autorisent les mutuelles à pouvoir procéder à des placements et dépôt de fonds.

D'abord les mutuelles sont habilitées à placer des fonds dans les unions où elles sont membres dans les fédérations auxquelles elles sont affiliées ainsi que dans les établissements de crédit : banques SFD (Art 51 LM).

Le placement et le dépôt des fonds des mutuelles doivent non seulement permettre de mieux assurer la poursuite de leur mission mais aussi doivent être entourés d'une grande sécurité de manière à ne pas exposer la fortune des ''assurés sociaux" (Art 2 Décret placement).

Les bons du trésor, les actions et parts sociales des sociétés commerciales maliennes sont entre autres des modalités par lesquelles les ressources des mutuelles peuvent être placées (représentées).

2°) La comptabilité des mutuelles

La comptabilité des mutuelles est régie par des dispositions particulières qui ne l'empêchent pas de déférer aux règles essentielles de la comptabilité générale. Il revient ainsi que trois mois après la clôture de l'exercice le conseil d'administration doit préparer des documents sur la santé des ressources financières à soumettre à l'assemblée générale. Il s'agit de :

— du rapport annuel d'activités ;
— du bilan et ses annexes ;
— du programme d'activités ;
— du budget prévisionnel pour la réalisation du programme d'activités ;
— de tout document comportant des renseignements exigés par les statuts.

144 Article 50 loi régissant la mutualité et Décret N° 96-136/P-RM du 2 mai 1996 fixant les conditions déplacement et de dépôt des fonds des mutuelles.

De même, de son côté la commission de contrôle (supra1354) vérifie la régularité des opérations comptables, contrôle la tenue de la comptabilité, soumet annuellement à l'assemblée générale un rapport écrit sur la gestion comptable de la mutuelle et signale les inexactitudes relevées lors de sa mission.

3°) Le contrôle et la sauvegarde des intérêts de la mutuelle

A l'issue du contrôle, en cas de défaillance majeure constatée dans la gestion de la structure mutualiste (mutuelle, union, fédération) ou d'irrégularités constatées dans les comptes l'autorité administrative est admise par l'article 56 LM à prendre des mesures conservatoires dans le but de sauvegarder les intérêts à la fois des membres et des tiers concernés :

Ainsi l'autorité administrative pourra :

- —Convoquer l'assemblée générale dans le but de l'amener à voter les mesures curatives nécessaires ;
- —Faire une mise en demeure à la dite mutuelle assortie d'un délai dans lequel la mutuelle doit se mettre à jour ;
- —Suspendre les dirigeants de la mutuelle selon la nature et la relative gravité des fautes de gestion commises ;
- —Aller jusqu'à retirer l'approbation.

Les mesures de défense d'intérêts existent aussi au niveau répressif.

C°) La protection pénale des ressources des mutuelles

Cette protection va de l'administration de peines correctionnelles à l'assimilation des biens des mutuels aux biens publics en passant par une constance répressive contraventionnelle.

1°) L'administration de peines correctionnelles

Seront poursuivis et condamnés aux peines de délits d'atteinte aux biens comme l'escroquerie (Art 275 code pénal) l'abus de blanc-seing (Art 277 CP) punis respectivement d'un à cinq ans d'emprisonnement et facultativement de 120 000 F à 1 200 000 F CFA d'amende et d'un à trois ans d'emprisonnement[145] les administrateurs, membres des commissions de contrôle, directeurs et salariés des structures mutualistes qui auront communiqué ou publié des documents comptables inexacts ou des rapports visant à dissimiler la situation véritable de la mutuelle, ou encore ceux des personnes visées ci-dessus qui auront fait des biens ou du crédit de la mutuelle un usage qu'ils savaient contraire à l'intérêt de celle-ci, dans un but personnel ou pour favoriser une société ou une entreprise dans laquelle ils étaient intéressés d'une manière quelconque (Art 57 LM).

2°) La protection pénale des règles morales établies

Tous les empêchements d'ordre moral qui ont été édictés par la loi régissant les mutuelles reçoivent une sanction contraventionnelle et peut être plus en cas de violation.

Ainsi, prévient l'article 58 LM seront punis d'une amende de 300 à 18000 Francs sans préjudice de peine plus grave encourue du fait d'infraction subséquentes, les administrateurs, membres de la commission de contrôle, les directeurs et salariés de mutuelle qui se rendraient coupables de violations de préventions prévues aux articles 5, 8, 9, 10, 13, 34, 42, 43, 44, 45, 46, 49, 52 de la loi régissant les mutuelles relativement à la discrimination entre mutuelles, du défaut de dépôt des statuts auprès de l'autorité administrative ou encore le fonctionnement sans récépissé et approbation, le défaut d'approbation des modification statutaires intervenues, le fait de laisser administrer la mutuelle par des gens déchus de certains droits ou n'étant pas capables (majeurs) etc.

3°) L'assimilation des biens des mutuelles aux biens publics

Les administrateurs, contrôleurs, directeurs, salarié de groupements mutualistes qui auront porté atteinte aux biens, numéraires, avoirs des dits groupements commettent des infractions d'atteinte aux biens publics (Art 59 LM). La généralité des intérêts de l'objet des mutuelles ainsi que la noblesse des buts visés expliquent que globalement les intérêts des mutuels n'aient guère une protection approximative. Ainsi commet un crime d'atteinte aux biens publics, toute personne qui se rend coupable de malversation, de détourne-

145 L'article 57 LM a visé les articles 207 et 208 de l'ancien code pénal (celui de 1961) qui sanctionnent les délits d'escroquerie et d'abus de blanc-seing. Dans le nouveau code pénal ce sont les articles 275 et 277 qui sanctionnent ces délits.

ment ou autre des fonds d'une mutuelle. Le coupable subira les conséquences pénales de son acte qui institue des degrés de sanction en fonction des montants dilapidés (allant des peines de délit simple à la peine de mort en passant la réclusion à temps ou à perpétuité).

Tout comme les autres groupements la mutuelle à une fin.

PARAGRAPHE II : LA FIN DE LA MUTUELLE

Cette fin peut être structurelle (A) ou par voie de dissolution (B) sans qu'aucune indication n'ait été donnée sur le tribunal compétent dans le contentieux mutualistes.

A°) La fusion-scission d'une mutuelle

Les mutuelles, au-delà d'une simple possibilité d'union peuvent évoluer carrément vers une fusion ou chacune disparait en se fondant dans la nouvelle incarnation structurelle.

Ce sont les assemblées des deux ou plus de mutuelles qui décident de la fusion. La mutuelle absorbante qui reçoit l'actif de la ou des venants sera tenue d'apurer son ou leurs passifs d'avant.

La fusion est une opération qui doit être approuvée par le Ministère de tutelle (Art 17, 18 LM).

La scission d'une mutuelle en deux ou plusieurs autres peut intervenir lorsque l'assemblée générale le décide au cours d'une session extraordinaire et elle doit être approuvée aussi par le Ministre en charge de la solidarité et des personnes âgées (Art 19 LM).

B°) La dissolution-liquidation

Lorsque la dissolution doit intervenir normalement c'est-à-dire sans qu'il n'y ait de mésintelligence, ou trop de mésentente entre mutualistes, c'est une assemblée générale extraordinaire qui se réunit à cet effet pour prendre la décision de dissolution à une majorité qualifiée (deux tiers 2/3). Un procès-verbal de cette assemblée extraordinaire est adoptée et envoyée chez le Ministre de tutelle qui doit approuver ou plutôt entériner la décision de l'AG dans le mois de la réception, autrement la dissolution sera considérée comme acquise (Art 20, 21 LM). Lorsque la dissolution se profile dans des circonstances difficiles comme l'impossibilité aux membres de se réunir en Assemblée (à cause des problèmes entre eux), la loi autorise le Ministre de tutelle dans ce cas, à prononcer la dissolution (Art 22 LM).

Malgré la dissolution, l'effacement de la mutuelle du Répertoire national des mutuelles n'interviendra qu'après sa liquidation.

La mutuelle tombe immédiatement sous le coup de la liquidation dès que sa dissolution a été approuvée par le Ministre de tutelle ou ordonnée par lui.

L'ensemble des opérations de liquidation sont supervisées par le Ministre de tutelle ou son représentant.

Dans les opérations de liquidation l'actif social en partie, répond dans l'ordre décroissant suivant aux engagements.

— Paiement des créances super privilégiées : salaires, éventuels frais de justice…
— Paiement des engagements vis-à-vis des tiers ;
— Remboursement des sommes représentant des droits acquis aux membres participants ;
— Prélèvement des sommes égales au montant des dons, legs qui seront employées, conformément à la volonté des donateurs et des testateurs qui ont pensé au moment du leg à une éventuelle liquidation.
— D'autres frais légalement nécessaires.

Après ces différents prélèvements le surplus, s'il y en avait sera attribué par les soins du Ministre de tutelle à des organismes de bienfaisance qu'ils soient publics ou privés.

Après liquidation la structure mutualiste s'éteint définitivement par une mort légale (Art 26 LM).

Quelle est la juridiction compétente en matière de mutuelles ?

C°) Le tribunal compétent en matière de Mutuelles

L'article 47 LM dispose que les mutuelles sont valablement représentées en justice par leur président ou par toute personne ayant reçu délégation de pouvoir du président ou ayant reçu mandat spécial du conseil d'administration à cette fin.

En dehors de cette disposition de principe la loi régissant les mutuelles est demeurée totalement muette sur la nature du tribunal compétent dans le secteur des mutuelles.

Ce silence peut être interprété en faveur du tribunal de droit commun qui est le tribunal civil qui sera compétent pour trancher les difficultés entre Mutuelles et membres ou entre membres eux-mêmes pour des raisons liées à la mutuelle. La compétence du tribunal civil doit être préservée même si la mutuelle est créée entre commerçants ou entre leurs employés qui n'ont d'ailleurs pas, eux, la qualité de commerçants.

A l'appui de cette option en outre, il peut être rappelé le rôle que joue l'autorité administrative et politique dans la vie d'une mutuelle. C'est l'administration qui délivre un récépissé et e Ministre approuve avant que la mutuelle ne fonctionne et très souvent ces autorités sont saisies à la survenue de plusieurs problèmes.

Au terme de l'étude des groupements économiques à caractère totalement économique ou potentiellement social, l'on aura compris que ces groupements offrent plus de chance de gain que dans les entreprises individuelles, qu'ils offrent encore plus de longévité en réduisant les aléas liés à la maladie voire à la mort de l'entrepreneur individuel ou encore qu'ils accroissent la garantie futelle complémentaire dans certains domaines (coopératives, mutuelles).

Tout au long de l'étude, il est régulièrement revenu la tenue de comptabilité, l'intervention régulière de contrôleurs comme les commissaires aux comptes qui peuvent recourir, eux aussi, à leur tour, dans certains cas, aux services d'autres experts.

Ces exigences comptables et de contrôle visent à conjurer des problèmes dont la naissance et le développement peuvent compromettre la vie de l'entreprise, d'où la nécessité de l'étude des difficultés qui surviennent dans les entreprises encore connues sous le nom de procédures collectives. Ce qui vise toujours un groupement de sort particulièrement des créanciers de l'entreprise.

CHAPITRE VII : LES PROCÉDURES COLLECTIVES

Toute entreprise est créée pour vivre le plus longtemps possible sinon pour vivre éternellement et en bonne santé en procurant bénéfice ou autres avantages à son (ses) promoteurs, en créant de l'emploi pour les chômeurs et autres nécessiteux, en procurant des recettes au trésor public par le paiement des contributions, en payant, au besoin le prix du loyers aux bailleurs d'immeubles etc. si cette durée de vie peut être plus ou moins courte pour les entreprises individuelles, elle devrait être longue, très longue pour les groupements d'affaires qui doivent être considérés comme des institutions dont les membres se remplacent et se succèdent alors qu'elles mêmes demeurent.

Toutefois la sagesse commande que ces entreprises, pouvant dans certaines hypothèses connaitre une existence indépendante ou autonome de leurs fondateurs par une constitution de personnalité morale, soient considérées comme des personnes juridiques à part entière, à même de connaitre ou de partager certains malheurs physiques arrivant aux êtres humains comme les maladies et hélas la mort. D'où une règlementation à plusieurs détentes ou à échelle mobile des pathologies des affaires selon des symptômes identifiés qui n'excluent pas la possibilité d'une éventuelle vaccination (procédures amiables).

Pour rendre compte de toutes ces réalités, il sied d'étudier successivement le domaine et certains acteurs des procédures collectives (section I) les procédures collectives nationales et communautaires (section II) et les procédures collectives internationales (section III). Mais la matière étant complexe par hypothèse, il va de soi que les juristes qui l'abordent subissent le poids de plusieurs idées ou conçoivent et nourrissent plusieurs autres en termes d'approches d'où l'utilité d'une section préliminaire.

SECTION PRÉLIMINAIRE : APPROCHES DIVERSES

Les procédures collectives en tant qu'élément d'étude présentant plusieurs réalités et aspects, constituent le champ de prédilection de critiques et de propositions afin de tenter de les parfaire toujours et surtout de les professionnaliser par une bonne gestion du contentieux.

Il est vrai qu'un nouvel Acte uniforme est en cours d'adoption qui se caractérise par certaines innovations qui doit avoir la préférence dans le cadre de la présente théorie générale (Paragraphe I) mais aussi il parait opportun d'insinuer des points de réflexion pour un meilleur devenir des procédures collectives.

PARAGRAPHE I : L'APPROCHE MÉTHODOLOGIQUE

Dans cette approche méthodologique le dévolu sera jeté sur le projet d'acte uniforme en matière de procédures collectives (A) l'analyse de certains engagements de l'Etat au regard des entreprises (B) aussi pour éviter les éventuelles méprises, le sens de certain vocables et expressions sera rappelé (C).

A°) Un choix moins risqué

Il s'agit dans le cadre de la présente étude du choix délibéré et conscient porté sur le projet d'Acte uniforme OHADA portant organisation de la prévention des difficultés des entreprises et des procédures collectives d'apurement du passif en abrégé AUPEPC au détriment de l'acte présentement en vigueur, dénommé « Acte uniforme portant organisation des procédures collectives d'apurement du passif »[146].

Les raisons de ce choix ou plutôt de cette préférence sont simples et logiques.

D'abord, il est quasi certain que le projet d'acte uniforme sera adopté à l'effet de supplanter et de se substituer à celui de 1998 qu'il améliore à tous égards par l'institution par exemple de la conciliation, par un probable élargissement du champ d'application avec des corolaires de règlement préventif simplifié, de redressement judiciaire simplifié et de liquidation de bien simplifié ;

Ensuite, par une différence de titre au sens significatif car en mettant l'accent sur la prévention des difficultés des entreprises, le nouvel acte se montre plus adapté ;

Enfin, selon ses concepteurs, il est plus cohérent et ouvert car tenant compte de l'environnement international des affaires…

146 Il a été adopté le 10 avril 1998, publié dans le journal officiel de l'OHADA N°7, 01/07/98, P1 et s. et commenté par le sage doyen Filiga Michel SAWADOGO.

Au total le choix est moins risqué car les petites retouches qui seraient nécessaires[147] à apporter ne devraient pas remettre en cause la substance du présent chapitre.

En matière de prévention de difficultés ou même d'apurement de passif dans le cadre de procédure collective, doit-on laisser l'Etat indifférent ?

B°) La substance de la promesse Etatique

En saisissant le droit des procédures collectives comme le droit de la vaccination, de la maladie et de la mort des entreprises, lesquelles entreprises constituent une vraie source, un vrai bréviaire de revenus, de recettes pour leurs promoteurs pour les employés mais aussi pour l'Etat, il sied d'insister sur l'interpellation, plutôt la sollicitude objective dont l'Etat et les collectivités territoriales peuvent faire l'objet.

L'Etat du Mali parait en avoir pris conscience et a initié un fonds de garantie du secteur privé et un fonds à coûts partagés pour appuyer les très petites entreprises (TPE) et les petites et moyennes entreprises (PME)[148] qui sont de loin les plus nombreuses dans l'activité économico-financière au Mali.

En plus de ces deux catégories d'entreprises, l'Etat du Mali a prévu des égards appréciables à l'endroit des grandes entreprises aussi (code des investissements supra108). Correctement mises en œuvre ces dispositions ci-dessus indiquées et ci après citées peuvent épargner les entreprises des difficultés par des injections opportunes et idoines de fonds ou les soulager en leur permettant de se relever de certaines difficultés relativement graves mais non lourdement compromettantes.

Dans l'idée de constitution du fonds de garantie, l'article 72 LOSP cite entre autres sources les ressources provenant de la diaspora malienne c'est-à-dire les maliens qui sont établis à l'extérieur. En attendant de savoir le conduit, l'organisation et le fonctionnement de ces ressources, il sied de relever que c'est surtout dans un cadre hautement informel que ces ressources des maliens

147 Pour qui connait les réalités de l'édition au Mali, il serait même possible d'apporter les retouches avant la parution effective de cet ouvrage.

148 Articles 68, 20, 71 et 72 de la loi N° 2011-088 du 30 décembre 2011 portant loi d'orientation du secteur privé.

de l'extérieur financent et appuient bien d'entreprises maliennes quelles que soient leurs tailles. En effet la plupart de nos ressortissants établis ailleurs se sentent redevables à leurs parents ou à leur Etat. Ainsi des sommes d'argent relativement importantes sont drainées vers le Mali en provenance de divers pays dont les plus importants sont en Afrique : la Cote d'ivoire, l'Angola, la Congo ; en Europe : la France, l'Espagne ; En Amérique : les USA, le Canada etc.

Les ressources provenant de la diaspora constituent, à vrai dire, une différence entre les maliens et les ressortissants d'autres pays.

Pour revenir à la promesse légale de l'Etat malien, il a paru important de citer textuellement les dispositions des articles pertinents de la loi sur le secteur privé.

Les engagements de l'Etat à travers l'institution d'un fonds de garantie du secteur Privé et un fonds à coûts partagés (Article 68 LOS privé). L'article 70 de la loi d'orientation sur le secteur privé porte que : ''Le fonds de garantie du secteur privé a pour mission de fournir des suretés pour faciliter l'accès des entreprises, notamment les très petites entreprises (TPE) et les petites et moyennes entreprises (PME) au financement de l'investissement par les institutions de financement.

Les principaux objectifs découlant de cette mission sont les suivants :

— Faciliter l'accessibilité des TPE et des PME au financement des banques, des établissements financiers, des systèmes financiers décentralisés (SFD) et des autres institutions financières ;
— Assurer la garantie et la contre garantie ainsi que l'appui aux banques, aux établissements financiers et aux systèmes financiers décentralisés (SFD) dans leurs activités de financement de l'investissement des TPE et des PME ;
— Couvrir les pertes encourues par un prêteur suite à la défaillance d'un emprunteur bénéficiant de la garantie ;
— Susciter la motivation des banques, des établissements financiers, des SFD et d'autres institutions financières dans le financement des TPE et des PME.

Selon l'article 71 LOSP : « le fonds à coûts partagés a pour objectif principal de financer les actions de renforcement de capacités des entreprises, afin de les rendre compétitives sur les marchés national et international.

L'article 72 du même texte précise que « le fonds de garantie du secteur privé est alimenté par les ressources de l'Etat, des collectivités territoriales, de la diaspora malienne, du secteur privé et de ses structures représentatives, des partenaires extérieurs, ainsi que des subventions, des dons et des legs.

Le fonds à coûts partagés est alimenté par les ressources de l'Etat et des partenaires techniques et financiers ».

Le nouvel Acte uniforme sur les procédures collectives a donné un contenu à certaines notions.

C°) Le sens des mots et expressions

Dans le souci ferme d'éclairer les acteurs des affaires et du secteur du service public de la justice qui enregistre l'apport de mandataire et autres techniciens, le législateur OHADA a bien voulu dire ce qu'il entend clairement de certaines expressions. La clarté autour de ces mots et expressions dont la mise en œuvre peut présenter des conséquences majeures s'avère extrêmement nécessaires afin d'éviter toute méprise.

Il est vrai que dans le maniement ordinaire, habituel des vocables juridiques, il y a presque toujours quelques divergences soit entre jurisprudence et doctrine soit entre auteurs. Par conséquent ces définitions légalement offertes n'empêchaient pas des nuances, voire quelques controverses. Elles (définitions légales) auront le mérite au moins de circonscrire les notions dans la mesure où elles serviront de fondement référentiel.

Voici quelques-unes des définitions proposées dans l'article 1-3 AUPEPC :

1. « **Accord de conciliation** » : il est la convention conclue par le débiteur et ses créanciers ou, au moins, ses principaux créanciers, à l'issue d'une procédure préventive de conciliation à travers laquelle les parties s'accordent sur une solution amiable qui évite la cessation des paiements du débiteur et qui organise, en tout ou partie, la restructuration

financière et ou opérationnelle de l'entreprise débitrice afin de mettre fin à tout ou partie de ses difficultés en vue de la sauvegarder ; il peut être reçu au rang des minutes d'un notaire ou être homologué par la juridiction compétente.

2. « **conciliateur** » : il est tout tiers neutre, impartial et indépendant chargé d'assister le débiteur et ses créanciers dans la recherche d'une solution amiable pour sauvegarder tout ou partie de l'entreprise débitrice en difficultés à travers la facilitation des négociations privées, et qui peut donner son avis ou proposer une solution aux parties.
3. « **concordat préventif** » : il est l'accord conclu à l'issue d'une procédure collective de règlement préventif par le débiteur et ses créanciers par lequel les parties conviennent d'une solution qui vise à éviter la cessation des paiements du débiteur et à permettre l'apurement de son passif ; il peut être homologué par la juridiction compétente.
4. « **concordat de redressement judiciaire** » il est l'accord conclu à l'issue d'une procédure collective de redressement judiciaire par le débiteur en cessation des paiements, mais dont la situation n'est pas irrémédiablement compromise, et ses créanciers, par lequel les parties conviennent d'une solution de redressement de l'entreprise débitrice et d'apurement de son passif ; il peut être homologué par la juridiction compétente.
5. « **personnes liées** ». a) Le conjoint, les descendants, les ascendants, les collatéraux et les alliés du débiteur personne physique ou des dirigeants de la personne morale débitrice, jusqu'au quatrième degré inclusivement ; b) les personnes morales quelle que soit leur forme, dans lesquelles le débiteur participe directement ou indirectement à la direction, au contrôle ou au capital, au sens des dispositions de l'acte uniforme relatif au droit des sociétés commerciales et GIE traitant des liens de droit entre les sociétés.
6. « **Procédure collective principale** » : il s'agit d'une procédure collective ouverte conformément au présent acte uniforme sur le territoire d'un Etat partie où le débiteur a son principal établissement ou, la personne morale, son siège.
7. « **Procédure collective secondaire** » : c'est une procédure collective ouverte en application du présent acte uniforme sur le territoire d'un Etat partie où le débiteur n'a pas son principal établissement ou la personne morale a son siège, après l'ouverture d'une procédure collective principale sur le territoire d'un Etat partie.

8. « **Procédure collective territoriale** » : il s'agit d'une procédure collective ouverte, conformément au présent acte uniforme, sur le territoire d'un Etat partie où le débiteur n'a pas son principal établissement ou la personne morale a son siège tant que la procédure collective principale n'est pas ouverte sur le territoire d'un Etat-partie ».
9. « **Représentant étranger** » c'est une personne ou un organe, désigné même à titre provisoire, autorisé dans une procédure collective étrangère, à administrer le redressement ou la liquidation des biens ou des affaires du débiteur, ou à agir en tant que représentant de la procédure collective étrangère.
10. « **Procédure collective étrangère** » elle est une procédure collective judiciaire, administrative ou autre, y compris une procédure provisoire, régie par la loi relative à l'insolvabilité ou aux procédures collectives d'un Etat étranger, dans le cadre de laquelle les biens et les affaires du débiteur sont soumis au contrôle ou à la surveillance d'une juridiction étrangère aux fins de redressement du débiteur ou de la liquidation de ses biens.
11. « **Procédure collective étrangère principale** » c'est une procédure collective étrangère ouverte dans un état étranger où le débiteur a le centre de ses intérêts principaux, y compris son siège, son centre d'exploitation, son principal établissement ou, le cas échéant, sa résidence habituelle.
12. « **Procédure collective étrangère non principale** » à l'image de la précédente, elle est une procédure collective étrangère, autre qu'une procédure collective étrangère principale, ouverte dans un Etat étranger où le débiteur dispose d'un établissement, tel que défini ci-dessus, et qui n'est pas le centre de ses intérêts principaux.
13. « **Etat étranger** » c'est tout Etat non partie du traité de l'OHADA.
14. « **Commission nationale de contrôle des mandataires judiciaires** » ou « commission nationale ». c'est une entité (nouvellement créée) agence, département, unité ou autre organisation de droit public établi par le ministère de la justice de l'Etat partie concerné, qui est chargé de la régulation et de la supervision des mandataires judiciaires conformément aux dispositions du présent acte uniforme.
15. « **Syndic** » il est le mandataire judiciaire désigné par le juge compétent aux fins d'administrer une procédure collective de redressement judiciaire ou de liquidation des biens régie par le présent acte uniforme.

Après l'approche méthodologique plusieurs approches convergentes s'offrent à l'analyse à propos du règlement du contentieux.

PARAGRAPHE II : APPROCHES JURIDICTIONNELLES

L'approche juridictionnelle est une approche heuristique permettant d'abord d'analyser la justice Etatique ensuite de proposer de s'ouvrir de plus en plus vers un règlement professionnel privé du contentieux collectif ; enfin de relever les gènes de l'exéquatur dans un droit communautaire.

A°) La justice Etatique

Il est vrai qu'après avoir consacré l'indépendance de la justice, l'article 81 de la constitution énonce in fine que le pouvoir judiciaire veille au respect des droits et libertés définis par la loi fondamentale et les autres textes dont les actes uniformes OHADA ; cependant il existe d'autres voies déterminées par la loi pour apporter solutions à certains litiges opposant certaines personnes simples ou certains professionnels entre eux.

Dans le service public organique de la justice au Mali, il est fait distinction en matière de droit privé entre les tribunaux de droit commun dont essentiellement le tribunal civil, le tribunal de commerce qui est la juridiction étatiquement compétente en matière d'affaires. Avec lui, l'arbitrage et autres formes de règlement privées (supra762 et 778) concourent au règlement des litiges commerciaux.

En matière de procédures collectives, le nouvel acte uniforme précise dans son article 3 que la conciliation, le règlement préventif, le redressement judiciaire et la liquidation des biens relèvent de la juridiction compétente en matière commerciale et que la même juridiction est compétente pour connaitre de toutes les contestations et de tous les différends nés de la procédure collective, de ceux sur lesquels la procédure collective exerce une influence juridique, ainsi que de ceux concernant la faillite personnelle et les autres sanctions à l'exception toutefois de ceux relevant de la compétence des autres juridictions (administratives, pénales et sociales).

Ainsi peut-on relever, l'effort du législateur OHADA qui a été plus précis dans la terminologie de juridiction compétente dans le domaine des affaires dont les procédures collectives, en indiquant clairement la compétence du tribunal de commerce. Donc pour les pays qui ont créé spécialement des tribunaux de commerce comme le Mali, le Congo, la Centrafrique il n y a aucun problème dans la gestion du contentieux, pour les autres (pays) il convient de conseiller la création de tribunaux de commerce ou de spécifier que si le tribunal civil demeure compétent, il serait réaliste de procéder à la création de chambres spécialisées (chambre commerciale) dès la première instance.

Au point de vue territorial la compétence de la juridiction se détermine logiquement par rapport au débiteur dans la procédure collective quelle que soit sa forme (préventive ou curative). Dans ce cas la juridiction compétente va être :

- Le tribunal de commerce du lieu où le débiteur, personne physique a son siège social sur le territoire national ;
- Le tribunal de commerce du lieu où le débiteur personne morale, a son siège social sur le territoire national.

Dans l'hypothèse où le principal établissement ou le siège social se situe à l'étranger la procédure sera enclenché devant la juridiction nationale du pays dans le ressort de laquelle se trouve le principal centre d'exploitation du débiteur.

Les exceptions d'incompétence sont soulevées devant le tribunal saisi qui statue dans les quinze jours en première instance et trente (30) jours en appel et doit statuer sur le fonds de l'affaire en même temps que le maintien de sa compétente.

Il reste que, même si l'acte uniforme ne se prononce pas la dessus, que sur le plan de la compétence territoriale les parties doivent pouvoir convenir de la demande précise de la compétence d'un tribunal précis différent de celui fixé par la loi par le jeu de convention propres et par attribution de compétence à telle ou telle juridiction (supra774).

Cette liberté de saisine juridictionnelle insinuée, ouvre la voie à une autre approche plus significative.

B°) Pour un règlement professionnel privé des conflits

Les critiques formulées à l'endroit de l'Acte uniforme sur les sociétés coopératives (supra 149 et S.) prêtent leur verdeur à l'acte uniforme sur les procédures collectives où d'ailleurs on a l'impression, d'une façon imagée et prosaïque que ce sont des pilotes d'avions qui s'occupent ou viennent s'occuper des problèmes quotidiens de charretiers (charrettes à traction d'ânes). Il faut retenir que lorsque le dictionnaire français désigne quelque chose par comparaison à ce vocable, cela veut dire que cette chose est faite ou est conduite grossièrement.

En effet, le milieu des affaires ne recèle pas forcement de grands intellectuels a fortiori d'universitaires, et cela est loin de constituer un handicap pour eux. Au contraire dans ce milieu, le fin analyste sera surpris d'une certaine intelligence féconde, d'un grand acte dans les affaires, bref d'un professionnalisme inouï. Cependant à l'envers d'une telle réalité les intellectuels et surtout les grands (universitaires) tentent de s'accaparer de ce monde par la définition des règles et principes qui ne peuvent qu'être largement insuffisantes dans leur mise en œuvre[149].

Les commerçants, les hommes d'affaires maitrisent parfaitement leur profession, mesurent les risques encourus, savent les dispositions à prendre en cas de survenue de certaines difficultés et surtout ils sont organisés avec l'organisation faîtière qui est la chambre de commerce et d'industrie qui, elle-même, a des équivalents dans les autres secteurs d'activités, comme la chambre d'agriculture, la chambre des métiers etc.

Il demeure certainement vrai que la justice étatique a pour devoir de protéger et de sécuriser les intérêts des citoyens des uns contre les autres. Dans le domaine des procédures collectives la justice se croit obliger de protéger à tout prix les intérêts des créanciers. Ce qui n'est pas moins vrai, c'est que dans les affaires globales chacun est créancier ou débiteur d'une autre personne, même les grandes banques sont débitrices au moins de leurs clients au regard des dépôts dans leurs comptes qui y sont hébergés.

Par conséquent la défense de l'intérêt des créanciers ne saurait justifier (sauf prétexte) l'élimination précoce, non professionnelle d'une entreprise, d'un entrepreneur de l'échiquier des affaires au nom de défense des intérêts de créanciers.

De surcroit, on alléguerait que le juge commercial ne décide pas seul il est doublé ou triplé de juges consulaires (supra 763). Mais sait-on interrogé sur la compétence professionnelle et technique de ces juges consulaires notamment en matière de gestion d'entreprise ? Certes certains sont très compétents dans

149 Cet acte uniforme sur les procédures collectives sur lequel je travaille prioritairement a fait l'objet d'études et d'analyses sans la participation des commerçants détaillants, semi-grossistes, grossistes de tous genres ? constat personnel

certains domaines d'activités mais il est possible qu'il y ait des lacunes chez d'autres en l'occurrence dans la solution ou type de solution qu'exige certaines entreprises en difficulté.

Quand au juge de carrière, il est un praticien avéré du droit par sa profession à laquelle il a accédée brillamment par concours et ou diplôme, mais est-il professionnel du secteur d'affaires où l'entreprise présente des difficultés ? La réponse est apparemment négative car le statut de magistrat de carrière exclut l'exercice des affaires.

Qu'est ce qui reste ?

L'indication de la voie professionnelle pour solutionner les procédures collectives comme cela est à peu près le cas dans le secteur des établissements de crédit (supra 1266). En effet il existe très peu de questions d'ordre public dans les procédures collectives ; au contraire, c'est le domaine des droits disponibles par excellence pouvant tolérer et légitimer la gestion du contentieux par les organisations faitières (chambre de commerce et d'industrie, chambre d'agriculture etc.) avec l'assistance des tribunaux de commerce. Il s'agit en clair de fortement dé judiciariser une question professionnelle à l'effet de limiter considérablement l'emprise des magistrats sur la procédure collective qui se veut souple, pratique, qui se veut un fait de compairs etc. L'idée de conciliateur est certes à saluer mais elle s'avère insuffisante au regard des enjeux de traitement des difficultés dans les entreprises concernées.

L'institution de l'exéquatur en Droit OHADA confirme l'analyse qui précède.

C°) l'exéquatur en Droit OHADA

Certaines analyses préliminaires (supra 78 et S.) ont permis de faire le départ[150] entre la coopération et l'intégration en matière de collaboration, de conception d'entités juridico-politiques communautaires. Il est ressorti que l'intégration est le stade avancé, supérieur dc la coopération car elle assure une certaine homogénéité désormais entre membres, acteurs ou parties. Tous évoluent ou doivent évoluer selon les mêmes réalités car soumis strictement et intrinsèquement aux mêmes règles et principes.

150 Départ dans le vieux français veut dire aussi différence.

Cependant l'harmonisation revendiquée dans le droit OHADA est-elle une coopération ou une intégration ? Il semble que le droit OHADA se veut un droit d'intégration ignorant les discriminations Etatiques en théorie et en pratique. D'autres questions égratignent l'esprit : le droit OHADA est-il un droit de fond ou de forme ? (supra 154) est-il un droit harmonisé uniforme unilatéral ou un droit harmonisé uniforme plurilatéral ?

Au regard de l'ambition affichée par les responsables politiques des différents Etats ayant convenu et ratifié le traité OHADA, c'est la première option (droit uniforme unilatéral) qui était bien leur objectif. Ainsi chaque règle et principe du droit OHADA s'applique indifféremment dans chaque Etat-partie au fond et en la forme sans autre contrainte. Mais la réalité plurielle interne des Etats semble avoir dicté le contraire. De ce fait, il est déduit a contrario de certaines dispositions du droit OHADA l'institution d'un exéquatur pour que des décisions de justice rendues dans certains Etats soient applicables dans d'autres Etat, ou même, dans d'autres cas (très importants procédures collectives), cela est expressément allégué.

D'abord dans le traité OHADA qui fonde tout le droit OHADA l'article 20 déclare que les arrêts de la CCJA ont l'autorité de la chose jugée et la force exécutoire. Ces arrêts CCJA reçoivent à l'intérieur de chaque Etat partie une exécution forcée dans les mêmes conditions que les décisions judiciaires nationales. L'article termine en soutenant que dans une même affaire aucune décision contraire à un arrêt de la CCJA ne peut faire l'objet d'une exécution forcée sur le territoire d'un Etat partie.

Deux expressions méritent de retenir l'attention à ce niveau.

D'une part l'autorité de la chose jugée "qui signifie le prononcé d'une décision définitive insusceptible de recours ni par voie ordinaire, ni par voie extraordinaire que ce soit en première ou en seconde instance ou en cassation. C'est donc une décision jugée vraie en Droit, conforme à toutes les règles et principes possibles qui ont inspiré sa prise ;

D'autre part "la force exécutoire" subséquente à l'autorité de la chose jugée qui est la voie, le moyen par lequel l'autorité de la chose jugée prend corps par l'appréhension des biens ou l'exercice d'autres actes sur des personnes impliquées dans la procédure qui a conduit à l'autorité de la chose jugée dans un Etat ou un système juridique. Dans le droit communautaire OHADA si l'autorité de la chose jugée ne pose aucun problème, en revanche la force exécutoire est sujette à nuance selon qu'il s'agisse des décisions de la CCJA elle-même à l'exclusion des sentences arbitrales intervenues sous son égide, ou selon qu'il s'agisse de décisions de justice rendues dans un Etat, devant recevoir application dans un autre Etat.

S'agissant de la cour commune de justice et d'arbitrage, ses décisions se suffisent à elles-mêmes, elles ne sont pas comme les décisions des juridictions nationales dont les décisions ont besoin d'un exéquatur avant de pouvoir donner lieu à un acte exécutoire sur les biens ou des actes coercitifs sur des personnes dans un Etat étranger[151].

Cependant les décisions de la CCJA, si elles n'ont pas besoin d'exéquatur, elles ont besoin d'une autre formalité substantielle qui est l'apposition de la formule dite exécutoire par l'autorité nationale qui vérifie au préalable l'authenticité du titre[152].

L'exéquatur est une procédure, une formalité nécessaire pour l'application des sentences arbitrales quelles qu'elles soient y compris celles rendues par la CCJA.

S'agissant des décisions rendues dans les juridictions nationales destinées à recevoir application effective dans d'autres pays, elles ont certes l'autorité de la chose jugée mais elles sont privées de la force exécutoire.

Pour avoir cette force exécutoire il faut l'exéquatur qui lui insuffle la reconnaissance et l'applicabilité sur le territoire des autres Etats-Parties. Cet exéquatur offre l'occasion au juge national de vérifier si certaines conditions, sais qu'on ne sache trop, lesquelles ? : Est-ce d'ordre public, ou est-ce techniques ou autres sont réunies dans la décision de la juridiction étrangère et de mentionner cela dans la décision d'acceptation ou de refus dudit exéquatur[153].

---

151 Traité OHADA commenté par Boubacar GUEYE, Saïdou TALL et Maurice KOMTO, page 45.

152 Idem.

153 Cour suprême de cote d'ivoire, chambre judiciaire, arrêt N° 027/01 actualités juridiques N° 62. P71 ohadata J-09-312.

Voilà que de façon générale le droit OHADA est nettement diminué, réduit contrarié dans son uniformité, dans son essence formelle ; et c'est le moins qu'on puisse alléguer.

Par ailleurs, dans le domaine des procédures collectives où le droit uniforme et harmonisé devrait se montrer effectif, raffermi car y importent célérité et prudence, il apparait paradoxalement une institution renforcée d'obstacles, emportant l'exéquatur encore suivi de l'apposition de la formule exécutoire au nom du peuple de l'Etat recevant application.

Les disposions de l'article 247 AUPEPC énoncent clairement que dès qu'elles sont exécutoires, les décisions d'ouverture et de clôture des procédures collectives, ainsi que celles qui règlent les contestations ou les différends nés de ces procédures et celles sur lesquelles les procédures collectives exercent une influence juridique (sont) prononcées dans le territoire d'un Etat membre dans le cadre de l'AUPEPC ont autorité de la chose jugée sur le territoire des autres Etats parties.

Les catégories et types de décisions visés ci-dessus qui acquièrent la force exécutoire, elles sont présumées avoir l'autorité de la chose jugée qui rayonne de la même façon sur l'ensemble de l'espace OHADA.

A la différence de l'ancien article 247 AUPC le nouvel article AUPEPC ajoute in fine nonobstant toute disposition du présent article, les mesures d'exécution forcée requièrent l'exéquatur. En clair, on relève que ni l'autorité de la chose jugée, ni l'acquisition de la force exécutoire ne suffisent à faire appliquer une décision obtenue dans le contentieux des procédures collectives ; il est nécessaire de conquérir et d'obtenir en outre l'exéquatur auprès des juridictions compétentes à l'interieur de l'Etat membre où ladite décision doit recevoir application, d'où la précision d'une grande formalité substantielle appréciable au regard de l'ordre public, de l'opportunité d'applicabilité dans le droit national. Cela est constitutif d'une vraie précarité fragilisant toute précaution de bonne foi dans les procédures collectives qui luttent de façon collatérale contre une éventuelle organisation d'insolvabilité de la part du débiteur.

Le nouvel acte uniforme n'a pas hésité à élargir son (procédure collective) domaine et mieux organiser les représentant professionnels[154].

154 Pour l'essentiel ces mandataires existaient, déjà, le nouvel acte uniforme a voulu les organiser

SECTION I : LE DOMAINE ET LES MANDATAIRES DES PROCÉDURES COLLECTIVES

De l'année 1807, année où le code de commerce français a été instauré à l'an 2015 où l'OHADA a institué un nouvel acte uniforme sur les procédures collectives, il est aisé de constater une évolution expansive des procédures collectives ayant débuté par un volet pénal, sanction affligée au commerçant ne parvenant pas à payer ses dettes car l'objectif était la pure protection du crédit, à l'ensemble des professionnels, des activités humaines, personnes physiques comme morales, domaine commercial comme non commercial (Paragraphe I). de même l'acte uniforme a cru devoir insister sur le rôle des mandataires dits judiciaires en règlementant davantage leurs fonctions (Paragraphe II).

PARAGRAPHE I : LE DOMAINE DES PROCÉDURES COLLECTIVES

En d'autres termes il s'agit du champ d'application du nouvel acte uniforme en matière de procédures collectives qui n'étaient fidèles qu'au domaine commercial (A) avant de connaitre une extension incommensurable (B) qui ne peut laisser indifférent l'esprit critique (C).

A°) Le domaine commercial habituel

Jusqu'en 1967, les procédures collectives étaient réservées aux seuls commerçants, personnes physiques et sociétés commerciales[155]. Les lois nationales adoptées après les indépendances ont observé le même départ[156] au profit des activités commerciales en matière de procédures collectives. L'acte uniforme du 10 Avril 1998 Portant organisation des procédures collectives d'apurement du passif y est allé dans la même logique à quelques rares exceptions près.

Le nouvel acte opère "une vraie révolution" en relation certainement avec la prétendue notion de droit professionnel[157] tendant à uniformiser grossièrement tout le droit privé en supprimant la ligne hémisphérique droit civil, droit commercial. Ainsi l'article 1-1 AUPEPC déclare que le présent acte uni-

davantage avec des conditions d'accès et modalités d'exercice des fonctions plus élaborées.

155 Mamadou KONE : le nouveau Droit commercial des pays de la zone OHADA op cit.

156 Ce vocable de "départ" signifie en Droit "distinction"

157 Le soussigné à un ouvrage consacré à la distinction entre activités civiles et commerciales et la nécessité de leur distinction (supra)

forme est applicable à toute personne physique exerçant une activité....commerciale, à toute personne morale de droit privé, ainsi que toute entreprise ayant la forme d'une personne morale de droit privé. C'est le secteur habituel quelque peu accru du droit des procédures collectives que les facultés de droit étudient avec passion, que la pratique met en œuvre avec prévenance. En effet à part certaines personnes morales émanant de certaines activités comme les professions libérales, l'agriculture... les procédures collectives se sont arrogées progressivement depuis 1967 une bonne partie du chapelet des personnes morales quant au règlement préventif, redressement judiciaire, liquidation des biens et de plus en plus quant à l'esprit de conciliation entre parties.

La loi distingue davantage de nos jours.

B°) Le domaine extra-commercial

Même si encore la sacrosainte règle de distinction entre activités civiles et activités commerciales n'est pas encore formellement remise en cause préalablement à la gestion du contentieux, certains textes de façon éparse, sement le doute en chapardant progressivement le domaine du droit civil au profit de celui du droit commercial au nom d'une hypothétique uniformité du droit privé. Ce chapardement est observé par l'article 1-1 AUPEPC qui déclare « le présent acte uniforme est applicable à toute personne physique exerçant une activité professionnelle indépendante, civile, commerciale, artisanale ou agricole, à toute personne morale de droit privé, ainsi qu'à toute entreprise publique ayant la forme d'une personne morale de droit privé. D'une façon hypostasiée, ce texte met au défi toute personne qui pense qu'il a oublié quelque activité essentielle ciblée désormais dans le giron des procédures collectives.

Cependant, ce qu'il ne faut pas oublier, malgré les velléités cessessionistes des procédures collectives par le développement inouï dont elles font de plus en plus l'objet grâce aux textes épars, pour constituer une discipline autonome, le droit des procédures collectives158 au détriment du droit commercial général, les procédures collectives constituent une partie importante inoxydable du droit des affaires à l'exclusion du droit civil ou prévaut plutôt la notion équivalente de « déconfiture » avec ses réalités de mise en œuvre (supra 159).

158 M. KONE : le nouveau Droit commercial des pays de la zone OHADA op cit.

En tendant de procéder comme on le voit, ces textes, et surtout une certaine doctrine, peut être, significative mais non majoritaire et non autoritaire, préservent-ils la substance du droit privé ?

C°) Les critiques

Plusieurs critiques et mises au points ont été faites en début d'ouvrage. Cependant, relèvent les pédagogues, la répétition est l'âme de l'enseignement.

En effet, les réalités qui ont conduit initialement à la distinction activités civiles, activités commerciales, ne sont pas et ne peuvent jamais répondre au même besoin quelle que puisse être la densité des réflexions contre-natures : la matière d'Etat des personnes ne semble menacée par aucune commercialité sérieuse, le statut de fonctionnaire de professeur d'université n'a rien de ressemblant à celui de commerçant ou d'industriel etc.

En revenant au nouvel acte uniforme l'article 1-1 al2 précise que les procédures collectives dans leurs différents aspects, sont applicables aux sociétés (entreprises) qui exercent une activité soumise à un régime particulier lorsqu'il n'en est pas disposé autrement dans la règlementation spécifique régissant la dite activité. Or, déjà, relève le même texte, les activités soumises à un régime particulier, en son sens, et régis par des textes spécifiques sont celles des établissements de crédit, des établissements de micro finance et des acteurs des marchés financiers ainsi que celles des sociétés d'assurance et de réassurance des Etats-Parties au traité de OHADA.

L'observation majeure à saisir ici est que toutes les activités citées sont réellement soumises aux mêmes règles des procédures collectives soit par édiction de textes spéciaux soit par renvoi. La seule et grande différence se situe au niveau de la mise en œuvre qui soumet très souvent le début de la procédure collective à une appréciation initiale d'une organisation faitière ou communautaire et où l'avis des mêmes organismes[159] qui peuvent observer des règles d'une phase administrative avant de laisser libre-cours à une procédure judiciaire. Toutes choses que nous conseillons pour la généralité des procédures collectives d'ailleurs.

159 C'est le cas de la loi bancaire régissant les procédures collectives des établissements de crédit et de sociétés financières décentralisées (micro finance) supra.

La formule de rédaction de l'article 1-1 logeant à une même enseigne, artisans, agriculteurs, entreprenants, professionnels libéraux (avocats, notaires, commissaires priseurs, écoles privées, architectes, experts comptables…) sociétés civiles, commerciales bref toutes les personnes morales presque, laisse déduire que l'étude des procédures collectives relève désormais d'une unicité plurielle conduisant à la compétence du tribunal de commerce qui attendra les décisions et résolutions d'organismes souverains souvent, avant d'agir ou qui appliquera des règles non commerciales car spéciales aux professions à lui soumises. En toute déduction logique, le nouvel acte institue un certain flou juridique qu'il sera difficile de dissiper à première réaction.

Rien qu'à voir l'acte uniforme sur les procédures collectives avec le nombre impressionnant de ses articles l'importance qu'accorde de plus en plus le législateur à la prévention dans les difficultés des entreprises par l'initiative de renforcement des capacités des mandataires est à saluer.

PARAGRAPHE II : LES MANDATAIRES JUDICIAIRES

Les mandataires sont des techniciens plus ou moins bien imprégnés qui ont pour rôle la mise en œuvre globale des règles de préventions et d'apurement dans le domaine des procédures collectives telle que règlementées par l'acte uniforme éponyme.

Qu'est-ce qu'un mandataire judiciaire dans un cadre organisé (A), la loi exige-t-elle des conditions à son choix et à la conduite de sa mission (B) enfin est-il un professionnel à enrichir techniquement (C) ?

A°) Définition et encadrement des mandataires judiciaires

Aux termes de l'article 4-10 les mandataires judiciaires sont les experts au règlement préventif, soit comme syndic, il semble logique d'ajouter : « soit comme expert au redressement judiciaire et syndic », toute personne physique intéressée doit remplir les conditions suivantes et en rapporter la preuve. En fait, une méprise semble écarter le redressement judiciaire alors qu'il répond à la même logique graduelle que le règlement préventif.

Un expert est toute personne à la fois technique et professionnelle d'un domaine des affaires, à même d'apporter son concours éclairé à une procédure de rémediation dans les procédures collectives.

Un expert est toujours toute personne hautement qualifiée à même de conduire une rémediation des problèmes au profit des parties ou de procéder aux actes de liquidation dans l'intérêt des créanciers dans une procédure collective.

Il faut se douter bien qu'aucune procédure collective ne peut être conduite sans eux, elle est leur œuvre.

L'importance de leurs missions explique que l'Acte uniforme ait eu le souci d'ordonner désormais l'organisation et le contrôle des mandataires judiciaires à l'intérieur de chaque Etat-partie.

Ainsi chaque Etat-partie a l'obligation d'instituer cette commission encore appelée « commission nationale » qui évolue sous l'égide du ministère de la justice et ayant pour rôle la régulation et la supervision des mandataires judiciaires agissant sur son territoire (Art 4 al 2).

La commission nationale se compose de :

- Deux (02) conseillers à la cour d'appel[160] ;
- Un (01) substitut général ;
- Deux (02) économistes expérimentés[161] ;
- Deux (02) administrateurs de sociétés ;
- Un (01) professeur de droit ou à défaut un juriste qualifié désigné par le Ministre de la justice sur proposition du Ministre de l'enseignement supérieur ;
- Un représentant de l'ordre des experts comptables et comptables agréés désigné par le président de l'ordre ;
- Un représentant de l'ordre des Avocats ;
- Un représentant des mandataires judiciaires déjà en exercice.

160 Il y a plusieurs cour d'appel au Mali…
161 Le choix d'un économiste semble irréaliste sous réserve d'amples précisions…

Les membres de cette commission sont désignés pour un mandat de trois (03) ans renouvelable une fois. Ils se réunissent au moins quatre fois (4) fois par an et chaque fois que de besoin. Les membres sont tenus d'être présents eux-mêmes aux réunions et ils sont tenus au secret des informations dont ils sont imprégnés à l'occasion de l'exercice de leurs fonctions. Les décisions sont mises selon les règles de la majorité simple et en cas d'égalité de voix, celle du président est prépondérante.

La commission nationale contrôle l'exercice des missions des mandataires judiciaires statue en matière disciplinaire et doit rendre aussi des avis sur toutes questions touchant leur activité. Elle a en outre des prérogatives définies dans l'article 4-5, 4-6, 4-7 AUPEPC notamment la gestion de la carrière des mandataires judiciaires.

A quelles conditions exercent les mandataires judiciaires.

B°) Les conditions d'accès et modalités d'exercice des fonctions de mandataires judiciaires

Pour accéder à la liste nationale des mandataires judiciaires d'un Etat-partie, comme expert ou syndic le postulant doit remplir les conditions suivantes :

1. Il doit avoir le plein exercice de ses droits civils et civiques ;
2. Il ne doit pas avoir été condamné définitivement à une peine privative de liberté non assortie de sursis atteignant trois (03) années d'emprisonnement en matière de délit d'atteinte aux biens d'autrui, pour une infraction économique ou financière ;
3. Il doit détenir un diplôme universitaire de niveau égal, au moins, à la Maitrise ou comparable ;
4. Il doit être en règle vis-à-vis du service public du pays ;
5. Il doit justifier déjà d'une expérience professionnelle avérée couvrant au moins une période de trois (03) années ;
6. Il doit assurer son activité ou produire la caution d'une compagnie d'assurance régulièrement établie prêts à couvrir sa responsabilité éventuelle ;
7. Il doit présenter des garanties de moralité idoines ;
8. Il doit déférer à toute autre conditions supplémentaire qui serait édictée dans le droit positif de l'Etat partie où il (postulant) fait la demande d'inscription.

Il doit rédiger une demande d'inscription adressée à la commission nationale avant le 30 juin de l'année en cours (Art 4-11).

La liste des mandataires judiciaires est publiée au journal officiel de l'Etat-Partie. L'inscription sur la liste des mandataires judiciaires peut être refusée ou acceptée. Si elle est refusée, le refus sera motivé.

Au point de vue conditions d'exercice de leurs fonctions, les mandataires judiciaires sont soumis à l'observance de conditions d'indépendance de neutralité et d'impartialité absolues car la loi leur méconnait tout intérêt personnel quel qu'il soit moral ou financier dans l'accomplissement du mandat qui leur est confié.

Ainsi précise l'article 4-14 le mandataire judiciaire ne pourra ni représenter ni conseiller une partie à la procédure collective y compris le débiteur et ses créanciers. C'est ce qui légitime l'écartement de la procédure collective, des parents ou alliés du débiteur ou des créanciers jusqu'au quatrième degré ; ainsi que les dirigeants de la personne morale, objet de la procédure collective ; l'expert-comptable ou le commissaire aux comptes des parties. La loi a justement pensé aussi à éloigner de la procédure les protagonistes éventuels des parties dans d'autres procédures ; les personnes physiques travaillant au compte du débiteur ou d'un de ses créanciers etc.

Pour leur contrôle véritable, le président de la commission nationale procède à la désignation d'un ou plusieurs inspecteurs pour vérifier les actes professionnels des mandataires de justice. L'inspecteur désigné peut passer en revue la comptabilité du mandataire judiciaire et demander à analyser tous autres documents sans qu'on ne puisse lui opposer le secret professionnel. Lui (inspecteur) aussi peut se faire assisté par tout expert dont il estime le concours nécessaire. Après il dépose un rapport confidentiel au secrétariat de la commission nationale dans un délai de trois mois (Art 4-16).

Chaque mandataire judiciaire doit subir au moins une inspection dans les cinq (05) ans. Tous faits contraires à la probité, à l'honneur ou à la délicatesse ou toute contrariété de textes commis par un mandataire à l'occasion ou en dehors de l'exercice de ses fonctions peuvent l'exposer à des poursuites disciplinaires par le moyen d'une action qui se prescrit par cinq années. Les sanctions relèvent du remplacement dans certaines affaires ou, de la suspension voire de la radiation pure et simple.

Le mandataire judiciaire engage sa responsabilité dans les conditions de droit commun de la responsabilité délictuelle dans laquelle son assurance peut se substituer à lui pour répondre des préjudices qu'il aura causés aux autres.

Le mandataire judiciaire est assujetti à la tenue d'une comptabilité régulière personnelle distincte de celle en lien avec les tâches professionnelles.

Pour la rémunération, le mandataire judiciaire, qu'il intervienne dans le cadre d'un règlement préventif, d'un redressement judiciaire ou d'une liquidation, il sera rémunéré et cette rémunération est à la charge du débiteur.

La rémunération de l'expert au règlement préventif fixée par le tribunal de commerce compétent se référera, pour ce faire, à un barème relatant au moins le temps passé et les difficultés rencontrées, la gestion du nombre de créanciers concernés par le règlement préventif. La rémunération est fixée dans la décision qui homologue ou rejette le concordat préventif.

Le syndic est rémunéré dans les mêmes conditions, à la différence que le barème de référence chez lui, tient compte du chiffre d'affaire des douze (12) derniers mois du débiteur (précédant d'ouverture de la procédure collective) ; du nombre de salariés du débiteur ; du ratio de recouvrement des créances ; du temps passé et des difficultés rencontrées et aussi de la célérité des diligences accomplies. L'acte uniforme laisse à la commission nationale, d'ajouter à ces critères.

Dans l'hypothèse de liquidation des biens les rémunérations du syndic ne peuvent aller au-delà de vingt pour cent (20%) du montant total des créances effectivement recouvrées (Art 4-31 AUPEPC).

Le syndic peut bénéficier dans le cadre des redressement judiciaire simplifié et liquidation de biens simplifiée d'une rémunération forfaitaire que la commission nationale fixerait au regard d'"une éventuelle[162] règlementation nationale.

La commission nationale peut avoir des préoccupations que les budgets nationaux ne sauraient prendre en charge.

162 Les formules de redressement judiciaire simplifié et de liquidation judiciaire simplifiées étant encore ignorées par le droit positif malien, il y a lieu de comprendre que leur rémunération n'est pas règlementée.

C°) L'institution d'un fond autonome en vue du Règlement et de la formation des mandataires judiciaires

Sur indication de la commission nationale, les syndics en tant que mandataires judiciaires chargés des opérations nécessaires à la réussite des procédures collectives sont obligés de procéder à l'ouverture de comptes de dépôts auprès de telle ou et telle banque aux fins d'y domicilier les opérations financières résultant des actes soit du redressement judiciaire soit de la liquidation des biens (Art 4-35). Ce compte dit spécial est ouvert et diligenté pour chaque procédure.

Parallèlement la commission nationale de l'Etat partie concerné ouvre à son tour, dans les mêmes conditions un autre compte spécial sous l'intitulé « fonds autonome pour le règlement et la formation des mandataires judiciaires » lequel compte est alimenté par les comptes précédents c'est-à-dire par une partie des produits générés par les comptes des débiteurs sous le coup d'une procédure collective.

Quel est l'objet de ce fonds autonome ?

Selon l'article 4-36 al2 ce fonds est plutôt un fonds solidaire permettant d'une part le règlement des dossiers impécunieux c'est-à-dire les dossiers, plus précisément les procédures infructueuses, qui manquent ou ne produisent pas d'argent ; et d'autre part permettant une formation technique et continue des mandataires judiciaires.

Le fonds autonome pour le règlement et la formation des mandataires judiciaires provient des ressources financières des différentes procédures collectives enclenchées et non du trésor public ou d'autres fonds publics et qui garantit la bonne conduite de toutes les procédures collectives tant financièrement que techniquement et professionnellement.

L'utilisation de ce fonds fait l'objet d'un fonctionnement sous double signature, celle du président et celle du trésorier.

Qu'en est-il de l'étude spatiale des procédures collectives ?

SECTION II : LES PROCÉDURES COLLECTIVES NATIONALES ET COMMUNAUTAIRES

Les procédures collectives sont comprises comme le droit du traitement adéquat des entreprises afin de leur épargner maladie et décès dans le meilleur des cas ou de les accompagner en les soignant ou en les aidant à mourir dans le pire des cas. C'est ainsi que l'article premier AUPEPC se fixe comme objet.

D'abord l'organisation des procédures collectives de conciliation et de règlement préventif d'une part et le redressement judiciaire et la liquidation des biens d'autre part, toutes choses qui conduisent à une préservation des activités économiques et des emplois salariés dans les entreprises en difficultés dites débitrices.

En outre, l'AUPEPC vise à réhabiliter les entreprises viables et la liquidation de celles non viables tout en maximisant la valeur des actifs des dits débiteurs dans le but d'augmenter le montant des recouvrements par les créanciers et d'établir leur ordre de paiement conformément au droit des suretés.

Ensuite, le second grand objet des procédures collectives est leur bonne conduite technique et financière générale d'où un accent particulier sur les mandataires judiciaires (supra 1415) ;

Enfin en troisième lieu, les procédures collectives déterminent diverses incriminations pénales et sanctions patrimoniales comme professionnelles visant, selon le cas, les débiteurs, les dirigeants sociaux ainsi que toutes personnes intervenant dans la gestion d'une procédure ouverte.

A l'issue du rappel de l'objet des procédures collectives, il se pose une question relative à leur gestion spatiale, à savoir outre leur caractère national et communautaire (Paragraphe I) ont-elles un caractère international (Paragraphe II).

PARAGRAPHE I : LES PROCÉDURES PRÉVENTIVES DES DIFFICULTÉS DES ENTREPRISES

C'est le premier aspect de la vision dichotomique des procédures collectives qui comporte une réalité forcement nuancée mais unique de l'étude de leur substance.

En effet, les procédures collectives sont mises en œuvre devant les instances privées, administratives et juridictions de chaque pays (Etats-membres) avec probablement application subsidiaire de quelques règles nationales non en contradiction avec le droit OHADA d'où l'aspect indéniablement national des procédures collectives.

Par ailleurs, il demeure constant que le droit OHADA étant un droit communautaire librement reconnu comme droit positif à l'intérieur d'un même espace et au respect duquel tous les Etats membres ont souscrit et surtout que même au plan national, les instances décisionnelles sont obligées d'appliquer prioritairement les Actes uniformes de l'OHADA, il échet de relever donc un aspect communautaire qui, au lieu de créer une différence, vient compléter les dispositifs nationaux au fond et en la forme d'où la légitimité de l'intitulé procédures collectives et communautaires. Grâce aux actes uniformes l'on saisit la distinction entre l'apport de l'acte uniforme sur le droit des sociétés et groupement d'intérêt économique (A) et les procédures préventives initiées par l'AUPEPC (B).

A°) L'apport de l'acte uniforme sur le droit des sociétés et GIE

Sur un terrain spécifique mais très important l'on peut relever déjà l'esprit de prévention utile du législateur OHADA, lequel à travers la règlementation des sociétés commerciales et groupements d'intérêt économique comme entités juridiques économiquement importantes a bien voulu leur ménager, en cas de difficultés une possibilité de rachat et de ressaisissement avant l'enclenchement de toute procédure collective. Même si cela s'adresse à des personnes morales, sa valeur d'étude ne doit pas en être affectée dans un cadre général.

Ainsi l'acte uniforme sur le droit des sociétés et GIE retient l'alerte (1) l'expertise de gestion (2) et y ajoute dans sa version actualisée l'administration provisoire (3).

1°) l'alerte

L'esprit de prévention légitime des difficultés de l'acte collectif unilatéral qu'est la société commerciale ou le GIE assorti de la préoccupation majeure d'éviter tout fait de nature à compromettre la continuité de l'exploitation de la dite entreprise (société) a conduit le législateur OHADA à instituer une procédure dite d'alerte, à la suite du législateur français qui l'avait déjà prévue dans une loi du 1er mars 1984 relative à la prévention et au règlement amiable des entreprises[163].

Au premier chef, la procédure d'alerte est instituée pour conjurer tout problème qui a un caractère évitable et qui non maitrisé pourrait produire des conséquences rongeâtes, marcescentes voire fatales à l'entreprise. Donc c'est un droit de renâcler qui est reconnu.

Cette procédure peut être indistinctement mise en œuvre soit par le commissariat aux comptes soit par les associés.

a) L'alerte par le commissaire aux comptes

Le commissaire aux comptes est un professionnel du contrôle dans les sociétés au regard de dispositions légales ou statutaires diverses. Il travaille sur les documents de la société notamment les documents et papiers comptables sans que le gérant ou l'administrateur ou le conseil d'administration ne puissent lui opposer le secret professionnel.

Ainsi lorsqu'il relève dans ces documents divers, ou même s'il en a l'information autrement, des faits précis de nature à pouvoir compromettre la continuité de l'exploitation de l'entreprise à plus ou moins long terme, il en interpelle le ou les dirigeants en lui (leur) adressant une correspondance à laquelle réponse est due dans les quinze jours dans laquelle réponse des précisions sont données aux commissaires aux comptes avec éventuellement les propositions de mesures envisagées pour corriger (art 150-151 AUSC). Au cas où le ou les dirigeants ne répondent pas, alors que la préoccupation demeure, le commissaire aux comptes établit un rapport spécial dont il remet copie à la juridiction compétente et qui sera destiné à l'information des associés par le truchement du gérant à la toute prochaine Assemblée générale. Toutefois, en cas d'urgence, la loi reconnait la latitude au commissaire aux comptes de provoquer directement et immédiatement une Assemblée générale lui-même qui doit prendre les mesures de correction nécessaires sous réserve de saisine du tribunal du commerce.

163 Ripert et Roblot traité de droit commercial op cit.

La procédure d'alerte demeure la même pour les sociétés anonymes et sociétés par actions simplifiées.

b) L'alerte par les associés

Les mêmes raisons prévalent pour la mise en œuvre de la procédure d'alerte par les associés, lesquels selon l'article 157 AUDSC ont le droit, deux fois par exercice de poser des questions par écrit au gérant sur les faits ci-dessus visés dans les mêmes conditions de délai. La mise en œuvre de l'alerte par les associés est similaire pour les associés des sociétés par actions (Art 158 AUDSC).

Il existe un second mode de contrôle précoce.

2°) L'expertise de gestion

L'expertise de gestion ressemble à la procédure d'alerte au fond en tant que moyen de contrôle et de prévention précoce de risques compromettants : car elle vise à s'interroger, à faire établir un rapport par expert sur une ou plusieurs opérations de gestion par hypothèse douteuses ou imprudentes. Ainsi les articles 159 et 160 AUDSC) indiquent que l'expertise de gestion peut être demandée au près du tribunal de commerce, statuant à bref délai par un seul ou plusieurs associés, réunissant le dixième seul ou collectivement du capital social. Ce tribunal détermine l'étendue de la mission et des pouvoirs de l'expert qui évolue comme un mandataire judiciaire ad hoc. Le rapport que produit l'expert sera élaboré en trois exemplaires dont l'un pour chacun des intéressés : demandeur, dirigeants sociaux et commissaire aux comptes.

Le législateur OHADA a institué une nouvelle phase qui peut préserver l'entreprise en éloignant le spectre de la dissolution ou de l'ouverture des procédures collectives.

3°) L'administration provisoire

Elle est règlementée de l'article 160-1 à l'article 160-8 AUDSC. En fait l'administration provisoire est un mécanisme qui consiste à écarter les dirigeants habituels et ou les organes d'administration en partie ou, en totalité et ou à diminuer leurs compétences au profit d'une personne physique plénipotentiaire désormais, qui assure momentanément la gestion des affaires sociales dans l'intérêt bien compris de tous les partenaires (art 160-1 AUDSC). Par ces dispositions pertinentes l'acte uniforme sur le droit des sociétés commerciales instaure la parité avec d'autres domaines comme les établissements de crédit (supra 1268) qui bénéficiaient de cette procédure quasi exclusivement et qui retarde avantageusement leur procédure collective et curative. Dans le cas des sociétés commerciales ordinaires, il sera fait recours à l'l'administration provisoire chaque fois que le fonctionnement normal sera rendu impossible du fait indifféremment des organes de gestion et ou dirigeants sociaux ou encore des associés (abus de majorité, ou de minorité).

La désignation de l'administrateur provisoire relève de la compétence exclusive du tribunal de commerce qui le choisit parmi les mandataires judiciaires ou qui peut nommer à cette fin toute autre personne techniquement et professionnellement compétente conformément à l'objet de l'entreprise.

La décision du tribunal de commerce qui nomme les missions et pouvoirs de l'administration provisoire, règle, au besoin les principes de collaboration entre lui et les organes restant surplace, mentionne également la cause de l'administration provisoire (Art 160-3). La décision de justice précise en outre, les conditions de révocation et de remplacement dudit administrateur provisoire, lequel est par ailleurs responsable des conséquences dommageables des actes fautifs et négligences coupables qu'il commet dans l'exercice de ses attributions tant à l'égard des tiers que de la société elle-même (art 160-8 AUDSC).
Une fois désigné l'administrateur provisoire doit présenter un rapport trimestriel sur les opérations qu'il accomplit et sur l'évolution de sa mission globale. De même quatre (4) mois après clôture de l'exercice, il devrait établir les états financiers de synthèse annuels inspirés par l'inventaire des éléments de l'actif et du passif.

L'administration provisoire est un prélude significatif sur la prévention dans l'AUPEPC.

B°) Les procédures préventives initiées par l'acte uniforme éponyme

Elles font l'objet d'une règlementation détaillée dans le titre II de nouvel acte uniforme qui relève qu'elles sont constituées par la conciliation et le règlement préventif qui ont pour objet de sauvegarder les débiteurs en difficultés et d'apurer leur passif c'est-à-dire payer leurs dettes avant toute cessation de paiements (art 5 AUPEPC).

1°) La conciliation

Exclusive de toute idée de cessation de paiements et de décision de règlement préventif, la conciliation est un mécanisme nouveau en droit OHADA, certainement inspiré par le droit français institué par l'AUPEPC en faveur des entreprises qui connaissent des difficultés avérées ou simplement prévisibles au regard de leurs réalités de gestion.

L'objectif principal de la conciliation est de concocter un accord amiable avec les principaux partenaires (pas tous) : créanciers et cocontractants divers du débiteur de l'entreprise en vue de mettre fin à ses difficultés et en procédant à leur désintéressement ou aux moyens de leur désintéressement (art 5-1 AUPEPC).

Le déroulement de la conciliation fait l'objet d'une procédure confidentielle (secrète) commençant par une requête adressée au président du tribunal de commerce territorialement compétent[164] lequel désigne le conciliateur qui doit être une personne suffisamment indépendante du débiteur, au delà du quatrième degré de parenté, et il doit jouir pleinement de ses droits civiques et civils (Art 5-5 AUPEPC).

La conciliation s'ordonne à des conditions et produits plusieurs effets juridiques et judiciaires.

a) Les conditions de la conciliation

La requête en conciliation doit être accompagnée de plusieurs sortes de documents cumulativement dont certains sont plus importants (car exigés nécessairement) et d'autres souhaités simplement. Les documents doivent être produits sous forme légalisée ou certifiée conforme à l'original : ainsi énonce l'article 5-2 AUPEPC, le débiteur doit produire :

— Une attestation d'immatriculation, d'inscription ou de déclaration d'activité à un registre (Registre de commerce et crédit mobilier, registre des coopératives, registre des métiers etc.) bref tous éléments permettant

164 A défaut de laisser la procédure entre les mains des organismes professionnels l'acte uniforme devrait ressortir la conciliation à la compétence du tribunal de commerce dans sa composition de jugement qui enregistre la participation des juges consulaires et non le seul ressort du président de la juridiction.

une nette et indubitable identification du débiteur en tant que professionnel d'un secteur d'activité ;

— La production des documents demandés en second lieu est laissé, à la nécessité de la procédure, il s'agit des états financiers de synthèse y compris le bilan, le compte de résultat, un tableau financier des ressources et d'emplois ; le chiffre d'affaire et l'état des bénéfices imposés lors des trois derniers exercices. La satisfaction de ce second point peut aliéner facilement la synthèse voire la sagacité des créanciers et du président de la juridiction.
— Un troisième document doit faire état de la trésorerie de l'entreprises, des créances et dettes de l'entreprise assorties des dates d'échéance, c'est-à-dire de paiement ;
— En quatrième lieu un document fourni doit ressortir le nombre des salariés d'ensemble et spécifier ceux déclarés et immatriculés aux services de la sécurité sociale (Institut national de Prévoyance social au Mali) ou reconnus au fisc ;
— Le cinquième point qui porte sur une attestation du débiteur devant préciser qu'il (le débiteur) n'est soumis à aucune procédure ni préventive, ni de redressement judiciaire ou de liquidation de biens non clôturée. Ce document est significatif, en ce sens qu'il vise à éviter toute cumulation improductive ou périlleuse évoluant ou tentant d'évoluer ensemble. En outre, il est posé le problème de pluralité d'entreprises ayant un seul et même titulaire dont certaines peuvent se retrouver dans des difficultés ;
— Le débiteur peut lui-même proposer un conciliateur à condition de décliner son identité et spécifier ses compétences techniques et professionnelles ;
— Le septième point exige l'accord préalable de l'autorité chargée de la surveillance et du contrôle de l'activité si le débiteur est membre d'une telle organisation ou corporation. A l'exception du respect de l'accord préalable signalé au point7 qui rend recevable la demande de conciliation par le président du tribunal, les autres points peuvent ne pas être totalement satisfaits, dans ce cas la requête doit comporter les motifs d'insatisfaction.
— En huitième et dernier lieu et éventuellement, la requête de conciliation, au cas où des créanciers décident de se joindre à la dite requête, doit préciser leurs éléments d'identification physiques, et le montant de leurs créances ainsi que les garanties qui les apurent éventuellement.

Après les conditions, la décision de conciliation produit plusieurs effets.

a) Les effets de la décision de conciliation

Si l'accord de conciliation intervenait, une des parties peut demander son dépôt au rang des minutes d'un notaire, lequel est un professionnel qui offre les mêmes garanties qu'une décision de justice, ou le faire homologuer par le président du tribunal de commerce (Art 5-10 AUPEPC).

Le président du tribunal, au besoin et après avis du conciliateur, peut reporter le paiement des sommes dues et ordonner la suspension des poursuites engagées par un ou des créanciers. Ainsi précise l'article 5-12 AUPEPC pendant la période de vigueur de l'accord de conciliation toutes les poursuites individuelles tant sur les meubles que sur les immeubles du débiteur sont interrompues ou interdites[165].

Malgré le court délai de la conciliation, trois mois, pouvant être prorogé d'un seul mois, la survenue d'une cessation de paiements (redressement judiciaire, liquidation des biens), ou de l'ouverture d'une procédure de règlement préventif met fin de plein droit à la conciliation et de l'accord qui en résulte (art 5-14 et 5- AUPEPC).

La cessation de paiements est le mur mitoyen séparant la prévention prévenante des procédures curatives qui neutralisent tous les privilèges issus d'un accord de conciliation car les créanciers recouvrent l'intégralité de leurs créances, sous réserve naturellement des sommes perçues.

La prévention règne par un autre mécanisme.

2°) Le règlement préventif

Malgré qu'il côtoie, qu'il évolue à la lisière de la cessation des paiements, le règlement préventif est un état symptomatique de simple fièvre donc de maladie bénigne qui révèle des difficultés financières ou économiques sérieuses apparemment compromettantes mais réellement surmontables normalement.

Dans le nouvel acte uniforme l'on distingue le règlement préventif ordinaire et le règlement préventif simplifié.

165 Poursuites interrompues lorsqu'elles ont commencé, interdites donc impossibles désormais lorsqu'elles n'avaient pas été enclenchées.

a) Le règlement préventif ordinaire

Il est règlementé de l'article 6 à l'article 23 AUPEPC qui l'a successivement envisagé et analysé par son ouverture, ses effets et voie de recours.

a-1 L'ouverture du règlement préventif

C'est par le moyen d'une requête éponyme adressée au tribunal de commerce par le débiteur, au besoin, appuyé par un ou plusieurs de ses créanciers, que le règlement préventif s'ouvre.

Ses conditions d'ouverture ressemblent en terme d'image à un voyage à bord de pirogue où la tradition veut que tous les passagers partagent le même but, le même idéal, celui d'une bonne traversée du cours d'eau ou d'un bon voyage conduit sain et sauf. Ce qui ne serait pas possible si parmi les passagers de la pirogue, il y a des adversaires, des ennemis, des personnes mal intentionnées les unes contre les autres. Voilà pourquoi en matière de règlement préventif, pour éviter que la situation ne s'empire, car cela va se répercuter sur le sort des créanciers aussi, ces derniers peuvent se joindre au débiteur, en tout cas, n'entreprendront rien pour empêcher le redressement, en vue, qui aboutira à l'apurement du passif.

La requête adressée au tribunal de commerce pour exposer les difficultés financières et ou économiques ainsi que les perspectives de redressement du débiteur.

L'acte uniforme rappelle au débiteur que sa requête ne saurait prospérer s'il se trouve dans les liens d'un autre concordat en cours d'exécution ou encore s'il avait bénéficié d'un premier concordat et qu'il n'a pas dépassé trois (03) ans depuis son homologation ou enfin s'il n'a pas atteint ou dépassé un délai de dix hui (18) mois depuis la fin d'un précédant règlement préventif lequel n'a pu aboutir à un concordat préventif homologué (Art 6 in fine AUPEPC).

La requête en vue de la conquête d'un règlement préventif doit être accompagnée de plusieurs documents qui ressortent sous divers aspects la réalité de l'entreprise, qui sont :

- —Une attestation d'immatriculation d'affiliation au registre idoine ou auprès d'un ordre professionnel prenant la régularité de l'activité exercée par le débiteur ;
- —Les Etats financiers de synthèse ressortant toutes les réalités financières et économiques de l'entreprise ;
- —Un état de la trésorerie et un état chiffré des créances et dettes avec indication des éléments d'identification des créanciers et débiteurs. Cela ressort subséquemment la capacité du débiteur à faire face à son passif exigible sous condition de quelques prévenances ;
- —Le nombre des travailleurs et le montant des salaires et des charges salariales impayés à la date de la requête ;
- —Une attestation émanant du débiteur dans laquelle il déclare sur l'honneur ne pas être en état de cessation des paiements ;
- —L'état détaillé du patrimoine (actif et passif) des suretés personnelles et réelles données ou reçues par l'entreprise et ses dirigeants ;
- —Une attestation du débiteur indiquant sa situation par rapport aux autres mécanismes des procédures collectives (conciliation, règlement judiciaire, redressement judiciaire et liquidation des biens) ;
- —L'inventaire fidèle des biens du débiteur avec leur état de disponibilité immédiate ou non ;
- —Le nom et l'adresse des représentants du personnel (dirigeants syndicaux et représentant du personnel) ;
- —Si le débiteur est une personne morale la liste des membres solidairement responsables des dettes et aussi les noms et adresses des dirigeants ;
- —Au besoin les noms des personnes qui acceptent de consentir un nouvel apport en trésorerie ou de fournir un nouveau bien ou service ;
- —Surtout un projet de concordat préventif, lequel précise les mesures envisagées pour le redressement effectif de l'entreprise c'est-à-dire les mesures d'ordre financier d'économique comme définies dans l'article 7 AUPEPC.

A l'issue de l'analyse de cette panoplie de documents le président de la juridiction compétente ouvre la procédure de règlement préventif et désigne un expert au règlement préventif qui a mission de lui produire un rapport sur la situation financière et économique, de l'entreprise débitrice et les perspectives de redressement qui ressortent les délais et remises consentis par les créanciers et autres mesures contenues dans le projet de concordat préventif (article 8 AUPEPC). L'expert judiciaire ainsi désigné par l'ordonnance d'ouverture du règlement préventif peut voir sa responsabilité engagée lorsqu'il ne respecte pas les délais légaux prescrits pour déposer son rapport. Par conséquent, il peut être condamné à payer des dommages-intérêts au créancier qui en serait victime[166].

La décision d'ouverture du règlement préventif aura pour effets de suspendre ou interdire toutes les poursuites individuelles tendant à obtenir le paiement des créances nées antérieurement à ladite décision. Cette suspension des poursuites individuelles va porter à la fois sur les voies d'exécution et les mesures conservatoires et même les mesures d'exécution extrajudiciaire (Art 9 AUPEPC). Pour conquérir cette décision d'ouverture, la requête doit comporter les mesures de sauvetage de l'entreprise et d'apurement du passif proposées dans l'offre de concordat et qui sont réalistes et réalisables car reposant sur une évaluation objective et réelle des potentialités de l'entreprise d'où nécessairement que le tribunal ordonne la suspension des poursuites individuelles[167].

De même lorsqu'une entreprise, à cours de trésorerie, établit qu'elle détient plusieurs marchés susceptibles d'assurer sa survie, il y a lieu de lui accorder le bénéfice de la suspension provisoire des poursuites en vue d'un règlement préventif[168].

S'il se révèle des réalités d'une cessation de paiement ultérieurement à la décision d'ouverture d'un règlement préventif, le président du tribunal en serait saisi par tout intéressé, et lui aussi saisit la juridiction devant laquelle est convoqué le débiteur qui tiendra une audience non publique en présence de l'expert et tout créancier dont l'audition est nécessaire. Au vrai constat de la cessation de paiement, le tribunal prononce d'office le redressement judiciaire ou éventuellement la liquidation des biens.

Toutefois si le spectre des procédures curatives n'est pas avéré, le tribunal homologue (officialise) le concordat préventif conformément aux dispositions de l'article 15 point 2 AUPEPC.

---

166 Tribunal de grande instance de Yaoundé, jugement civil N° 262 du 29 janvier 2003 ohadata J-08-124.

167 Tribunal de grande instance de Bobo Dioulasso (BF) jugement N° 244 du 09 Aout 2006 ohadata J-09-92 ; Tribunal de grande instance du Moungo, ordonnance N° CAB/PTGI/09/11/2000 ohadata J-07-182.

168 Ordonnance N° 135/08 du 6 mars 2008 du Président du tribunal de commerce de Bamako (Mali) suspension des poursuites individuelles et désignation d'expert ohadata J-08-49.

a-2 Les effets du règlement préventif

L'homologation du concordat préventif lui confère une force obligatoire qui lie tous les créanciers antérieurs à la décision d'ouverture du règlement préventif qu'ils soient créanciers chirographaires ou munis de garantie (Art 18, 19 AUPEPC).

Il est procédé à la désignation d'un syndic et éventuellement d'un ou de plusieurs contrôleurs, lesquels contrôlent l'exécution du concordat préventif. Lorsqu'ils constatent des manquements au pacte, du fait du débiteur, ils le signalent sans délai au juge-commissaire qui est chargé par le tribunal de suivre la procédure.

En outre, lorsque le besoin se fait sentir le tribunal peut décider de certaines modifications dans le sens d'abréger ou de favoriser davantage l'exécution du concordat préventif ; ce serait à la demande du débiteur appuyé par un rapport du syndic dont le rôle est le contrôle de l'exécution du dit concordat.

a-3 Les voies de recours

Les voies de recours sont celles de droit commun l'appel et la tierce opposition.

Pour l'appel, il peut frapper les décisions qui rejettent soit une demande d'ouverture de règlement préventif, soit l'homologation du concordat préventif à l'initiative bien naturellement du débiteur qui doit l'interjeter dans les quinze jours à compter du prononcé de la jugement et devant une cour d'appel du même pays.

Dans le sens contraire des intérêts du débiteur et dans les mêmes conditions, les créanciers du débiteur et le ministère public peuvent également interjeter appel contre les jugements intervenus en faveur du débiteur.

La juridiction d'appel doit statuer dans un délai de trente (30) jours à compter de sa saisine.

Si la décision d'appel confirme le jugement, la procédure continue son cours sans nuance, en revanche si elle constate une cessation de paiements, elle fixe provisoirement sa date et prononce le redressement judiciaire ou la liquidation des biens conformément à la loi mais renvoie impérativement la procédure devant la juridiction compétente qu'est le tribunal de commerce qui doit conduire la dite procédure.

Pour la tierce opposition, elle est une vie de recours ouverte au regard des décisions contenues dans l'article 11 AUPEPC comme celles relatives au paiement des créances nées antérieurement à la décision d'ouverture, celle de procéder à des actes de disposition étrangers à l'exploitation normale, ou de consentir à une sureté etc., au profit de tout intéressé devant la même juridiction (Président du tribunal ou tribunal de commerce art 23-1 AUPEPC).

Par ailleurs, l'article 22 AUPEPC réserve le recours de tierce opposition à tout créancier disposant d'un titre exécutoire (qu'il peut avoir obtenu par voie d'acte authentiques notariés aussi, ou titulaire d'une sureté qui serait admis à vouloir s'opposer à la décision de suspension des poursuites individuelles pendant un délai de huit (08) jours qui est le délai de droit commun.

Un autre type de règlement préventif est institué par l'acte uniforme.

b) Le règlement préventif simplifié

L'institution et la règlementation d'un règlement préventif simplifié traduit les conséquences de l'extension des procédures collectives au-delà du domaine commercial classique pour tenter une généralisation sur tous les secteurs d'activités.

A part quelques spécificités liées certainement aux réalités de l'activité non commerciale concernée, le règlement préventif simplifié duplique les règles du règlement préventif ordinaire.

Ainsi l'article 24-1 AUPEPC déclare que « …toute petite entreprise agricole ou artisanale peut demander l'application de la procédure de règlement préventif simplifié… » les entreprises citées sont civiles de nature.

Au terme de l'article 24-2 in fine le règlement préventif simplifié revêt un caractère simple et souvent effaçable car il peut dépendre de la volonté du débiteur qui peut estimer que l'application dudit règlement est inopportune en raison de l'importance de son activité, de la nature ou de la complexité de ses difficultés.

Cependant si le tribunal compétent décide de l'application d'un règlement préventif simplifié, sa décision est sans recours et la procédure peut s'ouvrir même si aucun projet de concordat préventif n'a été fourni par le débiteur.

Au demeurant, après ce projet sera établi par le débiteur avec l'assistance technique de l'expert au règlement préventif qui spécifiera les modalités d'apurement du passif avec indication des délais et des remises de dettes. Ce projet doit ressortir les preuves de ressaisissement financier et économique du débiteur en vue du plan de sauvetage conçu avec la lanterne d'un expert au règlement préventif.

Après ces éléments le règlement simplifié adopte la procédure du règlement préventif ordinaire à la fois pour sa mise en œuvre et son exécution.

L'étude des procédures préventives constitue un prélude conduisant à l'analyse des procédures curatives ayant pour objet l'apurement du passif.

PARAGRAPHE II : LES PROCÉDURES COLLECTIVES CURATIVES D'APUREMENT DU PASSIF

Ces procédures concernent le redressement judiciaire et la liquidation des biens. Selon les dispositions de l'article 25 AUPEPC la procédure de redressement judiciaire ou celle de liquidation des biens est ouverte à tout débiteur qui se trouve ou qui s'est trouvé en état de cessation des paiements. Cette notion s'entend dans un sens large que la jurisprudence a contribué à établir. C'est ainsi que la reconnaissance d'une dette vaudra aveu d'une créance certaine, liquide et exigible malgré la contestation tardive et sans fondement de cette reconnaissance ; et l'état de cessation des paiements lui-même consiste dans l'impossibilité du débiteur de faire face à son passif exigible avec son actif disponible ; il sera ordonné logiquement une expertise pour vérifier l'existence d'un actif disponible suffisant pour honorer le passif[169].

Le débiteur désignant toute entreprise individuelle ou collective exerçant une activité commerciale ou non qui ne peut plus faire face au paiement de ses dettes (engagements) à partir de ses ressources financières ou économiques d'une façon intrinsèque et directe.

169 Tribunal régional hors classe de Dakar, jugement N° 127 du 28 janvier 2005, ohadata J-06-171. TGI de Ouagadougou, jugement N° 207/2005 du 20 avril 2005 ohadata J-07-138.

Le redressement judiciaire et la liquidation des biens constituent la substance des procédures collectives sur lesquels l'acte uniforme consacre la très grande majorité de ses articles.

Pour saisir la quintessence des procédures collectives curatives il sied de comprendre certaines notions (A) leur mise en œuvre (B) et les comportements répréhensibles de certains acteurs (C).

A°) Les notions "fixatoires"

L'évolution extensive du droit des procédures collectives ou droit des entreprises en difficultés explique et laisse voir qu'il devient une partie du droit commercial assaillie de notions, de nuances, qu'il est un droit d'émulation entre la loi, la doctrine et la jurisprudence.

En effet, si des notions anciennes doivent être comprises autrement désormais telle la cessation de paiements, certaines ont fait leur apparition avec des nuances spéciales renfermant non sans difficultés, des réalités spécifiques comme c'est le cas des expressions redressement judiciaire simplifié, liquidation des biens simplifiée etc. Ainsi le droit des entreprises en difficultés présente l'objet louable de circonscrire les difficultés des entreprises mais dans le même temps il présente le risque de créer des difficultés notionnelles celles qui risquent d'y installer un flou dans lequel les voltiges vont être la règle d'une relative maitrise de la discipline.

1°) La cessation des paiements

La cessation des paiements est selon les termes de l'article 1-3 AUPEPC l'état où le débiteur se trouve dans l'impossibilité de faire face à son passif exigible avec son actif disponible, à l'exclusion des situations où les réserves de crédit ou les délais de paiement dont le débiteur bénéficie de la part de ses créanciers lui permettent de faire fac à son passif exigible.

Aussi ajoute l'article 25 al2, Nonobstant toute disposition du présent Acte uniforme le débiteur… est en état de cessation des paiements lorsqu'il n'est pas en mesure d'assurer ses paiements immédiatement ou à terme rapproché.

En procédant à la définition de la notion de cessation de paiement comme il l'a fait et tenant compte de sa volonté d'extension matérielle, l'acte uniforme sur les procédures collectives, selon une expression communément utilisée, remet à plat la dite notion et toutes les options sont désormais ouvertes.

La définition originelle de la cessation des paiements renvoie à un état dans lequel se trouve un débiteur commerçant qui ne peut plus payer son passif professionnel pour lequel il aura été mis en demeure de payer[170]. A ce niveau intrinsèquement, il était exclu les dettes non commerciales[171].

Le nouvel acte uniforme procède à une nouvelle précision en déclarant que sont exclues de l'impossibilité de faire face à son passif exigible les situations où les réserves de crédit ou les délais de paiement dont le débiteur peut bénéficier de la part de ses créanciers et dont la mobilisation ou le bénéfice lui permettront de faire face au passif exigible. C'est cela la lecture combinée des articles 1-3 sur la cessation des paiements in fine et l'article 25 AUPEPC. Il revient ainsi que la déclaration d'état de cessation de paiement peut ou doit être retardée dès lors que le débiteur est à même de pouvoir mobiliser ses propres réserves de crédit à plus ou moins long terme ou d'avoir accès à des crédits par une confiance établie entre lui et de nouveaux créanciers dans sa ou ses banques[172].

Dans la même perspective s'inscrit la possibilité pour le débiteur, de se ménager de nouveaux délais d'échéances auprès de ses créanciers dont les créances sont arrivées à terme.

Par ailleurs, une conséquence de l'extension du champ des procédures collectives, est qu'elle efface ou tente d'effacer la différence entre les notions d'insolvabilité, de cessation de paiement, de déconfiture etc.

D'autres notions doivent être bien comprises :

170 Cass, com 28 avril 1998, RJDA 1998 733 et S, 4ème édition OHADA, Traité et Acte uniforme, juriscope 2012 (Livre vert) P. 1172.

171 Y. GUYON, Traité de droit commercial op cit.

172 R. 17 déc 1902, D 1903, Com 26 juin 1990, Bull civ IV N° 194 P. 132.

2°) Le redressement judiciaire ordinaire et la liquidation des biens ordinaires[173].

Ces expressions traduisent les conséquences juridiques de la cessation des paiements du débiteur commerçant, personne physique ou morale, qui aboutit à l'apurement du passif professionnel. Au demeurant, dans une certaine logique il convient de désigner le redressement judiciaire de redressement professionnel qui serait l'expression appropriée dans le cadre d'une déjudiciarisation des procédures collectives (supra 1393).

3°) Le redressement judiciaire simplifié

Il fait l'objet d'une règlementation de l'article 145 à l'article 145-10 dans le nouvel Acte uniforme. C'est une nouvelle institution important la volonté du droit OHADA d'étendre son emprise sur le domaine civil par essence. Ainsi à la fois redressement judiciaire simplifié concerne particulièrement les petites entreprises agricoles, artisanales et autres (article 145-1 AUPEPC) et est soumis aux règles générales du redressement judiciaire ordinaire (Art 145 AUPEPC).

Tout débiteur éligible aux conditions du redressement judiciaire simplifié, voulant bénéficier de son application, doit adresser une requête idoine à la juridiction compétente et préparer avec le concours du syndic désigné un bon projet de concordat de redressement judiciaire.

Ce projet de concordat prévoit les délais de paiement, d'éventuelles remises de dettes ainsi que les garanties offertes par le débiteur pour assurer leur respect.

En somme le projet de concordat doit ressortir toutes les preuves de la viabilité financière et économique du débiteur, son dynamisme au regard de l'enjeu d'équilibre en vue d'aliéner la décision favorable du président du tribunal selon le cas.

Le projet de concordat fait l'objet d'une communication aux différents créanciers à l'effet de recueillir leurs réactions (art 145-3 AUPEPC) surtout qu'il comporte beaucoup de propositions dont outre, le report de délais d'échanges, des propositions de remises totales ou partielles de dettes.

173 Le mot ordinaire est proposé par nous même au sens de l'expression "de droit commun".

Après leurs réactions le syndic adopte un projet définitif destiné à la juridiction qui ressort entre autres :

— Les remises c'est-à-dire les abandons partiels ou entiers de dettes acceptées par les créanciers ;
— Les délais de paiement proposés et acceptés par les créanciers.

4°) La liquidation des biens simplifiée

La liquidation des biens simplifiée intervient dans les mêmes conditions de personnes et de juridictions que le redressement judiciaire simplifié, à la différence que la liquidation des biens simplifiée, il ne s'agit pas d'élaborer un concordat de sauvetage, mais plutôt de procéder à la réalisation de l'actif et de désintéresser directement et immédiatement les créanciers car la situation du débiteur est irrémédiablement compromise.

Toutefois l'article 179-4 in fine reconnait à la juridiction compétente la faculté de ne pas prononcer une liquidation de biens simplifiée même si ses conditions sont réunies : au cas où elle doit la prononcer, elle devra tenir compte, dans sa décision, d'une part, de la qualité de « petite entreprise » du débiteur et d'autre part d'absence d'actif immobilier.

En cas de liquidation des biens simplifiée, le tribunal de commerce détermine les biens du débiteur pouvant faire l'objet d'une vente de gré à gré dont le syndic sera chargé pour un délai de quatre vingt dix (90) jours, après ce délai, il en sera procédé à une vente aux enchères des biens non encore vendus ainsi que les autres biens qui n'entraient pas dans le cadre de la vente de gré à gré (Art 179-6 AUPEPC).

Dans le même temps, le syndic procède à la vérification et l'admission des créances et établit un projet de répartition déposé au greffe du tribunal compétent. Les contestations ressortissent à la compétence du juge commissaire et après le syndic procède à la répartition conformément à la décision du juge commissaire ou aux propositions du syndic. Il faut enfin rappeler que la procédure de liquidation des biens simplifiée n'est pas longue, elle doit se dérouler en l'espace seulement de trois mois (quatre vingt dix jours) selon l'article 179-9 AUPEPC).

Les conséquences de la cessation des paiements sont bien l'ouverture et la conduite du redressement judiciaire et au besoin de la liquidation des biens.

B°) Ouverture et conduite du redressement judiciaire et de la liquidation des biens

Les conditions de fond étant connues (causes, c'est-à-dire cessation de paiements et les personnes juridiques qui y sont soumises) il reste à savoir comment s'ouvrent les procédures collectives curatives, quels en sont les organes, les effets. En outre, il faut bien distinguer le concordat de la réalisation de l'actif à l'issue de laquelle intervient la clôture de l'union. Il est possible enfin, au besoin de s'interroger sur le sort des dirigeants des personnes morales au cas où il peut leur être reproché des actes préjudiciables ayant contribué au pourrissement de la situation financière et économique de la dite personne morale.

1°) Ouverture

Tout débiteur en cessation de paiements doit en faire déclaration au tribunal de commerce aux fins d'obtenir l'ouverture d'une procédure collective de redressement judiciaire ou de liquidation de biens et cela sans distinction aucune des dettes qui l'assaillent[174]. La déclaration doit être faite par le débiteur ou ses dirigeants dans les trente (30) jours suivant la cessation des paiements et déposée au greffe.

La demande ainsi déposée doit préciser si c'est un simple redressement judiciaire qui est demandé ou plutôt une liquidation des biens. En effet cela sera fonction de la situation que présente l'entreprise au plan financier et économique. Si la récupération est possible, la requête sera une demande de redressement judiciaire, dans le cas inverse, la requête sera directement une demande de liquidation des biens car en ce moment la situation de l'entreprise est jugée irrémédiablement compromise parce que ne pouvant assurer aucun paiement ni immédiatement ni à terme rapproché (Article 25 AUPEPC).

A la requête seront joints les documents et pièces suivants :

— Une attestation d'immatriculation, d'inscription ou de déclaration d'activité sur un registre ou parmi les membres d'un ordre professionnel précis.

174 Tribunal de Grande instance de Ouagadougou (BF) N° 207/2005 du 20 avril 2005 ohadata J-07-138.

— Les états financiers de synthèses comportent entre autres le bilan, le compte résultat, le chiffre d'affaire bref tout document permettant une bonne visibilité dans la situation financière et économique de l'entreprise ;
— Un état de la trésorerie un état chiffré des créances et des dettes avec précision des créanciers débiteurs et des dates d'échéances ;
— Un état détaillé, de l'actif et du passif et des suretés données ou reçues ;
— Un inventaire complet des biens du débiteur avec leur situation ou sort actuel ;
— Le nombre des travailleurs et le montant de leurs salaires ainsi que leurs dus à la date de la requête ;
— Les noms et adresses des dirigeants sociaux et représentants du personnel ;
— Une attestation du débiteur qui précise s'il se trouve déjà dans les liens d'un autre type de procédure préventive curative ou non ;
— Si le débiteur est une personne morale, il faut joindre la liste des membres solidairement responsables des dettes de celle-ci et ainsi que les noms et adresses de ses dirigeants ;
— Au besoin, il faut y joindre un document comportant l'identité des personnes qui acceptent de voler au secours de l'entreprise en lui consentant soit de nouveaux appuis et concours en argent ou de nouveaux biens ou services.
— Surtout il faut joindre à la requête un projet de concordat de redressement judiciaire qui peut attendre au moins soixante (60) jours ;
— Lorsque le débiteur ou l'entreprise relève d'une corporation organisée, il faudrait l'accord préalable de l'autorité de surveillance statutaire de celle-ci.

La loi précise que ces documents susvisés doivent être datés et revêtir la forme authentifiée car devant être légalisés ou certifiés conformes et sincères par le déclarant. Si un ou certains de ces documents ne peut être produits entièrement ou ne le peuvent que partiellement, les motifs du défaut seront exposés dans la requête.

En somme, le projet de concordat s'attèlera à démontrer les perspectives de redressement possibles dont l'entreprise peut être l'objet en apportant les preuves d'une certaine viabilité financière et économique de l'entreprise débitrice ; en fixant les modalités de continuation de l'activité de l'entreprise comme l'octroi de délai d'échéance et des remises, une cession partielle d'actif, ou une cession en location gérance d'une branche dynamique de l'entreprise à l'effet de renflouer la caisse etc. (Art 27 AUPEPC)… Il peut être prôné le remplacement des dirigeants de l'entreprise par le moyen d'une administration provisoire.

Outre le débiteur lui-même, une procédure collective de redressement judiciaire ou de liquidation peut être initiée par un créancier dès lors que sa créance est, à la date de la demande, certaine liquide et exigible[175] et que son montant vaut au moins un million de francs CFA en hors taxe (Art 28 AU). Le tribunal de commerce peut également ouvrir la procédure collective par auto saisine sur la base d'informations données par le ministère public ou le commissaire aux comptes (Art 29 AUPEPC). Le tribunal régional hors classe de Dakar l'a rappelé[176].

Dans l'hypothèse de décès d'un débiteur en état de cessation de paiements l'article 30 AUPEPC) prévoit que la juridiction compétente sera saisie aux fins d'une ouverture de procédure collective de redressement judiciaire ou de liquidation des biens dans un délai franc d'un an après la date du décès, à l'initiative d'un héritier ou par assignation d'un créancier ou à la requête du parquet. Là aussi il n'est pas exclu que le tribunal puisse s'autosaisir.

Une fois saisi et avec la production des documents et pièces destinés à éclairer sa lanterne, le tribunal commercial, selon les règles de compétence internes, constatera la cession de paiements et prononcera soit l'ouverture de la procédure de redressement judiciaire soit la cession globale de l'entreprise débitrice qui est une autre option, soit l'ouverture d'une liquidation des biens.

En fait, s'il apparait que l'entreprise concernée est viable alors que ses dirigeants ne proposent pas de concordat, le tribunal prononce la cession globale (Art 33 AUPEPC) aux éventuels acheteurs.

Le tribunal de commerce ou son président fixe prioritairement la date de la cessation des paiements sinon celle-là est réputée être intervenue au jour de la décision qui la constate. Elle ne peut être antérieure de plus de dix huit (18) mois. La date ne peut plus être modifiée après l'homologation du concordat en cas de redressement judiciaire et cette barrière est fixée à six mois à compter de la décision de la juridiction en cas de liquidation des biens.

La décision de justice désignera le juge commissaire, le ou les syndics de redressement ou de liquidation et éventuellement les contrôleurs. La dite décision fait l'objet d'une publicité dans un journal habilité à cette fin, à l'initiative du greffe du tribunal de commerce.

175 TGI Ouagadougou, jugement N° 207/2005 du 20 avril 2005 ohadata J-07-138.
176 Tribunal hors classe de Dakar, jugement commercial N° 099 du 23 juillet 2004, ohadata J-08-49.

2°) Les organes du redressement judiciaire et de la liquidation des biens

Selon la nature des intérêts en cause, la complexité relative d'une procédure collective, son importance dans la sphère économique nationale, le redressement judiciaire comme la liquidation des biens, impliquent plusieurs personnalités et intéressés.

a) Le juge commissaire

Il est un magistrat professionnel, une personnalité siégeant habituellement au tribunal de commerce. Désigné par le président du tribunal, le juge commissaire a pour rôle :

De veiller au déroulement régulier et rapide de la procédure collective, à la protection des intérêts en présence et à l'atteinte des objectifs entrepris.

A ce titre, il recueille toutes les informations utiles en provenance du débiteur ou des dirigeants sociaux, des créanciers ou de toute autre personne dont le conjoint et héritiers du débiteur décédé (en état de cessation de paiement), des commissaires aux comptes, des représentants des personnels etc.

Qui plus est, le juge commissaire contrôle les activités des mandataires judiciaires, gère les contestations et établit un rapport trimestriel destiné au tribunal.

La jurisprudence consacre le juge-commissaire comme organe de recours, de rempart pour les créanciers tombés dans la forclusion. Ainsi lorsque le créancier d'une entreprise en liquidation des biens n'a pu produire sa créance dans les délais, il peut solliciter et obtenir du juge commissaire un relevé de forclusion. Cette demande sera d'autant plus fondée qu'il s'agira de créance salariale[177]. Donc il faut en conclure que le salaire a priorité absolue en tout et à tout moment.

b) Le syndic

Le syndic est une personnalité technique et ou professionnelle désignée pour conduire le redressement judiciaire ou la liquidation. Il est soumis à des incompatibilités et peut être récusé par tout intéressé (art 41 et s AUPEPC). C'est

177 Tribunal de grande instance du Noun, ordonnance du 20 février 2009 ohadata J-09-241.

le juge commissaire qui est destinataire des réclamations du débiteur contre le syndic désigné. Au cas où sa mission continue, elle le sera sous le contrôle du même juge commissaire. Le syndic conduit les opérations de sa mission dans le strict respect des exigences des règles de comptabilité établies et il est responsable des livres, documents et effets remis par le débiteur, les créanciers ou par tout autre déposant pendant cinq (05) ans après la reddition de comptes (Art 46 AUPEPC). Le syndic répond civilement des préjudices causés par sa faute aux tiers et au débiteur. Le syndic dans le cadre d'un redressement judiciaire peut demander au tribunal du commerce, au regard de l'analyse ou de l'évolution des éléments qui précèdent, la conversion de la procédure de redressement judiciaire en celle de liquidation des biens. Il en serait ainsi notamment lorsque la société débitrice ne fait pas des propositions concordataires sérieuses tendant à l'apurement de ses dettes privilégiées et chirographaires[178].

c) Le Ministère public

Il s'agit du parquet qui doit être informé du déroulement de la procédure collective par le juge commissaire. A sa demande, tous documents de la procédure doivent lui être communiqués pour son information. A l'inverse et dans les mêmes conditions le juge commissaire peut demander à connaitre les informations détenues au niveau du parquet relativement à la dite procédure. Le parquet tient ces privilèges de la loi et surtout de la légitimité tirée de la représentation de la société tout entière.

d) Les contrôleurs

La nomination des contrôleurs est possible au début comme au milieu de la procédure de redressement ou de liquidation par le juge commissaire conformément aux nécessités de protection des intérêts des créanciers dans la procédure (art 48 et S AUPEPC). Les contrôleurs sont des créanciers et leur nombre oscille entre un (1) et cinq (5) dont un représentant des créanciers munis de garanties et un représentant des créanciers chirographaires (ceux ayant des droits simples ordinaires). Un créancier peut aussi demander à être contrôleur. Les contrôleurs sont révocables par le tribunal de commerce sur demande du juge commissaire.

178 Tribunal régional hors classe de Dakar, jugement commercial N°080 du 09 avril 2004 ohadata J-09-323.

Dans l'hypothèse où le débiteur exerce une profession libérale règlementée, le représentant de cet ordre est désigné parmi les contrôleurs.

Les contrôleurs ont pour rôle d'assister le syndic et le juge commissaire dans la conduite des opérations de redressement ou de la liquidation par une surveillance appropriée dans le sens des intérêts des créanciers.

La décision d'ouverture des procédures collectives produit des effets à l'égard du débiteur comme des créanciers.

3°) Effets de la décision d'ouverture à l'égard du débiteur

Dès qu'une décision judiciaire de redressement judiciaire est prise, elle emporte désignation d'un assistant de gestion au débiteur obligatoirement jusqu'à l'homologation du concordat ou sa conversion en liquidation des biens. L'assistance opère dans les domaines de l'administration et de la disposition des biens. Si cette assistance fait défaut, les actes accomplis par le débiteur sont inopposables aux tiers. Le débiteur, dans la même période, ne peut valablement accomplir que des actes conservatoires (actes d'entretien du patrimoine) c'est le syndic désigné qui assure ce rôle d'assistance.

Dans le cas où la procédure collective serait une liquidation des biens, le débiteur est entièrement et totalement dessaisi de ses affaires au profit du syndic dès le prononcé de la décision instituant liquidation jusqu'à la clôture de la procédure.

Tous les actes, droits et actions du débiteur sont accomplis pendant toute la durée de la liquidation des biens par le syndic, agissant seul en représentation du débiteur.

Cependant si après, analyse, il est constaté que le débiteur est viable, le tribunal de commerce va autoriser une conversion de la liquidation des biens en redressement judiciaire à la requête indistincte du débiteur, d'un créancier ou du syndic. Désormais ce sont les règles du redressement qui s'appliquent.

A l'ouverture du redressement judiciaire ou de la liquidation des biens, le syndic procède à l'inventaire des biens du débiteur, ainsi que des suretés qui les grèvent ; si le débiteur est professionnel libéral, l'inventaire sera fait en présence d'un représentant l'ordre professionnel concerné. Il faut préciser que le secret professionnel ou le secret des affaires doivent être préservés.

Tous les actes accomplis entre la date de la cessation des paiements et celle de la décision d'ouverture du redressement ou de la liquidation, appelée période suspecte, sont inopposables à la masse des créanciers. Ils sont inopposables quelle que soit leur nature : actes gratuits, translatif de propriété, paiement de dettes, institution de sureté etc. (5Art 67 et S AUPEPC).

En la forme, le recours est mené pour invalider les actes et les rendre effectivement inopposables par le moyen de l'action en déclaration d'inopposabilité (Art 70 AU).

4°) Les effets de la décision d'ouverture à l'égard des créanciers

A titre principal la décision d'ouverture constitue les créanciers en masse c'est-à-dire en un groupement légal liant des consorts circonstanciés (a) et, au besoin, dans le cas d'une simple maladie de l'entreprise en difficultés, la continuation de l'activité devient la règle.

a) Constitution de la masse et effets suspensifs

Aussitôt qu'intervient la décision judiciaire d'ouverture de redressement judiciaire des biens les créanciers sont constitués en un groupement appelé « masse » représenté dans la procédure par le syndic qui agit en son nom et qui est censé représenter leurs intérêts collectivement et subséquemment, qui peut l'engager dans divers liens. Si le syndic présentait des signes de carence, en ce moment un créancier ayant la qualité de contrôleur peut se substituer à lui pour la même cause. (Art 72 AUPEPC).

Il faut souligner que la masse est composée de créanciers dont les créances sont antérieures c'est-à-dire remontrent temporellement avant la décision d'ouverture.

La décision d'ouverture bloque, arrête, au détriment du débiteur, toute possibilité de procéder à des inscriptions de sûreté qu'elle soit mobilière ou immobilière. Dans le même temps, la masse profite des inscriptions hypothécaires que le syndic accomplit à leur faveur sur les biens immeubles du débiteur.

Par ailleurs, la décision d'ouverture suspend ou interdit toutes les poursuites individuelles lorsqu'elles ont pour objet de faire reconnaitre des droits et des créances contre le débiteur, ainsi que toutes les voies d'exécution, y compris les mesures d'exécution extrajudiciaire initiées par les créanciers dans le but d'obtenir paiement (Art 75 AUPEPC). Il est quand même possible pour les créanciers de prendre des mesures conservatoires.

En outre, la décision d'ouverture rend exigible automatiquement les dettes non encore échues si la procédure collective en cours, est une liquidation et ce, à l'égard du débiteur seulement. En revanche, le terme attend son cours normal donc est suspensif des poursuites dans le cas d'un redressement judiciaire (art 76 AUPEPC).

Dans les deux volets des procédures collectives curatives la décision d'ouverture arrête au détriment de la masse seulement, le cours des intérêts légaux et conventionnels, des intérêts moratoires (de retard) des créances.

Tous les créanciers doivent prouver leurs créances à l'exception des titulaires des comptes bancaires et clients des autres établissements de crédit lorsque ce sont ces établissements qui sont déclarés en procédure collective.

Après la phase cruciale de production et vérification des créanciers, une distinction s'opère entre créancires selon la nature de leurs créances, laquelle distinction met en tête des paiements les créances provenant des contrats de travail ou d'apprentissage qui sont qualifiées de super privilégiées tant en redressement judiciaire qu'en liquidation des biens. Le juge commissaire autorise leur paiement au plus tard dans les dix (10) jours suivant la décision d'ouverture du redressement judiciaire ou de liquidation (articles 95 et 96 AUPEPC).

La décision d'ouverture d'un redressement judiciaire ou d'une liquidation n'a pas d'impacts négatifs sur le contrat de bail professionnel reliant le bailleur au débiteur déclaré en procédure collective. Le contrat de bail demeure et continue de produire ses effets normaux sous l'égide du syndic (Art 97 AUPEPC).

Dans la même perspective, il sied de souligner que tous les contrats conclus, entrant dans le cadre de réalisation de l'objet social du débiteur, des affaires en général du débiteur, doivent continuer d'exister et produire leurs pleins effets. En fait la décision d'ouverture n'a pas, en principe, d'incidence sur leur vie, en tout cas, tant qu'ils continuent, ou peuvent produire des avantages au débiteur.

b) La continuation de l'activité

C'est une hypothèse envisagée dans le cadre du seul redressement judiciaire à l'exclusion de la liquidation des biens : c'est ce que confirme l'article 112 al 1 AUPEPC en indiquant « qu'en cas de redressement judiciaire, l'activité est continuée avec l'assistance du syndic durant la période d'évaluation ». Justement cette période d'évaluation a pour but de préparer un bilan économique et social de l'entreprise débitrice afin de faciliter sa réorganisation en vue de permettre la poursuite de son ou de ses activités (s), le maintien de l'emploi et l'apurement de redressement judiciaire. Au même moment, le syndic aide le débiteur à préparer le projet de concordat définitif.

Dès que le débiteur et le syndic finissent de concocter, le projet de concordat, le juge commissaire évalue et élabore un rapport au regard duquel, le tribunal de commerce met fin à la période d'évaluation.

Normalement la continuation de l'activité dans le cadre d'un redressement judiciaire, enregistre la participation du débiteur ou des dirigeants de la personne morale sauf si cela, est jugé inopportun par le syndic qui en saisit le tribunal à l'effet de les écarter (Art 144 AUPEPC).

En matière de liquidation des biens l'activité de l'entreprise est arrêtée. Il ne peut en être autrement qu'exceptionnellement lorsque l'intérêt public ou l'intérêt des créanciers l'exigent ; en ce moment le tribunal pourra autoriser à tout moment une poursuite provisoire de l'activité pour une durée de deux mois (60) jours renouvelable une fois à la demande du syndic et après avis du parquet. Dans les moments de poursuite de l'activité le syndic communique mensuellement les résultats de l'exploitation au juge commissaire.

Enfin, l'acte uniforme met en garde les tiers, qu'ils soient créanciers ou non, qui, par leurs agissements fautifs, auront contribué à retarder la cessation des paiements ou à jouer dangereusement sur le passif du débiteur en le diminuant ou en l'augmentant indument, lequel agissement interviendrait au détriment des intérêts de la masse. Parlant de responsabilité des tiers dans ce cas l'article118

AUPEPC précise que la juridiction compétente, adopte une solution appropriée au comportement nocif, consistant soit à condamner au paiement de dommages-intérêts soit à une déchéance pure et simple de leurs suretés, s'ils en avaient et ils deviendront subséquemment des créanciers chirographaires.

Le concordat demeure le socle de la procédure.

5°) Le concordat

Le concordat est prioritairement l'affaire des créanciers dans l'hypothèse du redressement judiciaire. En effet sur la base du projet de concordat élaboré par le débiteur et aussi avec l'assistance du syndic, ce dernier provoque une assemblée des créanciers à laquelle il présente un rapport sur le dit projet de concordat de redressement, son contenu ainsi que sur le résultat obtenu pendant la période consécutive au jugement d'ouverture. Ce projet de concordat fera l'objet d'une adoption par vote à la majorité des créanciers admis définitivement ou provisoirement, représentant au moins la moitié de la valeur des créances totales (Art 125 AUPEPC). C'est après ce vote et vérifications d'autres conditions (respect équilibre entre intérêts...) que le tribunal de commerce va accorder son homologation au concordat de redressement judiciaire.

L'homologation du concordat de redressement judiciaire rend celui-ci obligatoire à l'égard de tous les créanciers antérieurs à la décision d'ouverture sans aucune distinction liée à la nature de leurs dettes.

La résolution du concordat pourra intervenir infailliblement en cas d'inexécution de ses engagements concordataires par le débiteur ou de survenue d'une interdiction d'exercer une activité professionnelle indépendante, civile, commerciale, artisanale ou Agricole de longue durée etc. ; et donc le concordat obtenu sera annulé et il est possible que le redressement judiciaire soit converti en liquidation des biens.

6°) La réalisation de l'actif

On parle de réalisation d'actif dès lors que le tribunal prononce au regard d'un débiteur sa liquidation, donc la réalisation de ses biens. La liquidation d'un débiteur peut être prononcée pour plusieurs raisons outre l'état de pourrissement constaté. Lorsqu'un débiteur ne produit pas d'états financiers fiables, ne fait aucune proposition concordataire pour mériter plutôt un redressement judiciaire, et est surtout convaincu de ne pas payer ses dettes certaines, liquides et exigibles, il doit être déclaré non seulement en cessation des paiements mais aussi en liquidation directement[179].

Il en va de même pour un débiteur qui n'exécute pas ses engagements concordataires ou lorsque le concordat préventif obtenu est annulé (résolu) par la suite[180]. La règle est la même pour violation du concordat obtenu dans le cadre d'un redressement judiciaire[181]. L'effet majeur de la décision de justice, déclarant une liquidation de biens, est bien la constitution des créanciers en union, on parle de créanciers constitués en état d'union (Art 146 AUPEPC).

L'actif se réalise par le soin du syndic qui poursuit seul la vente des marchandises et meubles du débiteur, le recouvrement des créances et le règlement des dettes de celui-ci.

Il peut mobiliser (vendre) les créances à long terme du débiteur pour accélérer les opérations de liquidation (Art 147 AUPEPC). Le syndic poursuit la réalisation de l'actif en vendant conformément aux règles prescrites les immeubles qui sont propriété ou possession du débiteur.

Après réalisation de l'actif, c'est la phase de l'apurement proprement dit du passif qui pointe sous la houlette du juge commissaire qui ordonne au syndic la répartition des deniers c'est-à-dire les numéraires, produits des différentes ventes et recouvrements des créances du débiteur entre les différents créanciers dont il détermine la quotité et l'information des intéressés. Ainsi la jurisprudence précise que le juge commissaire ordonne, au besoin, une répartition des deniers entre les créanciers, en fixe la quotité et veille à ce que tous les créanciers en soient avertis. Cette répartition doit respecter l'ordre prévu par la loi sinon la décision de répartition doit être rétractée.[182] Le paiement se passe concrètement par la remise de chèques dument tirés sur le compte spécialement ouvert pour la cause de liquidation. Le paiement, les montants

179 Tribunal régional hors classe de Dakar, jugement N°88 du 23 avril 2004 ohadata J-06-168.

180 Tribunal régional hors classe de Dakar, jugement commercial N° 37 du 11 juillet 2003 ohadata J-09-340.

181 Tribunal de Grande instance du Noun, jugement N° 21/CIV/ tribunal ohadata J-09-242.

182 Tribunal régional hors classe de Dakar, jugement commercial N° 136 du 11 mars 2005 ohadata J 09-326.

sont fonction des catégories de créanciers, au regard des suretés acquises ou non. Donc distinction est faite entre créanciers super privilégiés, privilégiés, chirographaires...

7°) La clôture de l'union

A la fin des opérations de liquidation des biens qui ne correspond pas nécessairement avec le désintéressement global et entier de l'ensemble des créanciers, le syndic, en présence du débiteur dûment appelé, procède à une reddition de comptes devant le juge commissaire, lequel constate la fin effective des opérations de liquidation par le moyen d'un procès-verbal. Ce procès verbal va être communiqué au tribunal de commerce qui va prononcer la clôture de la liquidation des biens. Il faut souligner que, par la même occasion, le tribunal tranche toutes les contestations de comptes du syndic ; soulevées par le débiteur ou les créanciers.

L'acte uniforme allègue que « l'union est dissoute de plein droit ».

Il reste à préciser que cette clôture intervenue, peut l'être pour insuffisance d'actif pour régler l'ensemble des dettes. Pour autant le débiteur ne sera pas jeté en pâture à ses créanciers par le biais de poursuites individuelles qui demeurent interdites (Art 174 AUPEPC) sauf en cas de condamnation pénale du débiteur. Sur ce point la jurisprudence est très percutante en retenant que la clôture des opérations de liquidation doit être ordonnée lorsque le syndic se rend compte que la société ne dispose d'aucun patrimoine mobilier ou immobilier dont la réalisation permettrait partiellement ou totalement de désintéresser ses créanciers alors, il est évident que la poursuite des opérations aura pour effet d'engendrer d'autres frais, et partant, d'aggraver davantage la situation de la société (du débiteur)[183].

La règle naturelle étant la clôture pour extinction du passif, l'article 178 AUPEPC prévoit que la clôture de la procédure collective peut être prononcée dès qu'il n'existe plus de passif exigible. La jurisprudence est plus affirmative en indiquant que lorsqu'il y a extinction du passif dans la procédure de liquidation, la juridiction prononce la clôture des opérations[184].

183 Tribunal régional hors classe de Dakar, jugement N° 081du 09 avril 2004 ohadata J-09-325.

184 Tribunal régional hors classe de Dakar, jugement commercial N° 129 du 21 janvier 2003 ohadata J-09-337.

La complexité disciplinaire des procédures collectives emporte des spécifications circonstanciées quant aux dirigeants sociaux.

8°) Le sort des dirigeants des personnes morales

Comme les personnes morales ne connaissent pas par hypothèse d'existence physique en chair et en os, il va de soient que leurs intérêts soient gérés et préservés par d'autres personnes physiques appelées : ses représentants dirigeants. Leurs bonne foi, technicité, professionnalisme sont requis.

Les personnes visées dans le cadre de la cessation des paiements sont les dirigeants et les personnes physiques qui sont représentants permanents des personnes morales dirigeantes (article 180 AUPEPC).

Les personnes ci-dessus désignées peuvent être appelées en cas de redressement judiciaire ou de liquidation de biens d'une personne morale à contribuer à l'insuffisance d'actif constatée s'ils y ont concouru fautivement par un ou divers actes de gestion. En ce moment le tribunal, répondant favorablement à la requête du syndic ou même d'office, les condamnera à supporter en partie les dettes sociales en guise de comblement du passif (Art 183 AUPEPC).

Un dernier aspect de cette responsabilité des dirigeants sociaux révèle par l'extension du redressement judiciaire ou de la liquidation des biens d'une personne morale à certains de ses dirigeants, personnes physiques et ce, personnellement, s'ils ont été indélicats à son égard notamment par l'exercice d'une activité professionnelle indépendante, civile, commerciale, artisanale et agricole de quelle que manière que ce soit, sous le faux couvert du débiteur ; en disposant, en abusant du crédit et des biens de la personne morale ou qui auront poursuivi abusivement dans un intérêt personnel, en tout cas pour des raisons inavouées, une exploitation déficitaire qui ne pouvait que conduire à la cessation de paiements constatée.

Le règne impérieux du droit pénal n'épargne pas le domaine des procédures collectives.

C°) Les comportements et actes répréhensibles

Lorsqu'interviennent des difficultés nécessitant le déclenchement des procédures collectives notamment curatives, au-delà de certaines causes et de leur traitement général, il est souvent, recherché, au besoin une possible responsabilité des acteurs (débiteur, dirigeants sociaux, mandataires judiciaires etc. (Art 119 AUPEPC). Cela intervient au double plan de la faillite pouvant être suivie d'une réhabilitation et aussi de la banqueroute suivie ou nom d'autres infractions.

1°) La faillite personnelle et la réhabilitation

Ces deux notions seront analysées séparément.

a) La faillite personnelle

Pour la faillite personnelle, le législateur relève un nombre plus ou moins important de comportements nocifs pouvant conduire ultérieurement à des sanctions pénales. Ainsi la lecture successive des articles 196 à 203 permet de souligner.

D'abord que sur le plan des principes, la faillite personnelle consiste en la commission d'infractions après le déclenchement de la procédure collective dans le dessein de nuire à sa conduite normale et correcte. Ainsi la déclaration de faillite personnelle suppose l'ouverture d'une procédure collective, qui est du coups la condition de sa recevabilité[185].

A cet effet, sont visés comme faits constitutifs de faillite personnelle, la soustraction d'éléments de la comptabilité, le détournement ou la dissimulation d'une partie de l'actif du débiteur, la reconnaissance frauduleuse de dettes n'existant pas par hypothèse, l'exercice d'une activité lucrative sous le couvert d'une personne morale, l'usage ou le service indus de ses biens, l'obtention d'un concordat par des moyens frauduleux, dolosifs, la commission d'actes de mauvaise foi, d'imprudence inexcusable ; sont encore dans l'emprise d'une faillite personnelle, les dirigeants sociaux qui commettent des faits qualifiables de banqueroute simple ou frauduleuse (Art 197 AUPEPC).

185 Tribunal régional hors classe de Dakar, jugement N°127 du 28 janvier 2005 ohadata J-06-171.

L'article 197 caractérise les actes de mauvaise foi, d'imprudence inexcusable ou d'infractions graves aux règles et usages du commerce comme l'exercice d'une activité en violation d'une interdiction décrite par les actes uniformes OHADA ou un texte national. Cela peut encore consister entre autres en l'absence d'une comptabilité tenue conformément aux règles, la poursuite abusive d'une exploitation déficitaire…

Toujours, peut être qualifiée de faillite personnelle par le tribunal de commerce la commission d'autres fautes graves de gestion et de péril par les dirigeants sociaux ou qui ont fait preuve de légèreté ou d'une incompétence manifeste, qui n'ont pas déclaré à temps la cessation de paiement.

Ensuite, sur le plan de la dénonciation, il revient au syndic, dès qu'il en a connaissance d'informer sans délai le ministère public et le juge commissaire ; ce dernier doit même recevoir un rapport sur les faits caractérisant la faillite personnelle dans les dix jours, élaboré par le syndic (Art 200 AUPEPC). Le juge commissaire après réception du dit rapport, l'adresse au président du tribunal de commerce, lequel convoque le débiteur ou les dirigeants pour les entendre. Ils doivent comparaitre en personne ou en cas d'empêchement se faire représenter à l'audience.

Enfin sur le plan des sanctions, l'implication du ministère public par l'information qu'il a par le syndic, lui permet de rentrer en voie de poursuites contre le débiteur ou les dirigeants sociaux afin d'obtenir leur condamnation pénale conformément aux lois pénales nationales générales ou spéciales (la peine est généralement patrimoniale : amende) sinon pour l'essentiel les contrevenants sont encore astreints à une publicité de leurs agissements dans le RCCM et dans un journal légales.

Ils encourent des peines accessoires :

- d'interdiction générale d'exercer une activité professionnelle indépendante, civile, commerciale, artisanale ou agricole. Du coup, il leur est interdit de prétendre diriger, gérer, administrer même contrôler une entreprise commerciale quelle que soit à forme, individuelle ou collective.
- d'interdiction d'exercice de toute fonction publique élective ou toute fonction publique administrative, judiciaire ou de représentation professionnelle.

Il faut rappeler que la décision judiciaire qui prononce une faillite personnelle doit en fixer la durée qui est comprise entre six (06) mois minimum et dix(10) ans maximum. A l'issue de la période indiquée, les déchéances et incapacités cessent ou prennent fin de plein droit (Art 203 AUPEPC).

En conclusion l'on retient que la faillite personnelle est caractéristique de mauvais comportement assorti d'actes accomplis de mauvaise foi dans le but de nuire à la procédure pour des raisons inavouées dont la détection conduit infailliblement à des sanctions pénales et civiles.

b) La réhabilitation

La réhabilitation consiste en un relèvement des personnes condamnées au civil et ou au pénal pour des faits qualifiés de faillite personnelle ayant emporté certaines incapacités de défiance. Règlementée de l'article 204 à 2015 AUPEPC, la réhabilitation doit résulter d'une décision de clôture pour extinction du passif.

Ce passif peut être éteint par paiement effectif ou par remise totale des dettes par les créanciers ou encore par un consentement unanime des créanciers (Art 205 AUPEPC). La réhabilitation peut intervenir même après le décès du débiteur dans un but de rétablissement de son honneur.

La réhabilitation fait l'objet d'une demande adressée au même tribunal[186] qui avait prononcé la faillite personnelle, qui décide en tendem avec le ministère public. Pour accroitre les chances d'obtention d'une réhabilitation, il faut apurer tout le passif du on conquérir le consentement des créanciers auxquels ou est redevable.

La décision de réhabilitation fait l'objet d'une transcription au RCCM, ou au registre de l'ordre professionnel concerné.

Le principal effet de la réhabilitation consiste selon les termes de l'article 215 AUPEPC pour le débiteur réhabilité à être rétabli dans tous les droits dont il était privé d'exercice par le tribunal.

Comment s'exerce le recours en matière de procédures collectives ?

---

186 L'expression "le même tribunal signifie le même organe juridictionnel, allusion faite à la compétence et non forcement au même juge qui a eu à statuer sur l'affaire précédemment.

C°) Les voies de recours en matière de procédure collectives curatives

En matière de redressement judiciaire ou de liquidation des biens certaines décisions du président ou du tribunal de commerce sont intangibles car non susceptibles d'opposition ou d'appel. Il s'agit en substance des décisions portant nomination ou remplacement du juge commissaire, celles portant nomination ou révocation des syndics et contrôleurs.

En outre, les décisions du juge commissaire dans la limite édictée de ses attributions sont insusptibles de recours sauf lorsque ces décisions sont relatives ou portent sur des revendications.

Les conditions de délai sont importantes en matière de recours contre certaines décisions des juges du premier degré, il s'agit comme en droit commun national, d'agir sous quinzaine (15 jours) francs en interjetant appel contre la décision faisant l'objet de grief. Ainsi est déclaré irrecevable l'appel pour cause de forclusion intervenu au delà de 15 jours et contre un jugement rendu en matière de redressement judiciaire ou de liquidation des biens ou même de faillite personnelle[187].

De même les décisions autorisant la continuation de l'exploitation ne peuvent, en principe, faire l'objet de recours (Art 216 AUPEPC). A l'exception de ces cas visés ci-dessus les autres décisions sont de nature à pourvoir inspirer des recours de reformation (appel) ou de rétractation (opposition, tierce opposition).

2°) La banqueroute

Elle est une notion fréquente en droit des affaires qui a la particularité d'être heuristique car présentant plusieurs variantes et assimilations, règlementées de l'article 226 à l'article 246 AUPEPC.

On retient de la banqueroute une forme simple et une forme frauduleuse.

Aux termes de l'article 228 AUPEPC sera coupable de banqueroute simple toute personne physique en état de cessation des paiements qui se trouve dans des cas comme la passation de conventions trop importantes au regard de sa précaire situation, si pour retarder la constatation de la cessation des paiements

187 Cour d'appel de Lomé, arrêt N° 067/09 du 21 avril 2009 ohadata J-10-159.

à son encontre, le débiteur procède à des achats en vue d'une revente au dessous du cours normal, ou par l'emploi de moyens ruineux, l'évitement de faire sans motif la déclaration de cessation au greffe dans le délai légal de trente (30) jours, l'irrégularité consciente dans la comptabilité etc.

Les dispositions de l'article 229 AUPEPC, relèvent qu'est coupable de banqueroute frauduleuse toute personne physique, qui sous le coup d'une cessation des paiements : soustrait sa comptabilité carrément, détourne ou dissipe tout ou partie de son actif, se passe pour débiteur de sommes qui ne sont pas réellement dues, paye certains créanciers au détriment de la masse etc.

Il faut toujours rappeler le principe du renvoi par le droit OHADA, au droit pénal national pour les sanctions et leur administration aux contrevenants.

Les procédures collectives peuvent revêtir un caractère extranational.

SECTION III : LES PROCÉDURES COLLECTIVES INTERNATIONALES

Le commerce, les affaires étant des éléments extensibles au gré de leur prospérité ou d'autres opportunités, il va sans dire que lorsque les difficultés naissent, plusieurs personnes, plusieurs législations de plusieurs pays peuvent en être intéressées ou concernées.

Ainsi peut-on prévoir successivement les procédures collectives à caractère international dans l'espace OHADA (Paragraphe I) et la procédure collective à caractère international hors de l'espace OHADA (Paragraphe II).

PARAGRAPHE I : LES PROCÉDURES COLLECTIVES À CARACTÈRE INTERNATIONAL DANS L'ESPACE OHADA

Elles défèrent à des principes de reconnaissance et produisent des effets logiques.

A°) Reconnaissance

Dès qu'elles deviennent exécutoires, les décisions d'ouverture de conduite et de clôture des procédures collectives prononcées dans le territoire d'un Etat partie requièrent et revendiquent autorité de la chose jugée sur le territoire des autres Etats parties et cela immédiatement sous réserve d'un exéquatur (supra 1400 et S.).

Pour des besoins de sécurité juridique et de préservation des intérêts des créanciers le syndic sera tenu de publier les décisions internes dans les Etats concernés (Art 248 AUPEPC). La possibilité de publication est reconnue à la juridiction qui a ouvert la procédure collective. L'acte uniforme accroit les sources d'information en autorisant le syndic à pouvoir procéder à la publication des décisions inhérentes à la procédure collective au livre foncier, au RCCM ou dans tout autre registre public tenus dans les Etats-parties.

Il est possible que deux ou plusieurs procédures collectives soient ouvertes concomitamment contre le même débiteur dans plusieurs pays. Ainsi, déclare l'article 251 AUPEPC l'ouverture d'une procédure collective par une juridiction d'un Etat-partie ne saurait faire obstacle à l'ouverture d'une autre procédure collective principale ou secondaire par les juridictions d'un autre Etat partie[188].

B°) Les effets

Au premier chef il sied de comprendre que les effets d'une procédure collective principale s'appliquent à tous les biens du débiteur situés sur les différents territoires des Etats-parties. En revanche, les effets d'une procédure collective secondaire sont limités aux biens des débiteurs qui se trouvent sur le territoire de l'Etat partie dans lequel la procédure secondaire aura été ouverte (Art 251 AUPEPC).

Qui plus est, les effets d'une procédure collective territoriale c'est-à-dire une procédure collective ouverte sur le territoire d'un Etat partie où le débiteur n'a pas son principal établissement ou la personne morale son siège, tant que la procédure collective principale n'est pas ouverte sur le territoire d'un Etat partie, sont aussi limités sur le territoire de l'Etat partie dans lequel elle est ouverte. En effet, elle est une procédure secondaire devant ou pouvant conduire à l'ouverture d'une procédure collective principale dans le lieu (territoire d'un autre Etat-partie) où est sis le principal établissement du débiteur[189].

188 Tribunal régional hors classe de Dakar, jugement commercial N°95 du 11 juin 2004 ohadata J-09-330.

189 Article 1-3 et 251 AUPEPC

L'acte uniforme oblige les syndics des procédures principale et secondaire à se communiquer réciproquement les informations utiles relativement au redressement ou à la liquidation en cours.

Pour pouvoir mettre fin au cours (à la conduite) d'une procédure collective secondaire par le moyen d'un concordat préventif ou d'un concordat de redressement judiciaire ou par la liquidation des biens, il faut l'accord express ou tacite du syndic de la procédure collective principale dans le délai d'un mois[190].

Il existe d'autres procédures collectives ou le caractère international est plus franc.

PARAGRAPHE II : LES PROCÉDURES COLLECTIVES À CARACTÈRE INTERNATIONAL HORS DE L'ESPACE OHADA

Reconnues par l'article 256 et traitées dans les articles 256-1 et 256-31 AUPEPC les procédures collectives véritablement internationales semblent répondre à une innovation du nouvel acte uniforme qui supplée un vide juridique, constituant une limite, une insuffisance de l'acte uniforme du 10 avril 1998. De ce fait, l'étude des procédures collectives ouvertes hors de l'espace OHADA fonde les bases d'un véritable droit international du droit des entreprises en difficulté. Or, qui dit droit international, dit rapports de force, parle d'initiative rapide et heureuse, de perception d'opportunités d'agir etc. Qui plus est, c'est un droit dont l'application peut être sujet à caution, compte tenu de la forte relativité de la mise en œuvre de certaines mesures dépendant de certaines circonstances ou de l'appréciation souveraine des juges nationaux etc.

Pour être initié à ces procédures collectives internationales (hors OHADA) il sera successivement analysé leur objet et champ d'application (A) les modalités d'accès des étrangers aux juridictions nationales et quelques uns de ses effets.

190 Article 254 AUPEPC

A°) L'objet et le champ d'application des procédures collectives hors espace OHADA

L'objet vise à assurer une coopération entre les juridictions et autres autorités compétentes des Etats parties et celles des Etats étrangers dans le but de garantir une plus grande certitude et sûreté juridique dans le commerce et les investissements (Art 256 AUPEPC).

Tout cela consiste concrètement en une assistance sollicitée entre juridictions de l'espace OHADA et juridictions hors espaces OHADA ou représentants et créanciers des débiteurs de ces deux hypothèses.

Il faut rappeler que la procédure collective étrangère (supra 1387-10) est une procédure dans le cadre de laquelle les biens et les affaires du débiteur sont soumis au contrôle ou à la surveillance d'une juridiction étrangère aux fins de redressement du débiteur ou de la liquidation de ses biens.

La procédure collective étrangère non principale est celle ouverte dans un Etat étranger où le débiteur dispose d'un établissement qui n'est pas le centre de ses intérêts principaux.

La procédure collective étrangère principale est celle ouverte dans un Etat étranger où le débiteur a le centre de ses intérêts principaux, y compris son siège, son centre d'exploitation, son principal établissement ou le cas échéant, sa résidence habituelle. La loi institue qu'une procédure collective étrangère et une procédure collective de droit OHADA peuvent s'ouvrir ensemble et se conduire à l'égard du même débiteur concurremment et concomitamment.

De façon toute logique, l'acte uniforme sur les procédures collectives donne la primauté à ses dispositions dans le cadre d'une procédure internationale aux dépens de celles d'un traité international ou de tout autre forme d'accord international (Art 256-2 AUPEPC). Le texte OHADA insiste sur le fait que la procédure collective internationale soit administrée d'une façon équitable et efficace de manière à protéger les intérêts de tous les créanciers et des autres parties intéressées dont notamment le débiteur. Il s'agit également de faire une option de faciliter le redressement des entreprises en difficultés de manière à protéger leurs investissements et surtout préserver les emplois (Art 256-2 AUPEPC).

Il convient de souligner d'une part que dès qu'une procédure collective étrangère principale est reconnue sur le territoire d'un Etat partie, une autre procédure ne peut y être ouverte que si le débiteur concerné y dispose de biens (Art 256-27 AUPEPC) ; d'autre part lorsque plusieurs procédures collectives étrangères auront été ouvertes à l'encontre du même débiteur, le tribunal compétent s'efforcera d'assurer une coopération et une coordination dans le déroulement des affaires (Art 256-29 AUPEPC).

L'ouverture d'une procédure collective internationale autorise le syndic à agir dans l'Etat étranger au titre de ses attributions et dans la mesure où la loi étrangère idoine le lui permet (Art 256-4 AUPEPC). L'article 256-7 déclare que la bonne foi doit être le principe à observer dans la procédure et par tous les acteurs concernés à un titre ou à un autre.

B°) LES MODALITÉS D'ACCÈS DES ÉTRANGERS AUX JURIDICTIONS NATIONALES DES ETATS PARTIES

Il ne sera réellement question de procédures collectives internationales que lorsque des personnes intéressées hors espace OHADA peuvent agir devant les juridictions de l'espace OHADA pour entendre sanctionner leurs droits et vice-versa.

Ainsi, dès que les conditions d'ouverture d'une procédure collective internationale sont réunies, les créanciers étrangers ou les représentants étrangers sont habilités à demander cette ouverture devant une juridiction nationale (art 256-10 AUPEPC). Dans cette perspective, un représentant étranger peut demander à la juridiction de l'espace OHADA, compétente, de reconnaitre une procédure collective étrangère dans laquelle il a été désigné représentant. Il lui adresse une requête en ce sens accompagnée de son acte de désignation comme représentant.

Par ailleurs les dispositions de l'article 256-18 AUPEPC veuillent à la préservation des intérêts du débiteur. C'est ce que l'on constate lorsqu'entre la date de la demande de reconnaissance, de la procédure collective étrangère et celle du prononcé de la décision de reconnaissance, il y a urgence nécessitant la prise de certaines mesures, en l'occurrence, dans le sens de la protection des biens du débiteur ou de celle des intérêts des créanciers devant la juridiction compétente.

En ce moment, des mesures provisoires sont subséquemment prises comme l'interdiction ou la suspension des décisions d'exécution sur les biens du débiteur, la responsabilisation du syndic etc.

Les procédures collectives internationales produisent naturellement certains effets.

C°) Les effets des procédures collectives à caractère international

Aussitôt qu'est prise une décision de reconnaissance d'une procédure collective étrangère principale elle emporte :

— Interdiction ou suspension des actions, des procédures de voies d'exécution individuelles qu'elles soient judiciaires ou extrajudiciaires contre les biens du débiteur ;
— Arrêt (impossibilité) du droit de transfert des biens du débiteur, de constitution de suretés sur les mêmes biens.

Dans le sens spécifique de protection des biens du débiteur ou des intérêts des créanciers, la juridiction idoine saisie, peut, après reconnaissance du caractère étranger de la procédure collective, fut-elle principale ou non, accorder à l'initiative du représentant étranger, des mesures salutaires comme l'interdiction ou la suspension des actes et procédures des voies d'exécution, faire interroger des témoins, recueillir des preuves ou fournir des renseignements sur les biens, les affaires et autres droits et obligations du débiteur ; confier la gestion des biens du débiteur au représentant étranger ou à toute autre personne etc.

Un autre effet majeur des procédures collectives étrangères réside au niveau de la collaboration plutôt de la coopération, qu'elles nécessitent, entre tribunaux étrangers d'une part, et entre représentants étrangers et tribunaux étrangers d'autre part.

Il suffit que l'affaire, objet de la procédure collective soit transfrontalière par l'intéressement de deux ou plusieurs législations pour que soit nécessaire une coopération entre juridictions étrangères, entre elles, ou entre une juridiction nationale et un représentant étranger. Cela peut se faire directement ou par le truchement d'un syndic. Cette coopération consiste en une demande réciproque (donc un échange) d'informations entre les acteurs (Art 256-24 AUPEPC).

INDEX ALPHABETIQUE

B

C

U

V

W

X

Y

Z

ANNEXES

LOI N° 96-022 REGISSANT LA MUTUALITE EN REPUBLIQUE DU MALI

L'Assemblée Nationale a délibéré et adopté en sa séance du 14 décembre 1995 ;
Le Président de la République promulgue la loi dont la teneur suit :

TITRE I : DISPOSITIONS GENERALES – DEFINITION – OBJET

Article 1er : La présente loi fixe les principes fondamentaux régissant la mutualité en République du Mali.

Article 2 : Les mutuelles sont des groupements à but non lucratif qui, essentiellement au moyen des cotisations de leurs membres, se proposent de mener dans l'intérêt de ceux-ci ou de leurs familles une action de prévoyance, de solidarité et d'entraide.

A ce titre, elles assurent notamment :

- la prévention des risques sociaux liés à la personne et à la réparation de leurs conséquences ;
- la protection de l'enfance, de la famille, des personnes âgées ou handicapées ;
- le développement culturel, moral, intellectuel et physique de leurs membres et l'amélioration de leurs conditions de vie.

Article 3 : Pour la réalisation des objectifs définis à l'Article 2, les mutuelles peuvent :

- mener toutes opérations participant à la réparation des risques sociaux ;
- créer, conformément à la législation en vigueur, des établissements ou services à caractère sanitaire, médico-social ou culturel.

TITRE II : REGLES GENERALES DE FONCTIONNEMENT DES MUTUELLES
CHAPITRE I : DROITS ET OBLIGATIONS DES MEMBRES

Article 4 : Les mutuelles comprennent d'une part, des membres participants qui, en contrepartie du versement d'une cotisation, acquièrent ou font acquérir vocation aux avantages sociaux ; d'autre part, elles peuvent admettre des membres d'honneur qui payent une cotisation, font des dons ou ont rendu des services équivalents sans bénéficier des avantages sociaux.

Article 5 : Les membres participants sont égaux en droits et obligations.

Les mutuelles ne peuvent instituer en ce qui concerne le niveau des prestations et des cotisations, des discriminations entre membres ou catégories de membres participants, si elles ne sont pas justifiées par les risques apportés, les cotisations, fournies ou la situation de la famille des intéressés.

Les cotisations peuvent être modulées en fonction du revenu des membres participants.

CHAPITRE II : STATUTS

Article 6 : Les statuts déterminent :

1) le siège social ;
2) l'objet de la mutuelle ;
3) les conditions et les modes d'admission, de démission, de radiation et d'exclusion des adhérents et, éventuellement, des membres d'honneur ;
4) l'organisation, le fonctionnement, contrôle de la mutuelle ;
5) la gestion et la composition du bureau du conseil d'administration et de la commission de contrôle, le mode d'élection et de remplacement de leurs membres, la nature et la durée de leurs pouvoirs ;
6) les conditions de vote à l'assemblée générale et du droit pour les membres participants de se faire représenter ;
7) les obligations et les droits des membres participants ou de leurs familles ;
8) les modes de placement ou de retrait des fonds ;

9) les modes de représentation des délégués des unions et fédérations de mutuelles en assemblée générale ;
10) les conditions de la dissolution volontaire de la mutuelle ou de sa liquidation ;
11) les dispositions à prendre en cas de disparition d'un membre.

Article 7 : Un décret pris en Conseil des Ministres établit les statuts-types des mutuelles, unions et fédérations des mutuelles et détermine les dispositions de ces statuts-types qui ont un caractère obligatoire.

Article 8 : Les mutuelles sont tenues de mentionner dans leurs statuts, règlements, contrats, publicités ou tous autres documents qu'elles sont régies par la présente loi.

Sauf exception résultant d'une disposition législative expresse, il est interdit de donner toute appellation comportant les termes «mutuel», «mutuelle», «mutualité» ou «mutualiste» à des groupements dont les statuts ne sont pas approuvés conformément à l'article 9.

Il est également interdit à tous autres groupements de faire figurer dans leurs statuts, contrats, documents et publicités toute appellation susceptible de faire naître une confusion avec les groupements régis par la présente loi.

Article 9 : Toute mutuelle est tenue de déposer ses statuts après approbation de l'assemblée constitutive auprès de l'autorité administrative contre un récépissé.

Article 10 : Aucune mutuelle ne peut fonctionner avant :
- l'obtention du récépissé délivré par l'autorité administrative de son siège ;
- l'approbation du Ministre de tutelle.

Article 11 : L'approbation ou le refus d'approbation doit intervenir dans le délai de trois (3) mois, à compter de la date de réception des statuts par l'autorité administrative.

Article 12 : L'approbation ne peut être refusée que lorsque :
1. les statuts ne sont pas conformes aux dispositions de la loi ou aux dispositions obligatoires des statuts-types mentionnés à l'article 7.
2. les recettes prévues ne sont pas proportionnées aux dépenses et aux engagements.

Article 13 : Les modifications statutaires ne peuvent entrer en vigueur qu'après leur approbation par l'autorité administrative.

Elles sont considérées comme acceptées si à l'expiration d'un délai d'un mois, l'approbation n'a pas été refusée.

L'approbation ne peut être refusée que dans les cas prévus à l'article 12.

Toutefois, les modifications des dispositions statutaires fixant le montant ou le taux des cotisations et des prestations ne font l'objet que d'une déclaration à l'autorité administrative.

CHAPITRE III : UNIONS ET FEDERATIONS DE MUTUELLES

Article 14 : Les mutuelles peuvent constituer entre elles, des unions qui ont notamment pour objet de créer des établissements et services mentionnés à l'article 3 de la présente loi ou des services de réassurance communs à l'ensemble des mutuelles adhérentes. Ces unions peuvent se grouper en fédérations de mutuelles en vue de poursuivre les mêmes buts.

Les unions et fédérations ne peuvent s'immiscer dans le fonctionnement interne des mutuelles adhérentes.

Article 15 : L'assemblée générale des unions et fédérations est composée des délégués des mutuelles adhérentes, élus dans les conditions déterminées par les statuts.

Les décisions régulièrement prises par l'assemblée générale sont obligatoires pour les mutuelles adhérentes.

Article 16 : Sous réserve des dispositions ci-dessus, les unions de mutuelles et les fédérations sont régies par les mêmes dispositions que les mutuelles.

CHAPITRE IV : FUSION, SCISSION, DISSOLUTION ET LIQUIDATION

2

Article 17 : La fusion de deux ou de plusieurs mutuelles est prononcée à la suite des délibérations concordantes de l'assemblée générale de la ou des mutuelles appelées à disparaître et de la mutuelle absorbante. Elle devient définitive après approbation du Ministre de tutelle dans les conditions définies par l'article 11.

Article 18 : Le groupement absorbant reçoit l'actif et est tenu d'acquitter le passif.

Article 19 : La scission d'une mutuelle en plusieurs mutuelles peut être prononcée par une assemblée générale statuant comme en matière de dissolution.

Elle devient définitive après approbation dans les conditions définies par l'article 10 de la présente loi.

Article 20 : La dissolution volontaire d'une mutuelle ne peut être prononcée que par une assemblée générale extraordinaire, convoquée à cet effet par un avis indiquant l'objet de la réunion. Cette assemblée générale doit réunir la majorité des membres inscrits et le vote doit être acquis à la majorité des deux tiers des membres présents.

Le procès-verbal de dissolution est adressé à l'autorité administrative dans les dix (10) jours qui suivent.

Article 21 : L'autorité administrative a trente (30) jours à compter de la date de réception du procès-verbal de dissolution pour se déterminer définitivement. Passé, ce délai, la dissolution est considérée comme acquise.

Article 22 : Dans le cas où, en vue de la dissolution d'une mutuelle, la tenue d'une assemblée générale extraordinaire s'est avérée impossible après deux convocations, la dissolution peut être prononcée par l'autorité administrative.

Article 23 : La dissolution entraîne d'office l'annulation, l'approbation de l'autorité de tutelle, mais ne radie mutuelle du répertoire national qu'après diffusion de son acte de liquidation.

Article 24 : La mutuelle est en liquidation dès l'instant de sa dissolution. Les opérations de liquidation sont accomplies sous la surveillance de l'autorité administrative ou de l'autorité judiciaire.

Il est prélevé sur l'actif social et dans l'ordre suivant, sous réserve des créances privilégiées :

a) le montant des engagements contractés vis à vis des tiers ;
b) les sommes nécessaires à la couverture des droits acquis par les membres participants ;
c) les sommes égales au montant des dons et legs pour être employées conformément aux volontés des donateurs et testateurs, s'ils ont prévu le cas de liquidation ;
d) les sommes nécessaires pour couvrir dans la limite de l'actif restant, les droits à l'admission et les cotisations de la première année dus à la mutuelle à laquelle les membres participants de la mutuelle dissoute donneraient leur adhésion.

Article 25 : Le surplus éventuel de l'actif social est attribué à des organismes de bienfaisance publics ou privés.

Article 26 : La mutuelle, l'union ou la fédération de mutuelle ainsi liquidée est considérée comme définitivement éteinte.

TITRE III : ADMINISTRATION – GESTION – CONTROLE – RESSOURCES - DISPOSITIONS FINANCIERES

CHAPITRE I : ADMINISTRATION – GESTION – CONTROLE

Article 27 : L'administration, la gestion et le contrôle d'une mutuelle sont assurés respectivement par :

- l'assemblée générale ;
- le conseil d'administration ;
- la commission de contrôle.

Article 28 : L'assemblée générale est l'instance suprême de décision. Elle comprend les membres régulièrement inscrits. Le droit de vote appartient à chacun des membres. Toutefois les mutuelles qui, en raison de l'importance de leur effectif ou de l'étendue de leur circonscription, n'ont pas la

3

possibilité de réunir tous les membres en assemblée générale, peuvent organiser des sections locales de vote. Dans ce cas, l'assemblée est composée de délégués élus par ces sections.

Article 29 : L'assemblée générale se réunit en session ordinaire au moins une fois par an sur convocation du président du conseil d'administration. Elle peut se réunir en session extraordinaire dans les cas de fusion, d'union de fédération, de scission ou de dissolution ou dans les cas de décision importante nécessitant la convocation d'une réunion extraordinaire dans les conditions prévues par les statuts de chaque mutuelle.

Article 30 : L'assemblée générale se prononce sur le compte-rendu de la gestion technique, morale et financière du conseil d'administration.

Elle procède à l'élection des administrateurs et des membres de la commission de contrôle dans les conditions prévues par les statuts.

Elle est obligatoirement appelée à se prononcer sans pouvoir déléguer ses compétences sur :

- les statuts et règlements intérieurs et leurs modifications ;
- les règlements qui déterminent les modalités de gestion administrative et financière des services et établissements gérés par la mutuelle ;
- l'adhésion ou le retrait d'une union ou fédération de mutuelles ;
- la fusion, la scission et la dissolution volontaire ;
- les emprunts relevant de sa compétence.

Article 31 : Pour la détermination des montants ou des taux de cotisations, l'assemblée générale peut déléguer tout ou partie de ses pouvoirs au conseil d'administration sous réserve que la délégation soit confirmée annuellement.

Article 32 : Le conseil d'administration est élu au sein de l'assemblée générale. Il est l'organe d'administration et de gestion et est chargé d'appliquer les délibérations de l'assemblée générale.

Le conseil d'administration dispose, pour l'administration et la gestion de la mutuelle, de tous les pouvoirs qui ne sont pas expressément réservés à l'assemblée générale par la présente loi et les statuts de la mutuelle.

Article 33 : Le conseil d'administration est chargé de l'élaboration du rapport technique, moral et financier qu'il doit présenter à l'assemblée générale.

Article 34 : L'administration d'une mutuelle ne peut être confiée qu'à des membres âgés de 18 ans accomplis sous réserve qu'ils n'aient encouru aucune condamnation entraînant déchéance de droits civiques et civils.

Article 35 : Les administrateurs ne peuvent être élus que parmi les membres participants et d'honneur.

Article 36 : Le conseil d'administration doit être composé pour les deux tiers au moins, des membres participants.

Il est renouvelé dans le délai et les conditions fixés par les statuts de chaque mutuelle.

Sauf, pour la fixation du montant ou du taux des cotisations, le conseil d'administration peut déléguer, sous sa responsabilité, une partie de ses pouvoirs soit au président, soit à un ou plusieurs administrateurs, soit à une ou plusieurs commissions temporaires ou permanentes de gestion dont les membres sont choisis parmi les administrateurs.

Article 37 : Dans les cas déterminés par les statuts, les représentants des salariés peuvent assister avec voix consultative aux séances du conseil d'administration.

Article 38 : Lorsque les dimensions et les activités de la mutuelle le requièrent, le conseil d'administration peut déléguer les pouvoirs nécessaires à un directeur en vue d'assurer, sous son contrôle, le fonctionnement de la mutuelle.

Article 39 : Le directeur peut être recruté en dehors des membres de la mutuelle, mais s'il en est membre, il ne peut cumuler ses fonctions avec celles d'administrateur ou de membre de la commission de contrôle. Il peut cependant assister aux réunions du conseil d'administration avec voix consultative.

Article 40 : La commission de contrôle est élue au sein de l'assemblée générale.

Elle est composée de membres n'appartenant pas au personnel salarié de la mutuelle, n'ayant pas la qualité d'administrateur et n'ayant pas participé à la gestion de la mutuelle au cours de l'exercice précédant leur élection.

Article 41 : La commission de contrôle est l'organe de contrôle des activités de la mutuelle.

Elle vérifie la régularité des opérations comptables, contrôle la tenue de la comptabilité, soumet chaque année à l'assemblée générale un rapport écrit sur la gestion comptabilité de la mutuelle et signale les inexactitudes éventuelles relevées au cours de l'accomplissement de sa mission.

Article 42 : Les membres du conseil d'administration et de la commission de contrôle doivent jouir de la plénitude de leurs droits civiques.

Article 43 : Les fonctions de membres du conseil d'administration et de la commission de contrôle ne sont pas rémunérées.

Toutefois, l'assemblée générale peut décider exceptionnellement, d'allouer annuellement une indemnité à ceux des administrateurs qui, en raison des attributions permanentes qui leur sont confiées, supportent des sujétions particulièrement importantes. En outre, peuvent être remboursés les frais de déplacement et de séjour des administrateurs et des contrôleurs.

Article 44 : Il est interdit aux administrateurs et aux contrôleurs de prendre ou de conserver un intérêt direct ou indirect dans une entreprise ayant traité avec la mutuelle ou dans un marché passé avec celui-ci.

Article 45 : Sous réserve des dispositions de l'article 43, il est interdit aux administrateurs et aux contrôleurs de recevoir à l'occasion de leurs fonctions, une commission, rémunération ou ristourne sous quelque forme que ce soit.

Article 46 : Les mutuelles ne peuvent pour le recrutement de leurs adhérents ni recourir à des intermédiaires commissionnés, ni attribuer à leur personnel des rémunérations qui soient fonction du nombre d'adhésions obtenues ou du montant des cotisations versées.

Article 47 : Les mutuelles sont valablement représentées en justice par leur président ou par toute personne ayant reçu délégation de pouvoir du président ou mandat spécial du conseil d'administration à cet effet.

CHAPITRE II : RESSOURCES – DISPOSITIONS FINANCIERES

Article 48 : Les mutuelles peuvent faire tous les actes de la vie civile nécessaires à la réalisation des buts définis par leurs statuts et règlements intérieurs conformément aux dispositions prévues à l'article 2 de la présente loi.

Article 49 : Les ressources essentielles de la mutuelle sont :

- le droit d'adhésion ;
- la cotisation.

Toutefois, les ressources peuvent être améliorées par :

- les emprunts contractés ;
- les contributions des membres d'honneur ;
- les produits des activités ;
- les dons, legs et subventions diverses.

Article 50 : Les emprunts contractés, les dons, legs et subventions doivent être accordés conformément à l'objet social de la mutuelle et faire l'objet d'une déclaration à l'autorité administrative.

Article 51 : Les mutuelles peuvent placer des fonds dans les unions auxquelles elles sont affiliées et dans les établissements financiers agréés.

Les conditions de dépôt et de placement des fonds des mutuelles sont fixées par un décret pris en Conseil des Ministres.

Article 52 : Les excédents annuels nets sont soumis à un prélèvement obligatoire pour la constitution de fonds de réserve légale de la mutuelle avant toute autre utilisation.

Article 53 : Le fonds de réserve légale est une marge financière pour la sécurité de la mutuelle égale au moins à 30 % des excédents nets.

Article 54 : La comptabilité des mutuelles doit être tenue conformément à une réglementation qui sera fixée par l'autorité administrative et qui peut, en outre, prescrire la tenue des pièces comptables déterminées et l'utilisation d'imprimés modèles appropriés.

L'exercice comptable est fixé par les statuts de chaque mutuelle.

Dans le courant des trois (3) mois qui suivent la clôture de l'exercice, le conseil d'administration prépare les documents à soumettre à l'assemblée générale annuelle :

- le rapport annuel d'activités ;
- le bilan et ses annexes ;
- le programme d'activités ;
- le budget prévisionnel pour la réalisation du programme d'activités ;
- tout autre renseignement requis par les statuts.

Article 55 : En cas de dysfonctionnement constaté, l'autorité administrative peut procéder ou faire procéder à une inspection par enquête sur la constitution, le fonctionnement et la situation financière des structures mutualistes afin de s'assurer qu'elles se conforment aux dispositions de la présente loi.

Article 56 : En cas de défaillance caractérisée dans la gestion de la structure mutualiste, d'irrégularités constatées au terme d'une inspection ou à la suite des opérations de contrôle, l'autorité administrative peut prendre toutes mesures conservatoires pour sauvegarder les intérêts des membres ou des tiers concernés.

Elle peut notamment :

- convoquer l'assemblée générale en vue de délibérer sur les mesures propres à régulariser la situation ;
- donner un avertissement à la mutuelle d'avoir régularisé la situation dans un délai déterminé ;
- suspendre les dirigeants ;
- retirer l'approbation.

TITRE VI : DISPOSITIONS PENALES

Article 57 : Sont punis des peines prévues aux articles 207 et 208 du Code pénal :

- les administrateurs, les membres de la commission de contrôle, les directeurs et salariés des structures mutualistes qui ont sciemment communiqué ou publié des documents comptables inexacts ou des rapports visant à dissimuler la situation véritable de la mutuelle ;
- les administrateurs, membres de la commission de contrôle, directeurs et salariés de mutuelles qui, de mauvaise foi, ont fait des biens ou du crédit de la mutuelle un usage qu'ils savaient contraire à l'intérêt de celle-ci, dans un but personnel ou pour favoriser une société ou une entreprise dans laquelle ils étaient intéressés d'une manière quelconque.

Article 58 : Sont punis d'une amende de 300 à 18.000 Francs sans préjudice de peine plus grave encourue du fait d'infractions connexes :

- Les administrateurs, les membres de la commission de contrôle, les directeurs et salariés de mutuelle qui se rendent coupables d'infractions aux articles 5, 8, 9, 10, 13, 34, 42, 43, 44, 45, 46, 49, 52, et aux textes pris pour l'application de ces dispositions.

Article 59 : Sont punis des peines prévues à l'Ordonnance n° 6/CMLN du 15 mars 1974 modifiée par l'Ordonnance n° 13/CMLN du 22 avril 1974 réprimant les atteintes aux biens publics.

Les administrateurs, les membres de la commission de contrôle, les directeurs de groupement mutualistes ou tout autre employé de structure mutualiste qui auront commis un détournement portant sur des fonds, avoirs, biens au préjudice des structures mutualistes.

Bamako, le 21 février 1996.

6

COORDINATION NATIONALE DES ORGANISATIONS PAYSANNES DU MALI
Kalabancoura Rue 200 Porte 727, BP : E 2169 Bamako Mali
Tél. : 00223 20 28 68 00 - Email : cnopmali@yahoo.fr -
Site web : www.cnop-mali.org

N/Réf. : 001771/13/PCNOP

Bamako, le 16 MAI 2013

Le Président de la CNOP

A

Son Excellence Monsieur
le Premier Ministre, Chef du
Gouvernement

Objet : Moratoire sur mise en vigueur de l'Acte Uniforme sur les sociétés coopératives de l'OHADA

Monsieur le Premier Ministre,

Le 15 mai 2013 est en principe la date à laquelle l'ensemble des groupements et coopératives devraient avoir procédé à la mise en conformité de leurs statuts, de leur mode d'organisation et de fonctionnement avec l'Acte Uniforme sur les sociétés coopératives de l'OHADA.

Assurément, l'importance de cette nouvelle réglementation pour le secteur agricole, la dynamique de construction du mouvement coopératif et plus largement notre économie nationale, ainsi que la dynamique d'intégration régionale des économies et des marchés n'est plus à démontrer.

Cependant, l'adoption de l'Acte Uniforme il y a deux ans n'a pas été suffisamment précédée de consultations et concertations avec les acteurs du secteur coopératif et les structures agricoles et paysannes faîtières. De ce fait, les spécificités et les enjeux du secteur coopératif agricole n'ont pas été réellement abordés dans la conception de l'Acte Uniforme qui traite de l'ensemble des coopératives, tous secteurs et finalités confondus. Au Mali, les groupements à vocation coopérative ou les structures coopératives, unions et fédérations représentent des dizaines de milliers de structures depuis le niveau d'organisation villageois ou inter villageois, jusqu'aux structures confédérales à vocation nationale. De plus, aujourd'hui, au regard des dynamiques commerciales transfrontalières et du potentiel que représente l'espace commercial régional comme débouché pour les bassins de production agricoles, plusieurs organisations coopératives spécialisées s'engagent dans des démarches interprofessionnelles avec des structures de pays voisins, membres ou non de l'OHADA.

Pour une agriculture cohérente centrée sur l'exploitation familiale paysanne

Alors que la période de transition expire, l'Acte OHADA n'a toujours pas été publié dans le journal officiel de la République du Mali. C'est aussi le cas de la plupart des Etats membres de l'OHADA.

Représentant les intérêts professionnels des organisations paysannes du Mali, la CNOP est particulièrement préoccupée par cette situation, qui place une très large majorité d'organisations collectives dans une situation de flou voire de vide juridiques.

Monsieur le Premier Ministre, par la présente, nous voudrions attirer votre attention sur les enjeux et les risques liés à cette situation, ainsi que sur la nécessité d'adopter rapidement une ligne de conduite réaliste, en adéquation avec les attentes des producteurs d'une part, et avec les enjeux liés à l'organisation économique du secteur agricole, d'autre part.

Nos préoccupations sont de plusieurs ordres. En premier lieu, elles portent sur le délai de mise en conformité. Vous comprendrez aisément que l'état d'avancement des travaux en vue d'aligner la législation nationale sur le droit OHADA ne permet pas de respecter les échéances prévues lors de l'adoption de l'Acte Uniforme en 2011. La période transitoire prévue n'a pas été réellement mise à profit par les ministères concernés pour actualiser les textes, accompagner les organisations concernées et préparer les procédures d'enregistrement des modifications statutaires exigées de chaque organisation. De notre point de vue, ce retard doit être acté officiellement au niveau du Gouvernement et par l'organisation OHADA et un moratoire doit être décrété pour éviter des situations juridiques préjudiciables aux organisations coopératives.

En second lieu, notre analyse de l'Acte Uniforme nous conduit à penser qu'il est primordial de mettre à profit ce délai, afin d'évaluer la pertinence de l'Acte Uniforme sur les sociétés coopératives pour les différentes catégories d'organisations coopératives qui structurent le monde agricole, permettant d'envisager les adaptations nécessaires. Ces adaptations doivent permettre de mieux prendre en considération les contraintes auxquelles font face les organisations (faible niveau d'éducation, nombre restreint de leaders alphabétisés, etc., faible capacité de gestion administrative et financière au niveau des organisations locales qui constituent le premier niveau de structuration des organisations de type fédératives, etc.), de mieux différencier les exigences en fonction du niveau de structuration, voire de faire jouer un rôle aux structures fédératives dans l'exercice de la responsabilité et de la redevabilité des organisations de base qui en sont membres. Les adaptations devraient aussi prendre en considération la réalité de la dynamique de construction du mouvement paysan et notamment le fait que ce sont généralement les responsables paysans qui structurent les membres à la base, qui ensuite prennent des initiatives et sont en capacité d'administrer les unions, fédérations et confédérations. Si nous comprenons bien le souci d'éviter des cumuls de responsabilités, il convient cependant d'être suffisamment réaliste et de bien intégrer les réalités de terrain, sauf à vouloir affaiblir le mouvement coopératif et son rôle primordial dans l'émergence d'un secteur agricole organisé et qui joue pleinement son rôle dans la croissance économique, la sécurité alimentaire et la réduction de la pauvreté.

Enfin, nous partageons avec l'OHADA et ses Etats membres la vision qui consiste à favoriser le développement d'un secteur coopératif fort, jouant un rôle majeur dans le développement économique et commercial des économies africaines. Ceci passe par des progrès importants dans la transparence et la bonne gouvernance des organisations à tous les niveaux. Au Mali et plus largement en Afrique de l'Ouest, les organisations coopératives à vocation économique sont pour nous un des principaux points d'appui pour organiser les marchés, réduire leurs dysfonctionnements, renforcer le pouvoir de négociation des producteurs et jouer un rôle dans la régulation des marchés au bénéfice de l'ensemble de la société. Au regard de ces enjeux cruciaux, il nous apparaît fondamental que les législations soient envisagées comme des formes d'incitations et accompagnent la maturation

Pour une agriculture cohérente centrée sur l'exploitation familiale paysanne

progressive des organisations. Or, le processus actuel nous paraît au contraire de nature à déstabiliser les organisations, introduire des flous juridiques et au final décourager l'esprit coopératif dont notre pays et la région ont cruellement besoin. Le risque majeur étant de voir une majorité d'organisations en incapacité de respecter les nouvelles dispositions et par conséquent se retrouver dans une situation d'illégalité qui fragiliserait considérablement tant les organisations, leurs membres que leurs représentants.

Par conséquent nous considérons qu'au delà du délai, des dispositions spécifiques doivent être imaginées pour accompagner le mouvement coopératif agricole. Par ailleurs, tenant compte des faiblesses institutionnelles et humaines des groupements et coopératives, un ensemble de mesures d'accompagnement doit être envisagé pour atteindre les objectifs nobles, poursuivis par notre pays et par l'OHADA: appui juridique aux coopératives, appui-conseil en gestion, formation, etc.

Nous espérons que vous comprendrez l'importance que nous accordons à travailler avec le Gouvernement pour trouver les voies et moyens permettant aux organisations de jouer le rôle attendu d'elles tant par la société que par leurs membres.

Dans cette perspective, j'ai l'honneur de solliciter une audience auprès de votre haute bienveillance pour parler de vive voix des préoccupations des coopératives et des groupements et pour explorer avec vous les solutions idoines.

Dans l'attente d'une suite favorable à la présente demande d'audience, je vous prie d'agréer, Monsieur le Premier Ministre, l'expression de ma très haute considération.

Ampliation :

- Ministre Agriculture,
- Ministre de la Justice, Garde des sceaux
- Ministre de l'Action humanitaire, de la Solidarité et des Personnes Agées
- Ministre de l'Industrie et du Commerce

Le Président P/O
Le Coordinateur Technique

Coordination National Des Organisations Paysanes Du Mali
CNOP MALI
Le Coordinateur

Soumana KANTA

Pour une agriculture cohérente centrée sur l'exploitation familiale paysanne

TABLE DES MATIÈRES

Structures éditoriales du groupe L'Harmattan

L'Harmattan Italie
Via degli Artisti, 15
10124 Torino
harmattan.italia@gmail.com

L'Harmattan Hongrie
Kossuth l. u. 14-16.
1053 Budapest
harmattan@harmattan.hu

L'Harmattan Sénégal
10 VDN SICAP AMITIE 3
BP 45034 Dakar-Fann
direction@senharmattan.com

L'Harmattan Cameroun
Tsinga/Derrière polyclinique FECAFOOT
BP 11486 Yaoundé
Jacques.koukam@harmattan.fr

L'Harmattan Burkina Faso
Villa 281, secteur 23 623, rue 14.32
Ouagadougou
zagbie@outlook.fr

L'Harmattan Guinée
Almamya, rue KA 028 OKB Agency
BP 3470 Conakry
harmattanguinee@yahoo.fr

L'Harmattan RDC
185, avenue Nyangwe
Commune de Lingwala - Kinshasa
matangilamusadila@yahoo.fr

L'Harmattan Congo
219, avenue Nelson Mandela
BP 2874 Brazzaville
deunovmikhael@gmail.com

L'Harmattan Mali
Immeuble Mgr Jean Marie Cissé
Aci Hamadallaye
BP 145 Bamako
syllaka@yahoo.fr

L'Harmattan Togo
Djidjole - Maison Amela
face EPP BATOME
02 BP 20680 Lomé
didieramela11@gmail.com

L'Harmattan Côte d'Ivoire
Résidence Karl - Cité des Arts
Abidjan-Cocody
03 BP 1588 Abidjan
harmattan.ivoire@gmail.com

L'Harmattan Bénin
Rue 604, (Immeuble à l'entrée
de la rue UCAO- Cite de Saint-Jean)
Cotonou
stepcorpus@gmail.com

Nos librairies en France

Librairie internationale
16, rue des Écoles
75005 Paris
librairie.internationale@harmattan.fr
01 40 46 79 11
www.librairieharmattan.com

Librairie des savoirs
21, rue des Écoles
75005 Paris
librairie.sh@harmattan.fr
01 46 34 13 71
www.librairieharmattansh.com

www.ingramcontent.com/pod-product-compliance
Lightning Source LLC
LaVergne TN
LVHW021152061026
849535LV00002B/436
* 9 7 8 2 3 3 6 5 7 3 9 5 3 *